KB211389

엑스포지멘터리
사무엘하

2 Samuel

엑스포지멘터리 사무엘하

초판 1쇄 발행 2012년 5월 10일
2판 2쇄 발행 2022년 8월 30일

지은이 송병현

펴낸곳 도서출판 이엠
등록번호 제25100-2015-000063
주소 서울시 강서구 공항대로 220, 601호
전화 070-8832-4671
E-mail empublisher@gmail.com

내용 및 세미나 문의 스타선교회: 02-520-0877 / EMail: starofkorea@gmail.com / www.star123.kr
Copyright ⓒ 송병현, 2022, *Print in Korea.*
ISBN 979-11-86880-00-5 93230

「이 도서의 국립중앙도서관 출판시도서목록(CIP)은 서지정보유통지원시스템 홈페이지(http://seoji.nl.go.kr)와 국가자
료공동목록시스템(http://www.nl.go.kr/kolisnet)에서 이용하실 수 있습니다. (CIP제어번호:CIP2015000753)」

엑스포지멘터리

사무엘하

2 Samuel

| 송병현 지음 |

EXPOSItory comMENTARY

한국 교회를 위한 하나의 희망

저의 서재에는 성경 본문 연구에 관한 많은 책이 있습니다. 그중에는 주석서들도 있고 강해서들도 있습니다. 그러나 그 중에 송병현 교수가 시도한 이런 책은 없습니다. 엑스포지멘터리, 듣기만 해도 가슴이 뛰는 책입니다. 설교자와 진지한 성경학도 모두에게 꿈의 책이 아닐 수 없습니다. 이런 책이 좀 더 일찍 나올 수 있었다면 한국 교회가 어떠했을까를 생각해 봅니다. 저는 이 책을 꼼꼼히 읽어 보면서 가슴 깊은 곳에서 큰 자긍심을 느꼈습니다.

이 책은 지금까지 복음주의 교회가 쌓아 온 모든 학문적 업적을 망라하고 있을 뿐만 아니라 한국 교회 강단이 목말라하는 모든 실용적 갈망에 해답을 던져 줍니다. 이 책에서는 실제로 활용할 수 있는 충실한 신학적 정보가 일목요연하게 제시됩니다. 그러면서도 또한 위트와 감탄을 자아내는 감동적인 적용들도 제공됩니다. 얼마나 큰 축복이며 얼마나 신나는 일이며 얼마나 큰 은총인지요. 저의 사역에 좀 더 일찍 이런 학문적 효과를 활용하지 못한 것이 아쉽기만 합니다. 진실로 한국 교회의 내일을 위해 너무나 소중한 기여라고 생각합니다.

일찍이 한국 교회 1세대를 위해 박윤선 목사님과 이상근 목사님의 기여가 컸습니다. 그러나 이제 한국 교회는 새 시대의 리더십을 열어야 하는 교차로에 서 있습니다. 저는 송병현 교수가 이런 시점을 위해 준비된 선물이라고 생각합니다. 진지한 강해 설교를 시도하고자 하는 모든 이와 진지한 성경 강의를 준비하고자 하는 모든 성경공부 지도자에게 어떤 대가를 지불하고서라도 우선 이 책을 소장하고 성경을 연구하는 책상 가까운 곳에 두라고 권면하고 싶습니다. 앞으로 계속 출판될 책들이 참으로 기다려집니다.

한국 교회는 다행스럽게 말씀과 더불어 그 기초를 놓을 수 있었습니다. 이제는 그 말씀으로 어떻게 미래의 집을 지을 것인가를 고민하고 있습니다. 이 〈엑스포지멘터리 시리즈〉는 분명한 하나의 해답, 하나의 희망입니다. 이 책과 함께 성숙의 길을 걸어갈 한국 교회의 미래가 벌써 성급하게 기다려집니다. 더 나아가 한국 교회 역사의 성과물 중의 하나인 이 책이 다른 열방에도 나누어졌으면 합니다. 이제 우리는 복음에 빚진 자로서 열방을 학문적으로도 섬겨야 하기 때문입니다. 이 책을 한국 교회에 허락하신 우리 주님께 감사와 찬양을 드립니다.

이동원 (지구촌교회 원로목사)

5

총체적 변화를 가져다 줄 영적 선물

교회사를 돌이켜 볼 때, 교회가 위기에 처해 있었다면 결국 강단에서 하나님의 말씀이 제대로 선포되지 못한 데서 그 근본 원인을 찾을 수 있습니다. 영적 분별력이 있는 사람이라면 모두 이에 대해 동의할 것입니다. 사회가 아무리 암울할지라도 강단에서 선포되는 말씀이 살아 있는 한, 교회는 교회로서의 기능이 약화되지 않고 오히려 사회를 선도하고 국민들의 가슴에 희망을 안겨 주었습니다. 백 년 전 영적 부흥이 일어났던 한국의 초대교회가 그 좋은 예입니다. 이러한 영적 부흥은 살아 있는 하나님의 말씀이 강단에서 영적 권위를 가지고 "하나님께서 이렇게 말씀하셨다"라고 선포되었을 때 나타났던 현상입니다.

오늘날에는 날이 갈수록 강단에서 선포되는 말씀이 약화되거나 축소되고 있습니다. 이런 상황 속에서 출간되는 송병현 교수의 〈엑스포지멘터리 시리즈〉는 한국 교회와 전 세계에 흩어진 7백만 한인 디아스포라에게 주는 커다란 영적 선물이 아닐 수 없습니다. 이 시리즈는 하나님의 말씀을 쉽게 이해할 수 있도록 풀이한 것으로, 목회자와 선교사는 물론이고 평신도들의 경건생활과 사역에도 큰 도움이 될 것입니다. 무엇보다도 저는 이 시리즈가 강단에서 원 저자이신 성령님의 의도대로 하나님 나라 복음이 선포되게 하여 믿는 이들에게 총체적 변화(total transformation)를 다시 경험할 수 있는 계기를 마련해 주리라 확신합니다.

6

송병현 교수는 지금까지 구약학계에서 토의된 학설 중 본문을 석의하는 데 불필요한 내용들은 걸러내는 한편, 철저하게 원 저자가 전하고자 하는 메시지를 현대인들이 가장 잘 이해할 수 있도록 전하고자 부단히 애를 썼습니다. 이 시리즈를 이용하는 모든 이에게 저자의 이런 수고와 노력에 걸맞은 하나님의 축복과 기쁨과 능력이 함께하실 것을 기대하면서 이 시리즈를 적극 추천합니다.

이태웅(GMTC초대 원장, 글로벌리더십포커스 원장)

주석과 강해의 적절한 조화를 이뤄낸 시리즈

한국 교회는 성경 전체를 속독하는 '성경통독' 운동과 매일 짧은 본문을 읽는 '말씀 묵상(QT)' 운동이 세계 어느 나라 교회보다 활성화 되어 있습니다. 얼마나 감사한 일인지 모릅니다. 그러나 상대적으로 책별 성경연구는 심각하게 결핍되어 있는 것이 사실입니다. 때때로 교회 지도자들 중에도 성경해석의 기본이 제대로 갖춰 있지 않아 성경 저자가 말하려는 의도와 상관없이 본문을 인용해서 자신이 하고 싶은 말을 하는 분들이 적지 않음을 보고 충격을 받은 일도 있습니다. 앞으로 한국 교회가 풀어야 할 과제가 '진정한 말씀의 회복'이라면 이를 위해 가장 중요한 것은 바른 말씀의 세계로 인도해 줄 좋은 주석서와 강해서를 만나는 일일 것입니다.

좋은 주석서는 지금까지 축적된 다른 성경학자들의 연구 결과가 잘 정돈되어 있을 뿐 아니라 저자의 새로운 영적·신학적 통찰이 번뜩이는 책이어야 합니다. 또한 좋은 강해서는 자기 견해를 독자들에게 강요하는(impose) 책이 아니라, 철저한 본문 석의 과정을 거친 후에 추출되는 신학적·실제적 교훈을 잘 드러내는(expose) 책이어야 합니다. 또한 독자가 성경의 교훈을 자기 상황에 적용할 수 있도록 안내해 주는 인문학적·사회과학적 연구가 배어 있는 책이어야 할 것이며, 글의 표현이 현학적이지 않은, 독자들에게 친절한 저술이어야 할 것입니다.

그러나 솔직히 말씀드리면, 저는 서점에서 한국인 저자의 주석서나 강해서를 만나면 한참을 망설이다가 내려놓게 됩니다. 또 주석서를 시리즈로 사는 것은 어리석은 행동이라는 말을 신학교 교수들에게 들은 뒤로 여간해서 시리즈로 책을 사지 않습니다. 이는 아마도 풍성한 말씀의 보고(寶庫) 가운데로 이끌어 주는 만족스러운 주석서를 아직까지 발견하지 못했기 때문일 것입니다. 그러나 제가 처음으로 시리즈로 산 한국인 저자의 책이 있는데, 바로 송병현 교수의 〈엑스포지멘터리 시리즈〉입니다.

송병현 교수의 〈엑스포지멘터리 시리즈〉야말로 제가 가졌던 좋은 주석서와 강해서에 대한 모든 염원을 실현해 내고 있습니다. 이 주석서는 분명 한국 교회 목회자들과 평신도 성경 교사들의 고민을 해결해 줄 하나님의 값진 선물입니다. 지금까지 없었던, 주석서와 강해서의 적절한 조화를 이뤄낸 신개념의 해설주석이라는 점도 매우 신선하게 다가옵니다. 또한 쉽고 친절한 글이면서도 우물 깊은 곳에서 퍼 올린 생수와 같은 깊이가 느껴집니다. 이 같은 주석 시리즈가 한국에서 나왔다는 사실에 저는 감격하지 않을 수 없습니다. 이 땅에서 말씀으로 세상에 도전하고자 하는 모든 목회자와 평신도에게 이 주석 시리즈를 적극 추천합니다.

이승장(예수마을교회 목사, 성서한국 공동대표)

시리즈 서문

"50세까지는 좋은 선생이 되려고 노력하고, 그 후에는 좋은 저자가 되려고 노력해라." 이 말은 내가 시카고 근교에 있는 트리니티 복음주의 신학교(Trinity Evangelical Divinity School)에서 박사과정을 시작할 즈음에 지금은 고인이 되신 스승 맥코미스키(Thomas E. McComiskey)와 아처(Gleason L. Archer) 두 교수님께서 주신 조언이었다. 너무 일찍 책을 쓰면 훗날 아쉬움이 많이 남는다며 하신 말씀이었다. 박사학위를 받고 1997년에 한국에 들어와 신대원에서 가르치기 시작하면서 나는 이 조언을 마음에 새겼다. 사실 이 조언과 상관없이 당시에 내가 당장 책을 출판한다는 일은 불가능한 일이었다. 중학교에 다니던 70년대 중반에 캐나다에 이민을 갔다가 20여 년 만에 귀국하여 우리말로 강의하는 일 자체가 나에게는 매우 큰 도전이었으며, 책을 출판하는 일은 사치로 느껴졌기 때문이다.

세월이 지나 어느덧 나는 선생님들이 말씀하신 50을 눈앞에 두었다. 1997년에 귀국한 후 지난 10여 년 동안 나는 구약 전체의 강의안을 만드는 일을 목표로 삼았다. 나 자신에게 동기를 부여하기 위하여 내가 몸담은 신대원의 학생들에게 매 학기 새로운 구약 강해 과목을 개설해 주었다. 감사한 것은 지혜문헌을 제외하고 본문 관찰을 중심으로 한 구약 모든 책의 강의안을 13년 만에 완성할 수 있었다는 점이다. 앞으로 수년에 걸쳐 이 강의안들을 대폭 수정하여 매년 두세 권씩 책으로 출판하려 한다. 지혜문헌은 잠시 미루어 두었다. 시편 1권(1-41편)에 관한 강의안을 만든 적이 있었는데, 본문 관찰과 주해는 얼마든 할 수 있었지만, 무언가 아쉬움이 남았다. 삶의 연륜이 가미되지 않은 데서 비롯된 부족함이었다. 그래서 나는 지혜문헌에 대한 주석은 60을 바라볼 때쯤 집필하기로 작정했다. 삶을 조금 더 경험한 후로 미루어 놓은 것이다. 아마도 이 시리즈가 완성될 때쯤이면, 자연스럽게 지혜문헌에 관한 책들을 출판할 때가 되지 않을까 싶다.

이 시리즈는 설교를 하고 성경공부를 인도해야 하는 목회자들과 평신도 지도자들을 마음에 두고 집필한 책들이다. 나는 이 시리즈의 성격을 Exposimentary('해설주석')라고 부르고 싶다. Exposimentary라는 단어는 내가 만들어 낸 용어로 해설/설명을 뜻하는 expository라는 단어와 주석을 뜻하는 commentary를 합성한 것이다. 대체로 expository는 본문과 별 연관성이 없는 주제와 묵상으로 치우치기 쉽고 commentary는 필요 이상으로 논쟁적이고 기술적일 수 있다는 한계를 의식해, 이러한 상황을 의도적으로 피하고 가르치는 사역에 조금이나마 실제적으로 도움이 되는 교재를 써 내려가려고 만들어 낸 개념이다. 나는 본문의 다양한 요소와 이슈들에 대하여 정확하게 석의하면서도 전후 문맥과 책 전체의 문형(literary shape)을 최대한 고려하여 텍스트의 의미를 설명하고 우리의 삶과 연결하려고 노력했다. 또한 히브리어 사용은 최소화했다.

이 시리즈를 내놓으면서 감사할 사람이 참 많다. 먼저, 지난 25년 동안 내 인생의 동반자가 되어 아낌없는 후원과 격려를 해주었던 아내 임우민에게 감사한다. 아내를 생각할 때마다 참으로 현숙한 여인을(cf. 잠 31:10-31) 배필로 주신 하나님께 감사할 뿐이다. 아빠의 사역을 기도와 격려로 도와준 지혜, 은혜, 한빛에게도 고마운 마음을 표한다. 평생 기도와 후원을 아끼지 않는 친가와 처가, 친지들에게도 감사하다는 말을 전하고 싶다. 항상 옆에서 돕고 격려해 준 평생 친구 장병환·윤인옥, 박선철·송주연 부부들에게도 고마움을 표하며, 시카고 유학 시절에 큰 힘이 되어주셨던 이선구 장로·최화자 권사님 부부에게도 이 자리

11

를 빌려 평생 빚진 마음을 표하고 싶다. 우리 가족이 20여 년 만에 귀국하여 정착할 수 있도록 배려를 아끼지 않으신 백석학원 설립자 장종현 목사님께도 감사를 전한다. 우리 부부의 영원한 담임 목자이신 이동원 목사님께도 고마움을 표하고 싶다. 마지막으로 이 시리즈를 출판할 수 있게 해준 국제제자훈련원 편집장님 외 모든 분에게도 감사를 전한다.

- 2009년 겨울 방배동에서

감사의 글

엑스포지멘터리 사무엘하를 허락하신 하나님께 감사 드립니다. STAR 선교회의 사역에 물심양면으로 헌신하여 오늘도 하나님의 말씀이 온 세상에 선포되는 일에 기쁜 마음으로 동참하시는 김성남, 김형국, 백영걸, 장병환, 정진성, 조선호, 안맹원, 이명순, 임우민 이사님들께도 감사의 마음을 전하고 싶습니다. 이사님들의 헌신이 있기에 세상은 조금 더 살 맛 나는 곳이 되고 있습니다.

- 2011년 크리스마스 시즌에 방배동에서

선별된 약어표

개역   개역한글판
개역개정   개역개정판
공동번역   공동번역
새번역   표준새번역 개정판

BHK   Biblica Hebraica Kittel

BHS   Biblica Hebraica Stuttgartensia

TNK   Jewish Publication Society Bible

KJV   King James Version

LXX   칠십인역(Septuaginta)

MT   마소라 사본

NAB   New American Bible

NASB   New American Standard Bible

NEB   New English Bible

NIV   New International Version

NRS   New Revised Standard Version

AAR   *American Academy of Religion*

AB   Anchor Bible

ABD   *The Anchor Bible Dictionary*

ABRL   Anchor Bible Reference Library

AJSL	*American Journal of Semitic Languages and Literature*
ANET	J. B. Pritchard, ed., *The Ancient Near Eastern Texts Relating to the Old Testament.* 3rd. ed. Princeton: Princeton University Press, 1969.
ANETS	Ancient Near Eastern Texts and Studies
AOTC	Abingdon Old Testament Commentary
ASORDS	American Schools of Oriental Research Dissertation Series
BA	*Biblical Archaeologist*
BAR	*Biblical Archaeology Review*
BASOR	*Bulletin of the American Schools of Oriental Research*
BBR	*Bulletin for Biblical Research*
BCBC	Believers Church Bible Commentary
BDB	F. Brown, S. R. Driver & C. A. Briggs, *A Hebrew and English Lexicon of the Old Testament.* Oxford: Clarendon Press, 1907.
BETL	Bibliotheca Ephemeridum Theoloicarum Lovaniensium
BibOr	Biblia et Orientalia
BibSac	*Bibliotheca Sacra*
BibInt	Biblical Interpretation
BJRL	*Bulletin of the John Rylands Library*
BJS	Brown Judaic Studies
BLS	Bible and Literature Series
BN	Biblische Notizen
BO	Berit Olam: Studies in Hebrew Narrative & Poetry
BR	Bible Review
BSC	Bible Student Commentary
BT	The Bible Today
BV	Biblical Viewpoint

BZAW	Beihefte zur Zeitschrift für die alttestamentliche
CAD	*Chicago Assyrian Dictionary*
CBC	Cambridge Bible Commentary
CBSC	Cambridge Bible for Schools and Colleges
CBQ	*Catholic Biblical Quarterly*
CBQMS	Catholic Biblical Quarterly Monograph Series
CB	Communicator's Bible
CHANE	Culture and History of the Ancient Near East
DSB	Daily Study Bible
EBC	Expositor's Bible Commentary
ECC	Eerdmans Critical Commentary
EncJud	Encyclopedia Judaica
EvQ	*Evangelical Quarterly*
ET	*Expository Times*
ETL	*Ephemerides Theologicae Lovanienses*
FOTL	Forms of Old Testament Literature
GCA	Gratz College Annual of Jewish Studies
GKC	E. Kautszch and A. E. Cowley, *Gesenius' Hebrew Grammar.* Second English edition. Oxford: Clarendon Press, 1910.
GTJ	*Grace Theological Journal*
HALOT	L. Koehler and W. Baumgartner, *The Hebrew and Aramaic Lexicon of the Old Testament.* Trans. by M. E. J. Richardson. Leiden: E. J. Brill, 1994-2000.
HBT	Horizon in Biblical Theology
HSM	Harvard Semitic Monographs
HUCA	*Hebrew Union College Annual*
IB	Interpreter's Bible

ICC International Critical Commentary

IDB Interpreter's Dictionary of the Bible

ISBE G. W. Bromiley (ed.), The *International Standard Bible Encyclopedia*. 4 vols. Grand Rapids: 1979-1988.

ITC International Theological Commentary

J-M P. Joüon-T. Muraoka, *A Grammar of Biblical Hebrew*. Part One: Orthography and Phonetics. Part Two: Morphology. Part Three: Syntax. Subsidia Biblica 14/I-II. Rome: Editrice Pontificio Istituto Biblico, 1991.

JAAR *Journal of the American Academy of Religion*

JANES *Journal of Ancient Near Eastern Society*

JNES *Journal of Near Eastern Studies*

JBL *Journal of Biblical Literature*

JBQ *Jewish Bible Quarterly*

JJS *Journal of Jewish Studies*

JNES *Journal of Near Eastern Studies*

JSOT *Journal for the Study of the Old Testament*

JSOTSup Journal for the Study of the Old Testament Supplement Series

JPSTC JPS Torah Commentary

LCBI Literary Currents in Biblical Interpretation

NAC New American Commentary

NCB New Century Bible

NCBC New Century Bible Commentary

NEAEHL E. Stern (ed.), *The New Encyclopedia of Archaeological Excavations in the Holy Land*. 4 vols. Jerusalem: Israel Exploration Society & Carta, 1993.

NIB New Interpreter's Bible

17

NICOT   New International Commentary on the Old Testament

NIDOTTE   W. A. Van Gemeren, ed., *The New International Dictionary of Old Testament Theology and Exegesis*. Grand Rapids: Zondervan, 1996.

NIVAC   New International Version Application Commentary

Or   Orientalia

OTA   *Old Testament Abstracts*

OTE   Old Testament Essays

OTG   Old Testament Guides

OTL   Old Testament Library

OTM   Old Testament Message

OTS   Old Testament Series

OTWAS   Ou-Testamentiese Werkgemeenskap in Suid-Afrika

PBC   People's Bible Commentary

RevExp   *Review and Expositor*

RTR   *Reformed Theological Review*

SBJT   *Southern Baptist Journal of Theology*

SBLDS   Society of Biblical Literature Dissertation Series

SBLMS   Society of Biblical Literature Monograph Series

SBLSymS   Society of Biblical Literature Symposium Series

SHBC   Smyth & Helwys Bible Commentary

SJOT   *Scandinavian Journal of the Old Testament*

SJT   *Scottish Journal of Theology*

SSN   Studia Semitica Neerlandica

TBC   Torch Bible Commentary

TynBul   *Tyndale Bulletin*

TD   Theology Digest

TDOT   G. J. Botterweck and H. Ringgren (eds.), *Theological Dictionary of the Old Testament*. Vol. I-. Grand Rapids: Eerdmans, 1974-.

THAT   *Theologisches Handwörterbuch zum Alten Testament.* 2 vols. Munich: Chr. Kaiser, 1971-1976.

TJ   *Trinity Journal*

TOTC   Tyndale Old Testament Commentaries

TS   *Theological Studies*

TUGOS   Transactions of the Glasgow University Oriental Society

TWAT   *Theologisches Wörterbuch zum Alten Testament.* Stuttgart: W. Kohlhammer, 1970-.

TWBC   The Westminster Bible Companion

TWOT   R. L. Harris, G. L. Archer, Jr., and B. K. Waltke (eds.), *Theological Wordbook of the Old Testament*, 2 vols. Chicago: Moody, 1980.

TZ   *Theologische Zeitschrift*

UBT   Understanding Biblical Themes

VT   *Vetus Testament*

VTSup   Vetus Testament Supplement Series

W-O   B. K. Waltke and M. O'Connor, *An Introduction to Biblical Hebrew Syntax*. Winona Lake: Eisenbrauns, 1990.

WB   Westminster Bible Companion

WBC   Word Biblical Commentary

WEC   Wycliffe Exegetical Commentary

WJT   *The Westminster Theological Journal*

ZAW   *Zeitschrift für die Alttestamentliche Wissenschaft*

선별된 참고문헌

(Select Bibliography)

Ackroyd, P. R. *The First Book of Samuel.* CBC. Cambridge: Cambridge University Press, 1971.

Anderson, A. A. *2 Samuel.* WBC. Dallas: Word, 1989.

Alter, R. *The Art of Biblical Narrative.* London: George Allen & Unwin, 1981.

Andersen, F. I. *The Sentence in Biblical Hebrew.* The Hague: Mouton, 1974.

Arnold, B. T. *1 & 2 Samuel.* NIVAC. Grand Rapids: Zondervan, 2003.

Baldwin, J. G. *1 and 2 Samuel.* TOTC. Downers Grove: InterVarsity, 1988.

Barthélemy, D., et al. *The Story of David and Goliath: Textual and Literary Criticism: Papers of a Joint Research Venture.* Fribourg: Éditions Universitaires, 1986.

Bergen, R. D. *1, 2 Samuel.* NAC. Nashville: Broadman & Holman, 1996.

Berlin, A. *The Dynamics of Biblical Parallelism.* Bloomington: Indiana University Press, 1985.

Bierling, N. *Giving Goliath His Due: New Archaelogical Light on the Philistines.* Grand Rapids: Baker Book House, 1992.

Birch, B. C. "The First and Second Books of Samuel: Introduction, Commentary and Reflections." In *The New Interpreter's Bible*, vol. 2, pp. 947-1383. Edited by L. E. Keck et al. Nashville: Abingdon, 1998.

_____. *The Rise of the Israelite Monarchy: The Growth and Development of I Samuel 7-15*. SBLDS. Missoula, MT: Scholars Press, 1976.

Block, D. I. "Empowered by the Spirit of God: The Holy Spirit in the Historiographic Writings of the Old Testament." *SBJT* 1 (1997): 42-60.

Brettler, M. Z. "The Composition of 1 Samuel 1-2." *JBL* 116 (1997): 601-612.

Brueggemann, W. *First and Second Samuel*. Interpretation. Louisville: John Knox, 1990.

Caird, G. B. "The First and Second Books of Samuel." In *Interpreter's Bible*, vol. 2, pp. 853-1176. Nashville: Abingdon, 1953.

Campbell, A. F. *The Ark Narrative(1 Sam 4-6; 2 Sam 6): A Form Critical and Traditio-Historical Study*. SBLDS. Missoula, MT: Scholars Press, 1975.

_____. *Of Prophets and Kings: A Late Ninth-Century Document(1 Samuel 1-2 Kings 10)*. CBQ Monograph Series. Washington: Catholic Biblical Association, 1986.

Cook, J. E. *Hannah's Desire, God's Design: Early Interpretations of the Story of Hannah*. JSOTSS. Sheffield: Sheffield Academic Press, 1999.

Driver, S. R. *Notes on the Hebrew Text and the Topography of the Books of Samuel*. Oxford: Clarendon, 1913.

De Ward, E. F. "Mourning Customs in 1, 2 Samuel." *JJS* 23 (1972): 1-27, 145-166.

Edelman, D. V. *King Saul in the Historiography of Judah*. JSOTSS. Sheffield: Sheffield Academic Press, 1991.

Eslinger, L. *Kingship of God in Crisis: A Close Reading of 1 Samuel 1-12.* Sheffield: Almond, 1985.

Evans, C. D.; W. W. Hallo; and J. B. White, eds. *Scripture in Context: Essays on the Comparative Methods.* Pittsburgh: Pickwick, 1980.

Firth, D. G. *1 & 2 Samuel.* AOTC. Downers Grove, Illinois: InterVarsity Press, 2009.

Fokkelman, J. P. *Narrative Art and Poetry in the Books of Samuel, vol. II: The Crossing Fates(I Sam. 13-31 and II Sam. 1).* Assen: Van Gorcum, 1986.

_____. *Narrative Art and Poetry in the Books of Samuel, vol. IV: Vow and Desire(I Sam. 1-12).* Assen: Van Gorcum, 1993.

Franke, J., ed. *Joshua, Judges, Ruth, 1-2 Samuel.* ACCS. Downers Grove, Illinois: InterVarsity Press, 2005.

Fritz, V.; and P. R. Davis, eds. *The Origins of the Ancient Israelite States.* JSOTSS. Sheffield: Sheffield Academic Press, 1996.

Garsiel, M. *First Book of Samuel: A Literary Study of Comparative Structures, Analogies and Parallels.* Jerusalem: Rubin, Mass, 1990.

Gordon, R. P. *I and II Samuel.* Grand Rapids: Zondervan, 1986.

Gunn, D. M. *The Fate of King Saul.* JSOTSS. Sheffield: JSOT Press, 1980.

Halpern, B. *The Constitution of the Monarchy in Israel.* HSM 25. Chico, Calif.: Scholars Press, 1981.

Hertzberg, H. W. *I and II Samuel.* OTL. Translated by J. S. Bowden. Philadelphia: Westminster, 1964.

Ishida, T. *The Royal Dynasties in Ancient Israel: A Study on the Formation and Development of Royal-Dynastic Ideology.* BZAW. Berlin: de Gruyter, 1977.

Jobling, D. *1 Samuel.* BO. Collegeville, MN: Liturgical, 1998.

Keil, C. F., and F. Delitzsch. *Biblical Commentary on the Books of Samuel.* Grand Rapids: Eerdmans, 1956.

Kirkpatrick, A. F. *The First Book of Samuel.* CBSC. Cambridge: University Press, 1891.

Klein, R. W. *1 Samuel.* WBC. Waco: Word, 1983.

Klement, H. H. *II Samuel 21-24: Context, Structure and Meaning in the Samuel Conclusion.* Frankfurt am Main: Peter Lang, 2000.

Kooij, A. van der. "The Story of David and Goliath: The Early History of Its Text." *ETL* 68(1992): 118-131.

Laato, A. *A Star Is Rising: The Historical Development of the Old Testament Royal Ideology and the Rise of the Jewish Messianic Expectations.* Atlanta: Scholars Press, 1997.

Leithart, P. J. *A Son to Me: An Exposition of 1 & 2 Samuel.* Moscow, Idaho: Canon Press, 2003.

Lewis, T. J. "The Textual History of the Song of Hannah: 1 Samuel II 1-10." *VT* 44(1994): 18-46.

Long, B. O. "Framing Repetitions in Biblical Historiography." *JBL* 106(1987): 385-399.

Long, V. P. *The Reign and Rejection of King Saul: A Case for Literary and Theological Coherence.* SBLDS. Atlanta: Scholars Press, 1999.

_____. "1 & 2 Samuel." Pp. 266-491 in Joshua, Judges, Ruth, 1 & 2 Samuel. *ZIBBC.* Grand Rapids: Zondervan, 2009.

Mauchline, J. *1 and 2 Samuel.* London: Marshall, Morgan & Scott, 1971.

McCarter, P. K., Jr. *I Samuel: A New Translation with Introduction, Notes and Commentary.* AB. Garden City: Doubleday, 1980.

_____. *II Samuel: A New Translation with Introduction, Notes and Commentary.* AB. Garden City: Doubleday, 1984.

McConville, J. G. "Priesthood in Joshua to Kings." *VT* 49(1999): 73-87.

McKane, W. *I and II Samuel*. Torch Bible Commentaries. London: SCM, 1963.

Mettinger, T. N. D. *King and Messiah: The Civil and Sacral Legitimation of the Israelite Kings*. Lund: C. W. K. Gleerup, 1976.

Millard, A. R; J. K. Hoffmeier; and D. W. Baker, ed. *Faith, Tradition, and History: Old Testament Historiography in Its Near Eastern Context*. Winona Lake, IN: Eisenbrauns, 1994.

Miller, P. D., Jr.; and J. J. M. Roberts. *The Hands of the Lord: A Reassessment of the "Ark Narrative" of 1 Samuel*. Baltimore: Johns Hopkins University Press, 1977.

Olyan, S. M. "Honor, Shame, and Covenant Relations in Ancient Israel and Its Environment." *JBL* 115(1996): 201-218.

Provan, I. W. "Ideologies, Literary and Critical: Reflections on Recent Writing on the History of Israel." *JBL* 114(1995): 585-606.

Rendtorff, R. "Samuel the Prophet: A Link between Moses and the Kings." In *The Quest for Context and Meaning: Studies in Biblical Intertextuality in Honor of James A. Sanders*, 27-36. Edited by C. A. Evans and S. Talmon. Leiden: E. J. Brill, 1997.

Rooy, H. F. van. "Prophetic Utterances in Narrative Texts, with Reference to 1 Samuel 2:27-36." *OTE* 3(1990): 203-218.

Rost, L. *The Succession to the Throne of David*. Sheffield: Almond, 1982.

Smith, H. P. *A Critical and Exegetical Commentary on the Books of Samuel*. ICC. Edinburgh: T & T Clark, 1904.

Smith, J. E. *1 & 2 Samuel*. Joplin, Missouri: College Press, 2000.

Sternberg, M. *The Poetics of Biblical Narrative: Ideological Literature and the Drama of Reading*. Bloomington: Indiana University Press, 1985.

Tadmor, H. and M. Weinfeld, eds. *History, Historiography and Interpretation: Studies in Biblical and Cuneiform Literatures.* Jerusalem: Magnes, 1983.

Tsumura, D. T. *The First Book of Samuel.* NICOT. Grand Rapids: Eerdmans, 2007.

Vos, H. F. *1, 2 Samuel.* BSC. Grand Rapids: Zondervan, 1983.

Youngblood, R. F. "1, 2 Samuel." In *EBC*, vol. 3. Edited by F. E. Gaebelein. Grand Rapids: Zondervan, 1992.

차례

엑스포지멘터리 사무엘하

3. 사울의 전사 소식(1:1-10)

¹ 사울이 죽은 후에 다윗이 아말렉 사람을 쳐죽이고 돌아와 다윗이 시글락에서 이틀을 머물더니 ² 사흘째 되는 날에 한 사람이 사울의 진영에서 나왔는데 그의 옷은 찢어졌고 머리에는 흙이 있더라 그가 다윗에게 나아와 땅에 엎드려 절하매 ³ 다윗이 그에게 묻되 너는 어디서 왔느냐 하니 대답하되 이스라엘 진영에서 도망하여 왔나이다 하니라 ⁴ 다윗이 그에게 이르되 일이 어떻게 되었느냐 너는 내게 말하라 그가 대답하되 군사가 전쟁 중에 도망하기도 하였고 무리 가운데에 엎드러져 죽은 자도 많았고 사울과 그의 아들 요나단도 죽었나이다 하는지라 ⁵ 다윗이 자기에게 알리는 청년에게 묻되 사울과 그의 아들 요나단이 죽은 줄을 네가 어떻게 아느냐 ⁶ 그에게 알리는 청년이 이르되 내가 우연히 길보아 산에 올라가 보니 사울이 자기 창에 기대고 병거와 기병은 그를 급히 따르는데 ⁷ 사울이 뒤로 돌아 나를 보고 부르시기로 내가 대답하되 내가 여기 있나이다 한즉 ⁸ 내게 이르되 너는 누구냐 하시기로 내가 그에게 대답하되 나는 아말렉 사람이니이다 한즉 ⁹ 또 내게 이르시되 내 목숨이 아직 내게 완전히 있으므로 내가 고통 중에 있나니 청하건대 너는 내 곁에 서서 나를 죽이라 하시기로 ¹⁰ 그가 엎드러진 후에는 살 수 없는 줄을 내가 알고 그의 곁에 서서 죽이고 그의 머리에 있는 왕관과 팔에 있는 고리를 벗겨서 내 주께로 가져왔나이다 하니라

사무엘상과 사무엘하는 "사울이 죽었다"(1절)는 말로 나뉜다. 사울이 죽었고, 이제 이스라엘에는 왕이 없다. 후계자 문제가 제기되면서 자연스럽게 독자들은 전사한 사울의 집안과 후손들을 바라볼 수도 있다. 이스라엘의 왕권을 포기하기에는 너무나 큰 이권이 개입되어 있어서 사울의 후손들이 다윗에게 흔쾌히 왕권을 넘겨줄 리가 없기 때문이다. 물론 저자는, 이 일은 여호와가 이미 정하신 것이기에, 다윗이 사울의 후계자가 된다는 사실이 매우 자연스런 결과라는 관점을 제시하고 있다. 그렇지만 당시에 모든 이스라엘 사람이 이 같은 관점에 동조한 것은 아

니었다.

그래서 저자는 다윗이 이스라엘 왕으로서 합리성과 적법성을 세워 가는 것을 전하는 데 심혈을 기울인다. 저자는 사무엘하 1-4장에서 정치적 민감함(political delicacy)과 문예적 수완을 총동원하여 이 같은 작업에 착수한다. 이 과정에서 사무엘하 1장은 다윗이 왕권에 대한 야망에 사로잡혀 있는 자가 아니며, 모든 일에 공정한 원칙과 올바른 가치관으로 현실에 대해 냉철한 분별력을 발휘할 수 있는 자임을 말한다. 즉, 다윗이 사울의 대를 이어 이스라엘의 왕이 될 만한 자격이 있는 인물임을 강조하는 것이다.

실제로 저자는 다윗이 사울보다 모든 면에서 훨씬 훌륭한 왕이 될 수 있음을 암시한다. 그러나 다윗이 이스라엘의 왕이 되려면 넘어야 할 험난한 산이 하나 있다. 바로 사울의 집안을 중심으로 한 옛 정권의 잔재였다. 사울을 도우며 많은 것을 누리던 사람들이 결코 이권을 포기할 리 없기 때문이다. 그래서 그들은 사울이 죽자 그의 아들 이스보셋을 왕으로 내세워 자신들의 입지를 고수하려 한다(2:8-10). 다윗이 왕이 되려면 이 세력과의 한 판 승부를 피할 수 없다.

그러나 결코 다윗이 먼저 나서지는 않을 것이다. 이번에도 다윗은 조용히 기회가 찾아오기를 기다린다. 사울이 죽으면 당연히 이스라엘이 자신을 찾아와 왕으로 추대하리라고 기대하는 것이다. 그런데 이 일이 있기 전에 예측하지 못한 사건이 일어났다. 사울과 이스라엘이 패한 전쟁터에서 한 소년이 사울의 왕관을 들고 다윗이 머물던 시글락에 나타난 것이다.

다윗이 시글락을 약탈하고 그의 아내들을 포함해 모든 사람을 끌고 갔던 아말렉 족을 쳐서 승리하고 식솔들과 노획물을 이끌고 다시 시글락으로 돌아와 쉬고 있던 3일째에(1-2절), 사울의 진에서 한 소년이 전쟁 소식을 가지고 찾아왔다. 그는 남루한 차림이었으며, 옷을 찢고, 머리에 흙을 뒤집어 쓰고 왔다. 이스라엘 군의 패배를 의미하는 불길한 징조였으나 다윗 개인에게는 좋은 징조였다. 드디어 다윗 시대의 서광이 밝았기 때문이다.

전쟁터에서 온 소년은 먼저 다윗에게 엎드려 절하며 이스라엘의 패배와 사울과 요나단의 전사 소식을 전했다(1-4절). 소식을 전해 들은 다윗의 마음이 어떠했을까? 복잡한 감정에 사로잡혔을 것이다. 한편으론 자신을 괴롭히던 사울이 죽었다는 사실에 안도의 숨을 내쉬었을 것이고, 한편으론 이스라엘의 참패와 하나님의 기름 부음을 받은 자이자 장인이었던 사울의 죽음을 애도했을 것이다. 친구이자 처남이었던 요나단의 죽음은 특별히 그를 안타깝게 했을 것이다. 언젠가는 함께 이스라엘을 하나님의 길로 인도해 보고 싶었던 꿈을 되새기며 다윗은 그저 먼 산을 바라보았을 것이다.

이 순간까지 다윗은 아무런 의심 없이 소년의 말을 그대로 믿으며 자세한 정보를 요구했다(5절). 소년은 길보아 산에 올라갔다가 치명적인 상처를 입고 괴로워하는 사울의 요청으로 그를 안락사한 후, 그의 왕관과 팔찌를 빼서 가져왔다고 했다. 이유야 어쨌든, 이 소년은 사울에게 일종의 킹킬러(king-killer) 혹은 킹브레이커(king-breaker)역할을 했음을 스스로 선언하고 있는 것이다. 그의 말에 따르면, 그는 사울에게 킹킬러 역할을 이행한 다음, 사울의 왕관과 팔찌를 가지고 다윗에게 킹메이커(king-maker)가 되기 위해 찾아온 것이다.

소년은 시글락에 머물고 있는 다윗이 사울의 뒤를 이어 이스라엘의 왕이 되고 싶어서 안달이 난 것으로 착각하고, 서슴지 않고 이런 말을 한다. 그래서 그는 사울의 왕권을 상징하던 물건들을 다윗에게 가져옴으로써 이스라엘의 차기 왕으로 지명받고 있는 다윗으로부터 포상을 기대했던 것이다.

포상을 받기 위해 이 일을 했지만, 그의 행동에는 큰 상징적 의미가 내포되어 있다. 이야기 진행에 있어서 다윗이 사울의 후계자가 되어 왕위를 계승하려면 이스라엘 사람들이 납득할 만한 정당성을 제시할 수 있어야 한다. 이 상황에서 다윗이 과연 아말렉 소년을 통해 받은 이스라엘 왕의 왕관과 팔찌를 앞세워 정당성을 주장할 것인가? 앞으로 전개될 다윗의 행동은 그가 결코 이러한 방식으로 왕이 되는 일에 만족할 수 없으며, 이 아말렉 소년은 결코 다윗을 왕으로 세우는 자(king-maker)가 될 수 없음을 강력하게 시사한다.

아말렉 소년의 이야기와 사울의 자살 이야기(삼상 31장)의 관계를 어떻게 보아야 하는가? 일부 학자들은 이 두 이야기가 사무엘서 저자가 최소한 두 개의 주요 전승을 배경으로 책을 전개해 나간다는 증거라고 주장한다(cf. Birch; McCarter). 즉, 한 전승은 사울이 자살을 했다고 기록하고 있고, 또 다른 전승은 아말렉 소년이 그를 죽였다고 기록하고 있는데, 이 두 전승을 함께 보존하기로 결정한 결과라는 것이다(cf. Gordon). 어떤 학자는 사울이 자살하려고 자신의 칼에 엎드렸으나(cf. 삼상 31:4) 기대와 달리 그의 숨통이 쉽게 끊어지지 않은 상태에서 아말렉 소년이 등장해 죽어가는 왕의 목숨을 끊어 준 것이라고 주장한다(McKane). 여호와 종교의 근본주의자인 다윗이 진실을 말하고 있는 아말렉 소년을 희생시키고 있다고 주장하는 주석가도 있다(Mauchline). 그러나 가장 설득력 있는 해석은 이 두 이야기가 보완(complementary) 관계에 있다는 입장이다.

아말렉 소년의 이야기는 사무엘상 31장에 기록된 사울의 죽음에 관한 내용과 일치하지 않는다. 그렇다면 어느 쪽이 진실을 말하는 것일까? 진실을 분별하는 데 큰 어려움은 없다. 먼저 본문에 기재된 사건의 전모는 한 소년, 그것도 사무엘서에서 매우 부정적으로 묘사되고 있는 아말렉 소년의 입을 통해 회고되는 이야기이고, 사무엘상 31장의 이야기는 사무엘서 저자의 입장인 내레이터(Narrator)의 기록이다. 사울이 스스로 목숨을 끊은 것이 사실이며, 아말렉 소년은 그의 주검 앞을 지나다가 왕관을 발견하고는 그럴싸한 이야기를 꾸며 다윗 앞에 나타났던 것이다(cf. Birch).

그러므로 아말렉 소년은 자신이 하지 않은 일을 했다고 허위 진술을 하는 것이다. 또한 우리 성경에는 번역되지 않은 히브리어 단어(הִנֵּה, lit., "그리고 보라!")를 반복적으로 사용하는데, 이는 꿈이나 환상 등을 회고할 때 자주 사용되는 표현이며 이 소년이 이야기를 지어내고 있음을 시사하는 듯하다(Berlin). 소년의 이야기에는 여러 가지 의문점이 있다. 다음 사항들을 생각해 보자.

첫째, 아말렉 소년이 말하는 대로 "적의 병거와 기병대가 사울에게 바짝 다가오고 있었다"(6절, 새번역)라는 진술이 사실이라면, 이 상황에서 어떻게 왕관을 빼돌릴 수 있었을까? 특히 당시 전쟁 관습에 따르면, 적군의 우두머리를 죽이고 소지품을 취하는 것은 병사에게 최고의 영광을 안겨주는 결코 놓칠 수 없는 승리의 상징이었는데, 어떻게 이 소년이 "바짝 다가오는 기병대와 병거"를 따돌리고 평안히 그곳을 탈출할 수 있었단 말인가? 블레셋 군인들은 모두 허수아비였다는 말인가? 소년의 주장에 미심쩍은 부분이 있는 것이다.

둘째, 소년은 자신을 마치 사울의 군대에 속한 병사였던 것처럼 이야기를 진행하고 있다. 그런데 사울이 아말렉 족을 군대로 징집하거나 용병으로 고용했다는 기록은 없다. 이스라엘 군에 이방인이 용병으로 고용되는 것은 다윗이 왕위에 있던 때부터 기록된 사례들이다. 물론 다윗은 사울이 세워 놓은 전례에 의해 이스라엘 군대에 이방인들을 끌어들였다고 해석할 수도 있지만, 이러한 가능성은 희박하다. 왜냐하면 사무엘은 오래전에 사울에게 출애굽 때의 일로 인해 아말렉 사람들을 진멸하라는 명령을 내린 적이 있었고, 사울은 이 명령을 제대로 이행하지 않음으로써 하나님으로부터 버림받는 뼈아픈 경험을 했기 때문이다(삼상 15장). 이러한 상황에서 어떻게 해서든지 하나님과의 관계를 회복하려고 노력했을 사울이 아말렉 사람들을 이스라엘의 군대에 끌어들일 리는 없었을 것이다(cf. 삼상 28:3-6).

셋째, 블레셋 군의 손에 죽으나 아말렉 소년의 손에 죽으나, 사울이 이방인에게 죽기는 마찬가지다. 그런데 왜 아말렉 소년에게 죽여 달라고 했을까? 이스라엘이 대적해서 싸우고 있는 블레셋 사람들의 손에서 이스라엘의 왕을 죽이는 영광을 빼앗기 위해서였을까? 블레셋 군이 바짝 다가오고 있는 상황을 감안한다면, 질주해 오는 적군을 대적해 차라리 장렬하게 전사하는 것이 왕으로서 더 바람직한 선택이었을 텐데 말이다.

이와 같은 정황을 고려할 때, 이 소년은 거짓말을 하는 것이다(cf. Keil & Delitzsch). 그는 아마도 전쟁에서 승리한 블레셋 사람들이 패배한 이스라엘 사람들의 시체에서 돈이 될 만한 것들을 약탈하기 전에 같은 목적으로 산에 올랐다가 우연히 사울을 보았을 것이다(Arnold). 그리고 사울의 시체에서 왕관과 팔찌를 챙긴 후에 이야기를 꾸며 다윗을 찾아왔던 것이다.

그렇다면 그는 왜 "내가 그의 죽는 것을 도왔다"라고 주장했을까? 시체를 약탈하러 올라갔다가 사울을 보았다고 진실을 고백하는 것은 자존심 상하는 일이다. 폐허더미 속에서 먹을 것을 찾는 여우와 같기 때문이다. 게다가 사실을 말하면 다윗의 진노를 살 수도 있다. 쓰러져 있는 이스라엘의 군인들을 상대로 약탈을 감행했기 때문이다. 또한 그는 차기 왕이 될 다윗에게 그가 필요한 왕관을 선사함으로써 자신의 역할을 영웅적으로 드러내고자 하는 마음도 있었을 것이다. 다만 문제는 그가 다윗의 믿음과 가치관에 대해 잘못 알고 있었다는 것이다. 게다가 다윗은 이 소년이 기대한 대로 움직여 줄 호락호락한 상대가 아니었다.

필자는 이미 사무엘상 28-31장에 기록된 사건들의 시간적 순서가 바뀌어 있음에 관해 몇 차례 언급했다. 사무엘상 28장부터 본문에 이르기까지 기록된 사건들을 시간의 흐름 순서로 정리해 보면 다음과 같다(Bergen). 저자는, 북쪽 이스르엘 계곡에 있는 길보아 산에서 블레셋과 이스라엘의 전쟁이 진행되고 있을 때 다윗이 그곳에서 최소한 150km 이상 떨어진 남서쪽에서 아말렉 사람들과 사투를 벌이고 있었다는 사

실을 회고함으로써, 다윗이 사울의 죽음과 전혀 관계가 없음을 강조하
고자 한다.

일(day)	성경 말씀	사건
(이전)	삼상 28:4	블레셋 사람들이 전쟁을 하기 위해 집결함
	29:1	블레셋 사람들이 아벡에 모임
	28:4	사울이 전쟁을 위해 군대를 모음
	28:4	이스라엘이 길보아 산에 진을 침
	29:1	이스라엘이 이스르엘에 진을 침
1	29:2	블레셋 사람들이 다윗과 함께 아벡을 떠나 진군함
	29:3	블레셋 사람들이 다윗을 블레셋 군에서 배제함
2	29:10-11	다윗과 사람들이 블레셋 사람들과의 첫 날 행군을 뒤로하고 다음 날 새벽에 블레셋 진영을 떠나 시글락으로 향함
4	28:4	블레셋 사람들이 이스르엘에 도착함
	28:4	블레셋 사람들이 수넴에 진을 침
	28:5	사울이 블레셋 군을 보고 두려워함
	28:6	사울이 하나님의 말씀을 구하지만 실패함
	28:8	사울이 엔돌의 점쟁이를 찾아가 사무엘과의 대화를 통해 임박한 죽음을 알게 됨
	28:25	사울이 엔돌에서 길보아로 돌아옴
	30:1	다윗이 3일 동안의 여정 끝에 시글락에 도착함. 시글락이 불에 탔음
	30:7-8	다윗이 하나님의 말씀을 구함
	30:17	다윗과 사람들이 밤중에 아말렉 사람들을 습격함
5	30:17	다윗이 밤이 될 때까지 아말렉과 싸워 가족들을 구하고 많은 노획물을 얻음
	31:1-6	블레셋 군이 이스라엘 군을 물리침
	31:2-6	블레셋 사람들이 사울과 아들들을 죽임
6	31:9	블레셋 사람들이 사울의 목을 베고, 갑옷을 벗김
	31:10	블레셋 사람들이 사울의 시체를 벧산 성벽에 걸어둠
	31:11-13	길르앗 야베스 사람들이 사울의 시체를 거둠
	30:26	다윗과 사람들이 시글락으로 돌아옴
	삼하 1:1	다윗이 아말렉 사람들을 물리치고 돌아옴
7-8	삼하 1:1	다윗과 사람들이 시글락에서 이틀을 머뭄
	삼상 30:26-31	다윗이 유다 성읍들에 선물을 보냄
9	삼하 1:2	아말렉 소년이 사울의 죽음을 알림

4. 장례식장으로 변한 시글락(1:11-16)

¹¹ 이에 다윗이 자기 옷을 잡아 찢으매 함께 있는 모든 사람도 그리하고 ¹² 사울과 그의 아들 요나단과 여호와의 백성과 이스라엘 족속이 칼에 죽음으로 말미암아 저녁 때까지 슬퍼하여 울며 금식하니라 ¹³ 다윗이 그 소식을 전한 청년에게 묻되 너는 어디 사람이냐 대답하되 나는 아말렉 사람 곧 외국인의 아들이니이다 하니 ¹⁴ 다윗이 그에게 이르되 네가 어찌하여 손을 들어 여호와의 기름 부음 받은 자 죽이기를 두려워하지 아니하였느냐 하고 ¹⁵ 다윗이 청년 중 한 사람을 불러 이르되 가까이 가서 그를 죽이라 하매 그가 치매 곧 죽으니라 ¹⁶ 다윗이 그에게 이르기를 네 피가 네 머리로 돌아갈지어다 네 입이 네게 대하여 증언하기를 내가 여호와의 기름 부음 받은 자를 죽였노라 함이니라 하였더라

다윗과 함께 소년의 보고를 듣던 사람들은 다윗이 그의 정적이 죽었다는 '희소식'인 동시에 결코 심상치 않은 소식을 접하고 과연 어떤 반응을 보일까 하여 호기심 어린 눈으로 그의 태도를 주시했다. 신하들은 다윗이 슬퍼하면 같이 슬퍼하고, 그가 기뻐하면 같이 기뻐할 준비를 하고 그의 눈치를 살폈다. 이러한 면에서 10절에서 11절로 넘어가는 순간은 모두를 숨죽이게 하는 아슬아슬한 순간이다.

다윗은 슬픔을 억누르지 못하고 자기 옷을 찢고 해가 질 때까지 울며 금식했다(11-12절). 어떤 학자들은 사무엘서에 묘사된 다윗을 정치적 수단꾼이요, 계산에 빠른 사람이라 비난한다(Gunn). 그들은 이 사건도 자신이 취할 수 있는 최고의 이익을 약삭빠르게 챙기는 다윗의 정치적 쇼였다고 주장한다. 이미 사울이 죽고 아말렉 소년이 왕관을 가져 온 상황에서 다윗이 기쁜 내색을 드러냄으로써 더 이상 얻을 것은 아무것도 없기 때문에, 백성들 앞에서 선왕의 죽음을 슬픔으로 맞이하는 모습을 구사함으로써 자신은 그의 죽음과 무관하며 진정으로 사울을 해할

마음이 없었다는 점을 강조한다는 것이다. 그뿐만 아니라 아말렉 소년을 처형함으로써 "여호와의 기름 부음을 받은" 왕의 몸에 함부로 손을 대는 행위를 금하고 앞으로 자신의 정권에 도전할 자들에게 강력하게 경고하는 것이라고 주장한다.

그러나 이러한 결론은 다윗에 대해 지나치게 비관적이며 부정적인 평가다. 다윗은 요나단을 진정으로 사랑했다. 또한 결코 사울을 마땅히 제거되어야 하는 자신의 원수로 생각한 적도 없다(Payne). 그의 슬픔은 진정한 사랑과 우정에서 비롯되었던 것이다. 그리고 어찌 되었든지 사울은 그의 장인이 아닌가? 어떤 사위가 장인의 죽음을 슬퍼하지 않겠는가!

옆에서 그를 지켜보던 사람들도 모두 다윗과 함께 금식하고 옷을 찢으며 사울의 죽음을 애도했다. 다윗이 어떤 반응을 보일까 하는 호기심에 그를 주목하던 자들은 다윗의 진솔한 통곡에 자신들의 마음을 완전히 빼앗겼을 것이고, 평생 그에게 충성할 것을 마음속으로 다짐했을 것이다. 자신을 그렇게 괴롭히던 사람의 사망 소식을 듣고도 기뻐하기보다 이스라엘의 수모로 여기며 울부짖는 그의 모습은 진정한 성인(聖人)의 모습으로 그들에게 각인되었을 것이다. 그들은 다시 한 번 하나님께 이런 사람을 위해 목숨을 바칠 수 있게 되었음에 감사했을 것이다. 이렇게 진실된 자에게 삶을 맡기지 못하는 것은 비극이라 생각하면서 말이다. 다윗은 통곡할 때를 알았던 사람이다. 통곡해야 할 때 통곡하는 사람은 복이 있다.

자신이 전한 전쟁 소식과 사울의 전사 소식이 다윗 진영에 큰 축제를 가져올 것으로 기대했던 아말렉 소년은(Birch) 다윗과 시글락에 거주하는 온 이스라엘 사람들이 슬픔에 잠기는 모습을 보면서 무슨 생각을 했을까? 다윗을 포함한 이스라엘 사람들이 참으로 속내를 드러내지 않는 위선자들이라고 생각했을까?

아말렉 소년은 자신이 다윗을 잘못 판단했다며 후회했을 것이다. 소년은 누구든지 적/원수의 멸망을 기뻐하는 것은 당연한 일이라는 기준에서 이 이야기를 꾸며댔지만, 다윗만큼은 보통 사람들과 다른 가치관을 지니고 있음을 깨달았다. 이것을 의식하는 순간 포상에 대한 기대는 물거품이 되었고, 오히려 불안과 초조가 그를 엄습하기 시작했다. 불확실하고 불안한 미래는 그를 공포로 몰아갔다. 그는 속으로 이렇게 되뇌었는지도 모른다. '기회가 주어지는 대로 자초지종을 말하고 포상이 탐나 이야기를 꾸며낸 죄를 용서해 달라고 빌어야겠다'고 말이다. 그러나 그러한 기회는 그를 찾아오지 않았다. 처음부터 진실을 말하지 않은 자가 치러야 할 대가였던 것이다.

하루 종일 금식하고 애곡한 후 다윗은 소식을 전한 소년에게 어디 출신인지를 물었다. 이미 8절에서 소년이 자신은 아말렉 사람이라고 밝혔지만, 다윗이 못 들었던 것일까? 아마도 그의 진술 내용을 다시 한 번 확인하기 위해서였을 것이다. 소년은 자신을 "아말렉 사람 곧 외국인의 아들"(בֶּן־אִישׁ גֵּר עֲמָלֵקִי אָנֹכִי)이라고 밝혔다(13절). 이 문장의 의미는 공동번역의 "이스라엘에 몸붙여 사는 아말렉 2세"에서 더 확실하게 드러난다. 소년은 자신이 이스라엘에 "정착해 사는 이방인"(גֵּר)의 아들이라고 한 것이다.

이 소년의 말이 진실일까? 그는 진짜 이스라엘에 정착해 사는 이방인일까? 아마도 사실이 아닐 것이다. 왜냐하면 이미 여러 차례 언급한 대로, 이스라엘은 하나님으로부터 아말렉 사람들을 이 땅에서 지워 버리라는 명령을 받았다(출 17:15-16; 신 25:17-19). 사울도 사무엘로부터 아말렉 족을 진멸하라는 명령을 받았다(삼상 15장). 이 상황에서 아말렉 사람이 이스라엘에 정착해서 산다는 것은 가능성이 없는 일이다. 소년이 거짓말을 하는 것이다.

이스라엘에 "정착해 사는 이방인"의 경우 이스라엘 사람들처럼 많은 권리를 누리지는 못했지만, 어느 정도의 기본적인 권리는 누리고 있었다(cf. 출 12:48; 20:10; 23:9; 레 19:10). 또한 "정착해 사는 이방인"으로서 그에게는 결코 그 누구에게도 죽임을 당할 수 없는 이스라엘 왕의 불가침적 신성을 존중해야 할 책임이 있었다. 그러므로 그의 행위는 이방인들에 대한 요구 사항을 무시한 처사였다. 설령 이 아말렉 소년이 자신이 말한 대로 이스라엘에 정착해 사는 이방인이었더라도, 결코 이스라엘의 왕을 죽인 책임은 면할 수 없는 것이다. 만일 이 소년이 "정착해 사는 이방인" 행세를 하지 않았다면, 그의 행위에 대한 판결문은 다른 식으로 표현되었을 것이다(Gordon).

소년은 왜 하필이면 아말렉 족이었을까? 아말렉 족은 바로 며칠 전에 다윗이 생명을 내걸고 싸우던 적이 아니었던가? 이 소년은 참으로 운이 없다. 다윗도 아말렉 사람들을 "재수없는 자들"로 여겼다. 또한 엔돌의 점쟁이에 의해 불려 올려진 사무엘은 사울이 여호와께 거부당한 이유를 "아말렉 족을 모두 멸망시키지 않아서"였다고 했다(삼상 28:18). 그런데 길보아 산에서 유일하게 사울의 전사 소식을 전해온 자가 아말렉 소년이라니! 아말렉 족은 다윗의 진노의 대상이요, 사울의 죽음과 멸망을 초래한 족속인데 아말렉 사람이 사울의 죽음을 알리고 있는 것이다.

다윗은 그 소년을 처형했다(15절). 여호와의 기름 부음을 받은 사람을 감히 겁도 없이 살해한 것에 대한 심판이었다(14절). 이 소년의 이야기가 진실인지 거짓인지에는 관심이 없다. 심문을 통해 진상이 규명된다면 소년은 이야기를 거짓으로 꾸며낸 경미한 죄를 지었으므로 처형까지 당하지는 않았을 것이다. 그러나 다윗은 단순히 "네가 말한 대로 네게 그 피를 돌린다"라고 판정하고 처형했다(16절). 아말렉 소년은 자신의 거짓말에 대한 책임을 면치 못하게 된 것이다.

이 사건은 우리 모두에게 말에 대한 책임을 다시 한 번 상기시킨다. 아말렉 소년이 이처럼 엄청난 이야기를 꾸며내 죽음을 자초한 것은 그가 다윗의 끝없는 "여호와의 기름 부음을 입은 자"에 대한 예우를 몰랐기 때문이다. 필자는 가끔 강의 시간에 학생들에게 성경을 많이 읽을 것을 권면하면서 농담조로 이렇게 말한다. 아말렉 소년이 사무엘상만 읽었어도 이런 일은 당하지 않았을 것을….

아말렉 소년은 다윗이 왜 사울을 두 번씩이나 살려 주었는지를 몰랐다. 그 이유를 알았다면, 결코 사울의 왕관을 가지고 당당하게 다윗 앞에 서지는 못했을 것이다. 그는 다윗을 자신과 같은 부류의 사람으로 착각했다. 또한 다윗이 아말렉 소년을 처형한 것은, 그가 블레셋 왕 아기스의 요청으로 전쟁에 참여하게 되었다면(cf. 삼상 27, 29장) 어느 편에 서서 싸웠을까에 대한 답을 제시한다. 그는 분명히 사울과 함께 이스라엘의 적 블레셋을 대항해 싸웠을 것이다(Gordon). 어리석은 아기스 왕과 달리 블레셋 방백들은 다윗을 제대로 알고 있었기에 다윗의 전쟁 참여를 반대했던 것이다.

> Ⅲ. 다윗의 상승과 사울의 쇠퇴(삼상 16:1-삼하 5:10)
>   6장. 사울의 죽음(삼상 31:1-삼하 1:27)

5. 사울 일가를 위한 애가(1:17-27)

[17] 다윗이 이 슬픈 노래로 사울과 그의 아들 요나단을 조상하고 [18] 명령하여 그것을 유다 족속에게 가르치라 하였으니 곧 활 노래라 야살의 책에 기록되었으되
[19] 이스라엘아 네 영광이 산 위에서 죽임을 당하였도다
오호라 두 용사가 엎드러졌도다
[20] 이 일을 가드에도 알리지 말며
아스글론 거리에도 전파하지 말지어다
블레셋 사람들의 딸들이 즐거워할까,
할례 받지 못한 자의 딸들이 개가를 부를까 염려로다
[21] 길보아 산들아 너희 위에 이슬과 비가 내리지 아니하며
제물 낼 밭도 없을지어다

거기서 두 용사의 방패가 버린 바 됨이니라

곧 사울의 방패가 기름 부음을 받지 아니함 같이 됨이로다

²²죽은 자의 피에서, 용사의 기름에서

요나단의 활이 뒤로 물러가지 아니하였으며

사울의 칼이 헛되이 돌아오지 아니하였도다

²³사울과 요나단이 생전에 사랑스럽고 아름다운 자이러니

죽을 때에도 서로 떠나지 아니하였도다

그들은 독수리보다 빠르고 사자보다 강하였도다

²⁴이스라엘 딸들아 사울을 슬퍼하여 울지어다

그가 붉은 옷으로 너희에게 화려하게 입혔고

금 노리개를 너희 옷에 채웠도다

²⁵오호라 두 용사가 전쟁 중에 엎드러졌도다

요나단이 네 산 위에서 죽임을 당하였도다

²⁶내 형 요나단이여 내가 그대를 애통함은

그대는 내게 심히 아름다움이라

그대가 나를 사랑함이 기이하여

여인의 사랑보다 더하였도다

²⁷오호라 두 용사가 엎드러졌으며

싸우는 무기가 망하였도다 하였더라

다윗은 사울과 요나단의 죽음을 슬퍼하며 히브리 시 가운데 가장 뛰어난 것으로 평가되는 애가(哀歌)를 지었다. 그는 이 시를 "활의 노래"라고 하였고, 『야살의 책』(cf. 수 10:13)에 먼저 기록되었던 것을 사무엘서의 저자/편집자가 인용해 이곳에 수록하고 있다. 저자/편집자가 이 책을 집필하는 데 인용한 구체적인 출처를 밝히고 있는 것이다. 종종 일부 학자들은 다윗이 이 시를 저작했다는 사실을 부인하지만(cf. McCarter), 시 곳곳에 그가 이 노래를 지었다는 흔적이 보이며 또, 아니

라면 설득력 있는 증거가 제시되어야 할 텐데 아직까지 뚜렷하게 제시
된 바가 없다(Ackroyd; Arnold).

『야살의 책』(סֵפֶר הַיָּשָׁר)이란 이름은 "의인의 책"이라는 뜻으로, 오늘
날에는 전해지지 않는다(cf. HALOT). 그러나 이 책이 이스라엘 백성과
지도자들의 영웅적인 업적을 기리는 책이었다는 점은 쉽게 짐작할 수
있다(Christensen). 이 노래는 히브리 시의 가장 아름답고 섬세한 면을 보
여 줄 수 있는 모델 가운데 하나에 속한다(Holladay; Freedman). 다윗은 이
애가를 통해 진정한 비통함을 잘 드러낸다.

나아가 이 시는 한 개인의 슬픔을 노래하는 데 그치지 않고 온 이스
라엘의 애통함을 잘 묘사한다. "이 시는 오늘날에도 대중적 고뇌(public
grief)를 표현하는 데 사용될 수 있는 모델이 될 수 있다"(Brueggemann).
내용면에서 볼 때 한 가지 놀라운 것은, 이 애가가 어떤 형태의 종교적
인 뉘앙스도 지니고 있지 않으며, 순전히 인간적인 고통과 아픔만을 노
래한다는 점이다(Driver).

다윗은 과장법을 사용해 자신의 개인적인 슬픔과 이스라엘의 국가적
수치를 잘 묘사하고 있다(17-20절). 비록 한때는 자신의 목숨을 찾아 나
서기도 했지만, 사울은 엄연한 이스라엘의 왕이었다. 그러므로 다윗은
이스라엘의 한 백성으로서 모든 예우를 갖추어 그의 죽음을 슬퍼했던
것이다. 또한 그와 함께 쓰러진 요나단 역시 다윗을 무척 사랑했던 친
형과 같은 존재가 아닌가! 다윗은 요나단의 죽음을 사랑했던 형 혹은
친한 친구의 죽음으로 여기며 슬퍼하는 것이다.

그는 "오호라 두 용사가 엎드러졌도다"(19절)를 하나의 반복되는 후
렴으로 사용한다(25, 27절). 히브리어로는 세 단어(אֵיךְ נָפְלוּ גִבּוֹרִים)로 구성
되어 있는 짧은 문장이다. 다윗은 이 짧은 문장을 통해 자신이 받은 충
격과 아픔을 극적으로 토로한다(Arnold). 또한 이 문장의 반복은 이 노
래를 섹션으로 나누는 일에 기여하는 중요한 표지(marker)가 된다.

비록 말년에는 형편없는 지휘관으로 전락했지만, 사울의 처음은 어

떠했는가? 길르앗 야베스를 구원했던 용사가 아니었는가? 비록 오늘
은 길보아 산에서 아버지와 함께 엎드러졌지만, 요나단이 누구인가?
혈혈단신으로 온 블레셋 진영을 흔들어 놓았던 명장이 아니었던가? 이
두 사람의 죽음을 노래하는 데 있어 "오호라 두 용사가 엎드러졌도다"
라는 후렴이 사용되는 목적은 이스라엘의 영화로운 과거와 수치스러운
현재를 대조하기 위한 것이다. 그때 사울과 요나단처럼 위대한 장군들
이 지휘했던 이스라엘은 위대했지만, 지금은 완전한 패배를 당했을 뿐
아니라 죽은 그들의 자리를 채울 사람이 없다는 것을 상기시키고 있다.

다윗은 "블레셋 사람들의 딸들이 즐거워할까, 할례 받지 못한 자의
딸들이 개가를 부를까 염려로다"라며 그들의 죽음을 큰소리로 알리지
말라고 노래한다(20절). 이스라엘은 사울과 요나단의 죽음을 조용히 슬
퍼하며 그동안의 삶을 되돌아보는 기회로 삼아야 했다. 그동안 사울에
게 쫓기면서 블레셋 왕 아기스에게 몸을 맡기기는 했지만, 다윗은 드디
어 블레셋에 대한 자신의 속마음을 드러내고 있다. 비록 처량한 객이
되어 블레셋 왕의 호의와 보호 속에 있었지만, 다윗은 한 순간도 블레
셋 사람들과 한통속이라는 생각을 가져 본 적이 없었다. 그 누가 말했
던가! 정치와 외교에서는 오늘의 적이 내일의 아군, 오늘의 아군이 내
일의 적이 될 수 있다고 말이다!

두 용사의 죽음을 애도하는 21-25절은 19절에서 언급했던 길보아 산
위에서 죽은 이스라엘의 영광이 누군가를 밝힌다. 바로 사울과 요나단
이다. 길보아 산에서 이들이 죽었기에 길보아 산에는 저주가 내려진다.
슬픔의 표시다. 다윗은 이날의 전투가 매우 격렬했던 것으로 표현한다.
이스라엘의 많은 용사가 죽은 전투였으니 당연하다. 그는 또한 이들의
죽음을 매우 장렬한 용사들의 최후로 묘사한다. 죽는 순간까지 비굴하
지 않았고, 죽는 순간까지 용맹스러웠던 그들의 모습을 독수리와 사자
에 비교한다. 이들의 죽음은 또한 이스라엘을 그 순간까지 발전시키고
영화롭게 한 장본인들의 죽음을 의미하기도 했다. 이스라엘의 딸들에

게 부귀와 영화를 상징하는 붉은 옷과 금 노리개를 입혀 주었던 자들의
죽음이었다.

시인 다윗은 이어 요나단의 죽음을 가슴 아파한다(26-27절). 다윗의
애가는 요나단을 기억함으로써 절정에 이른다. 요나단은 다윗에게 친
형들보다 따뜻했고, 하나님의 섭리에 순종하는 것이 무엇인지 자신의
삶을 통해 가르쳐 준 사람이었다. 그런 그가 죽었다. 다윗은 이 순간 오
열했을 것이다.

"내 형 요나단이여…그대가 나를 사랑함이 기이하여 여인의 사랑보
다 더하였도다"라는 말을 어떤 사람들은 다윗이 요나단과 동성애를 했
던 증거라고 주장한다(Horner; Gunn). 대꾸할 가치도 없는 말도 안 되는
소리다(cf. Jobling; Arnold). 사무엘상에 따르면, 요나단은 생명의 위협을
무릅쓰고 다윗을 매우 각별하게 사랑하고 도왔다. 다윗은 요나단의 사
랑에 항상 감사했고, 그의 끈끈한 사랑과 염려가 자신을 향한 세상 어
떤 여인의 사랑보다 진하고 고귀했다고 회고한다. 그런 그가 죽은 이
순간, 다윗이 애가를 부르며 슬퍼하는 것은 당연한 일이다.

온 이스라엘은 다윗과 함께 사울과 요나단의 죽음을 슬퍼한다. 독자
인 우리도 함께 슬퍼한다. 사울의 일생을 정리하면 매우 측은한 생각이
든다. 신실했던 요나단의 죽음에 대해 우리는 아쉬움을 금할 수 없다.
그러나 다윗의 장래를 위해서는 사울도 요나단도 죽어야 한다. 다윗이
이스라엘의 왕이 되는 일에 가장 큰 걸림돌이 되는 사람이 사울이고,
앞으로 가능성이 있는 자가 바로 요나단이기 때문이다.

물론 요나단은 이미 오래전에 상징적으로나마 다윗에게 차기 왕권을
넘겨주었다(삼상 18:3-4). 그리고 그는 확신했다. 다윗이 차기 이스라엘
의 왕이 되는 것은 하나님의 섭리며, 자신은 하나님의 뜻을 결코 거스
르지 않겠다고 말이다(삼상 20장). 그러나 실제로 왕권이 자신에게 넘어
오면 요나단이 어떤 반응을 보였을지 모르는 일이다. 게다가 그의 주변
사람들은 그가 다윗에게 왕권을 선사하는 것을 결코 용납하지 않았을

것이다.

다윗은 자신의 슬픔을 노래로 승화시켰다. 말은 소중한 것이며, 생각은 말로 표현되어야 한다. 교회가 존재하는 목적 중 하나는 적절한 표현을 통해 각 개인이 슬픔을 말할 수 있도록 하는 것이다. 목회자들은 중요한 것과 중요하지 않은 것을 구분할 줄 알아야 한다. 다윗은 지금 이 부분에서 대단한 능력을 보이고 있다. 우리는 공동체가 슬픔을 표현하도록 권장해야 한다. 이 시대는 많은 아픔을 안고 살아간다. 때로는 이 아픔이 개인적인 것으로 간주되지 않고 공동체의 아픔으로 표현될 수 있도록 해야 한다.

다윗의 정치적 상승을 예고하며 여명이 밝아오기 시작하는 본 섹션은 사무엘서가 전개하는 중요한 신학적 주제에 의미심장한 요소를 추가한다. 사무엘서는 여호와의 주권에 대해 각별한 관심을 갖고 있으며, 이를 계속 부각시켜 왔다. 한나의 기도의 한 부분인 "여호와는 죽이기도 하시고 살리기도 하시며…"(삼상 2:6-8)는 이 주제를 매우 간단명료하게 정리한다. 사무엘은 레위 사람이 아닌데도(cf. 삼상 1:1) 제사장이 될 수 있었는가 하면, 엘리의 조상들에게 주어졌던 하나님의 '영원한 제사장권'이 그의 시대에 와서 무효가 되었다(삼상 2:27-30).

엘리와 사무엘의 공통점은 자식을 제대로 키우지 못해 여호와를 두려워하지 않는 아이들로 양육했다는 점이다. 그런데 사무엘은 무사하고 엘리는 무시무시한 심판을 받았다. 인간적으로 생각할 때, 다윗은 결코 사울보다 뛰어난 사람이 아니다. 다윗도 많은 죄를 지었다. 그럼에도 불구하고 다윗은 하나님의 복을, 사울은 하나님의 버림을 받았다. 이 모든 것이 하나님의 주권으로 설명된다. 사무엘서는 이처럼 절대적인 하나님의 주권을 매우 흥미진진한 동시에 의미심장하게 전개해 나간다.

다윗은 어떤 사람인가? 이러한 여호와의 주권에 자신의 몸을 던졌던 사람이다. 하나님은 그에게 두 번이나 사울을 죽일 수 있는 기회를 주셨다. 그것도 두 번 내려칠 필요도 없을 정도의 절호의 찬스를 말이다. 한 번은 사울이 용변을 보고 있을 때, 또 한 번은 사울이 코를 골고 자고 있을 때, 다윗은 사울 옆에 있었다. 두 번 모두 다윗이 사울을 죽이는 데 방해되는 것은 하나도 없었다. 주변 사람들은 이 두 번의 기회는 하나님이 허락하신 일이라며 사울을 죽이라고 부추겼다. 실제로 이 기회들을 이용해 다윗이 사울을 죽였더라도, 그 누구도 다윗을 나쁘다 말할 수 없을 것이다. 이 모든 갈등의 시작은 사울에게서 비롯된 것이기 때문이다.

그러나 다윗은 끝까지 사울을 죽이는 것을 거부했을 뿐만 아니라 그의 부하 중 그 누구도 사울의 목숨을 노리지 못하도록 했다. 자신의 의를 드러내기 위해서였을까? 이러한 행동의 가장 근본적인 동기는 하나님의 주권에 대한 다윗의 신뢰와 확신에 있었다. 나라는 하나인데 두 사람을 왕으로 기름 부으신 분은 하나님이었다. 그러므로 이 문제는 궁극적으로 하나님이 해결하실 문제라고 생각했던 것이다. 그는 자신의 운명을 철저하게 하나님께 맡기고 그분의 처분을 기다렸다.

사무엘하 1장은 이처럼 하나님의 주권에 철저하게 자신을 내맡기는 자가 어떠한 복을 얻을 것인가에 대한 좋은 예를 보여 준다. 생각해 보자. 다윗이 사울을 죽였다면 어떤 일이 벌어졌을까? 다윗이 헤브론에서 유다의 왕이 된 후 7년 동안 사울의 아들들과 아브넬을 중심으로 한 구세력과 내란을 겪었음을 생각할 때, 그가 사울을 죽였다면 통일 왕국 건설은 그만큼 어려웠을 것임을 짐작할 수 있다.

만약 다윗이 사울을 죽였다면, 정적이기에 앞서 장인이었던 사울을 죽인 죄책감은 또 어떻게 감당할 것인가? 그의 아내이자 사울의 딸이었던 미갈은 남편이 아버지를 죽인 것을 어떻게 받아들였을까? 무엇보다 가장 어려운 문제는 요나단이다. 비록 요나단이 다윗을 생명처럼 사랑했고, 심지어 자신에게 보장되었던 왕권마저도 다윗에게 선사했지만, 아버지를 죽인 원수를 용서할 수 있었을까? 다윗이 사울을 죽였다

45

고 가정한다면 시나리오는 이렇듯 복잡해진다.

다윗이 사울 문제를 여호와의 주권에 전적으로 맡겼던 결과를 보라. 물론 앞으로 아브넬과 이스보셋을 중심으로 한 세력과 전쟁을 치러야 한다. 그러나 그를 가장 난처하게 할 수 있는 근본적인 문제들은 모두 해결되지 않았는가! 이로써 다윗은 자신과 백성들에게 떳떳하게 설 수 있게 되지 않았는가! 이것이 여호와의 주권에 모든 것을 맡기는 자가 누리게 되는 축복이리라!

7장. 다윗이 이스라엘의 왕이 됨(2:1-5:10)

다윗의 정적 사울이 전사했다고 해서 이스라엘이 자연스럽게 다윗을
왕으로 삼은 것은 아니다. 오히려 사울이 후계자를 지명하지 않은 상황
에서 죽었기 때문에 분위기는 어수선했고, 정치인들은 자신의 입지를
고수하기 위해 분주하게 움직이기 시작했을 것이다. 결국 다윗은 헤브
론에서 자신의 혈육인 유다 족속의 왕으로 추대되었고, 아브넬을 구심
점으로 한 옛 세력은 사울의 아들 이스보셋을 이스라엘의 왕으로 내세
웠다. 그때까지 한 나라였던 통일왕국이 두 동강난 것이다.

다윗은 "내가 하나님의 기름 부음을 받았으니 당연한 후계자다"라는
고자세를 취하지 않았다. 그는 순간순간 최선을 다하며 하나님의 인도
하심 가운데 결국 통일왕국의 왕이 된다. 이 과정을 살펴보면, 사울이
죽은 이스라엘에는 두 왕이 있었고(2:1-11), 두 왕을 중심으로 두 세력이
형성되어 이스라엘은 내란을 겪게 된다(2:12-3:5). 이 전쟁은 두 차례의
살인 사건을 초래하지만(3:6-4:12), 결국에는 다윗이 왕위에 오르는 것으
로 끝을 맺는다(5:1-5). 한 나라에 두 왕이 세워진 이야기로 시작해 다윗
이 유일한 왕이 되는 이야기로 막을 내리는 것이다. 섹션을 나눠 구조
를 살펴보면 다음과 같다.

  A. 이스라엘의 두 왕(2:1-11)
    B. 다윗과 이스보셋(2:12-4:12)
  A'. 이스라엘의 왕 다윗(5:1-10)

1. 이스라엘의 두 왕(2:1-11)

¹ 그 후에 다윗이 여호와께 여쭈어 아뢰되 내가 유다 한 성읍으로 올라가리이까 여호와께서 이르시되 올라가라 다윗이 아뢰되 어디로 가리이까 이르시되 헤브론으로 갈지니라 ² 다윗이 그의 두 아내 이스르엘 여인 아히노암과 갈멜 사람 나발의 아내였던 아비가일을 데리고 그리로 올라갈 때에 ³ 또 자기와 함께 한 추종자들과 그들의 가족들을 다윗이 다 데리고 올라가서 헤브론 각 성읍에 살게 하니라 ⁴ 유다 사람들이 와서 거기서 다윗에게 기름을 부어 유다 족속의 왕으로 삼았더라 어떤 사람이 다윗에게 말하여 이르되 사울을 장사한 사람은 길르앗 야베스 사람들이니이다 하매 ⁵ 다윗이 길르앗 야베스 사람들에게 전령들을 보내 그들에게 이르되 너희가 너희 주 사울에게 이처럼 은혜를 베풀어 그를 장사하였으니 여호와께 복을 받을지어다 ⁶ 너희가 이 일을 하였으니 이제 여호와께서 은혜와 진리로 너희에게 베푸시기를 원하고 나도 이 선한 일을 너희에게 갚으리니 ⁷ 이제 너희는 손을 강하게 하고 담대히 할지어다 너희 주 사울이 죽었고 또 유다 족속이 내게 기름을 부어 그들의 왕으로 삼았음이니라 하니라 ⁸ 사울의 군사령관 넬의 아들 아브넬이 이미 사울의 아들 이스보셋을 데리고 마하나임으로 건너가 ⁹ 길르앗과 아술과 이스르엘과 에브라임과 베냐민과 온 이스라엘의 왕으로 삼았더라 ¹⁰ 사울의 아들 이스보셋이 이스라엘 왕이 될 때에 나이가 사십 세이며 두 해 동안 왕위에 있으니라 유다 족속은 다윗을 따르니 ¹¹ 다윗이 헤브론에서 유다 족속의 왕이 된 날 수는 칠 년 육 개월이더라

아말렉 소년의 '왕권 수여'를 거부한 다윗은 사건이 잠잠해진 후에 시글락을 떠나 유다 땅으로 돌아가기를 원했다. 먼저 그는 여호와께 모든 것을 물음으로써 하나님과의 관계를 확실히 구축한다(1절). 삶에서 가장 중요한 것은 때를 분별하는 일이다. 모든 일에는 적기가 있기 때문이다. 다윗은 결코 자신의 때를 스스로 분별하여 결정하지 않았다. 매사를 하나님께 여쭈었다.

하나님은 다윗에게 본국으로 돌아가라 하셨고, 다윗과 식솔들을 헤
브론으로 인도하셨다. 헤브론은 이스라엘 역사에서 매우 유서 깊은 도
시였으며, 유다 지파에 속했던 고지대에 있다. 블레셋과의 국경에서도
상당히 떨어져 있어서, 다윗이 블레셋 사람들의 간섭을 받지 않고 자신
의 힘을 기르는 데도 매우 적합한 장소였다.

일부 주석가들은, 블레셋이 그때까지 유지해 왔던 다윗과의 관계를
의식해 그의 통치를 반대하지 않았을 뿐만 아니라 그의 통치로 인해 이
스라엘이 둘로 나뉜 것을 오히려 선호했으리라고 추측하기도 한다(cf.
Gordon). 타국에서의 생활을 마치고 본국으로 돌아오는 다윗과 그의 부
하들의 행렬에는 지금까지 그와 함께했던 두 아내 아히노암과 아비가
일도 있었다.

다윗이 돌아왔다는 소식을 접한 유다 사람들이 헤브론에서 그를 왕
으로 추대했다(4절). 오래전 사무엘은 그에게 비밀리에 왕으로 기름을
부었지만, 이번 다윗의 즉위식은 매우 성대하게 온 대중 앞에서 치러졌
다. 처음에는 사적인 장소에서 비밀스럽게, 그 다음은 온 백성 앞에서
등극하는 다윗의 과정은 사울과 비슷하다. 다윗은 앞으로 한 번 더 기
름 부음을 받아야 한다(cf. 5:3).

헤브론은 유다에 속한 성읍들 가운데 가장 중요한 도시다(Baldwin).
또한 헤브론은 세 가지 중요성을 지닌 도시이기도 하다(Bergen). 첫째,
헤브론은 도피성 중에 가장 큰 도시였다(cf. 수 21:13). 둘째, 갈렙이 정복
해 취한 도시였다(cf. 수 14:14; 15:12). 셋째, 제사장들에게 할당된 도시였
다(수 21:13). 그러므로 다윗이 이 같은 역사와 전통을 지닌 도시에서 유
다의 왕이 되는 것은 당연한 일이다. 다윗은 헤브론에 선물을 보낸 적
이 있다(삼상 30:31). 다윗의 아내가 된 아비가일의 남편 나발은 갈렙의
후손이었으며, 또 다른 아내 아히노암은 헤브론 지역의 갈멜 출신이다.
다윗은 여러 가지 면에서 이미 헤브론 사람들과 관련되어 있다(Birch).

다윗은 헤브론에서 이스라엘의 왕이 아닌 유다의 왕으로 7년 반을

거하게 된다(11절). 이 7년의 마지막 2년 동안은 아직 남아 있는 사울의 세력과 내란을 치러야 한다(cf. 10절). 다윗이 하나님의 섭리에 의해 장차 이스라엘의 왕이 되지만, 그 길이 결코 순탄하지만은 않다. 이처럼 하나님의 뜻에 순종하며 산다는 것은 기도와 수고(ora et labora)를 포함한다(Keddie). 사람이 하나님의 뜻에 순종하며 산다고 해서 모든 것이 순탄하게, 또한 노력과 수고 없이 이루어지는 것은 아니다.

사울은 죽었지만 옛 정권의 잔재는 아직도 건재하다. 이 상황에서 다윗은 사울 집안을 중심으로 형성되어 있는 북쪽 세력을 최선을 다해 껴안아야 했다. 사울이 이스라엘의 왕이 된 직후, 그의 도움을 받아 위험을 모면했던 길르앗 야베스 사람들이 정성을 다해 사울과 그의 아들의 시체를 가져다 장례를 치러주었다는 소식이 다윗에게 들려왔다. 그는 진심으로 그들이 사울에게 베푼 선의와 사울을 잊지 않고 기억해 준 것을 칭찬했다. 그러면서 동시에 자신이 유다의 왕으로 추대받았음을 그들에게 넌지시 전했다. 이 과정에서 그들의 동조를 구하는 것이다.

다윗은 먼저 길르앗 야베스 사람들이 사울에게 은혜(חֶסֶד) 베푼 것에 대해 칭찬했다(5절). 다윗은 그들에게 여호와의 "은혜와 진리"(חֶסֶד וֶאֱמֶת)를 빌어 주었다(6절). 또한 자신도 이 일로 인해 길르앗 야베스에 선하게 갚을 것을 약속했다(6절). 여기서 "선"(טוֹבָה)과 "은혜"(חֶסֶד)는 비슷한 말로, 본문에서 다윗이 이 개념들을 사용하며 펼치는 논리는 "사울은 죽었으니 더 이상 당신들에게 은혜를 베풀 수가 없습니다. 그러나 여호와의 은혜는 지속될 것이며, 바로 나를 통해 이 은혜가 여러분에게 임할 것이니 이제 나를 따르십시오"이다(Moran). 다윗은 자신의 왕권을 지지할 때 길르앗 야베스 사람들의 노력이 가장 좋은 열매를 맺을 것이라고 한다(Arnold). 사울의 장례식 일로 인해 길르앗 야베스 사람들에게 찬사를 보냄과 동시에 그들을 자신의 진영으로 끌어들이려는 것이다(Gordon).

길르앗 야베스 사람들이 다윗의 왕권을 인정한다면 다윗은 천군만마를 얻는 셈이 된다. 북쪽 지파 사람 중에서 그 누구보다 사울을 사랑했고 지지했을 사람들이 바로 야베스 사람들이었기 때문이다. 암몬 사람들이 자신들의 오른쪽 눈을 빼고 노예로 삼으려고 했을 때, 사울이 극적으로 구원해 준 일을 야베스 사람들이 어찌 잊을 수 있겠는가?(cf. 삼상 11장) 실제로 그들이 얼마나 사울을 존경하고 사랑했는가는 사울의 시체가 벧산의 성벽에 전시되어 있다는 소식을 듣고 그들이 온갖 위험을 무릅쓰고 가서 시체를 가져와 극진하게 장례식을 치러준 일에서도 역력하게 드러난다(삼상 31:11-13). 길르앗 야베스 사람들이 다윗을 지지한다면, 나머지 북쪽 사람들도 훨씬 더 쉽게 설득되어 다윗을 지지할 수 있을 것이다. 유다 지파의 왕으로 취임한 다윗의 입장에서도 북쪽 지파에 속한 자들의 지지를 얻는 것은 매우 중요한 일이다. 이러한 상황에서 그가 야베스 사람들에게 자신을 지지해 줄 것을 호소하는 것이다(Arnold).

그러나 모든 일이 다윗이 원하는 대로 진행되진 않았다. 아브넬이 마하나임에서 사울의 아들 이스보셋을 왕으로 세운 것이다(8절). 사울 집안에서 아브넬이 차지했던 비중은 이미 사무엘상 26장에 나타났다. 그는 사울 다음의 권력을 행사하는 자였으며, 사울이 죽은 후 그의 위치는 더욱더 부각될 수밖에 없었다. 이런 그가 사울의 아들 이스보셋을 왕으로 세웠다. 그가 이스보셋을 왕으로 세워 놓고 꼭두각시처럼 조종해 자신이 권력을 장악하려는 야심을 가졌던 것으로 생각된다. 다윗의 관점에서 보면, 상황이 복잡하게 돌아간다.

"마하나임"(מַחֲנָיִם, 8절)은 문자적으로 풀이하면 "두 진영"(two camps)이라는 뜻이다(HALOT). 마하나임은 요단 강 동편 길르앗 지역에 있는 얍복 강 근처에 있었다(ABD). 그러나 정확한 위치는 아직까지 확인되지 않았다(Bergen). 마하나임은 야곱이 하나님과 밤새 씨름한 곳으로, 성경에서 브니엘이라고도 불린다(cf. 창 32:22-32). 사울 시대에 이 도시는 이스라엘에 철(鐵)을 제공하는 행정 중심지였으며, 아브넬이 이곳을 이스보셋의 정치적 중심지로 삼은 것은 아마도 이스보셋이 다윗이 있는 남쪽에서 최대한 멀리 떨어져 있기를 원해서였을 것이다(Arnold). 그는 가능한 한 다윗의 심기를 건드리지 않고 이스라엘을 둘로 나누고자 했다. 또한 길보아 산 전쟁으로 인해 이스라엘 북부 지역이 블레셋의 손에 넘어간 상황에서, 마하나임은 아브넬에게 상대적으로 평안을 주는 곳이었을 것이다.

우리는 흔히 하나님이 우리를 인정하시고 함께하시면 모든 것이 순조롭고 순탄하게 진행될 것이라고 생각한다. 그러나 다윗의 삶은 현실이 결코 녹록지 않음을 보여 준다. 그는 오래전 어린 소년이었을 때 이스라엘의 왕으로 기름 부음을 받았다. 그리고 수십 년 동안 사울 왕의 시기와 질투로 인해 고난과 역경의 시간을 보냈다. 사울 왕이 죽자 드디어 다윗의 시대가 열리는가 하고 기대할 수도 있다. 그러나 처음 5년 동안 유다 지파 외에는 다윗을 왕으로 맞아 주는 자들이 없었다. 상황은 더 악화되어, 아브넬이 이스보셋을 왕으로 내세워 사울 집안을 지지하는 이스라엘 사람들을 하나로 모아 다윗을 대적하기에 이른다. 비록 다윗이 하나님의 계획에 따라 기름 부음을 받고 이스라엘의 왕이 되었지만, 그가 하나님의 계획을 이루기 위해 가야 하는 길은 험난하기만 했다. 우리도 하나님이 동행하시며 복을 주시는 일이라고 해서 평탄한 길이 될 것이라는 생각은 버리자. 하나님의 나라는 하나님의 뜻 안에서 열심히 노력하고 수고하는 자들에 의해 이 땅에 임하기 때문이다.

이스보셋이 본명이었는지 아니면 본문에서 그의 기본 성향을 나타내는 일종의 가명(假名)으로 사용된 것인지에 관해서는 학자들의 의견이 분분하다(cf. Birch). "이스보셋"(אישׁ־בשׁת)이란 이름을 문자적으로 풀이하면 "수치스러운/망신스러운 사람"(man of shame)이기 때문이다. 누가 아들을 낳아 이런 이름을 주겠는가! [그러나 우리는 이미 나발(바보)을 만난 적이 있다]. 학자들은 대부분 "수치"(בשׁת)라는 단어는 이스라엘을 끊임없이 유혹했던 바알 신의 이름을 경멸스럽게 표현하는 것이라고

해석한다(cf. Arnold). 그러므로 이들은 역대기 저자가 그의 이름으로 제
시하는 에스바알(אֶשְׁבַּעַל, '바알의 사람')이 그의 본명이라고 생각한다(대상
8:33; 9:39).

그렇다면 우리는 사울의 신앙 상태에 관해 어느 정도 가늠할 수 있
다. 에스바알/이스보셋이 왕이 될 때 40세였다는 사실(10절)과 그때는
그의 아버지 사울이 40년을 통치하고(cf. 삼상 13:1) 죽은 지 5년 정도가
지난 시점이라는 사실을 감안할 때, 그는 사울이 이스라엘의 왕으로 군
림할 때 태어난 아들이다. 자녀들의 이름은 부모의 신앙고백이다. 그
런데 사울이 여호와의 위임을 받아 이스라엘의 왕으로 군림하면서 아
들의 이름을 '바알의 사람'(viz., '바알 숭배자') 혹은 '바알은 존재한다'
(Birch)라고 지었다는 것은 결코 납득할 수 없다.[1] 오히려 사울이 여호
와께 버림받은 일에 대해 반항하면서 이러한 이름을 지었을 수는 있다.
정확히 어떤 이유에서 사울이 아들에게 이 이름을 지어 주었는지는 알
수 없지만, 아들의 이름이 아버지의 신앙 상태에 대해 증언하고 있다고
해도 과언은 아니다. 저자는 이스보셋의 이름을 통해 사울이 하나님의
버림을 받을 만한 사람이었다는 사실을 다시 한 번 독자들에게 귀띔해
주고 있는 것이다.

이스보셋이 통치한 기간이 2년이었고(10절) 다윗이 헤브론에서 7
년 6개월을 통치한 것을 감안하면, 사울이 죽은 후 처음 5년은 아브
넬이 사울 집안을 계속 지지했던 북쪽 지파들 속에서 일종의 군정관
(warlord) 역할을 했던 것으로 보인다(cf. Youngblood). 그러다가 자신의
통치에 정당성을 부여하기 위해 이스보셋을 꼭두각시 왕으로 세운 것
이다(Soggin). 이런 정황에서 아브넬은 이스보셋에게 왕을 세우는 자
(king-maker) 역할을 했다. 옛적에 사무엘이 사울과 다윗에게 그랬던 것

---

1 한 주석가는 사울 시대에는 '바알'이라는 이름이 아직 가나안의 신 바알과 연결되어 사
용하지 않았다고 주장하는데(cf. Birch), 이는 이스라엘의 바알 숭배에 대해 회고하는 구
약의 여러 텍스트를 감안할 때 설득력이 없다. 사사 시대에 이미 이스라엘은 바알을 숭배
했으며(삿 2:13; 6:25), 심지어 광야에서 생활할 때도 바알을 숭배했었다(cf. 민 25장).

처럼 말이다. 무능한 이스보셋이 이스라엘의 왕이 되었다는 것은 다윗과 사울의 대조가 한동안 이스보셋과 다윗의 대조로 이어질 것을 뜻한다(Arnold).

다윗이 왕이 된 경위와 이스보셋이 왕이 된 경위에는 큰 차이가 있다. 다윗은 온 유다 사람에 의해 왕으로 추대되었다. 이스보셋이 왕이 된 경위는 아브넬의 개인적인 결정이었으며, 사울 집안의 사사로운 결단이었다. 또한 이 사건은 아브넬이 사울 집안을 중심으로 형성된 북쪽 세력의 일인자임을 확실히 드러낸다. 즉, 다윗이 대적해야 할 자는 이스보셋이 아니라 아브넬인 것이다. 실제로 이스보셋은 괄목할 만한 통치를 하지 못한 채 왕위에 오른 지 2년 만에 암살당했을 뿐 아니라(4:5-12), 그가 남긴 유일한 말은 잘못된 판단에 의해 그를 왕으로 세운 아브넬을 비난하는 것이었다(3:7). 그는 왕이 될 만한 자질을 갖지 못한 사람이었다. 그러나 어찌되었든, 현재는 이스보셋이 왕이 되었으니 다윗은 목숨을 걸고 전쟁을 치러야 한다. 이스라엘의 통치권을 놓고 본격적인 왕위 쟁탈전이 시작되었다.

일부 학자들은 헤브론에서 7년 6개월 동안 진행되었던 다윗의 유다 통치는 사울이 이스라엘을 통치하던 시대에 이미 시작된 것이라고 주장한다. 다윗이 사울의 이스라엘 통치가 끝나갈 무렵에 이미 5년 6개월 동안 헤브론에서 유다의 왕으로 군림했다는 것이다(Freedman; cf. Levenson; VanderKam). 세력이 약해진 사울은 이 같은 현실을 지켜볼 뿐 손을 쓸 수 없었다고 한다. 그러나 지금까지 사무엘서에 제시된 모든 자료를 종합해 볼 때, 설득력이 강해 보이지는 않는다.

III. 다윗의 상승과 사울의 쇠퇴(삼상 16:1–삼하 5:10)
   7장. 다윗이 이스라엘의 왕이 됨(2:1–5:10)

2. 다윗과 이스보셋(2:12-4:12)

다윗과 사울 집안의 싸움은 7년 동안 지속되었다. 그러나 아브넬이 일종의 군정관으로 통치한 5년을 제외하면 2년 정도의 갈등이 있었던 것으로 생각된다. 아브넬이 군정관으로 군림하는 동안 다윗은 그의 활동에 이렇다 할 시비를 걸지 않았다. 아마 스스로 붕괴되길 바라고 있었을 것이다. 그러나 이스보셋을 왕으로 세우는 순간부터 상황이 달라졌다. 다윗이 더 이상 방관만 할 수 없었다. 엄연한 왕이 나타났으니 싸울 수밖에 없었던 것이다.

　다윗이 이스라엘의 왕이 되는 것은 처음부터 하나님의 뜻이었지만, 결코 쉬운 길은 아니었다. 이스보셋 군과의 내란은 숱한 싸움과 피흘림을 초래했을 것이다. 그러나 저자는 이 시대에 치러진 내전의 여러 전투 중 극히 소수만을 회고한다. 나머지 지면은 주요 권세가들의 정치적 움직임에 의해 전세의 흐름이 어떻게 다윗에게 쏠리게 되었는가를 묘사하는 데 할애한다. 다윗이 7년 반 만에 통일왕국의 왕이 된 과정을 회고하는 이 섹션은 다음과 같이 구분될 수 있다.

　A. 칼의 벌판에서의 살육(2:12-16)

　B. 아사헬의 죽음(2:17-24)

　C. 아브넬의 휴전 제의(2:25-29)

　D. 유다와 이스라엘 군의 전쟁 결과(2:30-3:1)

　E. 다윗의 아들들(3:2-5)

　F. 아브넬이 이스보셋을 배반함(3:6-21)

　G. 아브넬이 암살당함(3:22-30)

　H. 아브넬의 장례식(3:31-39)

　I. 이스보셋이 암살당함(4:1-12)

(1) 칼의 벌판에서의 살육(2:12-16)

¹² 넬의 아들 아브넬과 사울의 아들 이스보셋의 신복들은 마하나임에서 나와 기브온에 이르고 ¹³ 스루야의 아들 요압과 다윗의 신복들도 나와 기브온 못 가에서 그들을 만나 함께 앉으니 이는 못 이쪽이요 그는 못 저쪽이라 ¹⁴ 아브넬이 요압에게 이르되 원하건대 청년들에게 일어나서 우리 앞에서 겨루게 하자 요압이 이르되 일어나게 하자 하매 ¹⁵ 그들이 일어나 그 수대로 나아가니 베냐민과 사울의 아들 이스보셋의 편에 열두 명이요 다윗의 신복 중에 열두 명이라 ¹⁶ 각기 상대방의 머리를 잡고 칼로 상대방의 옆구리를 찌르매 일제히 쓰러진지라 그러므로 그 곳을 헬갓 핫수림이라 일컬었으며 기브온에 있더라

사울 집안의 실권자 아브넬과 다윗 군대의 대표 장군 요압이 기브온에서 만났다(12-13절). 기브온은 여호수아를 속여 동맹을 맺은 바 있는 기브온 족속이 살던 땅으로, 베냐민 지파에게 주어졌다(수 18:25). 기브온은 예루살렘에서 북쪽으로 8㎞ 떨어진 곳에 있으며, 그곳에 여호와의 장막이 있어 대표적인 산당이 되었다(cf. 왕상 3:4; 대하 1:3). 당시 다윗이 머물던 헤브론에서는 북쪽으로 37㎞ 정도 떨어진 곳이다(Bergen). 솔로몬은 여기서 1,000마리의 짐승을 번제로 드리고 두 번씩이나 환상 속에서 하나님을 만났다(왕상 3:5; 9:2).

기브온은 유다와 베냐민 영토의 국경 지대에 있었다. 그러나 베냐민 지파에게 주어진 땅이라는 점을 감안할 때, 다윗의 군대는 지금 사울 세력의 영토를 침범하고 있는 것이다. 기브온은 헤브론처럼 레위 사람들의 성읍이었다(수 21:17). 그래서 한 주석가는 이스보셋이 이곳에 머물고 있는 제사장들을 해하기 위해 군대를 보냈으며 다윗이 제사장들을 보호하기 위해 이곳에 군대를 급히 파견한 것이라는 해석을 내놓았다(Bergen). 가능한 일이다. 그러나 기브온에 당시 여호와의 장막이 있었

음을 감안하면, 이 싸움은 양측이 종교적 우위를 차지하려는 갈등으로 해석될 수도 있다. 그 당시 다윗과 사울의 집안은 하나같이 신정 국가를 추구하고 있었기 때문에 종교적인 정당성은 중요한 이슈로 간주되었을 것이다.

요압이 지휘하는 다윗 군대와 아브넬이 지휘하는 이스보셋 군대가 기브온 연못을 중앙에 두고 대치하게 되었다. 기브온 연못은 사람들이 만든 것으로 지름이 11m, 깊이가 25m에 달하는 담수용 연못이었다(ABD). 사울 진영의 장군 아브넬이 다윗의 장군 요압에게 양측 군대가 전투를 시작하기 전에 각 진영에서 열두 명씩 내보내 서로 겨루기를 하자고 제안했다(14-15절). 이스라엘의 역사에는 양측의 대표를 내보내 승패를 겨루게 하는 전쟁 방법이 활성화되지 않았던 것으로 알려졌는데(Birch), 이들은 무엇 때문에 이런 방식의 전초전에 합의하는 것일까? 두 가지 해석이 가능하다.

전투의 기세를 잡기 위한 싸움이다. 이들의 싸움은 단순히 찌르고 찔리는 자살 행위다(cf. Fensham). 이 싸움에서 어느 한 쪽이 두려움을 노출하면 자기편 군사들의 사기에 엄청난 영향을 미쳤다(cf. 골리앗과 다윗 사건). 이곳에서 스물네 명의 용맹스런 병사들이 죽어갔다. 사람들은 이 일을 기념하기 위해 이곳을 "헬갓 핫수림"(חֶלְקַת הַצֻּרִים, 칼의 벌판)이라 불렀다(16절). 이름에서 보여지듯, 훗날 사람들은 이 사건을 훌륭한 영웅담으로 간주하지는 않았던 것으로 여겨진다. 물론 이 일을 명령한 장군들이야 '대(大)를 위해 소(小)를 희생하는 것'이라 하겠지만, 아무리 싸움의 기세를 잡기 위해서라고 해도 너무나 무모한 희생이 아닌가? 훌륭한 지도자라면 이런 일을 하지 않았을 것이다.

이 이야기에 등장한 아브넬은 죽는 순간까지 희생을 최대한 줄여보려고 노력하는 자로 묘사된다. 이런 맥락에서 생각할 때, 그는 지금 양쪽의 무모한 희생을 막기 위해 제한된 싸움을 제시하는 것이다. 물론 싸움은 제한된 범위를 넘어서 매우 치열하게 치러졌다(17절). 그러나 일단 그가 양측 군대의 희생을 최대한 제한하려고 노력했던 점은 높이 평가되어야 한다. 이 해석이 더 설득력이 있는 것 같다(Arnold; cf. 20-22절).

Ⅲ. 다윗의 상승과 사울의 쇠퇴(삼상 16:1–삼하 5:10)
7장. 다윗이 이스라엘의 왕이 됨(2:1–5:10)
  2. 다윗과 이스보셋(2:12–4:12)

(2) 아사헬의 죽음(2:17-24)

[17] 그 날에 싸움이 심히 맹렬하더니 아브넬과 이스라엘 사람들이 다윗의 신복들 앞에서 패하니라 [18] 그 곳에 스루야의 세 아들 요압과 아비새와 아사헬이 있었는데 아사헬의 발은 들노루 같이 빠르더라 [19] 아사헬이 아브넬을 쫓아 달려가되 좌우로 치우치지 않고 아브넬의 뒤를 쫓으니 [20] 아브넬이 뒤를 돌아보며 이르되 아사헬아 너냐 대답하되 나로라 [21] 아브넬이 그에게 이르되 너는 왼쪽으로나 오른쪽으로나 가서 청년 하나를 붙잡아 그의 군복을 빼앗으라 하되 아사헬이 그렇게 하기를 원하지 아니하고 그의 뒤를 쫓으매 [22] 아브넬이 다시 아사헬에게 이르되 너는 나 쫓기를 그치라 내가 너를 쳐서 땅에 엎드러지게 할 까닭이 무엇이냐 그렇게 하면 내가 어떻게 네 형 요압을 대면하겠느냐 하되 [23] 그가 물러가기를 거절하매 아브넬이 창 뒤 끝으로 그의 배를 찌르니 창이 그의 등을 꿰뚫고 나간지라 곧 그 곳에 엎드러져 죽으매 아사헬이 엎드러져 죽은 곳에 이르는 자마다 머물러 섰더라 [24] 요압과 아비새가 아브넬의 뒤를 쫓아 기브온 거친 땅의 길 가 기아 맞은쪽 암마 산에 이를 때에 해가 졌고

다윗의 명장인 요압의 단점은 무모하다 못해 무식한 면이 있다는 것이다. 물론 그는 다윗에게 무조건적인 충성을 맹세한 최고의 군사였다. 그에게는 아비새와 아사헬 두 형제가 있었는데, 그들 역시 요압과 같은 성격의 소유자들이었다. 요압과 형제들은 사무엘서의 단순 무식한 '마초'들이다(Birch). 전투의 규모를 줄여 보려던 아브넬의 희망과 달리, 자기편 군인들의 장렬한 죽음을 보고 자극을 받은 양측 군대가 전면전에 돌입했다. 전세는 다윗의 군대 쪽으로 기울었으며 아브넬과 이스보셋 군대는 요압과 다윗의 군대 앞에서 쫓기게 되었다. 다윗의 군대가

사울 집안의 군대를 쫓고 있는 것은 이들의 미래가 어떻게 전개될 것인가를 암시하는 듯하다(Gordon).

이 상황에서 아사헬이 아브넬을 쫓았다. 그는 노루처럼 달음박질을 잘하는 것으로 소개된다(18절). 아사헬의 마음에는 오직 한 가지만 있었다. 이스보셋을 꼭두각시로 내세워 이스라엘을 지배하던 아브넬을 죽이는 일이었다. 그가 죽으면 모든 것이 끝나고 드디어 다윗이 통일왕국의 왕이 될 수 있다고 생각했다. 그러나 그가 잘하는 것은 달음박질뿐이었다.

아브넬은 자신을 뒤쫓는 아사헬을 몇 번 타일러 보았다. 다른 사람을 하나 죽이고 만족하라고 해도 아사헬이 듣기를 거부하자, 자신이 아사헬을 죽이면 그의 형 요압을 볼 면목이 없게 되니 제발 되돌아가라고 권했다. 계속해서 아브넬이 "너는 나의 적수가 되지 못하니 제발 돌아가라"라고 말했지만 아사헬은 끝까지 그를 쫓았다. 아사헬은 기어이 아브넬을 죽이겠다는 마음으로 불타올랐던 것이다(Bergen).

아브넬은 어쩔 수 없이 "창 끝"(אַחֲרֵי הַחֲנִית)으로 아사헬의 배를 찔렀다(23절). 창 날이 있는 쪽이 아니라, 날이 없는 반대쪽으로 그를 찌른 것이다. 아브넬은 아사헬을 죽일 생각이 없었고, 다만 그의 추격을 제지하기 위해 날이 없는 쪽으로 그를 찔렀던 것이다. 그런데 아사헬이 얼마나 빠른 속도로 추격했던지, 아브넬이 내민 창 끝이 아사헬의 배를 찌르고 등으로 나왔다(Bergen; cf. NIV; NRS; NAS; TNK).

일종의 전쟁 중 일어난 사고 혹은 정당방어였다. 저자가 왜 아브넬의 행동을 이처럼 자세하게 묘사하는 것일까? 이는 아브넬을 최대한 살상 규모를 작게 하려는 의도를 가졌던 자로 평가했기 때문이다. 그 이유는 3장에 가서 밝혀진다. 그러나 이 일은 결국 요압과 아비새 형제에게 다가오는 다윗의 통일왕국에서 그들의 가장 유력한 경쟁자가 될 아브넬을 살해하게 되는 명분을 제공하게 된다.

(3) 아브넬의 휴전 제의(2:25-29)

25 베냐민 족속은 함께 모여 아브넬을 따라 한 무리를 이루고 작은 산 꼭대기에 섰더라 26 아브넬이 요압에게 외쳐 이르되 칼이 영원히 사람을 상하겠느냐 마침내 참혹한 일이 생길 줄을 알지 못하느냐 네가 언제 무리에게 그의 형제 쫓기를 그치라 명령하겠느냐 27 요압이 이르되 하나님이 살아 계심을 두고 맹세하노니 네가 말하지 아니하였더면 무리가 아침에 각각 다 돌아갔을 것이요 그의 형제를 쫓지 아니하였으리라 하고 28 요압이 나팔을 불매 온 무리가 머물러 서고 다시는 이스라엘을 쫓아가지 아니하고 다시는 싸우지도 아니하니라 29 아브넬과 그의 부하들이 밤새도록 걸어서 아라바를 지나 요단을 건너 비드론 온 땅을 지나 마하나임에 이르니라

아브넬과 그를 호위하던 군인들이 고지를 차지하고 요압과 아비새는 그를 뒤쫓고 있었다(25-26절). 아브넬은 요압에게 이렇게 전쟁이 계속되면 양쪽 다 엄청난 대가를 치러야 하니 휴전하자고 제안했다. 이 제안에서 아브넬은 자신의 군대와 요압의 군대를 가리켜 "형제들"이라고 말한다(26절). 그는 다윗 진영과 사울 진영을 구축하고 있는 사람들의 근본적인 단일성(solidarity)을 의식하고 있을 뿐만 아니라 양측의 화해가 가능함을 암시하고 있다.

저자는 계속해서 아브넬을 나쁜 사람이라기보다는 뭔가 더 고귀한 것에 자신의 뜻을 맞추고자 하는 인물로 묘사하고 있다. 요압도 지금까지는 자신의 군대가 이기고 있지만 그들이 많이 지쳐 있고 앞으로도 결정적인 승리는 기대하기 어렵다는 사실을 알았기 때문에 아브넬의 제안을 받아들였다(27-28절). 아브넬은 그날 밤 요단 강을 건너서 비드론 온 땅을 거쳐 마하나임으로 돌아감으로써, 요압의 군대와 거리를 두었다(29절). 이들이 택한 행로를 추적해 보면 비드론은 얍복 강의 다른 이름일 가능성이 높다(McCarter).

(4) 유다와 이스라엘 군의 전쟁 결과(2:30-3:1)

30 요압이 아브넬 쫓기를 그치고 돌아와 무리를 다 모으니 다윗의 신복 중에 열아홉 명과 아사헬이 없어졌으나 31 다윗의 신복들이 베냐민과 아브넬에게 속한 자들을 쳐서 삼백육십 명을 죽였더라 32 무리가 아사헬을 들어올려 베들레헴에 있는 그의 조상 묘에 장사하고 요압과 그의 부하들이 밤새도록 걸어서 헤브론에 이른 때에 날이 밝았더라 31 사울의 집과 다윗의 집 사이에 전쟁이 오래매 다윗은 점점 강하여 가고 사울의 집은 점점 약하여 가니라

전투가 끝나고 양측의 피해를 조사해 보니 다윗의 군대는 19명을 잃었고 아브넬의 군대는 360명을 잃었다. 분명히 다윗 군대의 승리였지만 그날의 치열한 전투를 감안하면 결정적인 승리라고 생각하기에는 아쉬운 점이 많았다. 게다가 용장 아사헬을 잃었으니 다윗 군대의 입장에서도 상처뿐인 영광이었던 것이다. 죽은 다윗의 군인 19명 중 12명은 기브온 연못에서 죽었다(cf. 16절). 그렇다면 기브온 연못에서 양측을 대표하는 소년들이 죽은 후 시작된 본격적인 전투에서 다윗의 군대는 7명이 전사했고, 이스보셋의 군대는 348명이 죽은 것이다. 결과만 놓고 보면 일방적인 싸움이었다고 할 수 있다. 다윗의 군인들은 대부분 유다 사람이었고 이스보셋의 군인은 대부분 베냐민 사람들이었다(cf. 31절). 이 두 지파는 자신들이 배출한 왕들을 위해 싸운 것이다.

요압은 아사헬을 베들레헴에 장사하고 밤새 행군해 헤브론으로 돌아왔다. 그의 군대는 밤새 50㎞를 행군한 것이다(Bergen). 저자는 이 사건 외에 다른 전쟁이 많았음을 밝힌다(3:1). 그러나 싸우면 싸울수록 다윗은 점점 강해지고 사울의 집안은 점점 더 약해졌다고 전하고 있다. 이것이 2년 동안 지속되었던 두 집안 싸움의 성향이었다. 사울의 집안 쪽에서 볼 때는 무모한 일방적인 싸움이었다. 그러나 다윗을 상대로 싸우

지 않을 수 없는 입장이었다. 아브넬은 아마 이런 대세를 잘 인식했던 것 같다. 내란이 이처럼 오랫동안 지속된 것은 다윗이 적극적으로 왕권을 탈취하려 들지 않고 왕권이 그를 찾아와 주기를 기다렸기 때문이라는 해석도 있다(Birch).

```
Ⅲ. 다윗의 상승과 사울의 쇠퇴(삼상 16:1–삼하 5:10)
  7장. 다윗이 이스라엘의 왕이 됨(2:1–5:10)
    2. 다윗과 이스보셋(2:12–4:12)
```

(5) 다윗의 아들들(3:2-5)

2 다윗이 헤브론에서 아들들을 낳았으되 맏아들은 암논이라 이스르엘 여인 아히노암의 소생이요 3 둘째는 길르압이라 갈멜 사람 나발의 아내였던 아비가일의 소생이요 셋째는 압살롬이라 그술 왕 달매의 딸 마아가의 아들이요 4 넷째는 아도니야라 학깃의 아들이요 다섯째는 스바댜라 아비달의 아들이요 5 여섯째는 이드르암이라 다윗의 아내 에글라의 소생이니 이들은 다윗이 헤브론에서 낳은 자들이더라

저자는 다윗과 사울 집안의 갈등에 대한 이야기를 잠시 멈추고 다윗이 헤브론에서 낳은 아들들의 이름을 나열한다. 이 목록에 따르면, 다윗은 헤브론 지역에 살면서 여섯 아내를 통해 자녀들을 얻었다. 다윗의 아들들의 이름을 이곳에 나열하는 것은 무엇보다도 이스보셋과 다윗의 대조를 극대화하기 위해서다. 계속 쇠퇴하는 이스보셋과 대조적으로 다윗은 왕성하게 번성하고 있다(Bergen; Arnold). 5:13-16에는 다윗이 예루살렘에서 낳은 자녀들의 이름이 나온다. 비록 저자가 아비가일을 매우 긍정적으로 소개했지만, 그녀를 통해 태어난 다윗의 아들은 이스라엘의 정치무대에서 큰 비중을 차지하는 인물이 되지는 못했다.

본문은 다윗이 정치적인 목적으로 결혼한 사람이었음을 암시한다. 그가 헤브론에 있는 동안 그술의 왕 달매의 딸 마아가와 정치적인 목적을 가지고 결혼한 것으로 기록하고 있다(3절). 그술은 이스보셋의 영토와 국경을 유지하고 있는 북동쪽에 있던 나라였다(McCarter). 그는 이

나라의 공주와 정략결혼을 함으로써 이스보셋과 주변 국가들을 함께 견제했던 것이다(Gordon). 다윗과 마아가 사이에 태어난 아들이 압살롬이었으며, 압살롬이 아버지의 진노를 피해 도망한 곳이 바로 할아버지의 나라 그술이었다(삼하 13:37ff).

여기서 소개되는 아들 중에 훗날 다윗의 속을 썩이는 자식들의 이름과 순서를 생각해 보라. 암논(2절), 압살롬(3절), 아도니야(4절). 앞으로 문제를 일으키는 순서대로 나열되어 있다(삼하 13장; 15-19장; 왕상 1-2). 또한 이 이름들은 앞으로 이들이 왕권 계승을 놓고 펼칠 혈전을 예고하는 듯하다(Birch). 어떻게 생각하면 이 아들들이 다윗에게 가져다준 슬픔과 괴로움은 일부다처제에 대한 여호와의 간접적인 심판으로 간주될 수도 있다(cf. Bergen). 그러나 일단 이 순간 다윗의 집안은 매우 행복하게 번성해 가는 듯한 인상을 준다.

> III. 다윗의 상승과 사울의 쇠퇴(삼상 16:1-삼하 5:10)
>   7장. 다윗이 이스라엘의 왕이 됨(2:1-5:10)
>   2. 다윗과 이스보셋(2:12-4:12)

(6) 아브넬이 이스보셋을 배반함(3:6-21)

6 사울의 집과 다윗의 집 사이에 전쟁이 있는 동안에 아브넬이 사울의 집에서 점점 권세를 잡으니라 7 사울에게 첩이 있었으니 이름은 리스바요 아야의 딸이더라 이스보셋이 아브넬에게 이르되 네가 어찌하여 내 아버지의 첩과 통간하였느냐 하니 8 아브넬이 이스보셋의 말을 매우 분하게 여겨 이르되 내가 유다의 개 머리냐 내가 오늘 당신의 아버지 사울의 집과 그의 형제와 그의 친구에게 은혜를 베풀어 당신을 다윗의 손에 내주지 아니하였거늘 당신이 오늘 이 여인에게 관한 허물을 내게 돌리는도다 9 여호와께서 다윗에게 맹세하신 대로 내가 이루게 하지 아니하면 하나님이 아브넬에게 벌 위에 벌을 내리심이 마땅하니라 10 그 맹세는 곧 이 나라를 사울의 집에서 다윗에게 옮겨서 그의 왕위를 단에서 브엘세바까지 이스라엘과 유다에 세우리라 하신 것이니라 하매 11 이스보셋이 아브넬을 두려워하여 감히 한 마디도 대답하지 못하니라

¹² 아브넬이 자기를 대신하여 전령들을 다윗에게 보내어 이르되 이 땅이 누구의 것이 니이까 또 이르되 당신은 나와 더불어 언약을 맺사이다 내 손이 당신을 도와 온 이스 라엘이 당신에게 돌아가게 하리이다 하니 ¹³ 다윗이 이르되 좋다 내가 너와 언약을 맺 거니와 내가 네게 한 가지 일을 요구하노니 나를 보러올 때에 우선 사울의 딸 미갈을 데리고 오라 그리하지 아니하면 내 얼굴을 보지 못하리라 하고 ¹⁴ 다윗이 사울의 아들 이스보셋에게 전령들을 보내 이르되 내 처 미갈을 내게로 돌리라 그는 내가 전에 블 레셋 사람의 포피 백 개로 나와 정혼한 자니라 하니 ¹⁵ 이스보셋이 사람을 보내 그의 남편 라이스의 아들 발디엘에게서 그를 빼앗아 오매 ¹⁶ 그의 남편이 그와 함께 오되 울며 바후림까지 따라왔더니 아브넬이 그에게 돌아가라 하매 돌아가니라 ¹⁷ 아브넬이 이스라엘 장로들에게 말하여 이르되 너희가 여러 번 다윗을 너희의 임금으로 세우기 를 구하였으니 ¹⁸ 이제 그대로 하라 여호와께서 이미 다윗에 대하여 말씀하시기를 내 가 내 종 다윗의 손으로 내 백성 이스라엘을 구원하여 블레셋 사람의 손과 모든 대적 의 손에서 벗어나게 하리라 하셨음이니라 하고 ¹⁹ 아브넬이 또 베냐민 사람의 귀에 말 하고 아브넬이 이스라엘과 베냐민의 온 집이 선하게 여기는 모든 것을 다윗의 귀에 말하려고 헤브론으로 가니라 ²⁰ 아브넬이 부하 이십 명과 더불어 헤브론에 이르러 다 윗에게 나아가니 다윗이 아브넬과 그와 함께 한 사람을 위하여 잔치를 배설하였더라 ²¹ 아브넬이 다윗에게 말하되 내가 일어나 가서 온 이스라엘 무리를 내 주 왕의 앞에 모아 더불어 언약을 맺게 하고 마음에 원하시는 대로 모든 것을 다스리시게 하리이 다 하니 이에 다윗이 아브넬을 보내매 그가 평안히 가니라

비록 이스보셋을 왕으로 세웠지만 아브넬은 심적 갈등을 겪고 있었다. 아무리 생각해도 이스보셋은 다윗에게 견줄 만한 적수가 아니었다. 그 렇다고 사울의 집안에 다른 사람이 있는 것도 아니었다. 게다가 사무엘 이 살았던 시대부터 그때까지 계속 항간에 떠도는 "여호와가 오래전부 터 다윗을 이스라엘의 왕으로 삼으시려고 사무엘을 통해 그에게 기름 을 부으셨다"라는 소문은 갈수록 현실성 있게 들렸다. 그리고 이스라 엘 백성들의 미래를 생각할 때, 다윗의 통치가 이스보셋의 통치보다는

훨씬 더 좋은 결과를 가져올 것이라는 점을 인정하지 않을 수 없었다. 그동안 사울의 집안에 전적으로 동조했던 장로들마저 최근에는 흔들리고 있지 않은가? 이 상황에서 그를 완전히 다윗 쪽으로 기울게 하는 계기를 마련해 준 사건이 있었다.

역사를 좌우하는 중요한 일들이 사소한 데서 비롯되는 것을 우리는 자주 체험한다. 이 사건도 일종의 그런 경우다. 여러 가지로 고심에 빠져 있던 아브넬을 자극하는 일이 생겼다. 이스보셋이, 아브넬이 사울의 첩과 동침했다고 주장하고 나선 것이다(7절). 바로 앞에 전개되었던 행복하게 번성하는 다윗의 집안 이야기에 비교할 때, 이 일은 대립하고 있는 두 권력의 차이를 상징하는 듯하다. 다윗은 승승장구할 것이요, 이스보셋은 머지않아 쇠퇴할 것임을 시사한다.

이 사건은 사울의 후궁 중 하나였던 아야의 딸 리스바라는 여인을 중심으로 벌어진 일이었다. 리스바에 관한 이야기는 후에 다시 언급된다(cf. 삼하 21장). 이스보셋은 아브넬에게 "어찌 돌아가신 왕의 첩과 놀아날 수 있느냐?"라고 추궁했고(7절), 아브넬은 "사람을 어떻게 보고 하는 말이냐?"라고 대꾸했다(8절). 선왕의 아내나 첩을 취한다는 것은 그의 자리를 차지한다는 상징적인 의미가 있었다. 그러므로 쿠데타로 왕이 되는 사람은 그가 몰아내거나 처형한 왕의 아내들을 취하거나 욕보이는 것이 당시의 풍습이었다(cf. 삼하 16장). 아브넬이 자신의 결백함을 주장하면서 사용하는 표현이 재미있다. "나를 유다에 빌붙어 살아가는 개대가리(ראש כלב)로 아시오?"(cf. 공동번역). 사무엘서에서 개들은 끊임없이 수난을 당한다(cf. 삼상 17:43; 24:14).

이 과정에서 한 가지 주목할 것은, 간음을 문제삼는 이스보셋에게 아브넬이 여태까지 사울과 그의 집안에 전적으로 충성했다고 대답한다는 점이다. 무슨 뜻인가? 앞서 언급한 것처럼, 당시의 문화에서는 왕의 처/첩을 취하는 것은 왕권을 장악하는 것을 의미하기도 했다. 이런 뉘앙스가 내포된 행위이므로 훗날 솔로몬은 사실 여부도 묻지 않고 아도니야를 처형할 수 있었다. 그렇기 때문에 아브넬은 "나는 이날까지 한 번도 다른 마음을 품어본 적이 없으며" 사울과 그의 집안에 충성(חֶסֶד) 했다고 대답하는 것이다(8절).

아브넬이 실제로 리스바와 관계를 가졌는지는 알 수 없으며, 저자의 관심도 사실 여부에 있지 않다. 일부 주석가들은 그가 실제로 사울의 첩과 잠자리를 같이한 것으로 추측하지만(Brueggemann), 아브넬이 완강하게 "대꾸할 가치도 없다"라는 고자세를 취하는 것을 보면 이스보셋이 잘못 안 것 같다(cf. Bergen; Arnold). 그의 이름과 아브넬과의 관계가 암시해 주듯, 그는 애초에 좀 모자라는 자가 아닌가. 게다가 그도 아버지 사울처럼 사람을 믿지 못했던 것 같다. 그러나 저자가 이 대립이 다윗과 아브넬의 관계에 어떤 결과를 초래했는가에 초점을 맞추고 있을 뿐 정확한 정보를 제공하지 않으니 이 모든 것은 다만 추측일 뿐이다.

아브넬은 매우 화를 내며 다윗에게 나라를 넘겨주겠다고 선언했다. 여호와께서 이 땅을 다윗에게 주시겠다고 말씀하셨는데, 이제 자신이 하나님의 도구가 되어 이 나라가 다윗에게 넘어가도록 하겠다는 것이다(9절). 그러나 아브넬의 세력이 너무 크기에 이스보셋은 어찌할 도리가 없었다. 그는 두려워서 아무 말도 못했다. 절대적으로 무기력한 왕의 면모를 잘 보여 준다.

아브넬의 선언에서 중요한 것은 '다윗에 대한 여호와의 계획'이었다(9-10절). 어찌 보면 그도 사울과 같이 다윗에 대한 하나님의 섭리를 확실히 알고 있었고, 이것 때문에 고심을 했던 것 같다. 그러나 그는 사울처럼 끝까지 그 섭리에 대항하지 않고 수용하기로 작정한 것이다. 즉, 저자는 아브넬이 다윗 쪽으로 기울게 된 계기를 마련해 준 것은 리스바라는 여인이었지만, 실제로는 그의 믿음이 결정적인 역할을 했음을 주장하는 것이다. 아브넬의 맹세는 피할 수 없는 현실로 다가오는 다윗의 전 이스라엘 통치권을 뜻한다(Gordon).

아브넬은 다윗에게 사람을 보내 자신의 의사를 전달했다(12절). 다윗은 매우 즐거워하며 평화로운 통일 방안이 제시된 것에 대해 기뻐했다. 다윗은 아브넬에게 사울의 딸이자 자신의 첫 아내인 미갈을 데려오라고 했다. 이때 미갈은 이미 다른 남자에게 아내로 주어진 후였다.

다윗이 이 사실을 모를 리 없을 텐데 왜 미갈을 요구할까? 먼저, 아브넬이 합법적으로 헤브론으로 건너와서 자신과 대화할 수 있는 여건을 마련하기 위해서다. 또, 다른 상징적 의미가 부여된 것으로 생각된다. 다윗이 미갈을 다시 취함으로써 사울을 동조하는 자들을 수용하겠다는 의지를 밝히는 것 같다. 더 나아가 다윗은 자신이 결코 사울 집안을 넘보는 외부 사람이 아니라, 합법적인 절차를 통해 그 집안의 일원이 되었음을 과시하고자 한다(Birch).

다윗은 아브넬에게 미갈을 데리고 오기를 요구하며, 이스보셋에게 미갈을 돌려달라는 공식 요청을 했다. 다윗이 대가(블레셋 사람 200명을 죽임)를 치르고 합법적으로 결혼한 사이였기에, 이스보셋도 그의 요구를 거부할 수 없었다. 또한 전투 때마다 다윗에게 패하고 있는 상황에서 괜히 꼬투리 잡힐 여지를 남겨 두어서는 안 된다는 생각이 들었을 것이다. 결국 이미 재혼한 미갈을 남편인 라이스의 아들 발디엘에게서 빼앗았다.

미갈의 새 남편 발디엘은 계속 울면서 아브넬이 경고할 때까지 미갈의 뒤를 좇았다고 기록하고 있다(16절). 한편으로 생각하면 다윗이 미갈을 요구할 수 있는 법적인 권한은 있지만, 그의 행위에는 좀 야비한 면이 있다. 잘 살고 있는 사람을 남편의 가슴에 못을 박으며 빼앗아 와야 하는가. 어떤 면에서 이 사건은 앞으로 전개될 밧세바 사건을 예시한다.

미갈의 거처를 확보한 아브넬은 이스라엘의 장로들을 모아 다윗을 왕으로 모실 것에 관한 이야기를 했다(17절). 대화 내용을 살펴보면 아브넬뿐만 아니라 온 이스라엘이 이미 다윗 쪽으로 기울어져 있었던 것이 확실했다. 물론 아브넬의 절대적인 권력 앞에 아무런 대꾸도 못하고 그의 뜻을 수용하고 있다는 해석을 배제할 수는 없다. 그러나 아무래도 다윗 쪽에 '먹을 것'이 있다는 것은 모두 다 아는 사실이었다. 아브넬은 베냐민 지파의 지도자들도 찾았다(17절). 사울이 베냐민 지파 출신이라는 점을 감안할 때 다윗이 이스라엘의 왕이 되려면 베냐민 사람들의 지지는 필수적이다. 베냐민 지도자들도 이미 다윗 쪽으로 쏠린 대세에 동조하기로 했다.

아브넬과 장로들에게 필요한 것은 자신들의 행위가 매국 행위로 보이지 않게 할 수 있는 그럴싸한 명분이었다. 아브넬이 이 역모의 대외적 명분을 제공했다. 이 명분을 통해 아브넬도 자신을 반역죄에서 배제시키고 있다. 그는 일이 이렇게 될 수밖에 없는 것은 여호와께서 이미 이렇게 하시기로 계획하셨기 때문이라는 논리를 펼쳐 나갔다(18절). 즉, 다윗을 이스라엘의 왕으로 맞아들이는 것은 하나님의 뜻에 순종하는 것이고, 그를 거부하는 것은 여호와를 거부하는 행위라는 것을 명백히 하고 있다. 가뜩이나 그럴싸한 명분을 찾고 있는 자들에게 더 이상 좋은 변명이 있을 수 없었다.

이스라엘 그리고 특히 베냐민 지파에 속한 장로들의 여론을 조성하고 확인한 뒤, 아브넬은 미갈을 데리고 다윗을 찾았다. 그의 일행은 호위병 20명만을 거느린 군사적 행동 능력이 없는 규모였다. 여기서 저자가 이 사실을 밝히는 것은 앞으로 일어날 암살 사건이 얼마나 야비한 짓인가를 드러내기 위함이다. 다윗은 그의 일행을 위해 성대한 잔치를 베풀어 주었다. 두 사람이 함께 먹는 것은 언약적인 의미가 있다 (Gordon). 당시에는 사람들이 계약을 체결하고 나면 함께 음식을 나누는 풍습이 있었다. 아브넬은 다윗의 호의에 대해 온 이스라엘과 다윗이 언약을 세울 날이 곧 올 것이라고 화답했다. 즉, 드디어 다윗과 이스라엘 사이에 평안(שׁלוֹם)의 날이 머지않았음을 기대하게 된 것이다. 그리고 아브넬은 평안히(בשׁלוֹם) 되돌아 갔다. 이 사실을 밝힘으로써, 저자는 아브넬 암살 사건에 다윗이 전혀 개입하지 않았음을 강조한다.

68

(7) 아브넬이 암살당함(3:22-30)

²² 다윗의 신복들과 요압이 적군을 치고 크게 노략한 물건을 가지고 돌아오니 아브넬은 이미 보냄을 받아 평안히 갔고 다윗과 함께 헤브론에 있지 아니한 때라 ²³ 요압 및 요압과 함께 한 모든 군사가 돌아오매 어떤 사람이 요압에게 말하여 이르되 넬의 아들 아브넬이 왕에게 왔더니 왕이 보내매 그가 평안히 갔나이다 하니 ²⁴ 요압이 왕에게 나아가 이르되 어찌 하심이니이까 아브넬이 왕에게 나아왔거늘 어찌하여 그를 보내 잘 가게 하셨나이까 ²⁵ 왕도 아시려니와 넬의 아들 아브넬이 온 것은 왕을 속임이라 그가 왕이 출입하는 것을 알고 왕이 하시는 모든 것을 알려 함이니이다 하고 ²⁶ 이에 요압이 다윗에게서 나와 전령들을 보내 아브넬을 쫓아가게 하였더니 시라 우물 가에서 그를 데리고 돌아왔으나 다윗은 알지 못하였더라 ²⁷ 아브넬이 헤브론으로 돌아오매 요압이 더불어 조용히 말하려는 듯이 그를 데리고 성문 안으로 들어가 거기서 배를 찔러 죽이니 이는 자기의 동생 아사헬의 피로 말미암음이더라 ²⁸ 그 후에 다윗이 듣고 이르되 넬의 아들 아브넬의 피에 대하여 나와 내 나라는 여호와 앞에 영원히 무죄하니 ²⁹ 그 죄가 요압의 머리와 그의 아버지의 온 집으로 돌아갈지어다 또 요압의 집에서 백탁병자나 나병 환자나 지팡이를 의지하는 자나 칼에 죽는 자나 양식이 떨어진 자가 끊어지지 아니할지로다 하니라 ³⁰ 요압과 그의 동생 아비새가 아브넬을 죽인 것은 그가 기브온 전쟁에서 자기 동생 아사헬을 죽인 까닭이었더라

뒤엉켰던 실타래가 실오라기 한 올로 순조롭게 풀리듯 모든 일이 잘 해결될 것 같았는데, 마지막 순간에 다윗을 정치적인 궁지로 몰아간 일이 생겼다. 북쪽으로 돌아가던 아브넬을 요압이 뒤쫓아가서 죽인 것이다. 동생 아사헬의 원수를 갚는 사적인 일 때문에 국가 통일의 대세를 흔드는 일을 저지른 것이다. 다윗이 과연 이 궁지에서 어떻게 빠져나올 것인가에 독자들의 관심이 쏠리게 하는 사건이었다. 무슨 일이 있어도 다윗은 요압의 행위와 무관함을 입증해야 한다. 입증하지 못하거나 북쪽

사람들을 설득하지 못한다면, 지금까지 진행되어 온 전쟁과는 다른 차원의 전쟁이 시작될 수도 있기 때문이다.

요압이 주변 국가들의 영토에서 노략질을 하고 돌아와 아브넬이 헤브론에 왔다가 떠났다는 소식을 들었다. 다윗은 자신의 군대와 정권을 유지하기 위해 광야 시절에 사용했던 방법(이방인 마을들을 습격해 노획물을 탈취하는 것)을 지속하고 있었다(Bergen). 아직 세금을 징수할 만한 형편이 못되었던 것이다. 다시 한 번 다윗에게 잘못이 없음을 강조하기 위해, 저자는 다윗이 아브넬을 무사히 보냈음을 밝힌다(22절). 소식을 들은 요압은 다윗을 찾아가 강력히 항의하며 아브넬을 헐뜯었다. 그러나 대망의 통일을 앞둔 다윗에게 요압의 항의가 귀에 들어올 리 없었을 것이다.

다윗의 입장에서는 아무런 말도 할 수 없었을지 모른다. 그는 왕이지만 요압의 세력을 결코 무시할 수 없는 상황이다(cf. 39절). 아마도 다윗은 통일이 된 다음에는 아브넬을 이스라엘 군의 사령관으로 임명하려는 계획을 가졌을 것이다. 북 왕국 사람들을 대접하는 명분도 되고, 요압을 견제하는 계기도 될 것이니 일석이조(一石二鳥)의 효과를 기대할 수 있는 계획이었다. 요압은 다윗과 계속 대화하는 것으로는 결코 아브넬을 절단낼 수 없음을 알았다. 그래서 그 자리에서 나와 곧장 아브넬을 뒤쫓아 잡아오도록 했다. 역시 다윗은 전혀 모르는 일이었다(26절). 아브넬에게는 20명의 호위병밖에 없었다. 요압이 보낸 군사들을 대항할 능력이 없었을 것이다.

아마도 요압은 속임수를 썼을 것이다. 예를 들면, "다윗 왕이 긴히 할 이야기가 있으니 다시 모셔오라고 했다"는 등 말이다(cf. Bergen). 아브넬이 요압을 만났을 때 전혀 적개심을 갖고 있지 않아 보였음이 증거로 제시될 수 있다. 또한 어떻게 보면 요압은 아브넬의 일대일 적수는 되지 못했을 것이다. 그는 끝까지 속임수를 써서 방어 자세를 갖추지 않은 아브넬을 살해했다(27절). 처음부터 끝까지 동생의 원수 갚는 일에만 집착했던 결과였다.

　동시에 요압은 앙갚음을 빌미로 미래의 경쟁자를 제거하고 있다. 그도 대세를 의식하고 있었을 것이다. 만약 남북이 통일되면 다윗 왕국의 제2인자는 누가 될 것인가? 당연히 자기라고 생각하겠지만, 아브넬이 살아 있는 한 결코 안심할 수 없는 일이었다(Birch). 그러므로 아브넬을 제거하면 지금 당장은 욕을 먹더라도 미래의 화근을 없애는 것이 된다. 실제로 다윗이 아브넬의 죽음을 애도하며 불렀던 애가의 내용을 살펴보면, 아브넬에 대한 요압의 염려가 결코 지나친 것이 아니었음이 드러난다(Gordon). 요압 때문에 다윗은 일생일대의 가장 큰 정치적 궁지에 몰리게 되었다.

　저자가 지금까지의 이야기를 "요압과 그의 동생 아비새가 아브넬을 죽인 것은 그가 기브온 전쟁에서 자기 동생 아사헬을 죽인 까닭이었더라"(30절)라고 요약하는 것은 이 이야기에 두 가지를 더하고 있다. 첫째, 아비새가 이 살인 사건에 개입되었음을 밝힌다. 그도 요압과 같은 마음을 품고 이 일에 가담 내지는 동조했던 것이다. 둘째, 이 구절에 "전쟁에서"(בַּמִּלְחָמָה, 30절)라는 단어를 추가함으로써, 아사헬의 죽음에는 원수갚음의 원리가 적용되지 않는다는 점을 암시한다(Gordon).

　이 살인 사건이 독자들의 동정을 사는 데는 또 한 가지 이유가 있다. 율법을 살펴보면 이스라엘은 실수로 혹은 사고로 사람을 죽이게 될 경우에는 도피성으로 피하면 살 수 있는 제도가 있었다(민 35:10-28). 그리고 헤브론은 이미 여호수아에 의해 오래전부터 이 역할을 하도록 지명받은 도피성 중 하나였다(수 20:7). 이미 언급한 것처럼, 아브넬이 아사헬을 죽인 것은 일종의 정당방위였다. 그럼에도 불구하고 정당한 재판 한 번 없이, 그것도 도피성에서 그를 죽인 것은 심각한 율법 위반 행위였다. 그러므로 아브넬의 죽음이 더욱더 측은하게 느껴지는 것이다.

　요압이 아브넬을 살해했다는 소식을 들은 다윗은 매우 화를 냈다. 그도 그럴 것이, 다 된 밥에 재를 뿌리는 격이었기 때문이다. 북쪽 사람들은 이제 다윗을 어떻게 생각할 것인가? "동맹을 맺고자 호의적인 의도를 가지고 찾아온 사람을 자신의 수도인 헤브론에서 죽게 했으니, 어떻게 이런 사람을 믿고 따를 수 있겠는가?"라는 여론이 형성될 것은 당연한 일이다. 또한 지금 다윗의 개인적인 명예는 위기에 처했다. 그는 지금까지 사울, 나발 등의 일들을 통해 쉽사리 피를 부르는 자가 아님을 확고히 해왔다. 그러나 이러한 개인적인 명예도 훼손될 위기에 처했다. 자신과 자신의 왕국이 전혀 이 사건에 연루되어 있지 않음을 선언하면서, 다윗은 요압의 집안에 혹독한 저주를 퍼부었다. 그의 저주 내용은 여러 면에서 사무엘을 통해 내려진 엘리 집안에 대한 저주와 비슷하다(cf. 삼상 2:31-36, Gordon). 그러나 이것으로 백성들이 설득될 수 있을까?

(8) 아브넬의 장례식(3:31-39)

31 다윗이 요압과 및 자기와 함께 있는 모든 백성에게 이르되 너희는 옷을 찢고 굵은 베를 띠고 아브넬 앞에서 애도하라 하니라 다윗 왕이 상여를 따라가 32 아브넬을 헤브론에 장사하고 아브넬의 무덤에서 왕이 소리를 높여 울고 백성도 다 우니라 33 왕이 아브넬을 위하여 애가를 지어 이르되

아브넬의 죽음이 어찌하여

미련한 자의 죽음 같은고

34 네 손이 결박되지 아니하였고

네 발이 차꼬에 채이지 아니하였거늘

불의한 자식의 앞에 엎드러짐 같이

네가 엎드러졌도다

하매 온 백성이 다시 그를 슬퍼하여 우니라 35 석양에 뭇 백성이 나아와 다윗에게 음

식을 권하니 다윗이 맹세하여 이르되 만일 내가 해 지기 전에 떡이나 다른 모든 것을 맛보면 하나님이 내게 벌 위에 벌을 내리심이 마땅하니라 하매 [36] 온 백성이 보고 기뻐하며 왕이 무슨 일을 하든지 무리가 다 기뻐하므로 [37] 이 날에야 온 백성과 온 이스라엘이 넬의 아들 아브넬을 죽인 것이 왕이 한 것이 아닌 줄을 아니라 [38] 왕이 그의 신복에게 이르되 오늘 이스라엘의 지도자요 큰 인물이 죽은 것을 알지 못하느냐 [39] 내가 기름 부음을 받은 왕이 되었으나 오늘 약하여서 스루야의 아들인 이 사람들을 제어하기가 너무 어려우니 여호와는 악행한 자에게 그 악한 대로 갚으실지로다 하니라

다윗은 즉시 온 백성에게 옷을 찢고 아브넬의 죽음을 슬퍼하도록 했다. 종종 다윗이 아브넬 암살 음모에 가담했다고 주장하는 사람들이 있지만(VanderKam; Lemche), 아브넬의 죽음이 다윗에게 이익이 아니라 오히려 위기를 가져다 준다는 점을 감안하면 전혀 설득력 없는 해석이다(cf. Birch). 요압에게도 다윗의 명령이 내려졌기에, 그도 자신이 죽인 자의 죽음을 슬퍼하는 무리에 끼어 있었다. 다윗의 위상이 잘 나타나는 순간이지만, 요압에게는 죽을 맛이었을 것이다. 정치라는 것은 참으로 희극이다.

다윗은 아브넬의 상여를 뒤따라가며 그의 죽음을 애통해 했고, 그의 무덤 앞에서도 목놓아 울었다. 그리고 그날은 종일 금식했다. 음악적 재능을 지녔던 다윗은 아브넬의 죽음에 대한 조가(弔歌)도 지어 불렀다. 조가의 내용을 보면, 아브넬은 의인으로, 억울한 죽음을 당한 사람으로 높이는 반면, 요압은 아주 못된 사람으로 몰아간다.

다윗은 아브넬의 죽음이 "미련한 자의 죽음"(הַכְמוֹת נָבָל)처럼 어이없고 무의미한 죽음이었음을 슬퍼한다. "미련한 자"(נָבָל)는 사무엘상 25장에서 보았던 아비가일의 남편 이름이다. 칠십인역(LXX)은 이 문장을 아예 "아브넬이 나발처럼 죽어야 했는가?"(εἰ κατὰ τὸν θάνατον Ναβαλ ἀποθανεῖται Αβεννηρ)라고 번역함으로써, 나발의 죽음과 아브넬의 죽음을 직접 연결하고 있다.

다윗의 진실되고 마음속 깊은 곳에서 우러난 애도가 드디어 유다 백성들뿐만 아니라 이스라엘 백성들도 설득했다. 다윗이 이 살인 사건과 아무런 관련도 없다는 사실이 사람들에게 받아들여진 것이다. 이렇게 해서 그는 유다의 왕이 된 이후 맞았던 최대의 위기를 잘 넘겼다. 다윗은 급기야 자신과 요압과의 껄끄러운 관계를 고백하기에 이르렀다(39절). 진짜, 원수가 따로 없다! 다윗이 사울에게 쫓겨 광야를 떠돌아 다닐 때부터 생사고락을 같이해 온, 다윗의 가장 충성된 부하 요압이 어느새 다윗의 가장 큰 골칫거리가 되었다(Birch).

6-39절에 전개된 사건의 중요한 포인트는 아브넬만이 다윗 정권 성립의 종교적인 정당성을 지속적으로 언급한다는 점이다(8-10, 18절). 아브넬만이 지속되는 전쟁, 협상, 타협, 장례식, 정치적 혼란 속에서도 여호와의 주권에 의한 대세를 포착했단 말인가? 저자는 아브넬을 이런 시각을 지닌 자로 표현하는 듯하다.

> Ⅲ. 다윗의 상승과 사울의 쇠퇴(삼상 16:1-삼하 5:10)
> 7장. 다윗이 이스라엘의 왕이 됨(2:1-5:10)
>   2. 다윗과 이스보셋(2:12-4:12)

(9) 이스보셋이 암살당함(4:1-12)

아브넬이 죽자 사울 집안의 세력은 급격한 하락세를 탔다. 실권자가 죽었으니 당연한 일이었을 것이다. 이유야 어찌 되었든지, 다윗의 입장에서는 자신이 북쪽을 차지하려면 죽어야 할 사람 중의 한 사람이 죽은 것이다. 그동안 사울과 요나단이 죽었고, 이제 아브넬도 죽었다. 남아 있는 이스보셋만 제거된다면 더 이상 다윗이 이스라엘의 왕이 되는 것을 방해할 자는 없다. 중요한 사실은 이 모든 죽음에 대해 다윗이 결백하다는 것이다. 그의 정권은 피를 불렀으므로 결백하지 못하다. 그러나 다윗 개인은 결백하다. 모든 죽음이 다윗의 의지와 관계없이 일어난 것이기 때문이다. 이러한 현상은 다윗처럼 여호와의 절대적인 주권에 몸을 맡기는 자에게 주어지는 축복이라고 할 수 있다. 저자는 사건들을 전하면서 다윗의 반응을 확실하게 묘사함으로써 이러한 관점을 드러낸다.

죽음	중개인	다윗의 반응
사울과 요나단	아말렉 소년	탄식과 애곡(1:17)
아브넬	요압	애곡과 금식(3:31–35)
이스보셋	레갑과 바아나	원수갚음(4:11–12)

이 섹션은 아브넬을 잃고 낙심하던 이스보셋이 어떻게 죽었는지 묘사하며, 쇠퇴하는 사울의 집안과 반대로 다윗이 날로 상승하고 있음을 강조한다. 심지어 그의 경쟁자 이스보셋의 머리가 다윗 앞에 놓여 있다. 본 텍스트는 다음과 같이 두 부분으로 구분될 수 있다.

(1) 이스보셋이 암살당함(4:1-8a)
(2) 다윗이 암살자들을 처형함(4:8b-12).

Ⅲ. 다윗의 상승과 사울의 쇠퇴(삼상 16:1–삼하 5:10)
　7장. 다윗이 이스라엘의 왕이 됨(2:1–5:10)
　　2. 다윗과 이스보셋(2:12–4:12)
　　　(9) 이스보셋이 암살당함(4:1–12)

① 이스보셋이 암살당함(4:1-8a)

1 사울의 아들 이스보셋은 아브넬이 헤브론에서 죽었다 함을 듣고 손의 맥이 풀렸고 온 이스라엘이 놀라니라 2 사울의 아들 이스보셋에게 군지휘관 두 사람이 있으니 한 사람의 이름은 바아나요 한 사람의 이름은 레갑이라 베냐민 족속 브에롯 사람 림몬의 아들들이더라 브에롯도 베냐민 지파에 속하였으니 3 일찍이 브에롯 사람들이 깃다임으로 도망하여 오늘까지 거기에 우거함이더라 4 사울의 아들 요나단에게 다리 저는 아들 하나가 있었으니 이름은 므비보셋이라 전에 사울과 요나단이 죽은 소식이 이스르엘에서 올 때에 그의 나이가 다섯 살이었는데 그 유모가 안고 도망할 때 급히 도망

하다가 아이가 떨어져 절게 되었더라 ⁵브에롯 사람 림몬의 아들 레갑과 바아나가 길을 떠나 볕이 쬘 때 즈음에 이스보셋의 집에 이르니 마침 그가 침상에서 낮잠을 자는지라 ⁶레갑과 그의 형제 바아나가 밀을 가지러 온 체하고 집 가운데로 들어가서 그의 배를 찌르고 도망하였더라 ⁷그들이 집에 들어가니 이스보셋이 침실에서 침상 위에 누워 있는지라 그를 쳐죽이고 목을 베어 그의 머리를 가지고 밤새도록 아라바 길로 가 ⁸ᵃ헤브론에 이르러

아브넬이 죽었다는 소식은 온 이스라엘 사람의 간장을 녹였다. 그들은 이미 불확실한 미래에 대해 불안감을 갖고 있었는데, 이처럼 전혀 예측하지 못한, 그것도 나라의 통일을 놓고 다윗과 협상하기 위해 헤브론을 찾았던 아브넬이 시체가 되어 돌아왔으니 그 충격은 이루 말할 수가 없었을 것이다. 이 상황에서 베냐민 지파에 속한 형제가 일을 저질렀다. 이스보셋을 죽이고 그의 목을 잘라 다윗을 찾아왔던 것이다.

레갑과 바아나가 이스보셋을 죽인 일을 묘사하는 6-7절은 같은 일을 두 번 반복하는 느낌을 주어 자연스럽지 못하다. 개역개정판을 보면, 마치 두 개의 버전이 합쳐진 것 같다. 6절 버전에서는 암살자들이 이스보셋의 배를 찌르고 도망갔다. 7절 버전에서는 암살자들이 이스보셋의 머리를 잘라 도망갔다. 다음을 생각해 보라.

6절	레갑과 그의 형제 바아나가 밀을 가지러 온 체하고 집 가운데로 들어가서 그의 배를 찌르고 도망하였더라
7절	그들이 집에 들어가니 이스보셋이 침실에서 침상 위에 누워 있는지라 그를 쳐죽이고 목을 베어 그의 머리를 가지고 밤새도록 아라바 길로 가

새번역은 7절을 6절에 기록된 일의 정황을 설명하는 정황구(situational clause)로 간주함으로써 이 문제를 해결한다. "그들은 밀을 가지러 온 사람처럼 꾸미고, 대궐 안으로 들어가서, 그의 배를 찔러서 죽였다. 그런 다음에 레갑과 그의 동생 바아나는 도망하였는데, 그들이 대궐로 들

어갔을 때에, 왕은 침실에서 침대에 누워 자고 있었다. 그래서 그들은 왕을 죽이고, 그의 머리를 잘라 낼 수가 있었다. 그들은 그의 머리를 가지고 나와, 밤새도록 아라바 길을 걸었다." 학자들은 같은 내용을 약간 바꾸어 반복하는 것을 히브리 문학의 독특한 기술법으로 간주한다 (Bergen; cf. 창 1:27; 7:11; 삼상 17:50).

이스보셋의 목이 잘려 헤브론으로 오게 된 일은 그의 아버지 사울의 왕관이 시글락으로 오게 된 이야기와 유사한 점을 지녔다(Birch; cf. Arnold). 두 이야기 다 왕을 죽이거나 죽였다며 다윗을 찾아온 자들이 등장한다. 그들은 다윗으로부터 포상을 기대한다. 다윗은 그들을 포상하기는커녕 왕을 죽였다며 처형한다. 바아나와 레갑이 이스보셋을 죽인 것은 나라가 동요하는 틈을 타서 자신들이 출세할 기회를 만들기 위해 저지른 철저히 이기적인 행동이었다. 국가의 백년대계를 위한다는 등의 명분이 아닌 순수한 살인이었던 것이다. 바아나와 레갑이 다윗의 사주를 받아 이스보셋을 죽이고 헤브론으로 왔으며, 다윗은 자신이 이스보셋의 암살에 연루된 사실을 감추기 위해 이들을 곧장 처형했다는 어이없는 해석도 있다(Lemche).

어떻게 생각하면 이스보셋은 이미 죽은 목숨이었다. 그는 아브넬에게 의존하고 있었다. 이제 아브넬이 죽었으니 그도 죽었다고 말할 수 있다. 성경은 아브넬의 죽음이 전해지자 그의 "맥이 풀렸다"(새번역)고 한다. 그는 살아서도 결코 다윗의 적수가 되거나 다윗이 왕이 되는 것을 방해할 수 있는 인물은 되지 못했다. 다윗의 입장에서 생각할 때, 차라리 그가 살아 있는 것이 장기적으로는 더 도움이 되었을지도 모른다. 이스보셋은 절대로 다윗과 비교될 수 없는 존재이기에, 이스보셋이 오래 존재할수록 북쪽 지파 사람들은 다윗의 통치를 더 강하게 갈망했을 것이다. 이러한 상황에서 베냐민 지파 형제가 다윗에게 선물이라고 가져온 이스보셋의 목은 다윗이 처한 정치적 상황에 약점(liability)이 되면 되었지 결코 이점(asset)은 되지 못했다.

이야기가 진행되는 과정에서 시선을 끄는 부분이 있다. 요나단의 아들 므비보셋에 관한 이야기다(4절). 왜 갑자기 이스보셋의 이야기 중에 므비보셋이 언급되는가? 위치적으로 볼 때, 므비보셋 이야기는 다윗과 요나단 사이의 '인애'(חֶסֶד)를 중심으로 형성되었던 사무엘상 20:14-17과 앞으로 요나단과의 언약에 의해 다윗이 행할 '인애'(חֶסֶד)를 중심으로 전개되는 사무엘하 9:1-8 사이에서 다리 역할을 하고 있다. 또한 지금까지 이스보셋을 제외하고는 사울의 집안에서 살아 남은 자가 누구인지에 관한 언급이 없었다. 이 상황에서 이스보셋이 죽음을 맞게 된다면 독자들은 사울의 집안이 완전히 멸족하지 않나 하는 불안감에 빠질 수 있다(Bergen). 그러므로 여기서 므비보셋이 슬며시 언급되는 이유는 이스보셋의 죽음으로 인해 다윗과 요나단이 맺은 언약이 위협받지는 않을까 염려하는 독자들을 안심시키기 위함이다. 일부 주석가들은 여기서 장애를 가진 므비보셋이 언급되는 것은, 사울 집안에는 더 이상 왕이 될 만한 사람이 없으므로 다윗이 왕이 되는 것이 당연한 것임을 강조하기 위해서라고 해석한다(Keil & Delitzsch).

'므비보셋'(מְפִיבֹשֶׁת)을 문자적으로 풀이하면 "수치를 멸하는 자"다 (cf. HALOT). 이스보셋의 이름처럼 므비보셋 이름에서도 '보셋'은 원래 '바알'이었을 것이다(Birch). 그런데 저자가 바알의 이름을 언급하기를 꺼려 '보셋'(수치)으로 대체한 것이다. 그의 아버지 요나단이 길보아 산 전투에서 죽었을 때 므비보셋은 다섯 살이었다(4절). 저자는 요나단의 전사 소식을 듣고 므비보셋의 유모가 그를 데리고 급히 도망하다가 아이를 떨어뜨려 영구적으로 불구자가 되었다는 정보도 제공한다. 영구적 장애를 지닌 므비보셋은 요나단의 집안에서 그 누구보다 '인애' (חֶסֶד)를 필요로 하는 사람이며, 다윗은 그에게 인애를 베풀 것이다. 본문에 기록된 사건이 있었을 때 므비보셋의 나이는 열두 살쯤 되었다고 추정할 수 있다. 우리는 잠시 후 성년이 된 그를 만나게 된다.

② 다윗이 암살자들을 처형함(4:8b-12)

8b 다윗 왕에게 이스보셋의 머리를 드리며 아뢰되 왕의 생명을 해하려 하던 원수 사울의 아들 이스보셋의 머리가 여기 있나이다 여호와께서 오늘 우리 주 되신 왕의 원수를 사울과 그의 자손에게 갚으셨나이다 하니 9 다윗이 브에롯 사람 림몬의 아들 레갑과 그의 형제 바아나에게 대답하여 그들에게 이르되 내 생명을 여러 환난 가운데서 건지신 여호와께서 살아 계심을 두고 맹세하노니 10 전에 사람이 내게 알리기를 보라 사울이 죽었다 하며 그가 좋은 소식을 전하는 줄로 생각하였어도 내가 그를 잡아 시글락에서 죽여서 그것을 그 소식을 전한 갚음으로 삼았거든 11 하물며 악인이 의인을 그의 집 침상 위에서 죽인 것이겠느냐 그런즉 내가 악인의 피흘린 죄를 너희에게 갚아서 너희를 이 땅에서 없이하지 아니하겠느냐 하고 12 청년들에게 명령하매 곧 그들을 죽이고 수족을 베어 헤브론 못 가에 매달고 이스보셋의 머리를 가져다가 헤브론에서 아브넬의 무덤에 매장하였더라

이스보셋을 죽이고 그의 머리를 가지고 다윗을 찾아온 브에롯 사람 형제들은 "여호와의 사역"으로 이 일을 행했다고 고하지만(8b절), 다윗은 그들을 죽이라고 명했다(12절). 다윗은 그 누구도 스스로 이스라엘의 왕이 될 수 없으며 하나님이 기름 부으신 자만이 왕이 될 수 있다고 믿었다. 이스보셋도 예외는 아니다. 그러므로 하나님의 기름 부음을 입고 왕이 된 사람을 해한 자는 다윗의 신앙이 용서할 수 없다. 또한 이 외에도 몇 가지 이유가 동시에 작용했을 것이다.

첫째, 다윗은 결코 이스보셋이나 사울 집안 사람들을 원수로 생각해 본 적이 없었음을 선언하고자 한다. 이 선언의 정치적 여파는 매우 컸다. 온 이스라엘이 다윗이 이스보셋의 목을 가져온 사람들을 치하하지 않고 오히려 그들을 처형했다는 소식을 들었을 때, 사울 집안 사람들은 다윗 정권 하에서의 자신들의 위치에 대해 상당한 가능성을 보았을 것

이다. 즉, 낙관적인 마음을 갖게 되었던 것이다. 이스보셋의 목을 가져온 사람들을 처형했다는 것은 다윗이 자신들을 원수로 보기보다 형제 혹은 동족으로 간주한다는 증표가 아니겠는가.

둘째, 다윗은 이 사건을 통해 온 이스라엘과 유다에게 경고한다. 누구든지 사울의 집안을 쉽게 생각하거나 공격하는 것을 결코 용납하지 않겠다는 의미다. 비록 한때는 사울이 그를 죽이겠다고 쫓아 다녔고, 지금은 그의 집안이 멸족되다시피 했지만, 사울 집안은 엄연한 이스라엘의 왕의 집안이자 친구 요나단의 집안이 아니던가? 그러므로 결코 이 일을 용납하지 않겠다는 다윗의 의지가 백성들에게는 매우 아름답게 보였을 것이다.

셋째, 자신의 신앙에 비추어서, 다윗은 무고하게 피 흘리는 것을 결코 용납할 수 없음을 밝히고자 한다. 특히 사울과 그의 집안에 대한 다윗의 예우는 대단했다. 이러한 상황에서 이들의 행동을 다윗은 용납할 수 없었던 것이다. 다윗은 그들을 처형하라고 명령하면서 1장에 기록된 아말렉 소년의 사건을 언급한다(10절). 다윗이 볼 때, 이들의 행동은 여호와의 기름 부음을 받은 자의 몸에 손을 대는 것과 같은 행위였다. 이들이 사무엘하 1장에 기록된 아말렉 소년의 이야기만 알고 있었어도 이런 일은 없었을 텐데!

넷째, 다윗은 이 사건에 대한 자신의 무고함을 드러내고자 한다. 공연히 이들을 포상해 북쪽 사람들 사이에 조금이라도 남아 있을 수 있는 자신에 대한 불신의 불씨에 기름을 부을 필요는 없었다. 오히려 다윗은 어떻게 해서든 북쪽 지파들의 불안한 마음을 달래가며 그들의 지지를 얻어내야 한다. 이런 상황에서 암살자들을 환영하는 것은 결코 도움이 되지 않는다(Gordon). 또한 다윗은 자신이 결코 정치적인 야심을 가지고 사울 집안까지 넘보는 사람이 아니며, 다만 여호와께서 이미 오래전에 약속하신 것을 그분의 방식대로 이루실 것을 기다리는 사람이라는 것을 알리고 싶었다. 이들을 처형함으로써, 다윗은 하나님이 약속하신 것을 불경한 방식으로 이루어 나갈 생각이 전혀 없음을 역설한다. 그는 조용히 하나님의 때와 역사를 기다릴 뿐이었다.

다윗은 이스보셋을 어진 사람이라 부르며, 그가 잠자는 동안 죽었다는 사실을 상기시킴으로써 이들의 비윤리적인 행동을 비난한다(11절). 역시 다윗의 관점은 방황하는 북쪽 사람들에게 큰 위로와 격려가 되었을 것이다. 다윗은 이스보셋의 머리를 가지고 예우를 갖추어 장사지내주고 헤브론의 아브넬의 묘에 함께 묻어 주었다(12절). 살아서 함께하던 자들이 죽어서도 함께하게 된 것이다. 그러나 아브넬이 죽기 전에 마지막으로 한 일이 이스보셋이 다스리던 나라를 다윗에게 주기로 합의한 것이었음을 생각하면, 이 둘이 같은 묘에 묻힌 것은 아이러니다(Birch). 반면에 그의 암살자들은 손과 발을 잘라낸 다음 그들의 주검을 헤브론의 연못가에 매달았다(12절). 이스보셋의 죽음으로 북쪽 지파에는 더 이상 왕이 없게 되었다. 다윗이 통일왕국의 왕이 되는 날이 한 걸음 가까이 다가온 것이다.

3. 이스라엘의 왕 다윗(5:1-10)

이스보셋마저 잃어버린 북쪽 지파들은 이제 헤브론에 있는 다윗에게 몸을 맡길 수밖에 없었다. 그들이 바라볼 수 있는 리더는 다윗뿐이었다. 헤브론을 찾은 그들의 사기가 매우 위축되어 있었으리라는 것을 쉽게 상상할 수 있다. 아브넬이 살아 있었다면 그들은 무엇을 근거로 해서든지 상당한 수준에 달하는 협상을 할 수 있었을 것이다. 그러나 아브넬이 없는 지금, 그들은 고개를 숙인 채 다윗의 자비에 자신들을 맡길 수밖에 없는 상황에 처해 있었다. 이스라엘 장로들이 다윗을 찾아와 그를 왕으로 세웠다.

이 이야기는 사무엘상 16장에서 시작된 다윗 상승 이야기의 결론 부분이면서, 동시에 다윗이야 말로 이스라엘에 필요한 이상적인 왕이라는 점을 강조한다. 특히 다윗이 예루살렘을 정복한 사건은 지난 400여 년 동안 그 누구도, 심지어 사울과 사무엘조차 하지 못한 일을 그가 해냈다는 점을 강조한다. 이 섹션은 두 부분으로 구분될 수 있다. (1) 다윗이 통일 이스라엘의 왕이 됨(5:1-5), (2) 다윗이 예루살렘을 정복함(5:6-10).

> III. 다윗의 상승과 사울의 쇠퇴(삼상 16:1–삼하 5:10)
> 7장. 다윗이 이스라엘의 왕이 됨(2:1–5:10)
> 3. 이스라엘의 왕 다윗(5:1–10)

(1) 다윗이 통일 이스라엘의 왕이 됨(5:1-5)

[1] 이스라엘 모든 지파가 헤브론에 이르러 다윗에게 나아와 이르되 보소서 우리는 왕의 한 골육이니이다 [2] 전에 곧 사울이 우리의 왕이 되었을 때에도 이스라엘을 거느려 출입하게 하신 분은 왕이시었고 여호와께서도 왕에게 말씀하시기를 네가 내 백성 이스라엘의 목자가 되며 네가 이스라엘의 주권자가 되리라 하셨나이다 하니라 [3] 이에 이스라엘 모든 장로가 헤브론에 이르러 왕에게 나아오매 다윗 왕이 헤브론에서 여호와 앞에 그들과 언약을 맺으매 그들이 다윗에게 기름을 부어 이스라엘 왕으로 삼으니라 [4] 다윗이 나이가 삼십 세에 왕위에 올라 사십 년 동안 다스렸으되 [5] 헤브론에서 칠 년 육 개월 동안 유다를 다스렸고 예루살렘에서 삼십삼 년 동안 온 이스라엘과 유다를 다스렸더라

아브넬과 이스보셋이 죽자, 북쪽 지파들에게는 더 이상 다윗의 왕권을 반대할 명분이 없었다(Bergen). 다윗을 이스라엘의 왕으로 세우는 일이 이들의 유일한 대안이 되어 버린 것이다. 실제로 다윗은 이스라엘의 왕이 될 만한 여건을 두루 갖추고 있었다. 첫째, 다윗처럼 용맹스러운 군인도 흔하지 않았다(cf. 삼상 18:13-14, 30-31; 30장). 이스라엘이 사무엘을 찾아가 왕을 세워달라고 했을 때(cf. 삼상 8장), 군사적으로 능력 있는 자를

원하지 않았는가? 둘째, 다윗은 선지자들과도 좋은 관계를 유지해 왔으므로 선지자들을 통한 하나님의 음성을 잘 들을 수 있었으며, 또 선지자들도 다윗이 차기 이스라엘의 왕이라고 말했다. 사무엘은 이미 오래전에 이 같은 사실을 선포했다(삼상 16:1; cf. 삼하 3:9, 18). 다윗은 하나님이 이스라엘의 왕으로 세우신 사람이다. 셋째, 사울의 사촌이자 그 누구보다 사울 집안을 사랑했던 아브넬마저도 다윗의 왕권을 인정했었다(삼하 3:9-10, 17-18). 넷째, 다윗이 사울과 이스보셋의 비보를 접한 후 보였던 반응은 그가 경건하고 거룩한 가치관의 소유자임을 말해 준다(cf. 삼하 1장; 3:28-35).

그래서 이스라엘 사람들은 헤브론에 있는 다윗을 찾았다. 저자는 "이스라엘의 모든 지파"(כָּל־שִׁבְטֵי יִשְׂרָאֵל, 1절)와 "이스라엘 모든 장로들"(כָּל־זִקְנֵי יִשְׂרָאֵל, 3절)이 다윗을 왕으로 세우는 일에 참여했다며 이 사건의 역사적 중요성을 강조한다. 장로들은 그를 왕으로 세우며 세 가지 명분을 제시한다(1-2절). 첫째, 다윗과 자신들—즉, 남쪽과 북쪽 지파들—은 한 골육이다(1절). 구약에서 "골"(עֶצֶם)은 힘과 능력의 상징이며 "육"(בָּשָׂר)은 연약함의 상징이다. 이들은 다윗에게 "우리는 오랫동안 강함과 약함 속에서 함께한 사이", 즉 생사고락을 같이해 온 사이라고 말하는 것이다(Brueggemann). 또한 골육은 피를 나눈 친척관계라는 뜻으로 사용되기도 한다(Birch). 비록 사울이 죽은 후 정치적인 이유 때문에 지난 7년 동안 두 개의 나라로 존재해 왔지만, 근본적으로 이스라엘과 유다는 같은 민족이기 때문에 이스라엘이 다윗을 왕으로 추대하는 것은 당연한 일이라는 주장을 펼치고 있다.

둘째, 사울의 군인으로서 자신들은 다윗과 생사를 같이한 적이 있다. 지금은 다윗이 유다를 통치하는 왕이 되어 있지만, 한때 다윗은 이들과 함께 같은 왕 밑에서 같은 군대에 속해 같은 나라와 민족을 섬겼다는 사실을 회고하고 있다. 특히, 이날 다윗을 찾은 사람 중 상당수가 다윗의 지휘 아래 사울과 이스라엘을 위해 전쟁에 참가했던 경험이 있는 사람들이었다(Gordon). 즉, 이들은 한때 같은 정치권에 속했던 공통점을 지니고 있다.

셋째, 여호와께서 다윗이 이스라엘의 목자가 되고 이스라엘의 '주권자'(נָגִיד)가 될 것을 말씀하신 적이 있다. 이미 오래전에 하나님은 사무엘을 통해 다윗이 사울의 뒤를 이어 이스라엘의 왕이 될 것을 선언하신 적이 있으며, 자신들은 이 예언을 성취하기 위해 왔다는 것이다(Keil & Delitzsch). 즉, 이들은 다윗과 같은 신앙에 근거해 그를 찾아왔음을 선언한다.

학자들은 위의 세 가지 중 마지막 명분이 특별한 의미를 지녔다고 생각한다(cf. Brueggemann). 먼저 여호와의 이름을 언급함으로써, 자신들이 북쪽의 악화된 사정 때문에 다윗을 찾은 것이 아니라 여호와의 뜻을 이루기 위해 그를 찾아 왕으로 삼고 있다는 점을 강조한다. 남쪽 사람들이 다윗 통치의 열매를 즐길 수 있는 자격이 있는 만큼, 북쪽 사람들에게도 정당한 권리가 있다는 것이다. 또한 고대 근동에서 왕을 '목자'로 표현하는 데는 특별한 뉘앙스가 있었다(Anerson; cf. NIDOTTE). 목자는 아버지가 아이들을 먹이고 보호하는 것처럼 양들을 보호하는 아버지상(paternalistic overtone)이 매우 강한 이미지다(Bergen). 그러므로 목자는 왕에게 백성을 보호하고, 먹이고, 보살피고, 양육해야 할 의무가 있다는 것을 나타내는 호칭이다. 다윗이 처음 사무엘에게 기름 부음을 받을 때(삼상 16:1-13)도 그 사건의 배경에 목자 이미지가 크게 부각되지만, 다윗이 목자로 불리는 것은 이곳이 처음이다. 다윗의 어릴 때 추억이 (cf. 삼상 16:11) 목자 이미지에 특별한 의미를 부여하는 듯하다(Arnold).

그러므로 북쪽의 장로들은 목자 이미지를 사용함으로써 다윗에게 왕으로서의 책임과 그가 처음 기름 부음 받았을 때를 동시에 상기시키고 있다. 이러한 점에서 본문은 왕에 대한 규례를 기록하고 있는 신명기 규례(cf. 신 17:14-20)를 곳곳에서 반영한다(Evans). 다윗의 입장에서는 광야에서 아버지의 양을 먹이던 목동이 드디어 여호와 하나님의 양인 이스라엘을 먹이게 된 것이다. 또한 사울은 "취하는 자"로 묘사된 반면 다윗은 "베푸는 자"가 되어야 한다는 것이 이들의 호소였다. '목자' 이 미지는 성경적인 통치 철학을 잘 반영하고 있다. 예수님을 선한 목자로 표현하는 부분(요 10:11)에서도 이런 성향을 감지할 수 있다.

장로들이 다윗을 '왕'으로 부르지 않고 왕자(נָגִיד: 주권자, 통치자)로 부르는 것은, 무엇보다 다윗을 '왕자'로 부름으로써 여호와의 '왕권'을 그대로 인정하고자 해서다(cf. 삼상 9:16). 즉, 다윗이 비록 이스라엘의 왕이지만, 여호와의 통치 아래서 이들을 인도해야 할 종교적인 책임이 있음을 강조하려는 것이다.

이 모든 사실을 감안할 때, 한 가지가 분명해진다. 이스라엘 사람들은 결코 다윗 정권에 백지수표를 위임하지 않았다는 것이다. 그들은 다윗 정권의 동반자가 되기를 원한다. 일종의 전략적 제휴를 요구하는 것이다. 이러한 사실은 다윗이 그들과 '언약'(בְּרִית)을 세우는 부분에서도 역력히 드러난다(3절, Gordon). 물론 다윗은 자신의 정책에서 북쪽 지파들의 요구를 충분히 수용했다.

다윗이 통일 이스라엘의 왕이 된 것은 37세에 있었던 일이다(cf. 4절). 그동안 다윗은 헤브론에서 7년 반 동안 유다의 왕으로 군림해 왔다. 그는 앞으로 33년 동안 통일된 이스라엘을 다스리다가, 70세에 솔로몬에게 왕권을 넘겨주고 죽는다. 다윗은 30세에 헤브론에서 유다의 왕이 되어 처음에는 유다를, 그 다음에는 통일 이스라엘을 40년 동안 통치했다. 일부 주석가들은 40년은 어림수(round number)이며 실제 통치 기간은 이보다 훨씬 더 짧았을 것이라고 주장하지만, 다윗에 관한 성경의 증언을 볼 때 실제적인 숫자였던 것이 분명하다. 너무 어려서 선지자 사무엘이 주관하던 제사에도 끼지 못했던 이새의 여덟 번째 아들이 이스라엘의 왕이 되는 역사적인 순간이다(Birch).

III. 다윗의 상승과 사울의 쇠퇴(삼상 16:1–삼하 5:10)
7장. 다윗이 이스라엘의 왕이 됨(2:1–5:10)
3. 이스라엘의 왕 다윗(5:1–10)

(2) 다윗이 예루살렘을 정복함(5:6-10)

6 왕과 그의 부하들이 예루살렘으로 가서 그 땅 주민 여부스 사람을 치려 하매 그 사람들이 다윗에게 이르되 네가 결코 이리로 들어오지 못하리라 맹인과 다리 저는 자라도 너를 물리치리라 하니 그들 생각에는 다윗이 이리로 들어오지 못하리라 함이나 7 다윗이 시온 산성을 빼앗았으니 이는 다윗 성이더라 8 그 날에 다윗이 이르기를 누구든지 여부스 사람을 치거든 물 긷는 데로 올라가서 다윗의 마음에 미워하는 다리 저는 사람과 맹인을 치라 하였으므로 속담이 되어 이르기를 맹인과 다리 저는 사람은 집에 들어오지 못하리라 하더라 9 다윗이 그 산성에 살면서 다윗 성이라 이름하고 다윗이 밀로에서부터 안으로 성을 둘러 쌓으니라 10 만군의 하나님 여호와께서 함께 계시니 다윗이 점점 강성하여 가니라

한 주석가는 다윗에게 예루살렘을 정복할 뚜렷한 명분이 없다고 주장하지만(Birch), 그렇지 않다. 여기에는 여러 가지 명분이 있다. 다윗은 드디어 온 이스라엘의 왕이 되었다. 그러나 과연 그에게 이스라엘을 통치할 능력이 있는가? 저자는 예루살렘 성 탈환 작전을 통해 그가 진정으로 이스라엘의 왕이 될 자격이 있음을 강조한다. 즉, 예루살렘 탈환은 다윗의 군사적 능력을 과시하기에 충분한 사건이었다. 또한 예루살렘 정복은 여러 면에서 다윗 정권의 위상과 안정을 다지는 중요한 동기가 된다. 다윗이 정복한 후 예루살렘은 이스라엘 역사에서 가장 중요한 도시가 되며, 여호와 하나님이 이스라엘을 통치하시는 곳이 된다(Arnold).

예루살렘은 정복시대인 여호수아 시대에 유다 지파에게 주어졌다(수 15:63).[2] 그런데 유다 지파는 이 땅을 정복해 본 적도 없었으며, 또 정복

---

2 이와 달리 여호수아 18:28은 예루살렘이 베냐민에 속한 것으로 기록하고 있다. 아마도 두 지파의 접경지대에 있었기 때문에 이런 일이 일어나는 듯하다. 예루살렘은 베냐민 지파와 유다 지파에 속했지만, 두 지파 중 아무도 이 성을 자기 것이라고는 할 수 없었다(McCarter).

하더라도 곧바로 다시 빼앗겼다. 즉, 예루살렘은 지난 400여 년 동안 이스라엘에 속하지 않은 땅이었다. 예루살렘은 지형이 험하고 복잡했기 때문에 지극히 적은 숫자로도 수많은 적을 쉽게 방어할 수 있었다. 먼 훗날 대 바빌론 제국의 군대가 주전 587년에 예루살렘 포위를 시작한 후 거의 1년 반 만에야 점령하게 되었던 것을 생각하면, 예루살렘이 어느 정도 난공불락의 요새였는지를 쉽게 상상할 수 있다. 상당히 성공적인 통치를 해 나갔던 사무엘과 사울도 이 땅을 정복하진 못했다. 이제 드디어 다윗이 그 일을 이루게 된 것이다. 그러므로 예루살렘 정복은 다윗이 온 이스라엘의 통치자가 될 만한 실력을 갖춘 자라는 것을 입증하는 사건이었다. 대체로 학자들은 이 때를 주전 1003년 정도로 추정한다.

이 사건을 언급하는 6-10절(특히, 8절)은 사무엘서에서 번역하기 가장 어려운 부분으로 손꼽힌다(cf. McCarter). 그러나 전체적인 내용 파악이나 해석은 상대적으로 쉽다. 다윗이 예루살렘 정복에 나서자 거민들이 그를 비웃었다. 그도 그럴 것이, 이스라엘 사람들은 지난 400년 동안 한 번도 여부스 족속에게서 예루살렘을 빼앗아 본 적이 없기 때문이다. 그들은 성을 정복하겠다고 쳐들어온 다윗에게 "맹인과 다리 저는 자라도 너를 물리치리라"(אִם־הֱסִירְךָ הַעִוְרִים וְהַפִּסְחִים)라고 빈정댔다. 이 말이 정확히 무엇을 의미하는지에 관해서는 학자들의 의견이 분분하다. 예루살렘의 지형적인 조건이 너무 독특해서 장애인들이라도 쉽게 침략군을 물리칠 수 있다는 것을 의미한다고 해석하기도 하고(개역; 공동; 새번역; NIV; NRS), "너는 오직 장애인들만 이길 수 있다"라는 의미로 간주되기도 하며(KJV) 혹은 다윗을 대적해서 성 안의 장애인들까지도 함께 싸울 것이라는 각오를 밝히는 것으로 이해되기도 한다(Ackroyd). 예루살렘은 천연적인 난공불락의 요새이기 때문에 장애인들이라도 침략자들을 쉽게 물리칠 수 있다는 의미가 본문에 가장 잘 어울린다고 생각된다(Bergen).

다윗은 성벽을 타고 올라가서 직접 싸우는 전투에는 승산이 없음을 알고, 수로를 통해 성을 정복했다(8절). 예루살렘은 북쪽을 제외한 세 면이 골짜기로 둘러싸여 있으며, 해발 600m에 있는 도시였기에 외부의 침략을 쉽게 물리칠 수 있는 여건이 갖추어져 있었다. 그러나 예루살렘은 샘이 없어서 성 밖에서 물을 끌어다 마셔야 했다. 성의 동쪽에 자리한 기드론 계곡에 있던 기혼 샘에서 물을 길어다 사용했다. 이것이 이 성의 아킬레스건이었다. 평상시에는 큰 문제가 없지만 전쟁 중에 물을 길러 성 밖으로 갈 수 없는 상황이 벌어지면 물 공급에 대한 특별한 대책이 필요했다. 그래서 예루살렘 주민들은 수로를 통해 기혼 샘의 물을 성 안으로 끌어들였다. 다윗은 바로 이 수로를 이용해 예루살렘을 정복하게 된 것이다.

그러나 다윗이 어떤 군사적 작전을 펼치고 있는지에 관해서는 학자들의 해석과 추측이 분분하다. 다윗의 군사들이 이용하는 "수구/물긴는 데"(צנור, 8절)의 해석이 논란이 되고 있기 때문이다. 이 단어는 성경에서 이곳과 시편 42:7에서만 사용되며 새번역과 공동번역, 그리고 대부분의 영어 번역본은 이 단어를 "물을 길어 올리는 바위 벽"으로 번역하지만, 칠십인역은 "단검"(παραξιφίδι)으로 번역한다. 대부분의 번역본이 일종의 수로로 해석하는 것은 빈센트(Père L. H. Vincent)가 연구를 통해 이 단어가 기혼 샘의 물을 예루살렘 성 중심지까지 끌어들이는 통로를 뜻하는 것이라고 발표했기 때문이다.

그러나 브루네(Brunet)는 시편 42:7에 근거해 다윗이 성 안으로 흘러가던 물줄기를 차단함으로써 피 한 방울 흘리지 않고 성을 차지하는 과정을 의미하는 것이라고 주장했다. 그 외 여러 가지 다양한 제안이 나왔지만, 학자들은 대부분 첫 번째인 빈센트의 해석을 지지한다. 다윗의 군대가 예루살렘 거주민들이 만들어 놓은 수로를 이용해 내부로 침입할 수 있었던 것으로 이해하는 것이다. 다윗은 성으로 들어가는 군사들에게 이 성을 지키고 있는 "맹인과 다리 저는 자들"을 모두 다 죽이라고 명령했다(cf. McCarter). 이렇게 해서 그는 가나안 정복이 시작된 지 400여 년 만에 그 누구도 이루지 못했던 대성과를 올리게 되었다. 이 사건이 전래가 되어 "맹인과 다리 저는 사람은 집에 들어오지 못하리라"는 말이 생겼다. 그러나 도대체 이 말이 무슨 의미인가? 추측만 난무할 뿐 아무도 알지 못한다.

예루살렘은 다윗 정권의 수도가 되었다. 참으로 기막히고 절묘한 선택이었다. 만약 북쪽의 도시를 수도로 삼는다면 유다 사람들이 소외감을 느낄 것이요, 유다에 속했던 헤브론에서 그대로 통치를 하게 된다면 북쪽 사람들이 소외감을 느낄 상황에서 다윗은 지난 400여 년 동안 이스라엘에게는 무인지대(no man's land)가 되어 있던 예루살렘을 점령함으로써 자신의 실력을 과시함과 동시에 통치상 적합한 수도를 얻어냈던 것이다. 또한 예루살렘은 지형적으로도 다른 어떤 도시보다 이스라엘의 동서남북을 효과적으로 통치할 수 있는 곳에 있었다. 그러므로 다윗은 예루살렘을 정권의 수도로 삼음으로써 유다 지파에 특혜를 베푼다는 의혹을 씻음과 동시에 이스라엘을 효율적으로 통치할 수 있었던 것이다.

다윗은 예루살렘을 다윗 성이라 이름하였으며(9절), 여부스 족들이 통치하던 때보다 더 강하게 보수공사를 했다(9절). 이 성에 자신의 통치와 연관해서 새로운 정체성을 부여한 것이다. 이 성은 "시온 성"이라 불리기도 했다(6절). 저자는 이 순간을 놓치지 않고 다윗이 성공할 수 있었던 이유를 분명히 밝히고 있다. "만군의 하나님 여호와께서 함께 계시니 다윗이 점점 강성하여 가니라"(10절). 다윗이 누리는 모든 것이 여호와께로부터 온 것이라는 사실을 강조한다.

EXPOSIMENTARY
2 Samuel

IV. 뿌리내리는 다윗의 왕권

(5:11-8:18)

예루살렘을 정복해 자기 정권의 수도로 삼은 다윗은 날이 갈수록 성공과 발전을 거듭했다. 그는 영적으로, 물질적으로 이스라엘 역사에 길이 빛날 르네상스를 가져왔다. 이 시대는 또한 근동의 정세가 상대적으로 평온한 때였다. 남쪽에서는 이집트의 26대 왕조가 몰락하고, 북쪽에서는 아시리아가 제국으로 탄생하기 위해 해산의 진통을 겪던 시대였다. 그러므로 남쪽 세력(이집트)과 북쪽 세력(아시리아)은 가나안 지역에 신경 쓸 겨를이 없었다. 이 같은 시대적 배경 덕분에 다윗의 왕국은 굳건하게 뿌리를 내릴 수 있었다.

세상 사람들은 이런 다윗을 보고 "억세게 운 좋은 사람"이라 할 것이다. 그러나 우리는 이 모든 것이 여호와의 섭리에 의한 축복이라는 사실을 고백한다. 역사를 주관하시는 하나님이 이스라엘로 튼튼하게 뿌리내리게 하려고 주변 환경을 이렇게 주장하셨다는 것이다. 믿는 사람에게는 우연이란 없다. 모든 것이 하나님의 은혜이자 섭리일 뿐이다.

날로 성장하는 다윗의 정권을 잘 묘사하는 본 섹션은 다음과 같은 구조로 이루어졌다. 이 구조는 다윗 정권의 물질적 · 영적 번영과 발전을 잘 반영한다.

A. 물질적 성공 A(5:11-25)

  B. 영적 성공(6:1-7:29)

A'. 물질적 성공 B(8:1-18)

더 세분화하면 다음과 같은 구조가 보이기도 한다(cf. Flanagan).

서론: 다윗 정권이 번영한 신학적 근거(5:11-12)

A. 다윗의 아들들(5:13-16)

  B. 블레셋과의 싸움(5:17-25)

    C. 전통을 상징하는 법궤(6:1-23)

    C'. 새 시대를 여는 말씀(7:1-29)

  B'. 나라들과의 싸움(8:1-14)

A'. 다윗 정부의 관리들(8:15-18)

위 구조의 중요성을 살펴보자. 아들들의 목록(A)을 제시함으로써 출범했던 다윗 정권이 마지막에는 정부 관리들의 목록(A')으로 대체되고 있다. 이것은 그의 정권이 처음에는 혈연관계를 기초로 형성되었다가, 나중에는 관료정치로 변화되어 가는 것을 의미한다. 블레셋과의 싸움(B)은 이스라엘의 생존이 달린 싸움이었다. 반면에 주변 국가들과의 싸움(B')은 영토확장을 위한 싸움이었다. 그리고 시내 산의 언약을 상징하는 법궤(C)가 새 시대를 여는 다윗 언약(C')으로 대체되고 있다(Brueggemann).

1장. 물질적 성공 A(5:11-25)

다윗은 무엇을 하든지 성공했다. 하나님이 그와 함께하시며 복을 주셨기 때문이라는 것이 저자의 설명이다. 다윗이 엄청난 축복을 받게 된 것은 의심의 여지 없이 먼저 그가 하나님의 마음에 합한 자였기 때문이며(cf. 삼상 13:14), 이는 사무엘서가 강조하는 바다.

그러나 우리는 하나님이 다윗에게 복을 주신 것에 대해 균형 잡힌 시각을 가져야 한다. 이 순간 하나님의 큰 축복을 누리고 있는 다윗도 이 시대를 맞기 전에는 참으로 많은 역경과 고난의 시간을 지나야 했다. 사울에게 쫓기며 몇 번이나 생명을 위협받았다. 한 번은 미친 사람 행세를 해서 겨우 위기를 모면하기도 했다. 또, 많은 식솔을 먹여 살리느라 보호해 준다는 명목으로 돈을 요구하는 조직폭력배/양아치로 전락할 뻔 하기도 했다.

다윗이 이렇게 어려운 시절을 살아갈 때도 하나님은 그와 함께하셨다. 즉, 그가 누리는 물질적·영적 축복만이 하나님이 그와 함께하신다는 증표가 될 수 없다. 바꿔 말하자면, 가난하다고 해서 하나님이 버리셨다거나 덜 사랑하신다는 말은 성경적이지 않다. 이 섹션은 다음과 같이 세 부분으로 구분될 수 있다. (1) 다윗의 정권이 번영한 신학적 근거(5:11-12), (2) 다윗의 아들들(5:13-16), (3) 블레셋과의 싸움(5:17-25).

> Ⅳ. 뿌리내리는 다윗 왕권(5:11-8:18)
> 1장. 물질적 성공 A(5:11-25)

1. 다윗 정권이 번영한 신학적 근거(5:11-12)

[11] 두로 왕 히람이 다윗에게 사절들과 백향목과 목수와 석수를 보내매 그들이 다윗을 위하여 집을 지으니 [12] 다윗이 여호와께서 자기를 세우사 이스라엘 왕으로 삼으신 것과 그의 백성 이스라엘을 위하여 그 나라를 높이신 것을 알았더라

다윗이 왕이 된 후 이스라엘은 여러 방면에서 눈부신 발전을 거듭했다. 나라의 발전은 또한 다윗 개인의 번영이기도 했다. 다윗이 왕이 된 후 두로(Tyre)의 왕 히람은 사절단과 나무, 기능공 등을 보내 다윗의 궁궐을 지어 주었다. 어떤 학자들은 이 일을 히람이 다윗이 통치하는 지역에서 영업을 하기 위해 지불하는 일종의 세금으로 해석하기도 한다(Katzenstein). 그만큼 가나안 지역에서 다윗의 정치적 위상이 높아졌다.

본문에서 두로의 왕으로 히람을 언급하는 것으로 보아 여기에 기록된 이야기는 앞으로 수십 년 동안 지속될 이스라엘과 두로의 우호적인 관계를 축약(compression)적으로 정리한 것이다. 실제로는 히람이 아니라 그보다 먼저 두로를 통치한 왕이 다윗에게 궁궐을 지어주었을 것이다. 왜냐하면 히람 1세가 두로의 왕이 된 해가 주전 969년인데, 그때는 다윗이 아니라 솔로몬이 즉위하던 때이기 때문이다(Gordon). 한 주석가는 다윗의 궁이 건축된 것은 그가 왕이 된 지 25년이 지난 후의 일이라며 시대를 늦추기도 하지만(Youngblood), 히람의 이름이 본문에 등장하는 것을 설명하는 데는 한계가 있다.

본문에서 우리가 목격하는 것처럼 오랜 세월 동안 [여러 차례에 걸쳐] 있었던 일을 한순간에 일어난 일로 묘사하는 것은 이미 필자가 『엑스포지멘터리 역사서 개론』에서 언급한 것처럼 히브리 역사가들의 독특한 서술 기법이다. 필자는 이 같은 기법을 '집약'(compression)이라고 불렀다. 우리는 사무엘서에서 이 기법이 사용된 것을 이미 경험했다.

다윗과 골리앗 이야기에서였다(cf. 삼상 18:1-7 주해). 또 다윗이 헤브론에서 유다의 왕이 되어 7년 반을 다스리다가 이스라엘 장로들의 추대를 받아 통일왕국의 왕이 된 사실을 목격했다(cf. 삼하 2:1-4; 5:1-6). 두 사건 사이에는 분명 7년 반이라는 세월의 간격이 있다. 그러나 사무엘서를 바탕으로 다윗이 왕이 된 일을 회고하는 역대기 저자는 이 두 사건을 하나로 집약해 묘사한다(cf. 대상 11:1-3). 구약에서는 집약이 제법 흔한 서술 기법으로 사용된다. 본문에서 저자는 이 같은 기법을 사용해 이스라엘의 발전에 두로가 오랫동안 기여했음을 요약적으로 회고한다. 태어나려면 아직 한참 세월이 지나야 하는 솔로몬이 14절에 언급되는 것도 이 같은 해석을 뒷받침한다.

두로는 오래전부터 배를 띄워 아프리카에서 유럽까지 오가며 교역하는 상인들의 나라였으며, 지중해 주변 국가들 사이의 교역을 좌우하는 영리주의(commercialism)의 심장이었다. 그런 나라가 왜 이스라엘에게 호의를 베풀겠는가? 그만큼 다윗이 다스리는 이스라엘의 위상이 높아졌음을 의미한다. 다윗이 두로의 호의를 받아들인 것은 그가 이스라엘을 국제적 규모의 상업주의의 일원으로 올려놓았음을 뜻하기도 한다. 이 일이 계기가 되어 두 나라의 외교 관계는 더욱더 두터워지며, 훗날 솔로몬은 두로의 기능공들과 무역에 의존해 여호와의 성전을 짓게 된다.

그러나 두로는 이스라엘에게 항상 도움을 주고 좋은 영향력만 미친 것이 아니라 이스라엘의 영적인 부패를 부추기기도 했는데, 그 대표적인 예가 아합의 아내 이세벨이다(왕상 16:31). 그녀는 시돈의 왕 에드바알의 딸로, 시돈은 두로와 함께 페니키아의 대표적인 도시였다. 또한 이스라엘이 이방 나라와 교역을 하는 것은 이스라엘이 자신들의 필요를 채우는 일에 있어서 하나님을 의지하지 않고 열방을 통해 자급자족하려는 갈망이 내포되어 있었기 때문에 훗날 선지자들의 수많은 경고와 비난의 대상이 된다(렘 22:13-18; cf. 사 2:6-8). 이것들을 추구하는 근본적인 문제는 이스라엘이 "열방과 같이 되기를 사모하는 데" 있었기 때문이다.

그러므로 본문에서 두로의 출현은 두 가지 목적을 달성하고 있다. 먼저, 일종의 축복이다. 여호와께서 다윗과 이스라엘의 위상을 높여 주셨기 때문에 이스라엘에게 이렇게 좋은 날이 온 것이다. 둘째, 하나님의 축복은 극히 조심스럽게 다루고 신중하게 접근해야 한다. 새로운 기회는 새로운 위험을 안고 있기 때문이다(Birch). 잘못하면 축복이 저주로 변할 여지가 많다. 신명기 17:17은 왕에게 분명히 경고한다. "자기를 위하여 은금을 많이 쌓지 말라." 그러므로 표면적으로는 11절이 역사적 보고인 것 같지만, 실제로는 심각한 경고였다(Brueggemann). 하나님의 축복은 이처럼 양면성을 지닐 때가 많다. 하나님의 축복을 잘 사용하면 많은 사람을 행복하게 하지만, 잘못 사용하면 오히려 자신에게 영적 걸림돌이나 올무가 될 수 있다. 루터가 말한 것처럼 물질적인 축복은 항상 위험을 동반한다.

다윗은 그가 누리는 외교적인 안정과 나라의 번영은 그를 왕으로 세워 주신 여호와께서 그의 백성을 번영하게 하시려고 이루신 일이라는 것을 의식하고 고백했다(12절). 물론, 이스라엘이 이웃 나라들과 경제적인 교류, 부, 자급자족을 추구하는 것은 위험한 행위였다. 그러나 이것들을 잘 관리하면 나라에 긍정적인 영향을 미칠 수 있다. 다윗은 이 일을 잘 감당해서 이스라엘이 물질적인 풍요로움을 누리면서도, 영적으로 타락하는 일이 없도록 최선을 다해야 한다는 것을 알고 있었다. 다윗은 여호와의 도구로서의 자신의 위치를 확실히 알았던 것이다. 다윗 왕권의 정체성은 여호와를 대신해서 누리는 데 있지 않고, 하나님의 백성인 이스라엘을 발전시키는 촉매제(catalyst)로서 존재한다는 점을 인식한 것이다. 이것이 올바른 기독교 정치관이다.

IV. 뿌리내리는 다윗 왕권(5:11-8:18)
1장. 물질적 성공 A(5:11-25)

2. 다윗의 아들들(5:13-16)

¹³ 다윗이 헤브론에서 올라온 후에 예루살렘에서 처첩들을 더 두었으므로 아들과 딸들이 또 다윗에게서 나니 ¹⁴ 예루살렘에서 그에게서 난 자들의 이름은 삼무아와 소밥과 나단과 솔로몬과 ¹⁵ 입할과 엘리수아와 네벡과 야비아와 ¹⁶ 엘리사마와 엘랴다와 엘리벨렛이었더라

지식적으로 무엇을 해야 한다고 의식하는 것과 실제로 그것을 삶에서 이행하는 것 사이에는 현저한 차이가 있다. 다윗은 여호와와 이스라엘 사이에서 본인의 역할이 무엇인지 잘 아는 사람이었다. 그러나 그의 삶 속에서는 이 사명 의식이 잘 지켜지지 않고 있다. 저자는 여기서 다윗이 예루살렘에서 얻은 자식들의 목록을 제시함으로써, 다시 한 번 다윗의 번영이라는 주제를 확인한다. 이곳에 언급된 아들은 다윗이 헤브론에서 낳은 아들보다 다섯 명이나 더 많다. 다윗은 하나님의 축복 아래 참으로 생육하고 번성한 것이다.

그러나 이 목록은 바로 위에서 언급한 다윗이 안고 있는 위험에 대한 경고이기도 하다(Bergen; Arnold). 많은 아내와 자식들을 거느리게 된 다윗은 어느새 "열방의 왕"과 같이 되어버렸다. 헤브론에서는 그래도 순수했었다. 거기에서도 그는 이미 여러 아내를 거느렸고 그들을 통해 자녀를 얻었다(cf. 삼하 3:2-5). 하지만 예루살렘에서 얻은 아들들의 이름이 나열되어 있는 본문에는 다윗이 더 많은 처와 "첩들"(פִּלַגְשִׁים)을 취했다고 기록되어 있다.

다윗은 자신의 통치에 '첩'이라는 새로운 단어를 추가할 뿐만 아니라 열방의 왕들같이 행하고 있다(Keil & Delitzsch). 사무엘은 왕을 요구하는 백성들에게 경고하면서 왕이 "취하는(לָקַח) 자"가 될 것이라고 했는데 (cf. 삼상 8:11-18), 어느덧 다윗이 많은 아내를 취하고(לָקַח) 있다(13절). 왕

에 대한 규례가 수록되어 있는 신명기 17장은 이러한 행위에 대해 분명
히 경고한다. "[그에게] 아내를 많이 두어 그의 마음이 미혹되게 하지
말 것이며"(17절). 또한 본문에서 다윗이 많은 아내를 취하는(חקל) 것은
머지않아 그가 밧세바를 취할 것(חקל)을 (cf. 삼하 11:4) 예고하는 듯하다
(Birch).

하나님의 복을 받아 번영하고 있지만, 많은 아내와 아이를 거느린
열방의 왕의 모습을 취하지 않았다면, 다윗은 더 많은 복을 누릴 수
있었을 것이다. 다윗은 스스로 하나님의 축복을 제한해 버린 것이다
(Bergen).

예루살렘에서 태어난 아들들의 이름 중에 솔로몬이 있다. 솔로몬이
태어나려면 앞으로도 몇 해가 더 지나야 하지만, 여기서 미리 언급하는
것은 그의 출현에 대해 준비하라는 의미가 있을 것이다.

> IV. 뿌리내리는 다윗 왕권(5:11–8:18)
> 1장. 물질적 성공 A(5:11–25)

3. 블레셋과의 싸움(5:17-25)

[17] 이스라엘이 다윗에게 기름을 부어 이스라엘 왕으로 삼았다 함을 블레셋 사람들이
듣고 블레셋 사람들이 다윗을 찾으러 다 올라오매 다윗이 듣고 요새로 나가니라 [18] 블
레셋 사람들이 이미 이르러 르바임 골짜기에 가득한지라 [19] 다윗이 여호와께 여쭈어
이르되 내가 블레셋 사람에게로 올라가리이까 여호와께서 그들을 내 손에 넘기시겠
나이까 하니 여호와께서 다윗에게 말씀하시되 올라가라 내가 반드시 블레셋 사람을
네 손에 넘기리라 하신지라 [20] 다윗이 바알브라심에 이르러 거기서 그들을 치고 다윗
이 말하되 여호와께서 물을 흩음 같이 내 앞에서 내 대적을 흩으셨다 하므로 그 곳
이름을 바알브라심이라 부르니라 [21] 거기서 블레셋 사람들이 그들의 우상을 버렸으므
로 다윗과 그의 부하들이 치우니라 [22] 블레셋 사람들이 다시 올라와서 르바임 골짜기

에 가득한지라 23 다윗이 여호와께 여쭈니 이르시되 올라가지 말고 그들 뒤로 돌아서 뽕나무 수풀 맞은편에서 그들을 기습하되 24 뽕나무 꼭대기에서 걸음 걷는 소리가 들리거든 곧 공격하라 그 때에 여호와가 너보다 앞서 나아가서 블레셋 군대를 치리라 하신지라 25 이에 다윗이 여호와의 명령대로 행하여 블레셋 사람을 쳐서 게바에서 게셀까지 이르니라

다윗이 왕이 되었다는 말을 들은 블레셋 사람들은 그의 정권이 뿌리내리기 전에 제거하려고 쳐들어왔다. 다윗이 유다의 왕이 되어 헤브론에 머물면서 이스보셋의 군대와 싸울 때는 잘한다며 동족살상을 지켜보고 즐기던 자들이, 다윗이 통일왕국의 왕이 되었다고 하니 위기감을 느낀 것이다. 게다가 다윗은 지금까지 블레셋 사람들이 싸워 본 이스라엘 지도자 중 가장 상대하기 어려운 사람이었다. 그들은 다윗을 단 한 번도 이겨 본 적이 없다. 게다가 다윗이 왕이 되자마자 이스라엘이 지난 400여 년 동안 정복하지 못했던 예루살렘을 정복했다는 사실은 블레셋 사람들을 더욱더 긴장시켰다(Hauer).

그러므로 블레셋 사람들은 다윗이 더 커지기 전에 순을 잘라야 한다는 각오로 침략해 온 것이다. 블레셋 사람들은 르바임 골짜기로 진군해 왔다(18절). 르바임 골짜기는 예루살렘의 남서쪽에 있었으며 베냐민 지파와 유다 지파의 접경지대에 있었다(ABD). 블레셋 사람들은 다윗이 통치하는 영토의 허리를 끊어 그를 북쪽 지파들에게서 고립시키고 이스라엘을 두 지역으로 나누려는 의도로 침략한 것이다(McCarter). 만일 블레셋 사람들이 이 전쟁에서 승리하면, 어렵게 다윗에게 충성을 맹세한 북쪽 지파 사람들은 다윗과의 관계를 다시 생각할 것이다(Arnold). 그렇다면 이 싸움은 다윗과 이스라엘의 입장에서도 생존과 통일왕국이 걸려 있는 싸움이다. 다윗이 통일 이스라엘의 왕이 된 후 최고의 위기를 맞은 것이다.

하지만 블레셋 사람들이 깨닫지 못한 것이 하나 있다. 그들은 아직

은 자신들의 군대가 다윗의 군대보다 막강하며 무기도 더 좋은 것을 가지고 있으니 충분히 승리할 수 있다고 생각했다. 그러나 다윗은 여호와 하나님이라는 최고의 용장을 자기 편에 두고 있다. 전쟁은 여호와께 속한 것이며 무기와 전술로 하는 것이 아니라는 게 다윗의 확신이자 고백이었다. 그렇다면 블레셋 사람들은 하나님을 상대해 이겨야 다윗을 상대로 승리할 수 있다.

다윗은 침착하게 성전(聖戰)에 임하는 자세로(Arnold) 여호와의 인도하심을 받아 블레셋 사람들을 쉽게 물리쳤다. 첫 번째 싸움은 르바임 골짜기에서 있었으며, 다윗은 "홍수가 모든 것을 휩쓸어 버리듯이" 블레셋 사람들을 쓸어버렸다(20절). 이스라엘의 대승이었다. 얼마나 혼이 났는지, 블레셋 사람들은 자신들의 우상을 모두 버리고 후퇴했다. 이 싸움의 중요성은 쫓겨 가는 블레셋 사람들이 버리고 간 온갖 우상을 다윗과 그의 군인들이 치운 데 있다. 이 사건은 엘리 제사장 시절에 블레셋으로 실려 갔다가 블레셋의 신상들을 박살내고 스스로 이스라엘로 돌아온 언약궤의 승리와 다윗을 연결하고 있다(Gordon). 즉, 옛적에 이스라엘을 떠났던 여호와의 영광이 다윗의 통치 아래 다시 돌아오고 있음을 상징하는 것이다.

두 번째 싸움에서는 여호와께서 구체적인 전략을 제시해 주셨다. 뽕나무 숲에서 기다리다가 블레셋 사람들이 움직일 때 습격하라는 것이다. 여호와께서 구체적인 전술까지 가르쳐 주셨는데, 다윗이 승리하지 못할 이유가 어디 있겠는가? 이러한 상황에서는 참으로 승리하기 싫어도 승리할 수밖에 없다. 이것을 "땅 짚고 헤엄치기"라고 하던가? 우리도 다윗처럼 하나님과 동행할 수 있다면 얼마나 좋을까.

다윗은 여세를 몰아 블레셋 사람들을 게바(NIV=기브온)에서부터 게셀에 이르기까지 내몰았다(25절). 블레셋 사람들이 이날 30㎞ 이상 서쪽으로 밀린 것이다(Bergen). 다윗은 에벤에셀 전쟁(삼상 4:1-11) 이후 블레셋이 점령하던 이스라엘 땅에서 그들을 완전히 몰아냈다(McCarter).

드디어 수십 년 만에 이스라엘 땅에서 원수들을 몰아낸 이날, 다윗과 이스라엘은 두 눈에 흐르는 감격의 눈물을 주체할 수 없었을 것이다 (Baldwin). 모두 다 다윗과 함께하신 하나님의 은혜라는 것이 저자의 증언이다. 이 전쟁 이후로 블레셋은 더 이상 이스라엘을 위협하는 세력이 되지 못한다.

2장. 영적 성공(6:1-7:29)

어느 정도 자신의 정권을 안정시킨 후, 다윗은 아비나답의 집에 거하고 있는 법궤(cf. 삼상 7:1)를 예루살렘으로 옮겨야겠다고 생각했다. 법궤는 블레셋에서 돌아온 후 지금까지 아비나답의 집에 몇십 년 동안 거한 것으로 추정된다. 다윗이 왜 이 순간에 법궤를 기억해 내었는지에 관해 학자들 사이에 여러 가지 추측이 난무한다.

상당수의 학자는 다윗이 지금 정치적인 계산으로 법궤를 예루살렘으로 가져오는 것이라고 주장한다. 어떤 정권이든 정권이 지속되기 위해서는 정당성과 정통성이 필요한데, 이제 다윗이 어느 정도 기반이 잡힌 왕국을 이룩했으니 이후 장기 집권을 위해서는 정당성과 정통성, 특히 종교적인 정당성과 정통성의 필요성을 인식했다는 것이다.

이 상황에서 시내 산 언약의 상징이자 이스라엘 백성에게 선민으로서의 정체성을 부여해 주며, 여호와의 임재의 상징인 법궤보다 더 좋은 소재가 어디 있겠냐는 논리에서 이 일을 행하고 있다는 것이다. 또한 법궤가 예루살렘에 머물면 다윗은 온 이스라엘을 통치하는 데 큰 도움을 받게 된다. 이스라엘 사람들은 해마다 법궤가 있는 곳으로 순례를 가서 예배를 드려야 했는데, 궁궐이 있는 예루살렘으로 순례를 오면 그만큼 통치가 쉬워진다는 것이다. 특히 법궤를 예루살렘으로 옮기는 일은 종교적으로 보수적인 입장을 고수하는 세력을 다윗 정부에 쉽게 끌어들일 수 있는 효과도 있다. 법궤 때문에 그들도 해마다 예루살렘으로 순례를 올 텐데, 예루살렘은 다윗의 이상과 위상을 상징하는 도시가 아닌가! 시간이 지나면서 자연적으로 다윗 정권을 받아들이게 될 거라는 주장이다. 분명히 논리 정연하고 설득력 있는 주장이다.

그러나 '믿음'이라는 관점에서 볼 때, 전적으로 세속적인 관점에서
제기된 이러한 주장은 교정되어야 한다. 다윗이 대단한 정치인이었던
것은 분명하다. 그러나 그는 정치인이기 이전에 신앙인이었다. 그가 처
음 법궤를 예루살렘으로 들여오고자 결정한 데는 분명 이러한 정치적
목적이 있었을 것이다(cf. 6:1-5 주해). 법궤는 정치적으로도 이용 가치가
매우 높았다.

그러나 처음에는 그랬을지 몰라도, 3개월 후에 그가 다시 법궤를 예
루살렘으로 옮기려고 시도했을 때는 목적이 바뀌어 있었다. 전에는 법
궤를 정치적 수단으로 이용하려 했을지 몰라도, 지금은 하나님을 경배
하고 있었던 것이다. 과거에는 다윗이 하나님을 "길들이려" 했지만, 이
제는 하나님이 그를 "길들이신" 것이다. 그래서 다윗은 여호와에 대한
열망과, 법궤는 오래전 모세를 통해 예언한 곳으로 가야 한다는 종교적
부담감 내지는 사명감에서 법궤를 예루살렘으로 옮겨왔다.

다윗의 이 같은 믿음과 열망을 귀하게 보신 하나님이 그에게 말씀도
주셨다. 그와 그 자손이 영원히 이스라엘을 통치할 것이라는 다윗 언약
을 주신 것이다(7장). 법궤 운송과 다윗 언약 선포로 구성되어 있는 이
섹션은 다음과 같이 두 부분으로 구분될 수 있다. (1) 전통을 상징하는
법궤의 운반(6:1-23), (2) 새 시대를 여는 말씀(7:1-29).

IV. 뿌리내리는 다윗 왕권(5:11-8:18)
  2장. 영적 성공(6:1-7:29)

1. 전통을 상징하는 법궤의 운반(6:1-23)

두로 사람들의 도움으로 안락한 예루살렘 궁전에서 살게 된 다윗은 그
때까지 아비나답의 집에 머물고 있던 법궤를 예루살렘으로 옮겨오려
한다. 처음 이 일을 시작했을 때의 다윗의 동기는 매우 의심스럽다. 자
신의 정권에 종교적 정당성을 더하기 위해 법궤를 자신이 머물고 있는

예루살렘으로 가져오려는 의도였다(Birch). 그러나 이야기가 끝날 무렵에는 하나님을 경배하고 그분이 주시는 복을 누리기 위해 하나님의 임재를 상징하는 법궤를 예루살렘으로 옮겨오게 된다.

쉽게 말해 본문은 다윗이 하나님을 길들이려다가 오히려 자신이 하나님에 의해 길들여지는 이야기를 회고하고 있다. 또한 이 사건을 통해 다윗은 그동안 정리되지 않았던 사울 집안과의 관계를 완전히 정리하고 매듭짓는다. 다윗을 사울 집안과 연결해서 논하거나 평가하는 것은 이제 더 이상 의미가 없다.

A. 법궤 운반 시작(6:1-5)
   B. 재앙: 웃사의 죽음(6:6-11)
A'. 법궤 운반 재개(6:12-19)
   B'. 재앙: 미갈의 불임(6:20-23)

> Ⅳ. 뿌리내리는 다윗 왕권(5:11-8:18)
>   2장. 영적 성공(6:1-7:29)
>   1. 전통을 상징하는 법궤의 운반(6:1-23)

(1) 법궤 운반 시작(6:1-5)

[1] 다윗이 이스라엘에서 뽑은 무리 삼만 명을 다시 모으고 [2] 다윗이 일어나 자기와 함께 있는 모든 사람과 더불어 바알레유다로 가서 거기서 하나님의 궤를 메어 오려 하니 그 궤는 그룹들 사이에 좌정하신 만군의 여호와의 이름으로 불리는 것이라 [3] 그들이 하나님의 궤를 새 수레에 싣고 산에 있는 아비나답의 집에서 나오는데 아비나답의 아들 웃사와 아효가 그 새 수레를 모니라 [4] 그들이 산에 있는 아비나답의 집에서 하나님의 궤를 싣고 나올 때에 아효는 궤 앞에서 가고 [5] 다윗과 이스라엘 온 족속은 잣나무로 만든 여러 가지 악기와 수금과 비파와 소고와 양금과 제금으로 여호와 앞에서 연주하더라

다윗은 자신의 정권이 안정되자 하나님의 궤를 예루살렘으로 옮겨오

기를 원했다. 그는 정예군 3만 명을 이끌고 지난 반세기 동안 법궤가 머물렀던 바알라에 있는 아비나답의 집을 찾았다. 저자가 법궤에 관해 마지막으로 언급했을 때 법궤는 기럇여아림에 있었다(삼상 7:1). 그러므로 학자들은 대부분 바알라를 기럇여아림의 가나안 이름으로 추정한다(Birch; cf. 수 15:9, 60; 18:14). 바알라(בַּעֲלָה)라는 이름의 문자적 의미는 '아내/연인'이다(HALOT). 이 마을이 이런 이름을 갖게 된 것은 대부분의 학자가 이 이름으로 불리는 여신을 숭배해서였을 거라고 추측한다(cf. Arnold). 이스라엘 사람들이 이 도시를 점령한 후 이름을 기럇여아림(קִרְיַת יְעָרִים, lit., "숲속 마을")이라고 바꾸었다(ABD).

이 사건은 블레셋 군과의 싸움에서 빚어진 법궤 사건과 몇 가지 공통점을 지니고 있다(Birch; cf. 삼상 4-6장). 두 사건이 비슷한 의도에서 빚어진 일이었음을 시사하는 것이다. 첫째, 저자는 법궤를 "그룹들 사이에 좌정하신 만군의 여호와의 이름으로 불리는 것이라"(הַכְּרֻבִים עָלָיו אֲרוֹן הָאֱלֹהִים אֲשֶׁר־נִקְרָא שֵׁם שֵׁם יְהוָה צְבָאוֹת יֹשֵׁב, 2절)라고 설명하고 있다. 이 표현은 사무엘상 4:4의 "그룹 사이에 계신 만군의 여호와의 언약궤"(אֲרוֹן בְּרִית־יְהוָה צְבָאוֹת יֹשֵׁב הַכְּרֻבִים)와 매우 비슷하다(cf. McCarter). 저자는 이 두 사건을 의도적으로 연결하고자 한다. 둘째, 법궤가 예루살렘으로 옮겨지면서 소들이 끄는 수레에 실려가고 있다(3, 6절). 법궤가 블레셋에서 돌아올 때 수레에 실려 왔다(cf. 삼상 6:7-12). 율법을 통해 법궤는 레위 사람들이 어깨에 메고 가야 한다는 사실을 잘 알았을 다윗이 왜 이러한 방법으로 법궤를 운반하게 되었을까? 셋째, 이스라엘의 장로들이 블레셋과의 싸움에서 법궤를 옮겨올 때, 그들은 하나님의 뜻을 묻지도 않았다. 이 이야기에서도 다윗은 하나님의 뜻을 묻지 않고 일을 진행한다. 그동안 다윗이 여러 사건에서 항상 하나님의 뜻을 물어 온 것을 생각하면 조금 특이한 일이라 생각된다. 넷째, 법궤가 블레셋 사람들에게서 벤세메스로 돌아와서 70명의 생명을 앗아갔다. 이 사건에서는 웃사가 죽임을 당한다. 두 사건 모두 살상이 포함되어 있다.

저자는 이 두 사건의 유사점들을 암시함으로써 일종의 모형(type-scene)을 보여 준다. 저자는 첫 번째 잘못이 이 사건에서도 반복되고 있음을 암시하려는 것이다. 이스라엘은 블레셋과의 전쟁에서 어떤 잘못을 저질렀는가? 그들은 하나님의 법궤가 전쟁터로 오기만 하면 승리할 거라고 생각했다. 즉, 법궤를 액땜이나 하는 일종의 부적 정도로 취급했던 것이다. 그렇다면 이 사건에서도 문제가 되는 것은 다윗이 순수한 동기에서 이 일을 진행하는 것이 아니라는 사실이다. 다윗은 여호와 하나님을 경배하기 위해 법궤를 예루살렘으로 옮겨오려는 것이 아니다. 그는 법궤를 정치적으로 이용해 자신의 정권에 종교적 정당성을 부여하고자 법궤를 예루살렘으로 옮기고 있다.

다윗은 또한 절차상 결함이 있는 일을 하고 있다(cf. 대상 13:1-14; 15:1-24). 모세의 율법에 따르면, 법궤를 옮길 때는 해달의 가죽으로 덮어야 하며 레위 지파에 속하는 고핫 자손들만이 장대로 꿰어 메고 옮길 수 있다(민 4:5-15). 그런데 지금 다윗은 새로운 방법을 사용하고 있다. 그것도 오래 전에 블레셋 사람들이 사용한 방법을! 이방인이 법궤를 취급했던 방식을 유대인이 모방하는 것이다!

역대기 저자는 다윗도 이 절차가 잘못된 것임을 시인한 것으로 기록하고 있다(대상 15:13). 법궤 운반 프로젝트는 처음부터 매우 불안한 출발을 하고 있다. 때로는 절차상 하자가 있는 일은 차라리 하지 않는 것만 못하다. 특히 하나님의 말씀에 순종하는 일에 있어서는 더욱더 그렇다.

> Ⅳ. 뿌리내리는 다윗 왕권(5:11-8:18)
>   2장. 영적 성공(6:1-7:29)
>   1. 전통을 상징하는 법궤의 운반(6:1-23)

(2) 재앙: 웃사의 죽음(6:6-11)

6 그들이 나곤의 타작 마당에 이르러서는 소들이 뛰므로 웃사가 손을 들어 하나님의 궤를 붙들었더니 7 여호와 하나님이 웃사가 잘못함으로 말미암아 진노하사 그를 그

곳에서 치시니 그가 거기 하나님의 궤 곁에서 죽으니라 ⁸ 여호와께서 웃사를 치시므로 다윗이 분하여 그 곳을 베레스웃사라 부르니 그 이름이 오늘까지 이르니라 ⁹ 다윗이 그 날에 여호와를 두려워하여 이르되 여호와의 궤가 어찌 내게로 오리요 하고 ¹⁰ 다윗이 여호와의 궤를 옮겨 다윗 성 자기에게로 메어 가기를 즐겨하지 아니하고 가드 사람 오벧에돔의 집으로 메어 간지라 ¹¹ 여호와의 궤가 가드 사람 오벧에돔의 집에 석 달을 있었는데 여호와께서 오벧에돔과 그의 온 집에 복을 주시니라

일행이 나곤의 타작마당에 이르렀을 때 일이 터졌다. 수레를 끌던 소들이 뛰어 궤가 땅에 떨어질 뻔하자 웃사가 손으로 잡은 것이다. 하나님이 웃사를 치심으로 그는 그 자리에서 죽었다. 율법은 어떤 이유에서든 사람이 법궤를 만지는 것을 허용하지 않는다(민 4:15). 웃사는 법궤가 걱정이 되어 한 일이었지만, 하나님은 용납하지 않으신 것이다. 법궤를 만지는 것은 하나님의 거룩하심을 훼손하는 행위며 법궤에 지나치게 접근하는 것은 불손한 행동에 속한다(Brueggemann). 옛적에 호기심 때문에 70명의 벧세메스 사람이 죽었던 일 역시 하나님의 철저한 거룩하심을 강조하는 사건이다(cf. 삼상 6장). 웃사의 죽음을 기념하기 위해 다윗은 그곳을 베레스웃사(פֶּרֶץ עֻזָּה, lit. "웃사를 침")라는 이름으로 불렀다. 웃사와 아효는 아비나답의 아들이었거나 손자였을 가능성이 있다(Gordon). 웃사와 엘리아살은 같은 이름의 다른 형태라는 주장도 있다(McCarter).

웃사의 죽음은 다윗에게 큰 충격을 주었다. 그는 지금 법궤를 자신의 정권을 정당화하는 데 핵심적인 도구로 삼기 위해 이 일을 행했다. 과거 블레셋 진영에서 돌아와 70명의 벧세메스 사람들을 죽인 것처럼, 이번에는 법궤가 웃사를 죽임으로써 함부로 대하지 말라고 경고하고 있다. 하나님이 분명 다윗을 사랑하시고 인정하시지만, 그분은 결코 그 누구의 손에도 머물 수 없는 "뜨거운 감자"인 것이다.

다윗은 여호와의 법궤를 자신의 정치적 야심과 목적을 추구하는 데

사용하려 했지만, 하나님은 그에게 법궤가 이러한 목적으로 사용될 수 없음을 가르쳐 주셨다(Gordon). 그러므로 이 사건은 하나님이 우리를 사랑하신다고 해서 우리가 그분의 인격을 쉽게 여기는 것을 용납하시지는 않는다고 그리스도인에게 강하게 경고한다. 우리는 이를 귀담아 들어야 한다.

다윗은 결국 화를 내고 오벧에돔의 집에 법궤를 남겨둔 채 예루살렘으로 돌아갔다. 다윗은 무엇 때문에 화가 났을까? 법궤를 잡은 웃사에게 화가 났을까, 아니면 웃사를 치신 하나님께 화가 났을까? 다윗이 웃사에게 화를 냈다고 해석하는 주석가도 있지만(Bergen), 다윗은 웃사를 치신 하나님께 화를 낸 것이 확실하다. 자기 뜻대로 되지 않은 데 대한 분노인 것이다. 어찌 되었든 웃사의 죽음을 통해 그는 새로운 차원에서 하나님을 이해하게 되었고, 법궤의 위력을 보고 두려움에 휩싸였다.

다윗은 여호와를 새로운 차원에서 두려워하게 되었다. 그에게는 매우 좋은 경험이 되었을 것이다. 그가 훗날 밧세바와 간음한 후 나단의 메시지를 쉽게 받아들이고 즉시 하나님 앞에 회개할 수 있었던 것도, 이 사건을 통해 형성된 살아 계신 하나님에 대한 두려움이 미친 영향 때문이었을 것이라고 추측할 수 있다. 그렇게 석 달이 흘렀다. 하나님은 오벧에돔의 집에 복을 주셨다. 임마누엘의 위력이 그 집에 나타난 것이다.

(3) 법궤 운반 재개(6:12-19)

12 어떤 사람이 다윗 왕에게 아뢰어 이르되 여호와께서 하나님의 궤로 말미암아 오벧에돔의 집과 그의 모든 소유에 복을 주셨다 한지라 다윗이 가서 하나님의 궤를 기쁨으로 메고 오벧에돔의 집에서 다윗 성으로 올라갈새 13 여호와의 궤를 멘 사람들이 여

섯 걸음을 가매 다윗이 소와 살진 송아지로 제사를 드리고 ¹⁴ 다윗이 여호와 앞에서 힘을 다하여 춤을 추는데 그 때에 다윗이 베 에봇을 입었더라 ¹⁵ 다윗과 온 이스라엘 족속이 즐거이 환호하며 나팔을 불고 여호와의 궤를 메어오니라 ¹⁶ 여호와의 궤가 다윗 성으로 들어올 때에 사울의 딸 미갈이 창으로 내다보다가 다윗 왕이 여호와 앞에서 뛰놀며 춤추는 것을 보고 심중에 그를 업신여기니라 ¹⁷ 여호와의 궤를 메고 들어가서 다윗이 그것을 위하여 친 장막 가운데 그 준비한 자리에 그것을 두매 다윗이 번제와 화목제를 여호와 앞에 드리니라 ¹⁸ 다윗이 번제와 화목제 드리기를 마치고 만군의 여호와의 이름으로 백성에게 축복하고 ¹⁹ 모든 백성 곧 온 이스라엘 무리에게 남녀를 막론하고 떡 한 개와 고기 한 조각과 건포도 떡 한 덩이씩 나누어 주매 모든 백성이 각기 집으로 돌아가니라

법궤가 머물러 있는 오벧에돔의 집안에 하나님의 복이 가득하다는 말을 전해 들은 다윗은 다시 법궤를 예루살렘으로 옮겨오려 한다. 이번에는 운반 절차를 철저하게 준비했으며(cf. 대상 15:1-24), 지난 번 사건에서 체험한 여호와에 대한 새로운 두려움이 그를 사로잡았기에 영적으로도 만반의 준비가 되어 있었다(cf. 이때 기록된 것으로 생각되는 시가 바로 시편 132편이다).

이번에는 수레에 싣지 않고 [레위] 사람들이 날랐다. 물론 본문에 레위 사람들이 법궤를 운반했다는 말은 없다. 그러나 역대기 저자는 이 사실을 확실히 하고 있다. 역대기는 대체로 성경의 여러 부분을 조화시키려고 노력한다. 다시 시작된 작전은 성공적이었다. 제사장들만이 입을 수 있었던 의복을 입은 다윗(cf. 14-15절)은 제사장-왕의 역할을 잘 감당해 냈다(Gordon). 그는 매우 성대한 잔치를 베풀었으며, 법궤가 여섯 걸음을 뗄 때마다 제물을 바쳤다. 아마 다윗이 직접 하지 않고 제사장들이 이 일을 하도록 지시했을 것이다(McCarter). 여섯 걸음은 안식일과 연관이 있으며, 전 과정을 거룩하게 하기 위한 조치였을 것이다(Youngblood). 오벧에돔의 집은 기럇여아림에서 그리 멀지 않았을 것이

다. 기럇여아림에서 예루살렘까지는 16km 정도의 거리다(Bergen). 다윗은 이 일에 참여한 모든 백성과 하나님 앞에서 일종의 '애찬식'을 거행한다(cf. 19절).

다윗은 열렬히 춤을 추며 법궤의 예루살렘 입성을 환영한다. 다윗의 춤이 때로는 가나안 사람들의 신접한 춤으로 해석되기도 하지만, 이는 전혀 설득력이 없다. 여호와도, 다윗도, 온 백성도, 제사장들도 만족해하는 일이었다. 다만 한 여인만이 불편한 눈으로 다윗을 주시했다(cf. 16절). 그녀는 다윗의 아내이자 사울의 딸 미갈이었다. 많은 여인이 이 기쁜 일에 동참했는데(cf. 19절), 미갈은 왜 함께하지 않은 것일까? 벌써 그녀의 마음이 불편함을 암시하는 듯하다(Bergen).

저자는 미갈을 "사울의 딸"이라고 소개한다(16절). 미갈이 다윗의 행동을 못마땅하게 여긴 이유는 그녀가 사울 집안을 대표하고 사울의 관점에서 이 일을 바라보았기 때문일 것이다(Keil & Delitzsch; Alter; Birch). 미갈은 아버지 사울이라면 다윗보다 훨씬 품위 있게 법궤를 맞이할 거라고 생각했을 것이다(Arnold). 문제는 사울도 얼마든지 법궤를 자신의 수도 기브아로 옮겨올 기회가 있었지만, 기럇여아림에 방치했다는 사실이다. 사울은 법궤에 관심이 없었던 사람이다. 미갈이 창 밖을 주시하는 것은 시스라의 어머니가 아들이 돌아오기를 기다리며 밖을 내다보았던 모습(삿 5:28)을 연상케 한다(Gordon). 잠시 후 그녀는 모든 것을 마치고 돌아온 다윗을 나무란다.

Ⅳ. 뿌리내리는 다윗 왕권(5:11-8:18)
  2장. 영적 성공(6:1-7:29)
    1. 전통을 상징하는 법궤의 운반(6:1-23)

---

(4) 재앙: 미갈의 불임(6:20-23)

²⁰ 다윗이 자기의 가족에게 축복하러 돌아오매 사울의 딸 미갈이 나와서 다윗을 맞으며 이르되 이스라엘 왕이 오늘 어떻게 영화로우신지 방탕한 자가 염치 없이 자기의

몸을 드러내는 것처럼 오늘 그의 신복의 계집종의 눈앞에서 몸을 드러내셨도다 하니 ²¹ 다윗이 미갈에게 이르되 이는 여호와 앞에서 한 것이니라 그가 네 아버지와 그의 온 집을 버리시고 나를 택하사 나를 여호와의 백성 이스라엘의 주권자로 삼으셨으니 내가 여호와 앞에서 뛰놀리라 ²² 내가 이보다 더 낮아져서 스스로 천하게 보일지라도 네가 말한 바 계집종에게는 내가 높임을 받으리라 한지라 ²³ 그러므로 사울의 딸 미갈이 죽는 날까지 그에게 자식이 없으니라

표면적으로 볼 때, 미갈과 다윗의 대화는 사무엘상 2:30의 "나를 존중히 여기는 자를 내가 존중히 여기고, 나를 멸시하는 자를 내가 경멸하리라"라는 말씀의 적용으로 보인다. 물론 하나님 앞에서 어린아이와 같이 즐거워하는 다윗을 비난하는 미갈의 행동에 여호와를 '경멸하는' 성향이 포함되어 있을 수도 있다. 저자는 미갈이 다윗을 "업신여겼다"(בזה)라고 하는데(16절), 이 단어는 옛적에 그녀의 아버지 사울이 왕이 되었을 때 그를 못마땅하게 여기던 자들의 행위를 표현하던 단어다(삼상 10:27). 미갈이 다윗을 업신여기는 것이 부랑배들이 사울의 등극을 업신여긴 것과 같았다는 의미다.

 이 사건은 단순히 두 사람의 사적인 일로 끝나는 것이 아니라, 두 사람이 대표하고 있는 정권의 최종적인 담판 역할을 한다(cf. Flanagan; Brueggeman). 이들이 단순히 사적인 감정에 근거해 대화하는 것이 아니라, 궁극적으로 두 정권을 대표하고 있다는 것을 알 수 있는 부분은 이들 가운데 진행되는 대화 내용이다(Birch). 다윗은 사울로부터 미갈을 아내로 받은 적이 있다(삼상 18:25-27). 그러나 그녀를 빼앗겼다(삼상 25:44). 그리고 그녀를 다시 찾았다(삼하 3:13-16). 미갈은 다윗에게 소중한 존재다. 미갈은 다윗에게 사울 집안에 정당하게 드나들 수 있는 여건을 만들어 주었다. 또한 사울 집안에 동조하는 사람들로 하여금 다윗을 '집안 사람'으로 받아들이게 했을 것이다. 특히, 다윗이 유다의 왕으로 군림할 당시 이 사실은 이스라엘 백성들이 그를 지지하게 만드는 데

큰 영향을 미쳤을 것이다. 그렇기 때문에 다윗은 이미 다른 남자의 아내가 되어 버린 미갈을 찾았는지도 모른다.

일을 마치고 집으로 돌아온 다윗에게 미갈은 "당신 꼴이 보기 좋던데요!" 하고 비난했다. 사울의 딸로서 과거 정권의 공주였던 그녀가 던진 이 말은 "경험해 봐서 아는데, 나는 왕이 어떻게 행동해야 하는지 잘 알아요. 그런데 오늘 당신이 보여 준 모습은 정말 잘못된 처사였어요. 왕의 체통을 지키셔야지요!"라는 의미를 지니고 있다(cf. Gordon; Brueggemann). 이 말은 다윗의 자존심을 긁어 놓았다.

다윗은 "나는 당신 보라고 춤을 춘 게 아냐. 나를 왕으로 세우신 여호와께 너무 감사해서, 하나님 보시라고 춘 거야!"라고 밝히고 있다. 다윗도 어떤 면에서는 자신의 행동이 왕으로서 지켜야 할 품위와 잘 어울리지 않았음을 인정한다(Birch). 그러나 다윗은 진정으로 여호와께 한 것임을 강조하기 위해 "여호와 앞에"(לִפְנֵי יְהוָה)라는 말을 두 번이나 반복한다(21절). 하나님을 기뻐하다가 그분 앞에서 조금 '망가지는 것'이 뭐 그리 문제가 되냐는 것이다. 하나님이 이런 다윗을 얼마나 귀하게 여기셨을까? 왕의 체통과 상관없이 하나님 앞에서 어린아이가 부모 앞에서 하듯 진실되게 행동한 다윗은 비난이 아니라 칭찬을 받아야 한다.

다윗은 그런 다음 "정말 보기 좋은 것은 하나님께 버림받은 네 아버지와 네 집안의 꼴이다"라는 말을 더함으로써 미갈의 아픔을 건드린다. 즉, 이것은 단순한 부부 사이의 다툼이 아니었다. "옛 정권의 대표자로서, 당신의 정당성을 인정할 수 없다"라는 미갈에게 다윗은 "하나님과 백성이 나를 인정한다"라고 응수하는 것이다(Evans; cf. Rost). 이는 한나의 기도에서 제시된 원리를 연상시킨다(삼상 2:7-8).

특히 다윗이 그의 정권에 결정적인 종교적 정당성을 부여해 줄 법궤를 옮기고 나서 이 말을 하는 것은 "난 더 이상 당신의 집안과 연관된 사람들에게 인정받을 필요가 없어. 여호와께서 자신의 궤를 나의 성에 옮겨오게 하심으로써 나를 인정하셨거든!"이라는 의미를 내포하는 것

이다. 드디어 다윗은 그의 마음속에 도사리던 모든 열등의식(사울의 집
안에 비하면 자기는 비천한 목동. 그것도 모압 여인의 자손이라는 생각)과 사울의
집안으로부터 왕권을 빼앗았다는 자책감(사울이 죽은 후 그의 집안에서 이
스보셋 왕이 나왔고, 다윗은 그와 싸웠음)에서 해방되었다.

이 대화 때문에 미갈은 평생 자식을 낳지 못했다고 한다. 다윗이 그
와 잠자리를 같이하지 않아서였을까? 자식을 잉태하지 못하는 미갈의
모습은 자신의 집안의 운명을 대표하는 듯하다. 사울과 요나단과 이스
보셋은 죽었고, 므비보셋은 장애인이고, 미갈은 불임에 시달린다. 사울
의 집안이 완전히 몰락했다.

> IV. 뿌리내리는 다윗 왕권(5:11–8:18)
>   2장. 영적 성공(6:1–7:29)

2. 새 시대를 여는 말씀(7:1-29)

이 이야기는 사무엘서 전체의 신학적 심장이라 할 수 있을 뿐만 아니
라, 구약에서 가장 중요한 본문이기도 하다(Youngblood; cf. Birch). 그래
서 이 본문은 때로 영국 사법제도의 근원이 된 대헌장(Magna Carta) 혹
은 미국의 독립선언문(Declaration of Independence)과 비교되기도 한다(cf.
Arnold). 본문에 기록된 다윗 언약이 이스라엘의 국가적, 민족적, 종교
적 정의를 내려 주기 때문이다(Schniedewind). 다윗 언약은 이스라엘을
초월해 온 인류에 영향을 미쳤다. 이 언약으로 인해 인류의 구세주이신
예수님이 다윗의 후손으로 오셨기 때문이다. 다윗 언약은 온 인류에게
내려진 축복이요, 소망인 것이다.

다윗 언약은 학자들의 집중적인 연구 대상이기도 하다. 양식에 있어
서는 아모리 사람들의 조약(Mendenhall), 헷 사람들의 조약(Fensham), 아
브라함 언약(Clements; Gordon; cf. 창 15장) 등과 비교 연구된 적도 있다. 그
중 다윗 언약과 아브라함 언약이 가장 비슷하다(cf. ABD). 두 언약 모두

하나님이 스스로 맹세하시며 한 개인에게 약속하신다. 다윗 언약은 때로 "하사품"(grant), "약정"(promissory), "맹세 언약"(oath-type covenant)으로도 불리며, 무엇보다 무조건적 성향(unconditionality)을 지닌 점이 강조된다(Bergen). 학자들은 주신 자(하나님/왕)가 받는 자(사람/부하)의 여건과 계약 조항 이행 여부와 상관없이 일방적이고 무조건적으로 이행하는 언약을 이렇게 부른다. 다윗 언약은 다윗과 그의 후손들의 행동과 상관없이 하나님이 계속 이행하실 언약이라는 것이다. 여기에 기록된 내용은 분명 어떤 조건도 전제하지 않는다. 그러나 다윗이 솔로몬에게 유언을 남길 때는 '순종 조건'이 추가되어 있다(왕상 2:4). 그러므로 다윗 언약을 논할 때 이 두 가지를 균형 있게 다루어야 한다.[3]

사무엘하 5-6장을 살펴보면 다윗은 지금 새로운 세력을 형성하며 새로운 정통성을 추구하고 있다. 그는 지난 400여 년 동안 누구도 정복하지 못했던 예루살렘을 평정해 새 수도로 삼았으며(삼하 5:6-10), 여호와의 법궤를 예루살렘으로 옮겨옴으로써(삼하 6:1-19) 정권의 정통성을 확립했다. 그러나 다윗은 과거 지향적인 것에 만족할 수 없었으며, 정권의 미래를 확실히 보장할 수 있는 것을 갈망했다.

이러한 상황에서 이 사건은 6장의 내용과 균형을 이룬다. 6장에서 예루살렘으로 옮겨진 법궤는 이스라엘의 과거와 전통을 가장 잘 상징하는 물건이었다. 본문에 기록된 사건은 다윗 정권의 미래에 대해 전적으로 새롭고 담대한 신학적 주장을 명확히 표현하고 있다. 7장의 내용은 이 순간까지 이어 온 이스라엘 역사에서 전무(全無)한 것이었다. 그러므로 많은 학자가 사무엘하 7장을 사무엘서의 절정으로뿐만 아니라 구약 전체의 최고봉으로 간주한다. 이 장에서 묘사하는 나단의 발언은 다윗에게 영원한 이스라엘 통치를 "보장하는 문서"(title-deed) 역할을 한다(Gordon).

---

3 이 외에도 본문은 '진화/발전 단계' 등 여러 각도에서 연구되었다(cf. McCarter).

이 이야기가 시작되는 시기는 하나님이 모든 원수로부터 다윗을 안전하게 지켜주셔서 그가 왕궁에서 편안하게 살고 있는 때다(1절). 그래서 학자들은 대부분 이 이야기를 다윗이 치른 온갖 전쟁(cf. 삼하 8:1-14)과 암몬과의 전쟁(삼하 10:1-19) 이후에 있었던 일로 간주한다(Keil & Delitzsch; Bergen). 주님의 은총으로 안식을 누리게 된 다윗이 하나님이 안식하실 수 있는 곳을 마련하고자 해서 시작되는 이야기다. 이 섹션은 다음과 같이 구분될 수 있다.

A. 다윗이 주님의 집을 짓고자 함(7:1-3)
B. 주님이 다윗에게 집을 지어주심(7:4-17)
C. 다윗의 감사 기도(7:18-29)

> IV. 뿌리내리는 다윗 왕권(5:11-8:18)
>   2장. 영적 성공(6:1-7:29)
>   2. 새 시대를 여는 말씀(7:1-29)

(1) 다윗이 주님의 집을 짓고자 함(7:1-3)

¹ 여호와께서 주위의 모든 원수를 무찌르사 왕으로 궁에 평안히 살게 하신 때에 ² 왕이 선지자 나단에게 이르되 볼지어다 나는 백향목 궁에 살거늘 하나님의 궤는 휘장 가운데에 있도다 ³ 나단이 왕께 아뢰되 여호와께서 왕과 함께 계시니 마음에 있는 모든 것을 행하소서 하니라

고대 왕들은 자신의 정권을 정당화하고자 할 때 흔히 자신이 섬기는 신의 성전을 지었다. 종교를 중심으로 이루어진 사회였기 때문에, 왕들의 성전 건축은 온 백성을 통치하는 데 상당히 긍정적인 영향을 미쳤다. 그러나 다윗은 지금 순수한 동기에서 여호와가 거할 처소를 건축하고자 했다. 율법에 따르면, 이스라엘은 약속의 땅에 정착해 원수들로부터 평화를 누리는 때가 오면 하나님이 정하신 곳에 주님의 집을 지을 것이고, 그 후에는 그곳에서만 예배를 드릴 것이다(신 12:10-11). 법궤를 예루

살렘으로 옮겨온 다윗은 바로 그 장소가 예루살렘이라고 확신했기 때문에 이같이 말했던 것이다. 잠시 후에 펼쳐지는 하나님의 스피치도 이에 대해 동의하며, 예루살렘이 그 장소다.

다윗은 자신은 백향목으로 지은 궁전에 사는데 하나님의 거처는 겨우 '천막'이라는 것이 미안해서인지 여호와가 거하실 거대한 집을 짓기를 원했다. 이 이야기의 핵심 단어는 '집'(בית)이며, 총 열다섯 번이 사용된다. 다윗이 하나님을 위해 '집'을 짓고자 해서 시작된 이야기가 하나님이 오히려 다윗을 위해 '집'을 지어주시는 것으로 끝이 난다. 그러나 이야기의 가장 중요한 초점은 성전과 다윗 왕조의 관계에 맞추어져 있다(Birch).

다윗은 선지자 나단을 불러 자신의 계획을 말했다. 선지자 나단이 성경에서 처음으로 모습을 드러낸다. 별다른 소개 없이 등장하지만, 그는 분명 다윗의 각료 중 중요한 인물이다. 그는 밧세바 일로 인해 다윗을 나무라고 훗날 솔로몬이 다윗의 뒤를 이어 왕이 되는 일에서도 결정적인 역할을 한다. 나단은 이 일을 좋게 여기고 그렇게 하라며 "여호와께서 왕과 함께하신다"(viz., 주님이 기쁘게 허락하실 것이라는 뜻)라고 말하지만, 하나님의 뜻은 그렇지 않았다. 여기서 우리는 한 가지 교훈을 얻는다. 선지자라고 해서 항상 하나님의 뜻을 전하는 것은 아니다. 선지자도 경우에 따라서는 인간의 말을 할 수 있다. 나단이 이런 경우다.

예레미야도 이 같은 사례를 보여 준다. 예레미야가 하루는 멍에를 메고 공공장소에 나타나 자신이 멍에를 멘 것처럼 유다도 바빌론의 멍에를 져야 한다고 예언했다. 그때 거짓 선지자들의 대표 하나냐라는 사람이 나타나 예레미야가 메고 있던 멍에를 부러뜨리고 여호와께서 자신에게 말씀하시길 유다는 절대 바빌론의 멍에를 지지 않을 것이라고 했다. 순간적으로 예레미야는 하나님의 뜻에 대해 혼란에 빠져 별다른 말을 하지 못하고 "나도 당신이 말한 대로 되었으면 좋겠다"며 그 자리를 떴다. "하나님이 계획을 바꾸셨나?" 하는 생각이 순간적으로 그의 머리를 스친 것이다.

집으로 돌아온 예레미야는 그날 밤 하나님께 기도해 보고 나서 하나냐가 거짓말을 했다는 사실을 알게 되었다. 그래서 그는 다음날 하나냐의 집안에 저주를 선언한다(cf. 렘 28장). 예레미야가 골방에 들어가 하나님께 기도하고 난 후에야 사람들이 말한 것과 다른 계시를 받는 이야기는 예레미야 42-43장에도 기록되어 있다. 목회자도 마찬가지다. 항상 하나님과의 채널을 유지해야 그분의 말씀을 전할 수 있다. 또한 우리 주변에 하루 24시간 하나님과 교통하며 직통으로 계시를 받는다는 사람들을 주의하라. 그들의 '계시'가 자주 틀리는 것을 보면 상당수는 예언자를 가장한 점쟁이들일 뿐이다.

> IV. 뿌리내리는 다윗 왕권(5:11-8:18)
> 2장. 영적 성공(6:1-7:29)
> 2. 새 시대를 여는 말씀(7:1-29)

(2) 주님이 다윗에게 집을 지어주심(7:4-17)

나단은 다윗이 주님의 성전을 건축하고 싶다는 말을 듣고 그를 축복하고 집으로 돌아왔다. 그날 밤 하나님께 기도해 보니, 하나님의 생각은 나단과 달랐다. 하나님은 다윗이 아니라 그의 아들 시대에 이르러서야 성전 건축을 허락하실 것이라고 한다. 하나님의 일이라고 해서 아무 때나 할 수 있는 것은 아니다. 하나님의 사역에는 때가 있다.

대신 다윗이 이처럼 기특한 생각을 했다는 사실을 기뻐하시고, 오히려 하나님이 그를 위해 집을 지어주시겠다고 하셨다. 곧 다윗 언약을 주신 것이다. 이 같은 내용을 담고 있는 이 본문은 대부분 하나님의 스피치로 구성되어 있으며, 다음과 같이 두 파트로 구분될 수 있다. (1) 성전을 거부하심(7:4-7), (2) 다윗에게 약속을 주심(7:8-17).

> IV. 뿌리내리는 다윗 왕권(5:11-8:18)
> 2장. 영적 성공(6:1-7:29)
>   2. 새 시대를 여는 말씀(7:1-29)
>   (2) 주님이 다윗에게 집을 지어주심(7:4-17)

① 성전을 거부하심(7:4-7)

4 그 밤에 여호와의 말씀이 나단에게 임하여 이르시되 5 가서 내 종 다윗에게 말하기를 여호와께서 이와 같이 말씀하시되 네가 나를 위하여 내가 살 집을 건축하겠느냐 6 내가 이스라엘 자손을 애굽에서 인도하여 내던 날부터 오늘까지 집에 살지 아니하고 장막과 성막 안에서 다녔나니 7 이스라엘 자손과 더불어 다니는 모든 곳에서 내가 내 백성 이스라엘을 먹이라고 명령한 이스라엘 어느 지파들 가운데 하나에게 내가 말하기를 너희가 어찌하여 나를 위하여 백향목 집을 건축하지 아니하였느냐고 말하였느냐

나단이 낮에 다윗에게 너무 빨리 말했다는 사실이 드러났다. 하나님이 그날 밤 나단을 찾아오셔서 다른 말씀을 하신 것이다. 처음으로 하나님이 다윗에게 직접 말씀하신다. 하나님은 다윗을 "내 종"(עַבְדִּי)이라고 부르시며 말씀을 시작하신다(5절). 이 표현이 아브라함을 비롯한 선조들과 하나님의 선지자들과 메시아에게만 사용되었다는 점을 감안할 때, 하나님이 다윗을 얼마나 귀히 여기시는지 엿볼 수 있다(Bergen).

하나님은 다윗에게 자신은 출애굽 이후 한 번도 영구히 거할 장소를 백성들에게 요구한 바 없으며 당분간은 그대로 유지할 것을 선언하신다. 다윗의 계획을 거부하신 것이다(cf. Brueggemann). 그렇다고 해서 하나님이 화가 나신 것은 아니다. 화를 내시지는 않지만, 자신의 뜻은 단호하게 밝히신다(Birch). 하나님은 성전에 거하는 것을 좋아하지 않으신다. 성전에 거하시면 이동성이 제한되고, 때로는 사람들이 찾아와 하나님을 경배하는 것이 아니라 이용하려 들 것이기 때문이다(Arnold). 원리상, 성전은 법궤와 긴장 관계를 유지한다. 법궤는 여호와의 자유와 이동성을 의미하는 반면, 성전은 하나님을 한 곳에 머물게 하여 떠나실 가능성과 위험을 제거하기 때문이다.

훗날 솔로몬은 이 점을 의식해서 성전을 헌당하면서도 하나님께 "백

성들이 이곳에 와서 기도할 때마다 하늘에서 들으시고"라고 간구한다. 성전은 지상에 있는 하나님의 거처이지만, 이 건물은 결코 하나님을 통제할 수 없다. 오늘날에도 어떤 성도들은 교회를 도가 지나치게 '하나님의 처소'로 간주하고 행동하는데, 이는 그리 바람직하지 않다. 성경은 성전의 기능과 목적이 주로 이 땅에 사는 주의 백성들을 위한 것이며, 하늘에 거하시는 하나님을 위한 기능과 목적은 부수적인 것임을 곳곳에서 암시한다. 이렇게 해서 다윗의 성전 건축 계획은 새로운 국면을 맞이한다.

하나님은 그렇게 사랑하시고 아끼시는 다윗이 성전 짓는 것을 왜 거부하셨는가? 본문(7장)은 어디에서도 그 이유를 말하지 않는다. 그러나 성경의 다른 곳에서 두 가지 이유를 알려 준다. 첫째, 다윗은 아직도 많은 전쟁을 치러야 하기 때문에 성전을 짓기에 적합한 사람이 아니다(왕상 5:3). 다윗은 순수한 동기에서 성전 짓기를 원했지만, 하나님이 보시기에 이 일은 이웃 나라들과 전쟁 중인 다윗이 지고 가기에 너무 큰 짐이었다. 그러므로 성전을 짓지 못하게 하신 것은 고달프고 분주한 다윗을 위한 일종의 배려였다고 할 수 있다.

둘째, 다윗은 전쟁을 하면서 수많은 사람의 피를 흘렸기 때문에 성전을 짓기에 적합한 사람이 아니다(대상 22:8; 28:3). 율법에 따르면, 성전은 전쟁이 없고 평안한 시대에 지어져야 한다(cf. 신 12:10-11). 아직도 전쟁을 하며 분주한 다윗이기에, 많은 사람의 피를 흘리는 그의 시대는 성전을 지을 만한 평안한 시기가 아니다. 그러므로 하나님은 그의 아들 솔로몬(이름의 의미도 '평안'임)의 시대를 성전 짓는 시기로 생각하신다. 실제로 이스라엘 역사에서 주의 백성이 솔로몬 시대처럼 지속적인 평화를 누린 적은 없었다. 성전은 평화로운 시대에 지어야 한다는 말씀은 "때를 얻든지 못 얻든지" 예배당을 건축하고 확장해야 한다고 생각하는 사람들에게 한 번 더 생각하게 하는 계기가 되어야 할 것이다.

Ⅳ. 뿌리내리는 다윗 왕권(5:11-8:18)
 2장. 영적 성공(6:1-7:29)
  2. 새 시대를 여는 말씀(7:1-29)
   (2) 주님이 다윗에게 집을 지어주심(7:4-17)

② 다윗에게 약속을 주심(7:8-17)

8 그러므로 이제 내 종 다윗에게 이와 같이 말하라 만군의 여호와께서 이와 같이 말씀하시기를 내가 너를 목장 곧 양을 따르는 데에서 데려다가 내 백성 이스라엘의 주권자로 삼고 9 네가 가는 모든 곳에서 내가 너와 함께 있어 네 모든 원수를 네 앞에서 멸하였은즉 땅에서 위대한 자들의 이름 같이 네 이름을 위대하게 만들어 주리라 10 내가 또 내 백성 이스라엘을 위하여 한 곳을 정하여 그를 심고 그를 거주하게 하고 다시 옮기지 못하게 하며 악한 종류로 전과 같이 그들을 해하지 못하게 하여 11 전에 내가 사사에게 명령하여 내 백성 이스라엘을 다스리던 때와 같지 아니하게 하고 너를 모든 원수에게서 벗어나 편히 쉬게 하리라 여호와가 또 네게 이르노니 여호와가 너를 위하여 집을 짓고 12 네 수한이 차서 네 조상들과 함께 누울 때에 내가 네 몸에서 날 네 씨를 네 뒤에 세워 그의 나라를 견고하게 하리라 13 그는 내 이름을 위하여 집을 건축할 것이요 나는 그의 나라 왕위를 영원히 견고하게 하리라 14 나는 그에게 아버지가 되고 그는 내게 아들이 되리니 그가 만일 죄를 범하면 내가 사람의 매와 인생의 채찍으로 징계하려니와 15 내가 네 앞에서 물러나게 한 사울에게서 내 은총을 빼앗은 것처럼 그에게서 빼앗지는 아니하리라 16 네 집과 네 나라가 내 앞에서 영원히 보전되고 네 왕위가 영원히 견고하리라 하셨다 하라 17 나단이 이 모든 말씀들과 이 모든 계시대로 다윗에게 말하니라

다윗은 순수한 동기에서 하나님을 위해 집을 짓기를 원했다. 그러나 하나님은 아직 성전을 지을 때가 아니라고 하시면서 오히려 다윗의 정성과 관심을 기특하게 여기시고 그를 위해 영원한 "집"을 지어주신다. 다윗의 갸륵한 정성을 보시고 하나님이 감동하신 것일까? 하나님을 위한 다윗의 계획이 다윗을 위한 하나님의 계획으로 탈바꿈해서 돌아왔다.

하나님이 다윗을 위해 지으실 "집"은 여호와께서 다윗과 그의 후손이 영원토록 통치할 수 있도록 기회를 주시는 것을 의미한다(cf. 13, 16

절). 과거에 아비가일이 다윗을 달래며 하나님이 언젠가는 다윗의 집안을 영구히 세워주실 것이라고 한 적이 있다(삼상 25:28). 그녀의 말이 본문에서 현실로 드러났다. 다윗은 이 순간까지 자신의 정권을 정당화/합법화하는 데 전력을 쏟고 있다. 그런데 하나님은 그의 정권뿐만 아니라 앞으로 영원히 지속될 그의 왕조까지 축복하신다. 이 통치권의 범위는 메시아이신 예수님에게까지 연장된다.

먼저 하나님은 그동안 다윗의 삶에서 일어난 일들에 대한 하나님의 관여를 회고하신다(8-9절). 말씀의 요지는 간단하다. 다윗은 끊임없는 하나님의 능력과 은혜에 의해 창조된 작품이라는 것이다. 하나님은 목장에서 다윗을 데려다가 자신의 백성 이스라엘의 주권자로 삼으셨다. 만약 하나님이 관여하지 않으셨다면, 그는 아직도 목장에서 양을 치고 있을 것이다. 양들을 치던 그가 이제 하나님의 은혜로 하나님의 백성 이스라엘을 치는 것이다.

다윗은 많은 전쟁에서 승리했고 적들을 가차없이 물리쳤다. 그때마다 그는 여호와께서 자신과 함께하셨기에 승리할 수 있었다고 고백했을 것이다. 그러나 그는 또한 사울로 인해 산전수전을 다 겪었다. 절박한 순간마다 얼마나 하나님을 찾았을까? 아마도 비통한 마음으로 "하나님 어디 계십니까? 왜 저를 버리셨나요?"라는 질문을 수없이 했을 것이다.

그런데 하나님은 뭐라고 하시는가? "네가 가는 모든 곳에서 내가 너와 함께 있어 네 모든 원수를 네 앞에서 멸하였다"(9절). 여기에는 사울과의 갈등도 포함된다. 사무엘이 블레셋을 물리치고 "에벤에셀"이라는 고백의 기념탑을 쌓았던 일을 연상시킨다. 사무엘은 기념비를 쌓기 전에 이스라엘의 지난 400년 역사를 회상했을 것이다. 사사 시대의 혼돈, 주변 민족들에게 받은 수많은 침략과 박해, 한 민족으로서 생존이 불투명했던 순간들 등을 떠올렸을 것이다. 그럼에도 불구하고 과거를 돌아보니 이 순간까지 이스라엘이 한 나라로 명맥을 유지할 수 있었던 것은 오직 "에벤에셀"의 은혜였던 것이다.

우리의 삶도 이러한 것이 아닐까? 아픔과 고통의 순간들을 지나면서 때로는 하나님이 우리를 버리셨노라고 원망도 하지만, 세월이 흘러 모든 것이 정리되고 나면 하나님이 가장 멀리 계시는 것으로 느껴졌던 순간에도 주님은 가장 가까운 곳에서 우리를 돕고 계셨다는 사실을 인식하게 된다. 다윗에게 하나님은 이 사실을 가르쳐 주고 계신다. "너의 삶의 가장 어두운 순간에 나는 네가 걸어야 할 길에 불을 밝히고 있었노라." 이 사실을 깨달았기에, 다윗은 "내가 사망의 음침한 골짜기로 다닐지라도 해를 두려워하지 않을 것은 주께서 나와 함께 하심이라"(시 23:4)라고 고백할 수 있었다. 하나님은 다윗에게 다음 사항을 약속하셨다. 이 약속은 아브라함과 그의 후손들에게 주신 약속을 연상시킨다. 첫째, "내가 네 이름을 위대하게 만들어 주리라"(9절; cf. 창 12:2). 하나님은 다윗에게 영원히 기념될 만한 명예를 약속하신다. 세상에서 명성을 떨쳤던 사람 중에 다윗과 같이 영원토록 기억되는 사람이 몇이나 되는가. 그의 이름이 얼마나 위대했는지 열왕기의 왕들이 죽으면 모두 다윗의 기준에 적용되었고("그의 아비 다윗과 같지 않았더라"), 모두 "다윗의 도시"에 묻혔다. 다윗의 그림자는 그가 죽은 지 몇 천 년이 지난 오늘날에도 우리 신앙인들의 삶에 길게 드리워져 있지 않은가.

둘째, "내가 내 백성 이스라엘을 위해 한 곳을 정해 그를 심으리라"(10절; cf. 창 15:18; 신 11:24-25; 수 1:4-5). 이제는 방황과 환란의 시대가 지났다는 것이다. 더 이상 사사 시대의 혼란은 오지 않을 것이며, 이제부터는 나무가 뿌리를 내리듯 이스라엘이 가나안 땅에서 뿌리를 내리며 한 민족으로서 자리를 굳혀 갈 것을 말씀하신다. 다윗이 통치하는 동안 고대 근동의 정치는 매우 조용했다. 남쪽 이집트는 26대 왕조가 쇠퇴해 가고 있었고, 북쪽 메소포타미아 지역에서는 아시리아가 아직 제국으로 탈바꿈하지 못하고 있었다. 이런 상황이었기에, 다윗과 솔로몬 시대의 가나안 지역은 상대적으로 평온함을 누릴 수 있었다. 세상의 눈에는 우연으로 보이겠지만, 믿음의 눈으로 보면 이것은 분명히 하나님의 축복이다.

셋째, "너를 모든 원수에게서 벗어나 편히 쉬게 하리라"(11절; cf. 신 12:9; 수 21:44-45; 시 95:11). 이스라엘이 이집트를 떠나올 때 하나님은 그들에게 안식을 약속하셨다(cf. 신 12:9-10). 여호수아의 리더십 아래 가나안을 정복한 이스라엘은 작은 안식을 누릴 수 있었다. 이제 머지않아 예루살렘에 하나님의 성전이 세워지면, 이 안식의 상당 부분이 성취될 것이다(McCarter). 또한 앞으로 다윗은 주변 국가들을 쳐서 가나안 전 지역을 평정하게 될 것이다. 그의 영토는 이스라엘이 상상도 못했던 규모로 커지게 된다. 학자들은 다윗 시대에 이스라엘의 영토가 가장 컸으며, 2만 km² 정도 되었던 것으로 추정한다(cf. ABD). 대한민국의 5분의 1 정도 밖에 되지 않는 지극히 작은 나라다. 그러나 가나안 지역에서 다윗의 나라는 강대국이었으며, 주변 국가들로부터 조공을 받았다. 다윗 시대에 가나안에는 그의 대적이 될 만한 나라나 인물이 없었다. 하나님이 모든 원수로부터 평안을 주셨기 때문이다.

넷째, "네 수한이 차서 네 조상들과 함께 누울 때에 내게 네 몸에서 날 네 씨를 네 뒤에 세우리라"(12절; cf. 창 17:7-10, 19). 다윗 왕조는 그가 죽은 후에도 후손들을 통해 이어질 것이니 염려하지 말라는 의미다. 한 세대가 가면 다음 세대가 옴으로써 사람은 바뀌어도 하나님의 사역은 계속된다는 것이 성경의 가르침이다. 그런데 일부 목회자들은 간혹 "내가 없으면 이 교회는 큰일 나"라는 착각을 한다. 그래서 어떤 목사들은 80이 되도록 목회하거나, 은퇴하고도 사역을 놓지 못한다. 그 교회에 뼈를 묻겠다는 각오다. 교인이 원하지 않는데도! 심지어 하나님이 원하시지 않는데도! 우리가 지나치게 하나님의 일을 걱정할 필요는 없다. 하나님은 이미 계획을 가지고 계시며, 우리가 그 교회에서 떠나기를 바라실 수도 있다.

다섯째, "다윗의 씨앗이 여호와를 위하여 집을 건축할 것이라"(13절; cf. 왕상 8:18-20; 대상 28:6-7). 이 씨앗은 솔로몬이다. 다윗은 열심히 물질을 모았다. 솔로몬은 아버지의 유산으로 성전을 짓게 될 것이다. 우리의 사명과 목적은 각기 다르다. 한 사람이 다 할 수도 없고, 다 해서도 안 된다. 한 사람이 다 할 수 있다면, 공동체와 지체가 왜 필요하겠는가? 이런 이야기가 있다. 동물들이 왕을 세우기를 원했다. 모두 자신이 처한 상황을 충분히 이해하는 왕을 원했다. 기어 다니는 동물들은 비록 치타와 같이 날렵하지는 못하더라도 왕은 꼭 땅을 걸을 수 있어야 한다고 했다. 하늘을 나는 새들은 비록 독수리와 같이 높이 오르지는 못하더라도 왕은 꼭 날 수 있어야 한다고 주장했다. 물 속에 사는 물고기들은 돌고래와 같이 민첩하지는 못하더라도 왕은 꼭 헤엄칠 수 있어야 한다고 했다. 오랜 심사숙고 끝에, 그들은 오리를 왕으로 세웠다!

여섯째, "나는 그[다윗의 씨앗]에게 아버지가 되고 그는 내게 아들이 되리라"(14절; cf. 출 4:22-23; 시 89:26-27). 그가 잘못하면 하나님은 아버지가 자식을 징계하듯 징계하실 것이다. 그러나 결코 사울과 같이 버림받지는 않을 것이라고 선언하신다. 다윗과 솔로몬을 비롯한 그의 후손들은 사울과 그의 후손들과 극명한 대조를 이룬다.

일곱째, "네 집과 네 나라가 내 앞에서 영원히(עַד־עוֹלָם) 보전되고 네 왕위가 영원히(עַד־עוֹלָם) 견고하리라"(16절). "영원히"(עַד־עוֹלָם)라는 표현이 두 차례나 사용된다. 하나님은 분명 다윗에게 영원히 지켜질 약속을 하고 계신다. 물론 엘리의 집안에 주어진 영원한 제사장 직을 영원한 저주로 바꾸신 것을 보면 결코 방심하거나 이 사실을 남용해서는 안 된다. 하지만 하나님은 지금 다윗에게, 다윗과 그의 후손들을 징계하는 일이 있더라도 엘리 집안과 달리 다윗 집안은 결코 버리지 않을 것이라고 약속하신다.

다윗은 미갈과의 대화(cf. 삼하 6:20-22)를 통해 자신은 더 이상 사울의 집안을 중심으로 한 옛 정권의 인정을 받을 필요가 없다고 선언했다. 하나님의 이와 같은 축복은 다윗의 선언을 합리화하고 있다. 하나님이 이렇게 선포하셨는데 더 이상 무엇이 필요하겠는가?

> IV. 뿌리내리는 다윗 왕권(5:11–8:18)
> 2장. 영적 성공(6:1–7:29)
> 2. 새 시대를 여는 말씀(7:1–29)

(3) 다윗의 감사 기도(7:18-29)

나단의 신탁에 감격한 다윗은 떨리는 목소리로 하나님께 감사 기도를 드렸다. 그의 기도는 하나님에 대한 경외, 찬송 그리고 간구로 이루어져 있다. 그는 감사를 드리면서도 하나님께 요구할 것은 정확하게 요구한다. 이러한 감사와 요구의 균형 잡힌 형태는 다윗의 신앙과 이스라엘의 기도에 있어 최상의 모습을 보여 준다(Brueggemann; Birch). 다윗의 기도는 다음과 같이 세 부분으로 구분될 수 있다.

A. 여호와에 대한 경외(7:18-20)
B. 언약에 대한 감사(7:21-24)
C. 언약에 대한 간구(7:25-29)

> IV. 뿌리내리는 다윗 왕권(5:11–8:18)
> 2장. 영적 성공(6:1–7:29)
> 2. 새 시대를 여는 말씀(7:1–29)
> (3) 다윗의 감사 기도(7:18–29)

① 여호와에 대한 경외(7:18–20)

[18] 다윗 왕이 여호와 앞에 들어가 앉아서 이르되 주 여호와여 나는 누구이오며 내 집은 무엇이기에 나를 여기까지 이르게 하셨나이까 [19] 주 여호와여 주께서 이것을 오히려 적게 여기시고 또 종의 집에 있을 먼 장래의 일까지도 말씀하셨나이다 주 여호와여 이것이 사람의 법이니이다 [20] 주 여호와는 주의 종을 아시오니 다윗이 다시 주께 무슨 말씀을 하오리이까

전혀 예상치 못했던 하나님의 은혜에 감동한 다윗은 그가 성전을 지어 대체하려 했던 장막에 들어가 하나님 앞에 무릎을 꿇었다. 그는 "하나님, 보통 때에도 인간들을 이렇게 대하십니까? 제가 받은 약속을 감

당하기가 힘듭니다. 저와 제 집이 무엇이기에 이렇게 은혜를 베푸십니까?"라고 자신의 솔직한 심정을 털어놓았다. 아무리 생각해도 자신은 도저히 이 은총을 입을 자격이 없다는 것이다. 하나님의 은총의 본질이 바로 이런 것이다. 도저히 받을 자격이 없는 사람에게 내려 주시는 것, 그것이 하나님의 은총이다.

다윗은 자신의 솔직한 느낌과 심정을 하나님께 기도로 표현하고 있다. 가장 아름다운 기도는 미사여구로 꾸며진 기도가 아니라, 이처럼 마음속 깊은 곳에서부터 우러나는 감사와 찬송이다. 다윗은 네 차례나 "주 여호와"(אֲדֹנָי יְהוִה)를 불렀다[18, 19(×2), 20절]. 중요한 것은 사무엘서나 역대기에서 여호와께 이러한 성호가 한 번도 사용되지 않는다는 점이다. 이 성호는 존경과 경외를 자아내는 표현이며, 다윗은 하나님을 이 성호로 부르면서 자신을 열 차례나 하나님의 "종"으로 부름으로써 자신과 하나님의 차이를 극대화하고 있다(Birch). 이 성호는 하나님이 아브라함에게 '씨앗'을 약속하실 때 사용된 표현이기도 하다(창 15:2, 18).

이처럼 제한적으로 사용되는 하나님의 성호를 본문에서 다윗이 네 차례나 사용한다는 것은 무엇을 의미하는가? 다윗은 하나님이 자신에게 주신 약속을 아브라함에게 주신 언약과 같은 맥락에서 이해한 것이다. 아브라함에게 주신 언약이 온 세상의 족속들에게 영향을 미친 것처럼(창 12:3), 다윗에게 주신 언약도 범세계적인 면모가 있다는 것이다. 그러므로 하나님이 다윗과 그의 집안을 선택하신 것은 여호와께서 이스라엘을 선택하신 것에 비교할 만하다. 또한 하나님은 이스라엘을 구원하신 것처럼 다윗과의 약속도 지키실 것이다(Evans). 다윗은 이 언약을 메시아적인 예언으로 받아들이고 있다(Kaiser).

② 언약에 대한 감사(7:21-24)

²¹ 주의 말씀으로 말미암아 주의 뜻대로 이 모든 큰 일을 행하사 주의 종에게 알게 하셨나이다 ²² 그런즉 주 여호와여 주는 위대하시니 이는 우리 귀로 들은 대로는 주와 같은 이가 없고 주 외에는 신이 없음이니이다 ²³ 땅의 어느 한 나라가 주의 백성 이스라엘과 같으리이까 하나님이 가서 구속하사 자기 백성으로 삼아 주의 명성을 내시며 그들을 위하여 큰 일을, 주의 땅을 위하여 두려운 일을 애굽과 많은 나라들과 그의 신들에게서 구속하신 백성 앞에서 행하셨사오며 ²⁴ 주께서 주의 백성 이스라엘을 세우사 영원히 주의 백성으로 삼으셨사오니 여호와여 주께서 그들의 하나님이 되셨나이다

다윗은 자신의 연약함과 하나님의 위대하심을 비교하면서 찬송을 드린다. 그는 네 가지로 주님을 찬양한다. 그리고 이 찬양은 네 번째 사항에서 절정에 이른다. 첫째, 주님은 종에게 자신의 일을 알려 주시는 분이다(21절). 신(들)은 인간을 귀찮게 여긴다고 생각했던 고대 근동의 종교적 정서에서 여호와의 이러한 성품은 대단히 획기적인 것이다. 다윗은 끝없이 인격적이시며, 자신의 백성들에게 자상하게 모든 것을 알려 주시는 하나님을 찬양하고 있다.

둘째, 여호와 하나님은 거룩하신 분이다(22절). 거룩의 가장 기본적인 의미는 차별화/구별이다. 이 구절에서 거룩이라는 단어는 사용하지 않지만, 다윗은 세상의 그 어떤 신(들)과도 비교될 수 없는 구별된 분으로 하나님의 거룩하심을 강조하고 있다. 다윗은 자신이 듣던 것과 같이 여호와 외에는 신이 없음을 고백한다.

셋째, 여호와는 이스라엘을 선택하신 하나님이다(23절). 다윗은 이스라엘의 오늘이 있게 된 것은 전적으로 여호와의 과분하신 은혜가 함께한 것이라는 점을 고백한다. 그동안 이스라엘이 여호와께 받은 은혜가

감당하기 힘들 정도로 크다는 것도 고백한다. 감사와 감격으로 가득 찬 고백이다.

넷째, 여호와는 이스라엘과 영원한 언약을 세우신 분이다(24절). 다윗은 여호와의 자비를 절정으로 끌어올리고 있다. 이스라엘과 영원한 언약을 세우시고, 그동안 이 언약을 신실하게 실천해 주신 여호와를 찬양한다.

> Ⅳ. 뿌리내리는 다윗 왕권(5:11–8:18)
>   2장. 영적 성공(6:1–7:29)
>   2. 새 시대를 여는 말씀(7:1–29)
>   (3) 다윗의 감사 기도(7:18–29)

③ 언약에 대한 간구(7:25–29)

25 여호와 하나님이여 이제 주의 종과 종의 집에 대하여 말씀하신 것을 영원히 세우셨사오며 말씀하신 대로 행하사 26 사람이 영원히 주의 이름을 크게 높여 이르기를 만군의 여호와는 이스라엘의 하나님이라 하게 하옵시며 주의 종 다윗의 집이 주 앞에 견고하게 하옵소서 27 만군의 여호와 이스라엘의 하나님이여 주의 종의 귀를 여시고 이르시기를 내가 너를 위하여 집을 세우리라 하셨으므로 주의 종이 이 기도로 주께 간구할 마음이 생겼나이다 28 주 여호와여 오직 주는 하나님이시며 주의 말씀들이 참되시니이다 주께서 이 좋은 것을 주의 종에게 말씀하셨사오니 29 이제 청하건대 종의 집에 복을 주사 주 앞에 영원히 있게 하옵소서 주 여호와께서 말씀하셨사오니 주의 종의 집이 영원히 복을 받게 하옵소서 하니라

다윗은 여호와의 신실하심과 거룩하심을 절정에 올려 놓은 뒤에 자신의 요구를 밝힌다. 아주 확실하게 "챙길 것은 챙기는" 방법이다(cf. Brueggemann; Bergen). 그의 논리를 자세히 살펴보면, "하나님, 정말 그러실 필요가 없었는데 큰 은혜를 저와 저희 집안에 주셨습니다. 하나님은 예전부터 약속을 잘 지키시는 분이셨습니다. 일단 저에게 약속을 하셨으니 꼭 지켜주십시오"라는 형태로 기도를 펼쳐 나간다.

다윗은 하나님의 이름을 다섯 차례나 부른다. 세 번은 "주 여호와"

(אֲדֹנָי יְהוִה ; 28, 29절)로, 두 번은 "만군의 여호와, 이스라엘의 하나님"
(יְהוָה צְבָאוֹת אֱלֹהִים עַל־יִשְׂרָאֵל)으로 부른다. 앞서 언급했듯이, "주 여호와"
(אֲדֹנָי יְהוִה)라는 성호의 중요성은 사무엘서의 다른 곳에서는 한 번도 사
용되지 않고 아브라함에게 자손을 약속하셨을 때 사용된 성호라는 점
에 있다. 즉, 다윗이 여러 차례 하나님의 이름을 부르는 것은, 이 약속
을 하신 분이 과거에 아브라함과 하신 약속을 신실하게 지키셨던 여호
와 그분임을 천명하는 것이다. 과거에 보여 주셨던 여호와의 신실하심
을 다시 한 번 보여 달라는 것이다.

다윗은 "[그리고] 이제"(וְעַתָּה)라는 표현을 세 차례 사용한다(25, 28, 29
절). 이 표현은 앞에 전개된 내용에 근거해 무엇을 요구할 때 자주 사용
되는 문구다. "하나님은 이런 분이기에…이제…" 하며 자신의 요구를
분명히 한다(cf. Birch). 자신이 알고 있는 하나님의 성품에 근거해 자신
의 요구 사항들이 받아들여질 것이라는 자신감이다.

다윗은 "영원히"(עַד־עוֹלָם)라는 표현을 네 차례 사용한다[25, 26, 29(×
2)]. 다윗은 하나님의 약속이 영원히 유효하다는 점을 하나님께 확인하
고 있다. 마치 하나님의 축복을 받아낼 때까지 여호와께 매달리던 야
곱과 같다. 이 용어는 원래 하나님과 백성 사이에 맺어진 언약에 사용
되는 것인데, 다윗은 이 용어를 하나님으로부터 받은 [영원한] 왕조 약
속에 적용한다(Birch). 하나님 앞에서 자신 있게 의사를 표현하고, 또한
요구 사항은 확실히 표현하는 다윗이 부럽지 않은가? 우리도 할 수 있
다. 하나님은 항상 우리와 인격적으로 만나기를 원하신다.

이제 다윗 언약이 지닌 메시아적인 면모를 간략하게 생각해 보자.

첫째, 감동하고 감격한 다윗은 주 여호와(אֲדֹנָי יְהוִה)라는 성호를 다
섯 차례나 사용한다(18, 19, 22, 28, 29절). 이 성호는 하나님이 아브라함에
게 '씨앗'을 약속하실 때 사용하신 표현이다(창 15:2, 18). 다윗은 자신에
게 주어진 하나님의 언약을 아브라함에게 주신 언약의 맥락에서 이해
한 것이다. 즉, 다윗은 이 언약을 메시아적인 예언으로 받아들이고 있

129

다(Kaiser).

둘째, 야곱은 그의 후손들을 다스릴 왕이 유다에게서 나올 것을 이미 예언했다(창 49:10). 발람은 한 별과 한 규가 야곱에게서 나올 것을 예언했다(민 24:17). 이제 나단은 유다에 속한 다윗 집안에서 이스라엘을 영원히 다스릴 메시아가 나올 것을 암시한다.

셋째, 이 약속은 아브라함과의 언약과 맥을 같이하면서 신약의 복음을 바라보고 있다. 이렇다 할 대가/조건을 내걸지 않고 전적으로 하나님이 하실 일만 나열하는 것은 예수 그리스도의 사역과 비슷하다. 본문은 성경이 제시하는 은혜 신학과 메시아 사상을 가장 잘 표현하는 도구역할을 하고 있다(Brueggemann). 그럼에도 불구하고 우리가 기억할 것은 이 다윗 언약의 무조건적인 성향이 시내 산 언약의 조건적인 성향을 결코 무효화하지는 않았다는 점이다. 구약을 해석할 때 이 '조건적'과 '무조건적'의 갈등 속에서 균형을 유지해야 한다.

넷째, 12-14절은 분명 솔로몬을 염두에 둔 예언이다. 그럼에도 불구하고 어떤 부분은 앞으로 오실 메시아를 기대하게 한다. 주전 6세기를 살았던 것으로 추정되는 시편 기자는 다윗 언약에 관해 이렇게 노래한다.

주여
주의 성실하심으로 다윗에게 맹세하신
그 전의 인자하심이 어디 있나이까
주는 주의 종들이 받은 비방을 기억하소서
많은 민족의 비방이 내 품에 있사오니
여호와여
이 비방은 주의 원수들이
주의 기름 부음 받은 자의 행동을 비방한 것이로소이다.

(시 89:49-51)

3장. 물질적 성공 B(8:1-18)

다윗은 7장에서 상상을 초월하는 복을 받았다. 하나님이 그의 정권을
인정하셨을 뿐만 아니라, 앞으로 그의 후손들이 영원히 이스라엘을 다
스리도록 하신 것이다. 다윗 언약에 관해 기록하고 있는 7장은 사무엘
서뿐만 아니라 구약 성경 전체에서 매우 중요한 장 중 하나로 간주된
다. 다윗 언약은 다윗과 그의 집안을 초월해 이스라엘 선지자들의 미래
관에 큰 영향을 미치게 되며, 궁극적으로 예수님이 다윗의 후손으로 오
시는 데도 영향을 미쳤기 때문이다.

그동안 사무엘서에서 다윗의 이야기는 다윗이 하나님께 영원한 약속
을 받음으로 절정을 이루는 사무엘하 7장을 바라보며 진행되어 왔다.
이제 8장부터는 절정을 지난 후 쇠퇴하기 시작하는 다윗의 일생을 그
린다. 8장이 그 첫째 예다. 표면적으로 볼 때 이 장은 분명히 다윗의 전
성시대를 전하는 듯하다. 다윗이 영토 확장을 나설 때마다 승승장구하
기 때문이다.

그러나 영토 확장 전쟁은 7장에서 하나님이 그에게 주신 번영 약속
에서 한 차원 더 나아가 하나님의 의도를 초월하고 있다는 것이 학자들
의 전반적인 견해다. 다윗이 필요 이상의 피를 흘리기 때문이다. 그러
나 저자에 따르면, 나날이 확장되어 가는 그의 영토는 여전히 하나님
이 7장에서 허락하신 약속과 직접적인 연관이 있다. 저자는 이 점을 강
조하기 위해 8장을 "그 후에"(וַיְהִי אַחֲרֵי־כֵן), 즉 다윗이 하나님께 약속을

받은 후에 있었던 일로 표현한다(1절).[4] 그러나 이미 사무엘하 7:1과 연
관하여 언급한 것처럼, 이곳에 기록되어 있는 사건들은 시대적으로 다
윗이 7장에 기록된 언약을 받기 전에 있었던 일들을 정리해 놓은 것이
다(cf. McCarter; Bergen; Arnold). 그럼에도 저자는 독자들에게 이 사건들이
마치 언약을 받은 후에 있었던 일처럼 읽음으로써 다윗이 언약을 받은
후 곧장 쇠퇴하는 것이 아니라 한 번 더 번영한 후에 쇠퇴하는 것으로
이해되기를 원하는 것이다(cf. Keil & Delitzsch).

학자들은 이 같이 왕의 업적을 기념하기 위해 작성된 문서들을 "전
시용 기념비"(display inscription)라고 불렀으며, 이러한 장르의 문서들은
이스라엘뿐만 아니라 고대 근동 문화권 곳곳에서 발견된다(Halpern). 이
문서들은 시대적인 순서보다는 지리적인 관심에 따라 전개된다. 본문
에 기록된 사건들도 다윗이 왕이 된 지 얼마 되지 않아 치른 전쟁들을
정리해 놓은 것으로 보인다(Halpern; Arnold). 저자는 이 곳에 이 '기념비'
를 가져다 놓음으로써 사무엘하 5-8장으로 하여금 다윗 통치상 가장 큰
업적들을 나열하게 만든다. 예루살렘 정복(5장) – 법궤 입성(6장) – 다윗
언약(7장) – 주변 국가 평정(8장). 이 같은 이야기 전개는 또한 다윗이
작은 추장(tribal leader)에서 제국의 황제로 변해 가고 있음을 암시한다
(Flanagan). 다윗은 참으로 이상적이고 능력 있는 왕이었다는 것이 저자
가 강조하고자 하는 점이다. 이 본문은 다음과 같이 두 부분으로 구분
된다. (1) 나라들과의 전쟁(8:1-14), (2) 다윗 정부의 관리들(8:15-18).

---

4 한 학자는 이 문구를 앞에 전개된 내용의 연속인 동시에 앞의 이야기와 별개로 간주되
어야 한다는 표시로 이해한다(Fokkelman). 그러나 이 문구가 이 두 가지 기능을 동시에
이행하는 경우가 흔하지 않으며, 이런 기능이라면, 차라리 "그 때에"(בַּיָּמִים הָהֵם, 사 38:1)
라는 말이 더 적절할 것이다. 그러므로 전통적인 견해에 따라 앞에 전개된 이야기의 연속
으로만 보는 것이 바람직하다.

1. 나라들과의 전쟁(8:1-14)

¹ 그 후에 다윗이 블레셋 사람들을 쳐서 항복을 받고 블레셋 사람들의 손에서 메덱암마를 빼앗으니라 ² 다윗이 또 모압을 쳐서 그들로 땅에 엎드리게 하고 줄로 재어 그두 줄 길이의 사람은 죽이고 한 줄 길이의 사람은 살리니 모압 사람들이 다윗의 종들이 되어 조공을 드리니라 ³ 르홉의 아들 소바 왕 하닷에셀이 자기 권세를 회복하려고 유브라데 강으로 갈 때에 다윗이 그를 쳐서 ⁴ 그에게서 마병 천칠백 명과 보병 이만 명을 사로잡고 병거 일백 대의 말만 남기고 다윗이 그 외의 병거의 말은 다 발의 힘줄을 끊었더니 ⁵ 다메섹의 아람 사람들이 소바 왕 하닷에셀을 도우러 온지라 다윗이 아람 사람 이만 이천 명을 죽이고 ⁶ 다윗이 다메섹 아람에 수비대를 두매 아람 사람이 다윗의 종이 되어 조공을 바치니라 다윗이 어디로 가든지 여호와께서 이기게 하시니라 ⁷ 다윗이 하닷에셀의 신복들이 가진 금 방패를 빼앗아 예루살렘으로 가져오고 ⁸ 또다윗 왕이 하닷에셀의 고을 베다와 베로대에서 매우 많은 놋을 빼앗으니라 ⁹ 하맛 왕 도이가 다윗이 하닷에셀의 온 군대를 쳐서 무찔렀다 함을 듣고 ¹⁰ 도이가 그의 아들 요람을 보내 다윗 왕에게 문안하고 축복하게 하니 이는 하닷에셀이 도이와 더불어 전쟁이 있던 터에 다윗이 하닷에셀을 쳐서 무찌름이라 요람이 은 그릇과 금 그릇과 놋 그릇을 가지고 온지라 ¹¹ 다윗 왕이 그것도 여호와께 드리되 그가 정복한 모든 나라에서 얻은 은금 ¹² 곧 아람과 모압과 암몬 자손과 블레셋 사람과 아말렉에게서 얻은 것들과 소바 왕 르홉의 아들 하닷에셀에게서 노략한 것과 같이 드리니라 ¹³ 다윗이 소금 골짜기에서 에돔 사람 만 팔천 명을 쳐죽이고 돌아와서 명성을 떨치니라 ¹⁴ 다윗이 에돔에 수비대를 두되 온 에돔에 수비대를 두니 에돔 사람이 다 다윗의 종이 되니라 다윗이 어디로 가든지 여호와께서 이기게 하셨더라

다윗은 군대를 이끌고 가서 블레셋을 쳤다(1절). 사무엘, 사울, 다윗이 블레셋과 여러 차례 전쟁을 한 적이 있음에도(cf. 5:17-25), 블레셋은 사라지지 않는 영원한 이스라엘의 적이었다. 그러나 이제 끝이 왔다. 블

레셋과의 싸움은 이제 여기서 끝이 난다. 다윗이 정복한 곳은 메덱암마 (מֶתֶג הָאַמָּה)라고 불리는데, 이 이름을 문자적으로 풀이하면 "팔의 굴레" (Bergen) 혹은 "어머니 도시"가 된다. 매우 특이한 의미를 지닌 이름이다. 게다가 이 같은 이름을 지닌 도시에 관한 기록은 아직까지 발견되지 않았다. 그래서 많은 학자는 이것이 도시를 칭하는 고유명사가 아니라 블레셋이 다윗에게 항복했거나 휴전을 했다는 뜻으로(ABD), 혹은 다윗이 블레셋을 완전히 평정했다는 표현으로 이해한다(Anderson; Fokkelman; cf. NAS).[5]

이 전쟁 이후에는 블레셋이 더 이상 이스라엘을 괴롭히지 않는다. 이스라엘의 영원한 숙적 블레셋을 완전히 평정한 다윗이야 말로 이스라엘 역사에서 그 누구보다 빛나는 업적을 남긴 왕으로 기념되어야 하기에, 저자가 다윗의 결정적인 승리를 하나님이 주신 약속 후에 있었던 일로 기록하는 것은 우연이 아니다. 이 일이 하나님의 축복이라는 의미다. 그러나 다윗이 다소 지나친 폭력을 사용하는 것이 이야기에 암시되어 있다. 그동안 성경에 기록된 이스라엘의 블레셋과의 전쟁은 방어전이었다. 그들이 침략하면 이스라엘은 방어적인 차원에서 대항했다. 이번에는 이와 대조적으로 다윗이 블레셋을 선제 공격했다. 어느덧 이스라엘은 군대를 일으켜 주변 국가들을 먼저 공격한 열방처럼 되어가고 있다.

이스라엘의 서남쪽에 있는 블레셋을 친 다윗은 동쪽 평정에 나섰다 (2절). 다윗은 먼저 이스라엘의 동쪽에 있는 모압을 쳤다. 모압은 다윗의 조모 룻의 모국이다. 다윗이 사울에게 쫓길 때 모압은 그의 가족들의 안식처가 되기도 했다(cf. 삼상 22:3-4). 그래서 다윗이 모압 사람들을 대하는 태도는 다소 당혹스럽다(Arnold). 그러나 모압은 이스라엘의 원수이기도 했다(cf. 삼상 12:9; 14:47). 이제 이스라엘을 통치하는 왕으로서

---

5 우리말 번역본 중에 리빙바이블은 "제일 큰 성인 가드"라고 해석해 놓았다.

다윗은 모압 평정에 나섰다. 그는 포로로 잡은 모압 남자들을 줄을 지어 세운 후에 3분의 1만 살려 주고 나머지는 죽였다(Hertzberg; McCarter). 이러한 처형 방법은 고대 근동에 알려져 있지 않다. 다만 다윗이 필요 이상의 살상을 하고 있는 것은 확실하다.

동쪽의 적 모압을 정복한 다윗은 북동쪽 평정에 나섰다(3-8절). 다윗은 소바, 시리아 등 이스라엘의 북동쪽에 있는 나라들을 쳤다. 소바는 오늘날 시리아와 레바논 국경이 있는 안티레바논(Anti-Lebanon) 산맥 근처 다마스쿠스 북쪽에 있었다(ABD). 르홉은 헤르몬 산 남쪽에 있었으며, 아마도 소바 왕 하닷에셀의 집이 이곳에 있었을 것이다(Birch). 본문에서 언급하는 전쟁과 잠시 후 10:6-19에서 접하게 될 전쟁의 관계는 확실하지 않다. 두 곳 모두 하닷에셀을 왕으로 언급하기 때문이다. 이미 언급한 것처럼 본문이 시대적인 순서에 의해 사건들을 기록하고 있는 것이 아니라 다윗의 다양한 전쟁 업적을 기리는 '기념비' 성향을 띠고 있다면, 본문에 기록된 사건과 10:6-19에 기록된 전쟁은 같은 것일 수도 있다.

이 전쟁은 하나님이 오래전에 아브라함에게 주신 약속을 성취하는 의미가 포함되어 있는 듯하다(Bergen). 하나님은 아브라함과 후손들에게 유프라테스 강까지의 땅을 약속하셨다(창 15:18; 출 23:31; 신 1:7; 11:24). 그러나 여호수아의 지휘 아래 정복 전쟁을 할 때는 한 번도 이 지역까지 진군한 적이 없다. 스스로 하나님의 축복과 약속을 포기한 것이다. 그래서 결국 이스라엘은 요단 강 주변의 한 좁은 땅에 정착했다. 하나님이 훨씬 더 큰 축복을 약속하셨는데, 이스라엘은 좁은 땅을 얻고는 "이 정도면 됐다"고 안주한 것이다. 참으로 안타까운 일이다. 그러나 우리의 삶에서도 이러한 모습은 계속 나타난다. 하나님은 훨씬 좋은 것, 훨씬 아름다운 것을 주시려 하는데, 우리는 작은 것을 얻고 그것으로 충분하다며 더 이상 나아가지 않는다. 더 큰 것을 얻을 수 있는데도 스스로 포기한다. 사울도 이 지역으로 진군했다(cf. 삼상 14:47). 하지만 큰 성공을 거두진 못한 것 같고, 다윗은 상당한 성공을 거뒀다.

하닷에셀과의 전투에서 생포한 마병 1,700명과 보병 2만 명 중에서 병거 100승의 말만 남기고 그외의 병거의 말은 다 발의 힘줄을 끊었다는 것(4절)은 다윗이 주로 보병을 이용해 전쟁을 치르고 있음을 시사한다(Gordon). 다윗이 노획한 병거와 말을 흡수해 이스라엘 군대에서 활용하지 않고 이 같이 처리한 데는 아마도 많은 군마를 두지 말라는 율법(신 17:16)과 이스라엘에는 이렇게 많은 군마를 보관하고 먹일 만한 시설이 부족하다는 점과 이스라엘 영토 대부분은 군마와 병거를 사용할 만한 여건이 못 된다는 점 등 여러 가지 요인이 복합적으로 작용했을 것이다(Bergen).

이스라엘에서 병거가 전쟁 무기로 활성화된 것은 솔로몬 시대의 일이다. 그 이전에 병거를 타고 등장하는 자는 압살롬과 아도니야에 불과했다(삼하 15:1; 왕상 1:5). 다윗의 침략을 받은 국가들은 다양한 방법으로 투쟁해 보았지만 별수가 없었다. 모두 다윗에게 항복하고 조공을 바치는 처지가 되었다. 특히 다윗이 시리아를 정복하고, 아시아와 아프리카를 잇고 카라반들이 아시아에서 아프리카로 가기 위해 이용하던 해안 길(the Way of the Sea)과 내륙 길(the King's Highway)이 만나는 곳인 다마스쿠스에 주둔군을 두었다는 것(6절)은 이스라엘이 엄청난 경제적 수익을 올리게 되었음을 의미한다. 이스라엘이 이 지역을 지배한 것은 이번이 처음이다. 칠십인역과 한 사해 사본(4QSam^a)은 7-8절에서 마소라 사본의 내용과 더불어 추가 정보를 제공한다. 다음을 참고하라.

다윗은 소바 왕 하닷에셀의 부하들에게서 금팔찌들을 빼앗아 예루살렘으로 돌아왔다. 훗날 이집트의 왕 수사김이 솔로몬의 아들 르호보암 시대 때 예루살렘으로 올라가서 이 금팔찌들을 이집트로 빼앗아 갔다. 다윗 왕은 메데박과 하닷에셀의 주요 도시들에서 많은 놋을 빼앗았으며, 솔로몬이 이것으로 물두멍과 기둥과 대야와 각종 기구를 만들었다.

이번에는 다윗이 북쪽 평정에 나섰다(9-12절). 다윗이 소바의 왕 하닷에셀을 쳐서 평정하자 소바의 북쪽과 국경을 형성하고 있으며 소바와 원수 관계에 있던 하맛 왕 도이는 아들 요람을 보내 다윗에게 선물을 전했다. 다윗은 이것들을 다른 전쟁 노획물과 함께 성전 건축을 위해 여호와의 전에 바쳤다. 이렇게 해서 하맛은 자연히 이스라엘의 아군이 된 것이다. 다윗은 시돈은 치지 않았는데, 이는 친구인 히람이 통치하는 나라였기 때문이다(cf. 삼하 5:11-12).

이 섹션은 다윗이 이스라엘의 남동쪽을 평정하는 이야기로 끝을 맺는다(8:13-14). 남서쪽에 있는 블레셋을 시작으로 거의 원을 그리며 한 바퀴 돌아 마무리되고 있다. 다윗은 이스라엘의 남동쪽에 있는 에돔을 쳤다. 이렇게 해서 그는 주변 국가들을 모두 평정함으로써 솔로몬이 누릴 평화의 기초를 다져 나갔다.

다윗의 선제 공격으로 시작된 이 전쟁들을 어떻게 이해해야 할 것인가? 그동안 성경에 기록된 전쟁들을 살펴보면 이스라엘이 먼저 다른 나라를 친 일은 거의 없다. 이스라엘은 항상 다른 나라가 공격할 때 자신들을 방어하는 차원에서 전쟁을 했다. 게다가 그가 공격한 대부분의 나라는 사무엘서에서 이스라엘을 공격한 적이 없다. 이 나라들은 이스라엘에 우호적이거나, 이스라엘을 지배하는 데 관심이 없었거나, 공격할 만한 능력이 없는 나라들이다. 그런데 다윗은 자신의 정권이 안정된 후에 군대를 일으켜 주변 국가들을 무력으로 제압하고 있다(cf. Birch). 단순히 이스라엘의 군사력이 주변 국가들보다 막강하다는 힘의 논리에서 말이다.

이스라엘 사람들은 사무엘에게 왕을 요구했을 때 "우리도 열방과 같이 되어…[그 왕이] 우리 앞에 나가서 우리의 싸움을 싸워야 할 것"이라고 말한 적이 있다(삼상 8:20). 즉, 열방과 같이 되는 데는 왕을 앞세우고 나가 싸우는 것을 포함하고 있다. 여기서 다윗의 행위는 명백히 이런 이스라엘이 바라던 바의 성취라 할 수 있다. 하나님은 다윗의 이름을 크게 하실 것을 약속하셨다(7:9). 그런데 다윗은 이웃들과 전쟁을 함으로써 스스로 자신의 이름을 크게 하고 있다. "[스스로] 명성을 떨치니라"(וַיַּעַשׂ דָּוִד שֵׁם בְּשֻׁבוֹ; David made a name for himself, 13절; NAS; NRS). 게다가 과거에는 하나님을 의존하던 다윗이 여기에 기록된 전쟁을 하면서는 자신의 능력과 힘에 의존하고 있다(Birch). 그렇다면 8장에 수록된 다윗의 행위는 결코 바람직하다 할 수 없다.

그럼에도 불구하고 저자는 6절과 14절에 "다윗이 어디로 가든지 여호와께서 이기게 하시니라"라는 문장을 삽입하고 있다. 즉, 이와 같은 인간적인 다윗의 모습에도 불구하고 여호와께서 그에게 복을 내리신다는 것이다. 그렇다면 8장의 이슈는 인간의 야심과 여호와의 축복이 어떤 관계를 유지하느냐임을 알 수 있다.

다윗은 자신의 모든 군사적 행위를 "여호와를 위한 것"이라고 종교적으로 정당화 했으며, 승리할 때마다 여호와께서 복을 주신 것이라고 선언했을 것이다. 그리고 하나님이 그에게 복을 내리셨다는 것도 맞는 말이다. 그럼에도 불구하고 그의 마음 깊은 곳에서는 개인의 야심을 성취해 보고 싶은 욕망이 있었다. 다윗이 자신의 힘으로 세운 나라가 커질수록 하나님이 그에게 주신 나라는 작아진다(Birch). 하나님의 섭리와 개인의 야망이 긴장 관계를 형성하고 있다. 오늘날도 이 문제는 결코 쉽게 해결되지 않는다. 목회, 하나님을 위한 것인가 아니면 개인의 야심을 충족시키기 위한 것인가? 목회에 임하는 '축복'과 목회자의 '야심'은 어떤 관계를 가지고 있는지 곰곰이 생각해 볼 필요가 있다.

2. 다윗 정부의 관리들(8:15-18)

15 다윗이 온 이스라엘을 다스려 다윗이 모든 백성에게 정의와 공의를 행할새 16 스루
야의 아들 요압은 군사령관이 되고 아힐룻의 아들 여호사밧은 사관이 되고 17 아히둡
의 아들 사독과 아비아달의 아들 아히멜렉은 제사장이 되고 스라야는 서기관이 되고
18 여호야다의 아들 브나야는 그렛 사람과 블렛 사람을 관할하고 다윗의 아들들은 대
신들이 되니라

이 부분은 사무엘하 5:13-16에 언급된 목록과 비슷한 역할을 한다. 그
러나 내용을 살펴보면 현저한 차이가 있다. 사무엘하 5:13-16은 다윗의
친척들을 중심으로 형성된 반면에, 이 목록은 상당히 발전된 관료 제도
를 반영한다. 다윗 자신도 정의(מִשְׁפָּט)와 공의(צְדָקָה)로 통치함으로써 백
성들의 지지를 확고히 했다(15절). 구약에서 정의(מִשְׁפָּט)와 공의(צְדָקָה)는
하나님의 성품을 표현할 때 자주 사용된다(욥 37:23; 시 33:5; 36:6; 99:4; 103:4;
사 5:16; 렘 9:24; 미 7:9). 또한 선지자들은 장차 오실 메시아에 대해 예언하
면서 공의와 정의로 통치하는 왕으로 자주 묘사한다. 다윗은 선지자들
에게 영감을 주는 메시아의 모형이었을 것이다. 다윗이 공의와 정의로
행했다는 것이 그가 사법 제도의 우두머리가 되었음을 의미하는지는
확실하지 않지만, 최소한 예루살렘을 중심으로 법정 제도를 중앙화했
음을 의미하는 것은 확실하다(Hertzberg).

다윗의 정치는 안정 국면에 접어든 지 오래되었으며, 주변 국가들을
평정함으로써 많은 부를 얻었다. 그러므로 어느 정도 면모를 갖춘 국가
로서, 본문이 언급하는 정도의 관료들을 가지는 것은 당연한 일이다.
다윗은 이 관료 제도를 통해 매우 이상적으로 이스라엘을 다스릴 수 있
었다(15절). 어느덧 이 관료들이 이스라엘의 장로들을 대신하게 되었다
(Malamat). 본문은 다윗의 관료들을 세 가지로 정리하고 있다.

첫째, 군사적 관료들이다. 군사령관 요압, 지휘관 브나야 등이 언급된다. 아브넬이 없는 통일왕국 시대는 요압의 전성시대였을 것이다. 군사력은 정권의 안보를 위해 꼭 필요하다. 다윗의 군대 전체를 지휘하는 사령관 요압은 다윗의 조카이기도 하다(cf. 삼상 20:23). 브나야는 그렛 사람과 블렛 사람 등 용병들을 지휘했다(cf. 18절). 그렛 사람은 오늘날의 크레타 섬(Crete), 블렛 사람은 블레셋 사람들의 일부로 추정된다(McCarter). 요압과 브나야 두 사람이 직업군인 제도와 용병 기용 등 이스라엘에 새로운 군사 제도를 시작했음을 암시한다(Birch).

둘째, 통계와 기록을 관리하는 관료들이다. 이들은 역사 기록관 여호사밧, 서기관 스라야 등을 중심으로 하고 있다. 왕권 유지를 위해 필수적이었던 세금 징수, 징병 등을 이 관료들의 자료가 뒷받침했다. 역사 기록관 여호사밧은 국가의 모든 공식 문서를 관리하고 보관하는 중직을 맡았다. 스라야는 서기관으로, 단순히 문서를 기록하는 자가 아니라 오늘날 미국의 국무장관(secretary of state)에 해당한다(Birch).

셋째, 종교적 관료들이다. 제사장 아히둡의 아들 사독과 제사장 아비아달의 아들 아히멜렉 등이 대표로 언급된다. 사독이 사무엘서에서 언급되는 것은 이곳이 처음이다. 앞으로 그는 솔로몬 시대에 엘리의 집안을 대신해 왕족들의 제사장으로 자리를 잡는다. 이들은 정권에 정체성과 정당성을 부여하는데, 아비아달과 아히멜렉의 위치가 바뀐 것으로 생각된다. 사무엘하 20:25에 따르면 아히멜렉이 아니라 아비아달이 다윗의 제사장이며, 사무엘상 22:20; 23:6; 30:7은 아히멜렉을 아비아달의 아버지로 기록하기 때문이다. 아비아달은 엘리 제사장의 후손으로 사울이 놉에 사는 제사장들을 학살할 때 간신히 피해 다윗을 찾아온 사람이다(삼상 22:6-23). 사독과 아비아달은 다윗 집안에서 대제사장들로 사역하다가, 솔로몬이 아비아달을 내친 후에는 사독이 홀로 대제사장으로 사역한다(cf. 왕상 2:35).

개역개정은 다윗의 아들들이 대신들이 되었다고 하는데(18절), 이

것은 사실 번역이 아니라 해석이다. 마소라 사본(MT)은 그들이 "제사장"(כֹּהֲנִים)이 되었다고 한다. 우리말 성경 중에서는 공동번역과 새번역이 제사장으로 번역해 놓았다(cf. NRS; TNK). 그러나 이미 아비아달과 사독이 제사장으로 언급된 상황에서 다윗의 아들들이 제사장이었다는 말을 추가할 필요가 있을까? 그래서 학자들은 "왕족 부동산 관리자"(Wenham), "행정가"(NIV) 등 다양한 제안을 내놓았다. 다윗의 아들들이 성전에서 제사장이 아니라 일반인이 할 수 있는 일을 했다는 해석도 있다(Mauchline). 심지어 다윗을 멜기세덱 계열의 제사장으로 간주하면 그의 아들들이 제사장 역할을 하는 것은 별문제가 없다는 해석도 있다(Bergen). 그러나 가장 자연스러운 해석은 다윗의 아들들이 중요한 벼슬을 맡았다는 해석이다. 역대기 저자는 이 단어를 "대신/보좌관"(הָרִאשֹׁנִים)으로 바꾸어 놓았다(대상 18:17). 그러므로 개역개정의 "대신들"이 공동번역과 새번역의 "제사장들"보다 문맥에 더 잘 어울린다.

이와 같은 관료 제도는 다윗이 이스라엘을 통치하는 데 큰 힘이 되었을 것이다. 그러나 이 관료 제도가 사무엘이 그렇게 반대한 것이었음을 감안하면, 8장 전체의 메시지가 긍정적이지만은 않다.

EXPOSIMENTARY
2 Samuel

V. 다윗의 쇠퇴
(9:1-24:25)

사무엘하 7장을 향해 지속되던 다윗의 상승세는 8장에서도 이어져, 이스라엘이 주변 국가들을 평정하고 다윗은 자신의 국정 여러 분야에 각료들을 임명해 효율적으로 통치했다. 그의 정권이 깊이 뿌리를 내린 것이다. 그러나 동시에 8장은 다윗이 열방의 왕처럼 변해 가고 있음을 우려한다. 이제부터 다윗은 천천히 무너지기 시작한다. 그래서 한 학자는 사무엘하 1-9장은 "축복 아래 있는 다윗"을, 10-24장은 "저주 아래 있는 다윗"을 묘사한다고 해석한다(Carlson). 비록 9장은 다윗의 축복에 포함되어 있지만, 막바지라는 의미다.

다윗의 전성시대는 이제 막을 내리고, 그를 대체할 다음 세대를 준비해야 한다. 다윗은 인생의 최고 목적을 달성했으니 이제 평안히 살면서 죽을 날을 위해 준비해야 한다. 그런데 그의 마지막 날들은 파란만장한 날들이었다. 젊었을 때 그가 흘렸던 무고한 피의 대가를 치르는 것일까?

학자들은 사무엘하 9장이 새로운 이야기를 시작하고 있다고 생각한다. 로스트(Rost)는 1926년에 사무엘하 9:1-20:26과 열왕기상 1:1-2:46은 많은 통일성을 갖고 있으며 솔로몬이 어떻게 하여 왕위에 오르게 되

143

었는가를 핵심 주제로 다루고 있다 하여 이 텍스트를 "계승 이야기" (succession narrative)라고 불렀다. 그 후 이 텍스트는 대체로 그렇게 불렸다. 로스트의 주장에 따르면, 열왕기상 1:10, 27에 근거해 "누가 내 주 왕[다윗]의 뒤를 이어 왕위에 오르리이까?"라는 질문에 대한 답이 이 "계승 이야기"의 중심 주제다.

로스트는 솔로몬이 왕위에 오르는 과정에서 그의 자리를 차지할 수 있는 인물들이 하나씩 제거된다는 점을 가장 큰 증거로 제시한다. 암논 (삼하 13장), 압살롬(삼하 14-19장), 아도니야(왕상 1-2장) 등이 왕권을 넘볼 수 있었고, 넘봤던 왕자들이지만, 이 섹션에서 모두 제거된다는 것이다. 또한 사울의 아들 중에 그 누구도 왕권을 탐할 만한 사람이 없다는 것을 보여 주는 이야기가 이 본문(9장)이라고 주장한다. 나름대로 설득력 있는 주장이다. 그러나 이 부분을 자세히 관찰해 보면 누가 왕위에 오를 것인가에 대한 관심보다 다윗이 어떻게 쇠퇴하게 되었는가에 대한 관심이 더 높다는 인상을 받게 된다(Carlson; cf. Gunn).

다윗의 일생이 이미 사무엘하 7장에서 정점에 달한 것은 사실이지만, 그는 여전히 주인공임에 틀림없다. "상승 이야기"는 열왕기상 1-2장으로 제한되어 있으며, 사무엘하 9-20장은 다윗이 통치하던 시절에 그의 집안을 중심으로 일어났던 사적인 사건들을 모아 놓은 것이라는 주장도 있다(McCarter). 또한 로스트가 사무엘하 9장이 "계승 이야기"를 시작한다고 하지만, 많은 학자가 이에 동의하지 않는다(cf. Anderson). 더 나아가 사무엘상 16장에서 시작된 다윗의 이야기는 끝날 때까지 통일성을 유지하기 때문에, "상승 이야기", "법궤 이야기" 등으로 세분화해 마치 이것들이 각기 다른 저자들에 의해 저작, 유통되었다는 주장을 송두리째 부인하는 견해도 있다(Alter). 그러므로 로스트의 주장이 수용되더라도 신중하게 받아들여져야 한다.

이 섹션에 나오는 다양한 이야기를 하나로 묶는 공통점은 이 이야기들이 다윗의 가정에 관한 것이며 사사로운 행적에 관한 것이라는 점이

다(Birch). 즉, 지금까지 왕이자 공인으로서의 다윗 이야기를 접했다면,
이제부터는 개인으로서의 다윗 이야기를 접하게 된다. 실제로 지금까
지 기록된 그의 스피치들은 모두 공적인 장소에서 행해진 것이며, 정치
적인 의미를 지닌 것들로 읽힐 수 있다(Brueggemann). 그러나 이제부터
기록되는 다윗의 말, 특히 밧세바와의 사이에서 태어난 아이가 죽은 이
후의 말은 두려워하며 마음이 흔들리는 다윗의 사적인 말이다(Alter).

저자가 이제부터 왕으로서의 다윗보다는 개인으로서의 다윗의 삶
에 초점을 맞추어 이야기를 진행한다는 사실은 하나님의 역할 묘사에
도 변화가 있음을 암시한다. 실제로 학자들은 이 섹션에서 하나님의 모
습이 이전 이야기에서처럼 자주 보이지 않고 상당 부분 숨겨져 있다고
주장한다(von Rad; Brueggemann; Birch). 하나님이 모습을 숨기신다는 것은
곧 인간에게 더 많은 자유를 주신다는 뜻으로 풀이된다(Brueggemann).
그렇다고 하나님이 역사를 만들어가는 일을 사람들에게 일임하신 것은
아니다(Birch). 비록 다윗은 유혹과 시험 앞에서 스스로 결정할 수 있는
자유를 가지고 있지만, 하나님은 그를 내버려두지 않으시고 그의 삶이
나아가야 할 방향으로 그를 인도하신다. 이 섹션은 다음과 같이 다양한
이야기로 구성되어 있다.

A. 다윗과 므비보셋(9:1-13)
B. 암몬과의 전쟁 A(10:1-19)
C. 밧세바와의 간음(11:1-12:25)
D. 암몬과의 전쟁 B(12:26-31)
E. 두 아들의 반역(13:1-18:33)
F. 다윗의 회복(19:1-20:26)
G. 다윗의 마지막 행보(21:1-24:25)

1장. 다윗과 므비보셋(9:1-13)

다윗이 모든 사람에게 자비로운 것은 아니었다. 그는 외부인들에게 매우 혹독했다(cf. 삼하 8:2, 5). 그러나 자신이 의무나 책임을 느끼는 자들에게는 충성스럽고 관대하게 대했다. 세월이 지나면서 다윗 정권은 점차 뿌리를 내렸으며, 정국은 평온하고 안정되기 시작했다. 상대적인 안정과 평안을 누리자, 다윗은 이스라엘의 왕으로 군림하기까지 그에게 큰 힘이 되었고 용기를 북돋아 주었던 요나단의 "은총"(חֶסֶד)을 떠올렸다. 그 은총은 결코 잊을 수 없는 것이었다.

다윗이 요나단과 언약(cf. 삼상 20:14-17; 23:18; 24:21-22)을 맺은 후 많은 세월이 흘렀다. 한편으로는 다윗이 세월이 많이 흐른 후에야 비로소 지난날의 추억을 되새기며 요나단과의 언약을 떠올렸다는 것이 좀 야속하게 보일 수도 있다. 그러나 지금까지 그는 참으로 바쁘게 살아 왔다. 외부의 적들로부터 이스라엘을 보호해야 했고, 흩어진 민심을 수습해야 했다. 그러므로 지금이라도 옛 친구를 생각하는 다윗은 좋은 사람이다.

다윗의 입장에서는 그 순간이 요나단의 자손을 찾기에 가장 적절한지도 모른다. 그는 유다의 왕이 되어 7년 6개월을 지냈다. 어떻게 생각하면 긴 세월이지만, 이 기간에 다윗은 생명을 걸고 사울의 집안과 싸워야 했다. 다윗은 예루살렘에 법궤가 들어오던 날 사울의 집안을 대표하는 미갈에게 비난을 받은 적도 있다(6장). 그러다가 하나님이 영원한 언약을 주셨을 때(7장)에야 비로소 사울 집안과의 관계를 확실히 정리할 수 있었다. 이 상황에서 너무 일찍 요나단의 자손을 찾으면 또다시 "정치적 음모"로 오해 받을 가능성이 충분하지 않은가? 그러므로 이 순간까지 기다린 것은 지혜로운 일이다.

상당수의 주석가가 본문에 기록된 사건과 기브온 사람들의 원한을 풀어주기 위해 사울 집안에서 일곱 명의 남자를 처형한 일을 기록하고 있는 21장 사건의 시대적 순서가 바뀌었다고 생각한다(McCarter). 만일 성경상의 순서가 옳다면 사울 집안에 므비보셋 외에도 여러 자손이 있을 텐데, 시바가 므비보셋만 있는 것처럼 말한다는 것이다. 게다가 이 이야기가 다윗이 사울 집안에서 남자 일곱 명을 내주기 전이었다면, "사울의 집안에 살아 남은 사람이 있느냐?"(1절)는 말의 의미가 많이 희석된다는 것이다.

만일 다윗이 사울 집안 전체에 자비를 베풀려고 했다면, 이 학자들의 주장이 옳으며 9장과 21장은 시대적으로 순서가 바뀌어 있다고 말할 수 있다. 그러나 다윗이 누구에게 자비를 베풀기 원했는가를 생각해 보면 현재의 순서(9장 사건 이후에 21장의 사건이 있었다)도 크게 문제가 없다. 다윗이 "사울의 자손"을 찾아 그들에게 자비를 베풀겠다고 말한 것은 사실이다(cf. 1, 3절). 그러나 다윗의 마음은 사울 집안 전체가 아니라 요나단의 자손들에게만 한정되어 있다. 다윗과 요나단이 언약을 맺을 때도 그들이 속한 집안끼리가 아니라 "나와 너, 너의 후손과 내 후손"으로 제한했다(삼상 20:42). 그러므로 다윗이 "사울 집안"이라고 말을 하지만, 그의 관심은 요나단의 집안에만 있다. 이러한 사실을 모를 리 없는 시바는 요나단 집안의 유일한 생존자로 므비보셋이 있다고 말한 것이다. 이 이야기는 다음과 같이 두 부분으로 구분된다. (1) 다윗과 므비보셋의 만남(9:1-8), (2) 회복된 사울 집안의 재산(9:9-13).

V. 다윗의 쇠퇴(9:1-24:25)
  1장. 다윗과 므비보셋(9:1-13)

1. 다윗과 므비보셋의 만남(9:1-8)

[1] 다윗이 이르되 사울의 집에 아직도 남은 사람이 있느냐 내가 요나단으로 말미암아

그 사람에게 은총을 베풀리라 하니라 ² 사울의 집에는 종 한 사람이 있으니 그의 이름은 시바라 그를 다윗의 앞으로 부르매 왕이 그에게 말하되 네가 시바냐 하니 이르되 당신의 종이니이다 하니라 ³ 왕이 이르되 사울의 집에 아직도 남은 사람이 없느냐 내가 그 사람에게 하나님의 은총을 베풀고자 하노라 하니 시바가 왕께 아뢰되 요나단의 아들 하나가 있는데 다리 저는 자니이다 하니라 ⁴ 왕이 그에게 말하되 그가 어디 있느냐 하니 시바가 왕께 아뢰되 로드발 암미엘의 아들 마길의 집에 있나이다 하니라 ⁵ 다윗 왕이 사람을 보내어 로드발 암미엘의 아들 마길의 집에서 그를 데려오니 ⁶ 사울의 손자 요나단의 아들 므비보셋이 다윗에게 나아와 그 앞에 엎드려 절하매 다윗이 이르되 므비보셋이여 하니 그가 이르기를 보소서 당신의 종이니이다 ⁷ 다윗이 그에게 이르되 무서워하지 말라 내가 반드시 네 아버지 요나단으로 말미암아 네게 은총을 베풀리라 내가 네 할아버지 사울의 모든 밭을 다 네게 도로 주겠고 또 너는 항상 내 상에서 떡을 먹을지니라 하니 ⁸ 그가 절하여 이르되 이 종이 무엇이기에 왕께서 죽은 개 같은 나를 돌아보시나이까 하니라

다윗은 요나단과의 언약을 회상하며 그의 집안에 은총(חֶסֶד)을 베풀고자 했다(1절). 수소문 끝에 시바라는 사울 집안의 종을 만났고, 그를 통해 요나단의 다리를 저는 장애인 아들이 남아 있음을 알게 되었다(2-3절). 종은 요나단에게 아들이 로드발에 있는 암미엘의 아들 마길의 집에 있다고 했다(4절). 로드발은 요단 계곡에 있었던 것으로 추정될 뿐 정확한 위치는 알려지지 않았다(Bergen). 마길은 여기서 처음으로 소개되는데, 그는 큰 부자였으며 훗날 다윗의 가장 충성된 지지자 중 하나가 된다(cf. 17:27-29).

이렇게 해서 다윗은 므비보셋이라는 요나단의 아들을 만나게 되었다. 므비보셋(מְפִיבֹשֶׁת)은 "수치 파괴자"라는 뜻을 지녔는데, "보셋"(lit. "수치")이 바알을 칭하는 것임을 감안할 때, 요나단의 아들의 원래 이름은 므비바알이며 "바알 파괴자"라는 뜻을 지녔을 것이다(McCarter; Driver). 사울은 그의 아들을 이스보셋이라며 "바알의 사람"이라는 이름

을 주었는데, 요나단은 이런 아버지가 싫어서 아들에게 "바알 파괴자"라는 이름을 준 것이다. 역대기는 그의 이름을 므립바알(מְרִיב בַּעַל)이라고 기록하고 있다(대상 8:34; 9:40). 므립바알은 "바알과 다투는 자"라는 뜻이다(Bergen).

상당수의 학자는 다윗이 정치적인 계산에 의해 므비보셋을 맞이한 것이라고 생각한다(Mauchline; Anderson). 다윗은 지금 사람들 앞에서 사울 집안에 호의를 베푸는 자인 것처럼 행동하고 있으며, 므비보셋을 택한 이유는 그가 절름발이기 때문에 자신의 정권에 전혀 위협이 되지 않기 때문이라는 것이다(Hertzberg; Arnold). 그러므로 시바는 므비보셋을 소개할 때 이름은 말하지 않고 그저 절름발이(viz., 당신에게 위협을 주지 않을 사람이라는 의미)라고 말한다는 것이다. 또한 이 사건을 끝맺는 마지막 말이 "그[므비보셋]는 두 다리를 다 절었다"라는 점도 다윗이 그에게 자비를 베푼 것이 그가 다윗의 왕권을 위협할 만한 인물이 아니었음을 암시한다고 주장한다.

그동안 묘사된 다윗의 정치적 행동들을 감안하면 어느 정도 설득력이 있는 해석이다. 그러나 저자는 다윗이 순수한 동기에서 요나단과의 약속을 이행하고자 그의 후손을 찾았음을 강조한다. 이 짧은 섹션에서 요나단의 이름은 네 차례나 언급된다(1, 3, 6, 7절). 저자는 또한 이 이야기에서 "자비/인애"(חֶסֶד)를 세 차례나 반복함으로써 이야기의 핵심이 다윗의 "헤세드"(חֶסֶד)임을 강조한다(1, 3, 7절). 또한 다윗은 므비보셋의 신원을 확인한 후 "두려워 말라"(אַל־תִּירָא)라는 말로 그의 자비를 선포한다. 이 표현은 구약에서 하나님의 위로와 구원을 선포할 때 자주 사용된다. 즉, 다윗은 정치적인 의도에서 이 일을 행하는 것이 아니다.

므비보셋의 이름이 6절에 이르기까지 언급되지 않는 점은 이 사람이 다윗에게 위협이 되지 않음을 강조하는 것이 아니라(Hertzberg) 다윗이 요나단의 자손이라면 누구든지 호의를 베풀 준비가 되어있음을 의미하는 것으로 해석할 수 있다. 또한 고대 근동에서는 이전 왕을 제거하고 왕이 된 사람은 선왕의 가족까지 몰살하는 것이 일반화되어 있었다(Arnold). 물론 다윗이 사울을 제거한 것은 아니지만, 새롭게 왕조를 시작한 다윗이 자신의 정권을 확립하기 위해 사울 집안 사람들을 몰살시킨다 해도 아무도 문제 삼지는 못했을 것이다. 이런 배경에서 다윗의 행동을 생각해 보면, 그는 대단한 선처를 베풀고 있는 것이다. 견제할 생각이었다면 애초에 처형하는 쪽을 택했을 것이다.

다윗은 므비보셋에게 두 가지 "자비"(חֶסֶד)를 베풀었다(7절). 첫째, 그의 할아버지 사울 왕이 소유했던 모든 땅을 그에게 주었다. 집안의 종 시바는 이 땅을 경영해 므비보셋이 부족함 없이 살 수 있도록 조치를 취했다. 일부 학자들이 주장하는 것처럼 다윗이 므비보셋을 견제하려 했다면, 사울의 땅을 되돌려주는 것은 매우 위험하고 어리석은 일이다. 고대 근동에서 왕이 자신이 몰아낸 선왕의 땅을 그의 후손에게 돌려주었다가 낭패를 본 경우들이 종종 있었기 때문이다(Baldwin). 땅을 돌려받은 자들이 새로 생긴 부를 정치자금으로 사용해 쿠데타를 일으키는 일이 있었다. 그러므로 므비보셋에게 사울의 땅을 모두 돌려주는 것은 다윗이 요나단과 약속한 인애를 아무 조건 없이 베푸는 행위로 이해되어야 한다.

사울이 고향 기브아를 자신의 수도로 삼아 통치했기 때문에, 사울 집안의 땅은 대부분 기브아 지역에 있었을 것이다. 기브아는 다윗이 머물고 있는 예루살렘에서 북쪽으로 5㎞ 떨어진 곳이다(Bergen). 물론 재산을 되돌려 준다는 것은 대단한 선처다. 그러나 므비보셋을 향한 다윗의 자비의 핵심은 이것이 아니라 다음 사항이다.

둘째, 다윗은 므비보셋을 옆에 두어 항상 자신과 식사를 함께하도록 했다. 이것은 대단한 배려였다. 물론 이것을 므비보셋을 견제하기 위함이라고 해석하는 사람도 있다(Payne). 심지어 이 조치가 가택 연금(house arrest)을 의미한다며 다윗의 선처를 매우 부정적으로 보는 견해도 있다(Youngblood). 그러나 작은 신체적 결함에도 성전에 들어가지 못하는 규례를 생각해 보면, 불구자의 몸으로 왕 앞에서 매일 식사를 한다는 것은 대단한 자비임을 알 수 있다(cf. Baldwin). 다윗은 므비보셋을 친자식처럼 대하고 있다(cf. 11절). 한때는 어린 다윗이 사울 옆에서 먹은 적이 있었지만(삼상 20:5), 이제 다윗이 사울의 자손 므비보셋을 배려한다. 다윗은 진정으로 요나단을 생각하며 당시의 관례를 초월해 친구의 아들에게 선처를 베풀었다.

다윗의 선처에 감동한 므비보셋은 다윗 앞에 엎드리며 "도대체 제가 무엇이관대 죽은 개와 같은 저에게 이렇게 선처를 베푸십니까?"하고 감사했다. 나단을 통해 받은 하나님의 언약에 감동해 다윗이 고백한 말과 비슷하다. 또한 "죽은 개"는 다윗이 자신을 쫓던 사울의 목숨을 살려 준 후에 그에게 자신을 낮출 때 사용했던 표현이다(삼상 24:14). 이제는 사울의 집안과 다윗의 위치가 바뀌었다. 또한 이 말은 훗날 압살롬의 위협을 받아 망명길을 떠나는 다윗을 시므이가 조롱하자 다윗의 장군 아비새가 그를 향해 한 말이다(삼하 16:9).

V. 다윗의 쇠퇴(9:1-24:25)
  1장. 다윗과 므비보셋(9:1-13)

2. 회복된 사울 집안의 재산(9:9-13)

9 왕이 사울의 시종 시바를 불러 그에게 이르되 사울과 그의 온 집에 속한 것은 내가 다 네 주인의 아들에게 주었노니 10 너와 네 아들들과 네 종들은 그를 위하여 땅을 갈고 거두어 네 주인의 아들에게 양식을 대주어 먹게 하라 그러나 네 주인의 아들 므비보셋은 항상 내 상에서 떡을 먹으리라 하니라 시바는 아들이 열다섯 명이요 종이 스무 명이라 11 시바가 왕께 아뢰되 내 주 왕께서 모든 일을 종에게 명령하신 대로 종이 준행하겠나이다 하니라 므비보셋은 왕자 중 하나처럼 왕의 상에서 먹으니라 12 므비보셋에게 어린 아들 하나가 있으니 이름은 미가더라 시바의 집에 사는 자마다 므비보셋의 종이 되니라 13 므비보셋이 항상 왕의 상에서 먹으므로 예루살렘에 사니라 그는 두 발을 다 절더라

다윗은 시바를 다시 불러 자신이 므비보셋에게 사울이 소유하던 모든 땅을 주었다고 말하면서 그 땅을 관리해서 므비보셋의 모든 필요를 채워주라고 명령했다. 물론 므비보셋은 예루살렘에 거하면서 항상 다윗과 함께 먹었고, 여기서 말하는 것은 '품위 유지비'를 의미하는 듯하다(11, 13절). 저자는 땅이 얼마나 넓고, 어떤 경위를 통해 빼앗겼으며, 어떤 방식을 통해 회복될 것인가에 전혀 관심이 없다. 단순히 다윗이 사울 집안의 빼앗긴 땅을 되돌려 주는 데 초점을 맞추고 있다. 시바에게는 아들이 열다섯 명, 종이 스무 명이 있었다고 한다(10절). 성인 서른다섯 명과 그들에게 딸린 가족들이 일궈야 할 정도라면 상당히 큰 땅이었을 것이다.

저자는 므비보셋에게 미가라는 아들이 있다고 밝힌다(12절). 왜 이 시점에서 므비보셋에게 아들이 있었다는 사실을 밝히는 것일까? 사무엘서가 끝나갈 무렵 사울 집안은 전멸하다시피 한다. 이 상황에서 저자는 다행히 사울 집안이 요나단-므비보셋-미가를 통해 대를 이어간다는 사실을 밝히고자 한다. 다윗이 요나단과의 약속을 지켜 므비보셋 집안이 대를 이을 수 있도록 일조했다는 것이다(Birch). 역대기는 미가가 므비보셋의 네 아들 중 하나라고 말한다(대상 8:34-35; 9:40-41).

이야기를 마무리하는 "그는 두 다리를 다 절었다"라는 말은 므비보셋이 다윗의 정권에 대해 어떠한 야심도 품을 수 없는 상황이었음을 설명하는 듯하다(cf. Hertzberg). 이스라엘의 왕권을 넘볼 만한 자가 사울 집안에는 아무도 없었음을 상징하는 것이다. 또한 다윗이 므비보셋에게 베푼 자비가 얼마나 큰 것인지 강조하기도 한다. 그는 도저히 왕의 식탁에 앉아서 먹을 수 없는 사람을 자기 옆에 두는 자비를 베풀었다. 사울의 집안은 어느덧 다윗이 베푸는 자비를 의지하며 살아가야 하는 신세가 되었다.

2장. 암몬과의 전쟁 A(10:1-19)

다윗이 하나님과 언약을 맺은 일(하 7장)은 다윗 이야기의 정점(summit)
이었다. 이제 다윗 이야기는 하강세를 그리며 계곡을 향하는 기점에 서
있다(Arnold). 지금까지 저자는 이스라엘의 이상적인 왕 다윗을 독자들
에게 보여 주었다. 저자는 이제부터 흠이 많은 인간 다윗을 보여 줄 것이
다. 우리는 책의 주인공이자 이스라엘의 영웅인 다윗이 배신, 속임
수, 간음, 살인 등에 연루된 사건들을 접할 것이다. 그중에서도 밧세바
와의 간음은 다윗의 삶에서 모든 것을 바꾸어 놓는 계기가 된다(Alter).
그렇다고 해서 다윗을 사울처럼 취급해서는 안 된다는 것이 저자의 주
장이다. 사울은 하나님께 반역했지만, 다윗은 죄를 짓고 난 후에라도
회개하고 주님의 용서와 자비를 구했기 때문이다.

본문에 기록된 사건은 바로 앞 장 사건과 공통점을 갖고 있다
(Bergen). 어느 정도 정권의 안정과 평화를 누리던 다윗은 9장에서 요나
단의 집안에 "자비"(חֶסֶד)를 베풀었다. 그는 언약 안에 있는 사람에게
자비를 베푼 것이다. 이제 그는 10장에서 언약 밖에 있는 사람에게 자
비 베풀기를 원한다(2절). 그러나 다윗의 자비를 받아들이는 사람들의
반응은 매우 대조적이다. 므비보셋은 몇 번씩이나 땅에 엎드려 절을 하
며 다윗의 선처를 받아들였지만, 암몬 사람들은 그의 자비를 거부했다.

본문에 기록된 사건은 뒤따르는 밧세바 사건과도 어느 정도 연관이
있으며, 다윗을 냉정하게 비판하는 역할을 한다(Birch). 다윗은 암몬 사
람들에게 "자비"(חֶסֶד)를 베풀고자 했다가 결국 전쟁을 하게 되었다. 자
신이 베푼 자비를 모욕한 암몬 사람들을 벌하기 위해 전쟁을 한 것이
다. 이러한 다윗이 밧세바 이야기에서는 부하에게 베풀 자비가 없다.

그는 전쟁에 나가 있는 부하의 아내와 간음을 하고, 자신의 죄를 숨기기 위해 자비를 베풀어야 할 부하를 매정하게 죽였다.

다윗은 암몬 왕 나하스가 죽고 그의 아들 하눈이 왕위에 올랐다는 소식을 듣고 조의를 표하기 위해 사절단을 보냈다. 그러나 다윗의 사절단은 환영 대신 견제와 환멸을 받았다. 하눈의 부하들은 다윗이 사절단을 보낸 의도를 순수하게 보지 않고 암몬을 침략하기 위해 정탐하러 왔다고 보고했다.

판단력이 흐리고 어리석은 하눈은 신하들의 말을 듣고 다윗이 보낸 사절단에게 상상을 초월하는 수치를 주어 돌려보냈다. 선을 베푼 것이 악으로 돌아왔으니—그것도 국제적인 결례를 행하면서—다윗은 가만히 있을 수 없었다. 이렇게 해서 암몬과 이스라엘의 전쟁이 시작되었다. 어리석은 지도자 하눈의 모습은 훗날 경험 많은 대신들의 조언을 무시하고 경험 없고 어리석은 젊은 부하들의 말을 듣고 백성들을 학대하다가 결국 통일 이스라엘을 둘로 나누는 결과를 초래하는 르호보암의 모습과 비슷하다(cf. 왕상 12장). 이 이야기는 다음과 같이 구분될 수 있다.

A. 다윗이 암몬에 사절단을 보냄(10:1-2)
B. 암몬이 다윗의 사절단을 모욕함(10:3-5)
C. 이스라엘과 암몬의 전쟁(10:6-18)
D. 높아지는 이스라엘의 위상(10:19)

V. 다윗의 쇠퇴(9:1–24:25)
2장. 암몬과의 전쟁 A(10:1–19)

1. 다윗이 암몬에 사절단을 보냄(10:1-2)

¹그 후에 암몬 자손의 왕이 죽고 그의 아들 하눈이 대신하여 왕이 되니 ²다윗이 이르

되 내가 나하스의 아들 하눈에게 은총을 베풀되 그의 아버지가 내게 은총을 베푼 것 같이 하리라 하고 다윗이 그의 신하들을 보내 그의 아버지를 조상하라 하니라 다윗의 신하들이 암몬 자손의 땅에 이르매

저자는 "그 후에"(וַיְהִי אַחֲרֵי־כֵן)라는 말을 사용해 이 섹션을 시작한다 (1절). 대부분의 학자는 이 용어를 사무엘서에서 이야기가 전개될 때 사건의 시대적인 순서를 따르지 않을 수도 있다는 힌트로 이해한다 (Arnold; cf. McCarter). 그러나 시대적인 순서를 전제하는 표현으로 이해해도 무방하다(Bergen). 다윗이 므비보셋에게 자비를 베푼 후에 나하스의 일로 인해 하눈에게 자비를 베풀고자 했던 것이다.

동일한 표현이 13:1에서 사용되며 앞의 본문을 마무리하고 13장이 새로운 유닛(unit)을 시작하는 것은 10-12장을 하나로 묶는 역할을 한다 (Youngblood). 10-12장의 중심에 있는 이야기는 밧세바 사건이다. 본문이 묘사하는 암몬과의 전쟁은 밧세바 사건의 정황과 역사적 배경을 그려 준다(Evans).

나하스는 왕으로 임명된 사울이 길르앗 야베스를 쳤을 때 그에게 패배를 안겨준 인물이다(cf. 삼상 11:1-11). 그 후 암몬은 사울이 전쟁을 한 이스라엘의 적으로 몇 차례 더 언급된다(삼상 12:12; 14:47; cf. 삼하 8:12). 다윗이 정권을 잡은 후 그가 평정한 나라들 목록에 암몬이 포함되었다는 것 외에는(삼하 8:12), 다윗과 암몬의 관계에 대한 언급이 별로 없다.

대부분의 주석가는 이곳에 기록된 전쟁과 사무엘하 8:12이 언급하고 있는 암몬과의 전쟁을 같은 것으로 생각한다(Birch; Bergen). 이미 언급한 것처럼 사무엘하 8장은 사건들의 시대적인 순서와 상관없이 다윗의 전쟁 업적을 기리는 "기념비" 역할을 한다. 이 같은 기념비에서 시대적인 순서가 이슈가 아니었음을 감안할 때, 이는 충분히 가능한 해석이다. 본문에 기록된 사건과 사무엘하 8:12에 기록된 전쟁을 같은 것으로 보아도 별문제가 없다는 것이다. 만일 본문이 묘사하는 전쟁이 사

무엘하 8:12에 언급된 것과 같은 전쟁이라면, 다음과 같은 상황을 상상해 볼 수 있다. 사울과 나하스의 불편한 관계로 인해, 다윗은 사울에게 쫓기는 동안에 나하스와 좋은 관계를 유지했다(Birch; Arnold). 공동의 적은 결코 함께할 수 없는 사람들을 하나로 묶는 힘이 있기 때문이다 (Anderson). 그렇다면 나하스에 대한 다윗의 옛 정이 이 사건의 배경이 되고 있으며, 다윗은 암몬 사람들이 자신이 보낸 사절단을 이렇게 대할 줄은 상상도 못했을 것이다. 다윗이 좋은 의도에서 사절단을 보냈다는 것은 그가 군사적인 사절단을 보낸 것이 아니라 안타까움과 위로를 표하기 위한 민간인 사절단을 보냈다는 사실에서도 엿볼 수 있다(Arnold).

또 한 가지 가능한 추측은 암몬이 사울에게 패배한 후 이스라엘에 조공을 바치며 속국으로 살았을 가능성이다(Brueggemann). 이 상황이었다면, 본문에서 다윗은 암몬에 종주국의 사절단을 보내 이스라엘과 암몬의 종주–종속 관계를 재확인하고자 한 것이다. 여하튼 다윗은 나하스의 아들에게 "자비"(חֶסֶד)를 베풀기를 원했다(2절). 고대 근동에서 한 왕이 죽으면 사절단을 보내는 행위는 우호국들 사이의 관례였다(Gordon).

V. 다윗의 쇠퇴(9:1–24:25)
　2장. 암몬과의 전쟁 A(10:1–19)

2. 암몬이 다윗의 사절단을 모욕함(10:3-5)

3 암몬 자손의 관리들이 그들의 주 하눈에게 말하되 왕은 다윗이 조객을 당신에게 보낸 것이 왕의 아버지를 공경함인 줄로 여기시나이까 다윗이 그의 신하들을 당신에게 보내 이 성을 엿보고 탐지하여 함락시키고자 함이 아니니이까 하니 4 이에 하눈이 다윗의 신하들을 잡아 그들의 수염 절반을 깎고 그들의 의복의 중동볼기까지 자르고 돌려보내매 5 사람들이 이 일을 다윗에게 알리니라 그 사람들이 크게 부끄러워하므로 왕이 그들을 맞으러 보내 이르기를 너희는 수염이 자라기까지 여리고에서 머물다가 돌아오라 하니라

다윗이 보낸 사절단은 암몬에서 환영받지 못했다. 다윗의 행위가 선의로 받아들여지지 않고 오히려 암몬을 정복하기 위해 스파이를 보낸 것으로 받아들여졌기 때문이다. 뭐 눈에는 뭐밖에 안 보인다고, 암몬 사람들이 배신을 생각한 것일까? 하눈은 신하들의 말을 듣고 어리석은 판단을 했다. 이후 전개되는 이야기를 보면 암몬은 수많은 용병을 고용해 다윗과 전쟁을 한다(cf. 6절). 그들은 결코 이스라엘을 상대로 전쟁을 할 수 없는 상황이었다. 그럼에도 귀가 얇고 어리석은 지도자 하눈은 다윗의 분노를 사는 일을 한다.

암몬 사람들은 다윗이 보낸 사절들에게 온갖 수모와 수치스러운 일을 행함으로써 국제 관례를 어겼다. 수염을 반만 깎고, 엉덩이가 드러나도록 바지를 도려내서 되돌려 보낸 것이다(4절). 그 당시 문화에서 수염은 '남자다움'(manhood)을 상징하는 것이며(Brueggemann) 이스라엘 남자들은 사랑하는 이의 죽음을 애곡하거나 극한 수치를 당했을 때만 잠시 수염을 깎았다(사 15:2; 렘 41:5; 48:37). 또한 율법은 강제로 수염 자르는 일을 금하고 있다(cf. 레 19:27). 지금 이들은 "남자가 아니다"라는 수치를 당한 것이다. 당시에 옷은 신분을 나타내는 수단이었다(Arnold). 그러므로 그들의 옷이 찢겼다는 것, 그것도 엉덩이 부분까지 찢겼다는 것은 참으로 큰 모멸감을 주기에 충분했다. 아마도 사절단에게 선택의 여지가 있었다면, 이런 수치를 당하느니 차라리 장렬하게 처형되는 것을 택했을 것이다.

소식을 전해들은 다윗은 그들에게 연락해 여리고 성에서 수염이 자랄 때까지 기다렸다가 예루살렘으로 돌아오도록 했다(5절). 그들의 수치에 민감함을 보이는 다윗이 멋있어 보인다. 이스라엘의 목자로서 다윗은 항상 양들의 불편함과 부족함을 살펴 배려하는 사람이었다. 하눈의 행위는 다윗에게 정면으로 선전포고 내지는 싸움을 걸어오는 행위이므로, 다윗은 이제 그들과 전쟁을 해야 한다.

3. 이스라엘과 암몬의 전쟁(10:6-18)

⁶ 암몬 자손들이 자기들이 다윗에게 미움이 된 줄 알고 암몬 자손들이 사람을 보내 벧르홉 아람 사람과 소바 아람 사람의 보병 이만 명과 마아가 왕과 그의 사람 천 명과 돕 사람 만 이천 명을 고용한지라 ⁷ 다윗이 듣고 요압과 용사의 온 무리를 보내매 ⁸ 암몬 자손은 나와서 성문 어귀에 진을 쳤고 소바와 르홉 아람 사람과 돕과 마아가 사람들은 따로 들에 있더라 ⁹ 요압이 자기와 맞서 앞뒤에 친 적진을 보고 이스라엘의 선발한 자 중에서 또 엄선하여 아람 사람과 싸우려고 진 치고 ¹⁰ 그 백성의 남은 자를 그 아우 아비새의 수하에 맡겨 암몬 자손과 싸우려고 진 치게 하고 ¹¹ 이르되 만일 아람 사람이 나보다 강하면 네가 나를 돕고 만일 암몬 자손이 너보다 강하면 내가 가서 너를 도우리라 ¹² 너는 담대하라 우리가 우리 백성과 우리 하나님의 성읍들을 위하여 담대히 하자 여호와께서 선히 여기시는 대로 행하시기를 원하노라 하고 ¹³ 요압과 그와 함께 한 백성이 아람 사람을 대항하여 싸우려고 나아가니 그들이 그 앞에서 도망하고 ¹⁴ 암몬 자손은 아람 사람이 도망함을 보고 그들도 아비새 앞에서 도망하여 성읍으로 들어간지라 요압이 암몬 자손을 떠나 예루살렘으로 돌아가니라 ¹⁵ 아람 사람이 자기가 이스라엘 앞에서 패하였음을 보고 다 모이매 ¹⁶ 하닷에셀이 사람을 보내 강 건너쪽에 있는 아람 사람을 불러 내매 그들이 헬람에 이르니 하닷에셀의 군사령관 소박이 그들을 거느린지라 ¹⁷ 어떤 사람이 다윗에게 알리매 그가 온 이스라엘을 모으고 요단을 건너 헬람에 이르매 아람 사람들이 다윗을 향하여 진을 치고 더불어 싸우더니 ¹⁸ 아람 사람이 이스라엘 앞에서 도망한지라 다윗이 아람 병거 칠백 대와 마병 사만 명을 죽이고 또 그 군사령관 소박을 치매 거기서 죽으니라

다윗에게 선전포고를 한 하눈은 선제공격을 하기 위해 주변 국가에서 용병을 끌어 모았다. 시리아 사람 2만 명을 포함한 3만3천 명을 모집한 것이다(6절). 용병으로 동원된 자 중에 주목할 만한 자들은 소바 사람들이다. 당시 소바는 시리아 남쪽에 있는 강력한 세력이었기 때문이다

(Arnold). 그러므로 다윗이 가나안 지역의 군주가 되려면 필연적으로 소바와 싸워서 이겨야 한다.

첫 번째 전투는 요압과 그의 동생 아비새가 맡았다(9-14절). 전쟁에 임하는 두 형제의 계략도 좋았지만, 각오도 대단했다. 요압은 훌륭한 장군이지만, 윤리적으로나 신앙적으로는 좋은 사람이 아니다. 그런데 이번에는 마치 성전(聖戰)에 임하는 것처럼 여호와에 대한 믿음과 각오를 새롭게 한다. "용기를 내어라. 용감하게 싸워서 우리가 우리 민족을 지키고, 우리 하나님의 성읍을 지키자. 주님께서 좋게 여기시는 대로 이루어 주실 것이다"(12절, 새번역). 사실 요압이 이처럼 비장한 각오를 하는 것은 자신의 전세가 매우 불리했기 때문이기도 하다. 그는 랍바를 향하면서 아람-시리아 군대가 한데 모여 있을 것을 기대했다. 그런데 그들은 먼저 도착해 일부의 군대를 30㎞ 남쪽으로 이동해 메드바에 진을 쳐 놓은 것이다(cf. 대상 19:7). 결과적으로 요압과 아비새 군대가 아람-시리아 군대에게 포위됐다(Bergen; cf. 9절). 그래서 그는 군대를 둘로 나누어 하나는 아비새에게 맡기며 주님을 위해 장렬하게 싸우자고 각오를 새롭게 했던 것이다.

하나님은 요압의 각오와 믿음을 보시고 그의 군대에 승리를 주셨다. 물론 다윗을 위한 하나님의 은총이기도 하다. 시리아 군이 패배하고 도망했다(13절). 본문에 기록된 전쟁 이야기는 정부의 공식적인 보고서 성향이 짙다고 해서 일부 학자들은 저자가 이 부분을 공식 문서를 그대로 인용해 삽입한 것으로 간주한다(Hertzberg). 또한 본문에 기록된 이 전투는 사무엘하 8:3-8에 기록된 전쟁과 같은 것이라고 생각하는 주석가들도 많다(Anderson).

자존심이 상한 그들은 명예를 회복하기 위해 더 큰 군대를 이끌고 왔다. 이번에는 다윗이 직접 나서서 그들을 물리쳤다. 왕이 해야 할 일을 하기 위해 전쟁터에 나온 것이다. 결과는 다윗의 대승이었다. 성경은 다윗이 기마병 4만 명과 병거를 모는 자 7백 명(대상 19:18은 7천 명이라고 함)을 죽였다고 기록하고 있다(18절). 그리고 그들의 우두머리 소박도 죽였다. 이 전쟁 이후로 소바는 쇠퇴하게 되며 다시는 지역의 슈퍼파워가 되지 못한다(Arnold). 완벽한 이스라엘의 승리였던 것이다.

하눈이 어리석다는 생각이 든다. 그는 다윗에게 대항할 능력도 없으면서 반역을 했다. 그러고는 용병을 고용했다. 결국 돈으로 모든 것을 해결하려 한 것이다. 역대기 저자는 그가 용병을 동원하기 위해 은 1천 달란트(3만 4천 kg)를 지불했다고 한다(대상 19:6). 그는 막대한 돈을 지불하고도 패했다. 처음에 지혜롭게 판단해 다윗의 사절단을 환영했다면 이런 문제가 없었을 텐데 말이다. 차라리 다윗에게 자진해 조공을 바쳤어도 이보다는 훨씬 적게 들었을 것이다. 세상에 돈으로 안 되는 일이 더 많다는 사실을 겸허히 받아들이고, 하나님을 의지해야 한다.

V. 다윗의 쇠퇴(9:1–24:25)
2장. 암몬과의 전쟁 A(10:1–19)

4. 높아지는 이스라엘의 위상(10:19)

¹⁹ 하닷에셀에게 속한 왕들이 자기가 이스라엘 앞에서 패함을 보고 이스라엘과 화친하고 섬기니 그러므로 아람 사람들이 두려워하여 다시는 암몬 자손을 돕지 아니하니라

이스라엘에게 철저하게 패한 시리아는 더 이상 이스라엘의 적의 편에 서지 않았다. 된통 혼이 났던 것이다. 결국 고대 근동의 국제 정세는 다윗이 원하는 대로 되었다. 가나안 남쪽에서 유프라테스 강에 이르기까지 다윗을 견제할 만한 세력은 없었다. 그러므로 드디어 이스라엘이 오래전에 하나님이 아브라함에게 약속하셨던 땅 전체(cf. 창 15:18)를 상징적으로나마 지배하게 된 것이다(Bergen). 다윗 정권은 상당한 국제적 위상을 누리게 되었다. 가나안 북쪽 지역을 평정한 일로 인해 다윗이 얻을 경제적 이익은 상상을 초월한다. 그는 솔로몬이 큰 어려움 없이 성전을 지을 수 있도록 그 수익을 잘 관리해 그에게 넘겨 주었다.

　므비보셋 사건(9장)과 하눈 사건(10장)은 동일한 은혜에 대한 두 가지의 극단적인 반응을 잘 묘사하는 듯하다. 므비보셋은 그대로 받아들여 축복을 누리는가 하면, 하눈은 잘난 체하고 까불다가 큰코다쳤다. 복음은 항상 겸손한 자에게 환영받는다. 다윗의 군대는 잠시 후 암몬 응징에 나선다(11:1; 12:26-31).

3장. 밧세바와의 간음(11:1-12:25)

평범한 목동에 불과했던 다윗이 하나님의 은혜로 많은 것을 얻었다. 심지어 그의 자손들이 주의 백성을 영원히 통치하게 될 것이라는 하나님의 약속도 받았다. 그런데도 그는 만족하지 못하고 더 많은 것을 원했던 것일까? 다윗은 여러 아내를 거느리면서도 한 남자의 여인을 탐한다. 급기야 그의 욕심은 간음으로 이어지고, 이는 결국 그 여인의 남편을 살해하는 죄로 이어진다. 사무엘서에서 하나님의 은총을 독점하다시피 한 그가 이 같은 죄를 짓는다는 것이 이해가 되지 않을지 모른다. 그러나 죄의 본질이 이런 것 아니겠는가?

다윗은 이스라엘의 왕이 된 이후 지금까지 승승장구했다(cf. 삼하 5-10장). 이제부터 모든 것이 달라지기 시작한다. 저자는 사무엘하 5-10장을 통해 다윗의 공적인 모습(public image)을 묘사했다. 이제부터는 그의 사생활에 초점을 맞추어 이야기를 진행해 나간다. 또한 5-10장이 하나님의 축복 아래 살아 온 다윗의 일생을 묘사한다면, 이제부터는 다윗의 저주받은 삶을 기록하고 있다고 해도 과언이 아니다(Carlson). 실제로 사무엘하 12-20장은 하나님의 심판과 징계 아래 고통당하고 괴로워하는 다윗을 묘사한다(Gordon).

본문은 지금까지 이상적인 왕의 품위를 유지하며 살아 왔던 다윗도 나라와 가족은 물론 자신의 생명까지 위협할 정도로 수치스러운 일을 할 수 있음을 암시한다(Arnold). 물론 이 이야기를 읽는 우리도 예외는 아니다. 다윗의 삶을 파괴하는 죄의 위력은 마치 아담과 하와를 파괴한 맨 처음 죄의 위력에 견줄만하다(Brueggemann). 저자는 이 사건을 아주 예술적으로 묘사한다. 이 이야기는 다음과 같은 구조로 이루어져 있다.[6]

A. 밧세바와의 간음-아이가 잉태됨(11:1-5)

  B. 우리아의 죽음-죄를 은폐함(11:6-27)

    C. 죄와 그 결과를 가지고 죄인을 대면함(12:1-12)

    C'. 죄에 대한 판결과 결과(12:13-15a)

  B'. 아이의 죽음-죄의 열매가 회수됨(12:15b-23)

A'. 밧세바의 임신-솔로몬의 탄생(12:24-25)

V. 다윗의 쇠퇴(9:1-24:25)
  3장. 밧세바와의 간음(11:1-12:25)

1. 밧세바와의 간음-아이가 잉태됨(11:1-5)

¹ 그 해가 돌아와 왕들이 출전할 때가 되매 다윗이 요압과 그에게 있는 그의 부하들과 온 이스라엘 군대를 보내니 그들이 암몬 자손을 멸하고 랍바를 에워쌌고 다윗은 예루살렘에 그대로 있더라 ² 저녁 때에 다윗이 그의 침상에서 일어나 왕궁 옥상에서 거닐다가 그 곳에서 보니 한 여인이 목욕을 하는데 심히 아름다워 보이는지라 ³ 다윗이 사람을 보내 그 여인을 알아보게 하였더니 그가 아뢰되 그는 엘리암의 딸이요 헷 사람 우리아의 아내 밧세바가 아니니이까 하니 ⁴ 다윗이 전령을 보내 그 여자를 자기에게로 데려오게 하고 그 여자가 부정함을 깨끗하게 하였으므로 더불어 동침하매 그 여자가 자기 집으로 돌아가니라 ⁵ 그 여인이 임신하매 사람을 보내 다윗에게 말하여 이르되 내가 임신하였나이다 하니라

---

6 다음과 같은 구조 분석도 가능하다(Youngblood; cf. Sacon).
  A. 다윗이 랍바를 점령하라며 요압을 보냄(11:1)
    B. 다윗이 밧세바와 잠자리를 같이함(11:2-5)
      C. 다윗이 우리아를 죽임(11:6-17)
        D. 요압이 다윗에게 전령을 보냄(11:18-27a)
          E. 여호와께서 다윗을 악하게 보심(11:27b)
        D'. 여호와께서 다윗에게 전령을 보내심(12:1-14)
      C'. 여호와께서 다윗의 아이를 치심(12:15-23)
    B'. 다윗이 밧세바와 잠자리를 같이함(12:24-25)
  A'. 요압이 랍바를 점령하라며 다윗을 전쟁터로 부름(12:26-31)

팔레스타인에서 전쟁은 주로 봄에 치러졌다. 특히 춘분을 전후로 많은 전쟁이 벌어졌다. 그 이유는 이러했다. 겨울 동안 내리던 비가 그쳤고, 아직 남자들이 들에 나가서 곡식(밀, 보리)을 수확할 때가 되지 않았기 때문에, 이때가 전쟁의 적기였다(cf. 왕상 12:24; 20:22, 26; 대하 36:10). 또한 겨우내 내리던 비가 멈췄기 때문에 도로 사정이 좋아져 군량미와 전쟁에 동원된 짐승들(주로 말)의 먹이를 운반하는 데 큰 문제가 없었기 때문이다(de Vaux).

전쟁의 계절인 봄이 오자 이스라엘은 암몬과 싸워야 했다. 사절단 일로 시작되었던 10장의 전쟁이 아직 마무리되지 않았기 때문이다. 암몬과의 갈등(10:6-19)은 어느덧 1년 동안 진행되었고(McCarter; Bergen; Arnold), 이제 마무리할 때가 되었다. 암몬 사람들이 고용한 용병 문제는 이미 해결되었다. 다윗이 그들을 상대로 절대적인 승리를 거두었기 때문이다. 그러나 전쟁을 주도한 암몬 사람들은 아직 해결되지 않은 문제로 남아 있었다. 암몬 문제는 밧세바 사건이 매듭지어지는 다음 장에 가서야 해결된다.

온 이스라엘이 전쟁에 나간 뒤 다윗은 예루살렘에서 무료한 시간을 보내고 있었다(Baldwin). 전쟁에 나가 생명을 걸고 싸우는 요압과 군사들과는 매우 대조되는 모습이다(Arnold). 하루는 낮잠을 자고 나서 해가 저물어 가는 저녁에 왕궁 옥상을 거닐다가 못 볼 것을 보게 된다. 한 아름다운 여인이 목욕하는 모습을 본 것이다. 이렇게 해서 다윗과 밧세바의 만남이 시작되었다.

저자는 다윗이 시험에 들게 된 것은 그가 자신의 임무를 충실하게 이행하지 않은 데서 비롯되었다고 한다. 먼저 저자는 "왕들이 전쟁을 하러 출전하는 봄에"(וַיְהִי לִתְשׁוּבַת הַשָּׁנָה לְעֵת צֵאת הַמַּלְאָכִים)라는 말로 이야기를 시작함으로써 이스라엘의 왕인 다윗이 전쟁에 나가지 않은 것이 책임 회피로 간주될 수 있음을 암시한다(cf. Arnold).

또한 다윗이 자신을 대신해서 요압과 자기 부하들과 "온 이스라엘"

(אֶת־כָּל־יִשְׂרָאֵל)을 전쟁터로 내보냈다는 정보는 마치 이스라엘의 모든 남자는 전쟁터로 나가고 유일하게 다윗만 후방에 남은 듯한 분위기를 조성한다. 다윗이 비정상적인 행동을 하고 있다는 것이다. 게다가 이스라엘 사람들이 왕을 원했던 이유가 "왕이 우리를 이끌고 나가서 전쟁에서 싸우게 하기 위함"이라는 것을 분명히 밝힌 적이 있다(삼상 8:20). 그렇다면 다윗이 예루살렘에 남기로 결정한 것은 일종의 직무유기다. 다윗은 자신의 임무를 소홀히 하다가 죄를 범한 것이다.

목욕하던 여인은 심히 아름다웠다(2절). 다윗은 즉시 신하를 보내 그 여인이 누구인지 알아보았다. 그녀는 "엘리암의 딸, 우리아의 아내 밧세바"(בַּת־שֶׁבַע בַּת־אֱלִיעָם אֵשֶׁת אוּרִיָּה הַחִתִּי)였다. 엘리암이란 이름은 성경 전체에서 한 번 더 나온다. 사무엘하 23:34에 따르면, 엘리암은 상당한 권력과 용맹을 지닌 다윗의 용장이었다. 이 엘리암이 밧세바의 아버지라고 전제하고, 밧세바가 "우리아의 아내"보다는 "엘리암의 딸"로 먼저 소개되는 것을 근거로 어떤 학자들은 다윗이 지금 간음을 통해 이스라엘의 유력한 유지 엘리암의 집안과 정략결혼을 하고 있다고 해석하기도 한다(Bailey).

그러나 크게 설득력 없는 주장이다. 다윗은 이미 모든 것을 얻었고, 가장 큰 골칫거리인 사울 집안의 일까지 효과적으로 정리했다. 그런 그가 무엇이 아쉬워 엘리암의 집안과 정략결혼을 하겠는가? 게다가 정략이었다면 굳이 간음할 이유가 무엇인가? 엘리암에게 아마도 다른 딸이나 조카 등이 있었을 텐데 말이다. 더 나아가 밧세바와 잠자리를 같이한 다윗은 그녀가 임신한 것을 알고도 계속 결혼을 회피한다. 만일 그가 정략을 염두에 두고 밧세바와 간음을 했다면, 그녀가 임신하자마자 어떻게 해서든 식을 올렸을 것이다(Birch). 저자는 다윗이 이 여인을 넘보게 된 것은 순수한 정욕이었음을 암시한다(Youngblood). 다윗은 밧세바를 보고 한눈에 반해 버린 것이다.

밧세바가 자신의 충성스런 군인 우리아의 아내라는 것을 알면서도 다윗은 즉시 종을 보내 그녀를 "취했다"(קח). 한 사해 사본(4QSamª)은 우리아가 요압의 병거든 자였다는 말을 더한다(cf. 요세푸스의 Ant. vii. 7. 1). 사무엘은 오래전에 이스라엘이 왕을 원할 때, 왕은 그의 백성들에게서 끊임없이 "빼앗을 것"(קח)이라고 경고한 적이 있다(삼상 8:11-19). 그동안 저자는 다윗이 소유한 모든 것이 그에게 주어진 것임을 누누이 강조해 왔다.

여호와, 요나단, 아비가일 등이 그에게 끊임없이 주었다. 다윗이 스스로 취한 것은 별로 없었다. 그러나 지금 다른 상황이 벌어진다. 이제부터 다윗은 사무엘이 경고했던 왕으로 전락한다. 그는 어느덧 취하는 왕이 된 것이다(Gunn). 집으로 돌아간 밧세바는 다윗에게 사람을 보내 소식을 전했다. "제가 임신했습니다"(הרה אנכי). 다윗은 예기치 않은 밧세바의 임신 앞에서 무너지기 시작했다.

저자는 밧세바가 다윗을 처음 만났을 때, 월경으로부터 자신을 정결하게 하기 위해 목욕을 하고 있었다고 한다(4절). 다윗이 밧세바가 임신한 아이의 아버지라는 데 의심의 여지가 없다는 것이다(McCarter; Birch). 게다가 밧세바의 남편 우리아는 전쟁터에 나가 있는 상황이다. 다윗과 같이 능력 있는 왕도 자신의 능력의 한계를 느끼게 하는 수치스러운 일을 저지른 것이다.

저자가 다윗과 밧세바의 첫 만남을 묘사하는 기법은 독자로 하여금 몇 가지 질문을 하게 만든다. 첫째, 밧세바는 왜 초저녁에 왕궁 앞에서 목욕을 했을까? 혹시 누군가 그녀의 모습을 볼 수 있다는 생각은 전혀 하지 못했을까? 특히 본문의 묘사 방법을 보면 왕은 습관적으로 그 시간쯤이면 산책을 했던 인상을 주니 말이다. 그래서 일부 주석가들은 밧세바가 다윗을 유혹했다고 주장한다(Hertzberg; Nicol).

둘째, 밧세바는 왜 한 마디의 반항도 하지 않고 다윗의 요구에 응했을까? 물론 저자는 처음부터 끝까지 밧세바를 연약한 피해자로 묘사함으로써 모든 것을 다윗의 잘못으로 돌린다(Berlin; Birch). 그럼에도 불구하고 밧세바는 이미 결혼한 여자라며 다윗의 요구를 거부할 수 있었을 것이다. 상대가 왕이라는 이유로 너무 두려워 아무 말도 못 한 것일까? 그렇다면 다윗의 죄는 간음이 아니라 강간이 된다(cf. Exum).

셋째, 무엇이 신실하던 다윗을 순식간에 무너뜨렸을까? 율법에 따르면, 다윗의 행위는 사형감이다(레 20:10; 신 22:22; cf. 민 5:11-31). 다윗이 이같은 사실을 모르지 않았을 텐데 이렇게 쉽게 무너지는 이유가 무엇일까? 젊은 여자를 원했다면, 아내를 더 얻으면 되었을 텐데 말이다. 다윗이 한눈에 반했을 뿐만 아니라, 결코 포기할 수 없을 정도로 밧세바가 매력적이고 아름다웠던 걸까?

V. 다윗의 쇠퇴(9:1-24:25)
  3장. 밧세바와의 간음(11:1-12:25)

2. 우리아의 죽음-죄를 은폐함(11:6-27)

사람이 죄를 짓는 것도 나쁘지만, 지은 죄를 합리화하거나 숨기려는 것은 더욱 나쁘다. 다윗은 정욕에 이끌려 결혼한 여자를 데려다 간음(강간)을 했다. 여인이 임신했다며 사람을 보내자 다윗은 어떻게 해서든 그 임신을 여자의 남편에게 뒤집어 씌우려고 했고, 여의치 않자 사고를 위장해 남편을 살해했다. 한때는 하나님의 마음에 합한 자였던 다윗이 살인자가 되어 버린 것이다! 우리는 이 본문에서 가장 악한 권력 남용의 예를 보고 있다. 다윗이 이처럼 몰락할 수 있다는 것이 믿기지 않으며 충격으로 다가온다. 이 본문은 다음과 같이 세 부분으로 나눌 수 있다.

A. 다윗이 죄를 은폐하려 함(11:6-13)
B. 다윗이 우리아를 살해함(11:14-25)
C. 다윗이 밧세바를 아내로 맞음(11:26-27)

(1) 다윗이 죄를 은폐하려 함(11:6-13)

⁶ 다윗이 요압에게 기별하여 헷 사람 우리아를 내게 보내라 하매 요압이 우리아를 다윗에게로 보내니 ⁷ 우리아가 다윗에게 이르매 다윗이 요압의 안부와 군사의 안부와 싸움이 어떠했는지를 묻고 ⁸ 그가 또 우리아에게 이르되 네 집으로 내려가서 발을 씻으라 하니 우리아가 왕궁에서 나가매 왕의 음식물이 뒤따라 가니라 ⁹ 그러나 우리아는 집으로 내려가지 아니하고 왕궁 문에서 그의 주의 모든 부하들과 더불어 잔지라 ¹⁰ 어떤 사람이 다윗에게 아뢰되 우리아가 그의 집으로 내려가지 아니하였나이다 다윗이 우리아에게 이르되 네가 길 갔다가 돌아온 것이 아니냐 어찌하여 네 집으로 내려가지 아니하였느냐 하니 ¹¹ 우리아가 다윗에게 아뢰되 언약궤와 이스라엘과 유다가 야영 중에 있고 내 주 요압과 내 왕의 부하들이 바깥 들에 진 치고 있거늘 내가 어찌 내 집으로 가서 먹고 마시고 내 처와 같이 자리이까 내가 이 일을 행하지 아니하기로 왕의 살아 계심과 왕의 혼의 살아 계심을 두고 맹세하나이다 하니라 ¹² 다윗이 우리아에게 이르되 오늘도 여기 있으라 내일은 내가 너를 보내리라 우리아가 그 날에 예루살렘에 머무니라 이튿날 ¹³ 다윗이 그를 불러서 그로 그 앞에서 먹고 마시고 취하게 하니 저녁 때에 그가 나가서 그의 주의 부하들과 더불어 침상에 눕고 그의 집으로 내려가지 아니하니라

밧세바에게 임신했다는 소식을 전해 들은 다윗은 당혹스러웠을 것이다. 그러나 그 당혹스러움도 잠시, 다윗은 특유의 민첩함과 명석함을 최대한 신속하게 발휘했다. 이것이 머리 좋은 사람들의 단점이다. 문제가 생기면 깊이 묵상하고 고민하며 필요하면 회개해야 하는데, 먼저 머리를 쓰려 드는 것이다. 다윗이 명석한 두뇌를 하나님의 영광을 위해 사용했다면 하나님이 얼마나 기뻐하셨을까?

다윗의 계획은 전쟁터에 나가 있는 우리아를 불러들여 선심 쓰는 척하며 집으로 보내 밧세바와 관계를 갖게 한 다음 이미 밧세바가 임신한

아이를 마치 우리아의 아이인 것처럼 가장하려는 것이었다. 산모의 신체적 상황에 따라 때로는 조산이 있을 수 있다는 사실을 최대한 이용하려는 계획이었다. 그런데 한 가지 문제가 생겼다. 우리아가 도대체 다윗의 계획대로 움직여 주지 않는 것이다.

우리아(אוּרִיָּה)는 헷 사람이었다. 이방인이었던 것이다. 그럼에도 불구하고 그는 "여호와는 나의 빛"이라고 풀이되는 이름을 지녔다(cf. HALOT). 그는 여호와 종교로 개종한 신실한 이방인이었다. 다윗 정권은 처음부터 출신에 상관없이 사람을 등용했다. 우리아도 이스라엘 사람은 아니었지만, 이스라엘에 뿌리를 내리고 나름대로 이스라엘 공동체에 융화된 이방인이었을 것이다. 그는 또한 다윗의 용장 30명 목록에 올라갈 정도로 대단히 용맹스러운 군인이었다(cf. 삼하 23:39). 우리아는 다윗을 위해 죽을 각오가 되어 있던 이방인이었으나, 다윗은 자신의 죄를 은폐하기 위해 그의 생명을 빼앗았다. 다윗을 향한 우리아의 충성과 다윗의 흉악함이 큰 대조를 이룬다(Birch). 하나님의 기름 부음을 입은 다윗이 이방인 우리아만 못하다. 저자는 이 점을 강조하기 위해 이 이야기에서 우리아가 "헷 사람"(חתי)이라는 사실을 일곱 차례나 강조한다 (11:3, 6, 17, 21, 24; 12:9, 10).

다윗은 전쟁 중인 우리아를 궁으로 불러들여 암몬과의 전쟁 상황에 관해 소식을 물었다(7절). 다윗은 우리아에게 요압, 군사들, 전쟁에 관해 물으며 세 차례나 "평안"(שָׁלוֹם)이라는 용어를 사용한다(שְׁלוֹם הַמִּלְחָמָה וַיִּשְׁאַל דָּוִד לִשְׁלוֹם יוֹאָב וְלִשְׁלוֹם הָעָם וְלִ). 이 순간 다윗의 마음에만 "샬롬"(שָׁלוֹם)이 없고 그 외 다른 사람들에게는 샬롬이 있음을 말하고자 하는 것인가? 다윗이 우리아를 죽이기로 결정한 이후에는 '샬롬'에 반대되는 죽음만이 그의 삶에 있을 뿐이다(Birch).

한 가지 주목할 것이 있다. 이전에 아브넬이 헤브론으로 다윗을 찾아와 사울 집안을 정리하고 왕권을 다윗에게 넘겨주겠다는 협상을 한 후 이스라엘로 돌아간 적이 있다(3:21-23). 그러나 그 길은 아브넬이 간

169

최후의 길이었다. 요압이 그를 살해했기 때문이다. 아브넬이 마지막으로 걸어간 죽음의 여정에 샬롬(שָׁלוֹם)이 세 차례 사용되었다. 저자는 우리아에게 이 단어를 세 차례 적용함으로써 마치 그의 불행한 미래를 암시하는 듯하다(Gordon). 다윗이 엉뚱한 일을 꾀하면서 입으로는 우리아에게 평안을 반복하고 있다는 사실이 어떻게 들리는가? 참으로 가증스러운 사람이다. 하나님이 이런 인간을 사랑하셨다는 것이 놀라울 따름이다. 그러나 하나님이 사랑하시는 자 중에 이처럼 가증스러운 자가 어찌 다윗뿐이겠는가.

대화를 마친 다윗은 우리아에게 집으로 가서 쉬라고 한다. 다윗은 아주 대담하게 일을 진행한다. 그는 우리아에게 노골적으로 아내와 성관계를 가지라고 한다. "가서 발을 씻어라"(רְחַץ רַגְלֶיךָ, 8절). 구약에서 "발"은 성기를 의미하는 완곡어법으로 자주 사용된다(Keil & Delitzsch). 즉, 이 말은 어서 가서 아내와 부부관계를 가지라는 의미다(McKane; Gordon; Birch). 다윗은 우리아를 위해 진수성찬을 하사품으로 내리는 호의도 베풀었다.

이쯤 되면 대부분의 사람은 집에 가서 왕이 하사품으로 내려준 음식을 먹고 아내와 함께 누웠을 것이다. 그러나 우리아는 달랐다. 그는 집에 가지 않고 "그의 주[다윗]의 모든 종들"(כָּל־עַבְדֵי אֲדֹנָיו)과 함께 잤다(9절). 저자는 "다윗의 종" 우리아의 충성과 "우리아의 주인" 다윗의 배신을 강하게 대조함으로써 다윗의 죄를 철저하게 비난하고 있다(Bergen). 주인에게 죽기까지 충성하는 종의 신임을 배신하는 주인의 모습이다.

다윗은 그동안 모든 것을 원하는 대로 할 수 있었다. 그러나 우리아만은 뜻대로 되지 않았다. 우리아에게 술을 먹여도 보았지만 실패했다. 술 취한 우리아가 정신이 멀쩡한 다윗보다 더 경건하다(Ackroyd). 다윗은 우리아가 전쟁으로 떠나기 전날 밤까지 그에게 술을 먹여 보았다(13절). 혹시나 해서였을 것이다. 다윗이 왕궁 옥상에서 자기 집에서 목욕하던 밧세바를 볼 수 있었다는 것은 우리아의 집이 다윗의 궁에서 매우 가까운 거리에 있었음을 암시한다. 우리아가 마음만 먹으면 쉽게 갈 수 있는 매우 가까운 거리다. 그러나 우리아는 끝까지 아내가 있는 집으로 가지 않고 전쟁터로 돌아갔다.

다윗은 그에게 거듭 "집으로 내려가라"(ירד)고 했지만 도대체 우리아는 "내려가지"(ירד) 않았다. "내려가다"(ירד)라는 단어가 8-10절 사이에 네 차례나 사용되고 있다. 수사학적인 측면에서 매우 전략적으로 사용되는 것이다. 다윗의 목표는 오직 한 가지, 우리아를 "내려보내는 것"이었다. 그러나 우리아는 어떤 일에도 "내려가지" 않았다.

저자는 다윗이 권력 남용에 있어서 사울과 별반 다를 바가 없다고 한다. 다윗은 자신이 사울의 권력 남용의 피해자였으면서도 그에게서 별로 배우지 못했다(Arnold). 또한 저자는 다윗과 우리아를 여러 측면에서 비교하며 다윗을 비난한다. 우리아는 이방인이었다. 율법을 가진 자의 자손이 아니었다. 그럼에도 불구하고 그는 신실하고 충성된 사람이었다. 다윗은 율법을 가진 자들을 다스리는 왕이었다. 그러나 그의 행실을 보라. 그는 율법이 없는 자들도 하지 않는 짓을 하고 있다. 마치 오늘날 많은 그리스도인이 공의의 하나님을 안다면서 믿지 않는 사람들도 하지 않는 일을 서슴지 않는 것처럼 말이다. 우리아는 다윗을 위해 전쟁을 하고 있었다. 다윗은 자신을 섬기는 군사의 아내를 빼앗았다.

우리아는 왜 끝까지 집으로 내려가기를 거부했을까? 스턴버그(Sternberg)는 "우리아가 다윗과 밧세바의 관계에 대해 얼마나 알았을까?"라고 묻는다. 그는 정말 전혀 아는 바가 없었을까? 그의 "다른 군인들은 전쟁을 하고 있고 하나님의 법궤가 야영을 하고 있는데 어찌 나만 아내와 재미를 보겠는가?"라는 발언을 그대로 믿어야 할까? 아니면 우리아는 모든 것을 다 알고 있었을까? 이러한 문학적 기술을 '격차'(gap)라고 한다(Sternberg; cf. Fokkelman). 저자는 이 부분을 독자들의 상상력에 맡기는 것이다.

　그러나 다윗과 밧세바의 일은 이미 소문이 퍼져 알 만한 사람은 모두 아는 사실이었으며, 우리아도 전쟁터에서 이들에 대한 소문을 들었을 것이다(Hertzberg; Sternberg). 다음과 같은 가상 시나리오를 생각해 보자. 우리아가 전쟁터에서 암몬 군과 대치하던 어느 날 밤 예루살렘으로 휴가를 다녀온 동료가 찾아왔다. 그 동료는 이것저것 이야기하다 조심스럽게 낮은 목소리로 예루살렘 항간에 떠도는 흉측한 소문에 대해 말을 꺼냈다. 우리아의 아내 밧세바가 다윗의 아이를 임신했다는 소문을 들었다는 것이다. 사실인지 아닌지는 모르겠지만, 우리아의 아내에 관한 것이라 알려 준다며 자기 숙소로 돌아갔다.

　친구가 다녀간 후 우리아는 잠을 이룰 수 없었다. 사실로 받아들이기에는 너무나 충격적인 이야기였기 때문이다. 며칠 후 요압 장군이 우리아를 호출하더니 다윗 왕이 그를 찾는다며 예루살렘으로 가서 그동안 전쟁에서 있었던 일을 왕에게 보고하고, 집에 가서 며칠 쉬었다 오라고 했다. 휴가를 받아 집으로 돌아가는 우리아의 기분은 착잡했다. 친구가 해준 말과 지금 휴가를 받아 예루살렘으로 돌아가는 일이 왠지 연관성이 있는 듯한 불안감이 그를 엄습했기 때문이다. 게다가 전쟁에 대한 보고를 받고 싶다면 굳이 자기를 호출할 필요가 없지 않은가?

　이윽고 예루살렘에 돌아와서 그는 자신의 신분을 숨기며 이곳저곳 기웃거리며 항간에 떠도는 소문에 귀를 기울였다. 사람들은 쉬쉬하면서도 다윗이 유부녀와 잠자리를 같이해 그 여자가 임신했다는 말을 주고받았다. 심지어 그녀의 남편이 다윗을 위해 암몬 사람들과 싸우고 있다는 말도 곁들이며 왕을 욕했다. 그동안 사실이 아니기를 기도했던 일이 사실이라는 것을 확인하는 순간, 우리아는 맥이 풀렸다.

　우리아는 왕궁에 들어가 다윗에게 전쟁에 관해 보고했다. 다윗은 요압의 안부와 군인들의 안부를 묻고, 싸움이 어떻게 진행되고 있는지 물었다. 우리아는 다윗의 질문들이 너무 기본적인 것이라 왕이 이런 정보를 원했다면 굳이 자기를 부를 필요가 없었다고 생각했다(Bergen). 게다가 왕은 자신의 답을 건성으로 듣는 것 같다. 왕의 마음이 뭔가 다른 데 가 있었다. 우리아는 다윗과 그의 아내에 대한 소문이 사실임을 직감한다.

불가능한 이야기일까? 충분히 가능한 일이다. 다음 사항을 생각해 보라. 낮 말은 새가 듣고 밤 말은 쥐가 듣는다고, 다윗과 밧세바의 일에 대해 여러 사람이 알게 되었을 것이다. 다윗은 밧세바에 대해 수소문 하기 위해 사람을 보냈고(3절), 전령을 보내 밧세바를 입궁시켰다(4절). 훗날 밧세바는 사람을 보내 왕에게 자신이 임신한 소식을 전했다(5절). 이 과정에서 예루살렘에 소문이 퍼졌을 가능성은 다분하다. 우리아가 집에 가는 것을 기피하자 다윗은 요압에게 편지를 써서 우리아와 함께 보냈다. 편지를 받아본 요압은 다윗이 무엇을 원하는지 정확히 알았다 (cf. 15-16절). 그래서 무모한 작전에 우리아를 투입하고 그가 죽자 이 소 식을 다윗에게 알렸다. 모든 것이 왕이 원하는 대로 되었으니 평안하라 는 숨은 메시지를 더해서 말이다(cf. 21절). 요압도 다윗과 밧세바의 일 에 대해 알고 있었던 것이다.

종종 우리아를 충성된 사람으로 묘사해 우리아처럼 충성하라고 설 교하는 사람들을 본다. 우리아는 전쟁에서 고생하고 있을 동료들을 생 각해서 다윗의 권유에도 집에 가지 않고 곧장 전쟁터로 갔다는 것이다. 그러나 저자는 격차(gap) 기술을 사용해 우리아가 사건의 전모를 알고 있었음을 암시한다. 우리아가 집에 가지 않은 것은 전쟁에서 고생하고 있는 동료들에 대한 동료애 때문이 아니라, 다윗과 밧세바를 추하게 여 겼기 때문이다. 왕과 함께하여 임신한 아내가 더러워서 잠자리를 같이 할 수 없었을 뿐만 아니라 꼴도 보기 싫었다. 자신의 죄를 덮기 위해 웃 으며 그에게 술을 따라 주는 다윗의 얼굴을 보며 우리아는 술이 확 깼 던 것이다!

(2) 다윗이 우리아를 살해함(11:14-25)

¹⁴ 아침이 되매 다윗이 편지를 써서 우리아의 손에 들려 요압에게 보내니 ¹⁵ 그 편지에 써서 이르기를 너희가 우리아를 맹렬한 싸움에 앞세워 두고 너희는 뒤로 물러가서 그로 맞아 죽게 하라 하였더라 ¹⁶ 요압이 그 성을 살펴 용사들이 있는 것을 아는 그 곳에 우리아를 두니 ¹⁷ 그 성 사람들이 나와서 요압과 더불어 싸울 때에 다윗의 부하 중 몇 사람이 엎드러지고 헷 사람 우리아도 죽으니라 ¹⁸ 요압이 사람을 보내 그 전쟁의 모든 일을 다윗에게 보고할새 ¹⁹ 그 전령에게 명령하여 이르되 전쟁의 모든 일을 네가 왕께 보고하기를 마친 후에 ²⁰ 혹시 왕이 노하여 네게 말씀하기를 너희가 어찌하여 성에 그처럼 가까이 가서 싸웠느냐 그들이 성 위에서 쏠 줄을 알지 못하였느냐 ²¹ 여룹베셋의 아들 아비멜렉을 쳐죽인 자가 누구냐 여인 하나가 성에서 맷돌 위짝을 그 위에 던지매 그가 데벳스에서 죽지 아니하였느냐 어찌하여 성에 가까이 갔더냐 하시거든 네가 말하기를 왕의 종 헷 사람 우리아도 죽었나이다 하라 ²² 전령이 가서 다윗에게 이르러 요압이 그를 보낸 모든 일을 다윗에게 아뢰어 ²³ 이르되 그 사람들이 우리보다 우세하여 우리를 향하여 들로 나오므로 우리가 그들을 쳐서 성문 어귀까지 미쳤더니 ²⁴ 활 쏘는 자들이 성 위에서 왕의 부하들을 향하여 쏘매 왕의 부하 중 몇 사람이 죽고 왕의 종 헷 사람 우리아도 죽었나이다 하니 ²⁵ 다윗이 전령에게 이르되 너는 요압에게 이같이 말하기를 이 일로 걱정하지 말라 칼은 이 사람이나 저 사람이나 삼키느니라 그 성을 향하여 더욱 힘써 싸워 함락시키라 하여 너는 그를 담대하게 하라 하니라

아무리 술을 먹여도 우리아가 끝까지 집으로 내려가지 않자 다윗은 많은 고민을 했을 것이다. 우리아와 술자리를 함께하면서도 다윗은 계속해서 머리를 써 봤지만, 통하지 않은 것이다. 후방에서는 도저히 자기 죄를 덮을 만한 방법이 없다는 것을 깨달은 다윗은 전쟁을 빙자해 해결하기로 결단을 내렸다. 이미 지은 죄를 덮기 위해 또 다른 죄를 계획한

것이다. 죄라는 것이 그렇다. 꼬리에 꼬리를 물고 일어난다. 그러므로 죄를 지으면 그 죄를 합리화하거나 덮기 위해 더 많은 죄를 짓지 말고 하나님 앞에 회개해야 한다. 그리고 피해자에게 용서를 구해야 한다. 이것이 죄 문제를 극복하는 최선책이다.

다윗은 그렇게 하지 못했다. 왕이라는 체면 때문일까? 죄인에게는 체면이 중요하지 않다. 체면을 차리다 보면 또 죄를 짓기 때문이다. 다윗은 요압에게 우리아를 최전방에 투입해 적절한 기회에 죽이라고 한다. 전투를 빙자한 위장 살인으로 우리아를 살해하라는 것이다. 이 음모를 남몰래 실천하는 데는 큰 어려움이 없었다. 다윗의 말이라면 자살이라도 할 것 같은 요압이 있지 않은가?

다윗은 요압에게 우리아를 죽이라는 음모를 꾸민 편지를 써서, 그 편지를 다름 아닌 우리아에게 가져가도록 했다(14-15절). 우리아는 자신도 모르는 사이에 사형 집행장을 가지고 형장으로 향하고 있다(Birch). 다윗의 행위는 너무나 잔인하다. 하나님의 자비(חֶסֶד)를 그 누구보다 많이 체험했던 사람이 이렇게까지 타락하고 독해질 수 있을까? 아무리 믿음이 좋은 사람이라도 죄의 구렁텅이에 빠지면 이렇게 된다. 그러므로 죄는 처음부터 짓지 않아야 한다. 성경은 죄를 보거든 미친 개를 보고 피하는 것처럼 도망치라고 한다(cf. 히 12:1-3).

다윗이 요압에게 지시한 계략은 간단했다. 먼저 우리아를 제일 위험한 곳에 투입하고, 기회를 봐서 그를 포함한 전투부대를 내보냈다가 우리아만 남기고 나머지는 철수시키는 것이었다(15절). 그렇게 되면 우리아가 전투를 하다가 적의 칼에 죽은 것으로 위장할 수 있기 때문이다. 다윗의 잔머리가 최고조에 달하고 있다. 나쁜 사람!

다윗의 충성된 맹견 요압은 다윗이 원하는 대로 했다. 그 과정에서 몇 명의 군인이 더 희생되었다(17절). 우리아만 죽으면 사람들이 의아해 할 수 있기 때문에 철저하게 위장하기 위해 몇 명을 더 희생시킨 것이다. 지도자는 부하들을 돌봐야 하고 필요하다면 그들을 위해 목숨까지도 내놓아야 하는데, 다윗과 요압은 어느덧 필요하면 자기 부하들을 아무 때나 희생시킬 수 있는 양아치들이 되어 버렸다. 죄는 덮으려 하면 할수록 더 큰 죄를 초래한다.

요압은 이 사실을 보고하는 과정에서 다윗의 심리를 철저하게 예측하고 그에 대한 대답을 주어 전령을 보냈다. 오랫동안 다윗의 곁에 있다 보니 이제는 왕의 마음도 읽게 된 것이다. 그는 왕이 왜 우리아를 죽이려 하는지 알고 있었다. 요압은 우리아를 죽이는 일이 얼마나 큰 죄인지 잘 알면서도 다윗이 원하는 대로 그를 죽였다. 요압은 다윗의 충신이 아니라 충견이다. 충신이라면 이럴 때 나서서 왕의 잘못을 지적해야 한다. 지도자가 원하는 대로만 하는 것은 충성이 아니다. 그것은 맹신이다. 진정한 충신은 지도자가 잘못되었을 때 바른길을 가도록 호소하는 사람이다.

우리아가 죽었다는 보고를 받은 다윗은 "칼은 이 사람이나 저 사람이나 삼키기 마련이니, 이번 일로 조금도 걱정하지 말라"고 위로했다(25절). "이번 일로 걱정하지 말라"를 문자 그대로 해석하면 "이번 일 (우리아를 포함한 군인들이 죽은 사건)이 네 눈에 나쁜/악한 일로 보이지 않게 하라"(אַל־יֵרַע בְּעֵינֶיךָ אֶת־הַדָּבָר הַזֶּה)이다. 즉, 다윗은 요압에게 우리아를 죽게 한 일에 대해 나쁘게 생각하지 말라고 당부한다. 전쟁을 하다 보면 이런 일은 종종 생기기 마련이라는 것이다(Birch).

예전 같으면 하나님의 말씀을 기준으로 선과 악을 판단했을 그가 이제는 자신의 입장에서 옳고 그름을 판단하는 자가 되어 있으며, 어느새 무고한 백성들의 생명을 아무런 거리낌 없이 빼앗는 왕으로 전락해 있다. 또한 "칼은 이 사람이나 저 사람이나 삼키는 것"이라는 말은 마치 다윗 자신의 미래를 암시하는 듯하다. 다윗은 자신이 의식하는 것보다 많은 말을 하고 있다. 이 사건에서 "저편"(우리아)을 친 칼이 훗날 압살롬을 통해 "이편"(다윗)을 치게 된다. 다윗은 심은 대로 거둘 것이다.

이 사건은 죄에 대해 몇 가지 교훈을 준다. 첫째, 죄를 통해 느끼는 희열은 영원하지 않다. 죄의 결과는 추악하다. 사람이 죄를 지을 때는 온갖 만족감과 희열을 느낄 수 있다. 그러나 그 만족감은 오래가지 못한다는 사실을 기억해야 한다. 죄를 지은 후 치러야 하는 대가가 너무 추악하기 때문이다. 다윗은 밧세바를 껴안고 매우 달콤한 시간을 가졌을 것이다. 그때는 죄가 로맨스였기에 쾌락을 안겼을 것이다. 그러나 즐거움은 잠깐이었다. 죄를 지은 후에 상황을 수습하면서 로맨스로 보였던 죄가 불륜이었고 이 불륜이 엄청난 결과를 초래했다는 사실을 깨달은 것이다. 다윗은 잠시의 쾌락에 대해 엄청난 대가를 치르고 있다. 심지어 살인까지 했다. 저자가 "이래도 죄를 짓겠는가?" 하고 우리에게 도전하는 듯하다.

둘째, 죄를 합리화하거나 숨기려는 노력은 더 많은 죄를 짓게 한다. 다윗은 처음 죄(간음)를 감추려다 살인까지 했다. 처음에 회개했으면 이런 일이 없었을 텐데 말이다. 처음에 회개했다면 왕으로서 그의 체면은 말이 아니었을 것이다. 그러나 결국 선지자 나단의 질책을 받고 수많은 사람 앞에서 더 심하게 체면이 구겨지지 않았는가? 처음에 회개했다면, 우리아를 포함한 억울한 사람들이 살해당하는 일은 없었을 것이다. 그가 회개하기를 거부해서 이 사람들이 살해당한 것이다. 기회가 있을 때, 잘못을 깨달을 때, 죄를 회개하고 피해를 수습하는 것이 가장 현명하고 지혜로운 방법이다. 군대에서 사용하는 '초전박살'이란 용어는 우리가 죄에 대해 취해야 할 자세를 말하는 것이리라.

셋째, 죄는 순간적으로 우리를 실제적 무신론자(practical atheist)로 만든다. 실제적 무신론자는 입으로는 하나님을 믿고 사랑한다고 고백하지만, 삶에서는 마치 무신론자처럼 결정하고 행동하는 사람을 두고 하는 말이다. 신실하고 하나님을 경외하던 다윗은 어디 가고, 하나님을 두려워하기는커녕 그분의 존재도 인정하지 않는 괴물처럼 변한 다윗만 남아 있는가? 필자는 사람이 죄를 짓는 순간에는 하나님을 의식하지 못했다는 증언을 자주 듣는다. 실제적 무신론자가 되고 싶지 않다면 죄를 짓지 말자.

177

(3) 다윗이 밧세바를 아내로 맞음(11:26-27)

²⁶ 우리아의 아내는 그 남편 우리아가 죽었음을 듣고 그의 남편을 위하여 소리내어 우니라 ²⁷ 그 장례를 마치매 다윗이 사람을 보내 그를 왕궁으로 데려오니 그가 그의 아내가 되어 그에게 아들을 낳으니라 다윗이 행한 그 일이 여호와 보시기에 악하였더라

우리아의 아내 밧세바는 남편이 죽었다는 소식을 듣고 슬피 울었다. 다윗은 사람을 보내 밧세바를 궁으로 들여왔다. 이 이야기에서 다윗이 "보내다"(שׁלח)라는 동사의 주어가 되는 것은 이번이 마지막이다. 이제부터는 하나님과 요압이 그에게 "보낸다"(Arnold; cf. 12:1, 25, 27). 얼마 있다가 이미 간통을 통해 잉태되었던 아이가 태어났다. 다윗은 드디어 모든 일이 끝난 것으로 알았다. 그는 자신의 죄가 영원히 묻히게 되었다며 안도의 한숨을 내쉬었을 것이다. 그러나 만일 하나님이 이러한 다윗을 그대로 두셨다면, 하나님은 결코 선하신 분이 아니다. 하나님의 관점에서는 일이 마무리된 것이 아니라 이제부터 시작이다(Brueggemann).

우리아가 죽었다는 소식을 듣고 누가 울었는가? 저자는 '밧세바'라는 이름을 의도적으로 피하고 "우리아의 아내"가 울었다고 기록하고 있다(26절). 먼 훗날, 마태도 예수님의 계보를 정리할 때 다윗이 "우리아의 아내"를 통해 솔로몬을 얻은 것으로 기록한다(마 1:6). 특이한 것은 마태복음 1장의 계보에 등장하는 다른 여인들은 모두 자신의 이름을 가졌다는 사실이다. 다말, 라합, 룻, 마리아. 그러나 밧세바만은 "우리아의 아내"로 소개된다. 성경 저자들의 눈에 다윗과 밧세바의 결혼은 영원히 인정되지 않은 것인가?(cf. 12:15) 아무리 다윗이 위대했고 막강한 권력을 가졌다 해도 하나님 앞에 그리고 역사 앞에 그가 다른 남자의 아내와 간음했다는 사실만큼은 바꿀 수 없는 것일까?

밧세바가 흘린 눈물은 누구를 위한 것일까? 애곡하는 기간이 끝나자 그녀는 남편을 살인한 자에게 시집갔다. 역시 저자가 사용하는 문학적 기술(gap)은 "밧세바는 자신의 남편이 누구의 음모에 의해서 죽었는지 알고 있었을까?" 하는 질문을 던진다. 물론 훗날 나단이 찾아온 후에는 확실히 알았을 것이다. 그러나 지금 이 순간에 그녀는 얼마나 알고 있는 것일까?

시간이 지나자 밧세바는 다윗의 아이를 낳았다. 모든 것을 지켜본 저자는 "이 일"(הַדָּבָר)이 "여호와의 눈에"(בְּעֵינֵי יְהוָה)에 "악하였다"(רעע)라고 기록한다(27절). 이 표현들은 다윗이 요압에게 한 말을 연상시키고 있다(25절). 다윗은 요압에게 "이 일"(הַדָּבָר)이 "그의 눈에"(בְּעֵינֶיךָ) 결코 "나쁘게"(רעע) 보이지 않도록 하라고 했다. 이 과정에서 "이 일"(הַדָּבָר)에 대한 언어유희가 사용된다. 우리아는 자신은 결코 "이 일"(הַדָּבָר), 집에 가서 아내와 잠을 자는 일을 할 수 없다고 했다(11절). 다윗은 "이 일"(הַדָּבָר)에 대해 요압을 격려했다. 하나님은 다윗이 행한 "이 일"(הַדָּבָר)을 아주 악한 것으로 여기셨다.

여기서, 다윗이 보기에는 "이 일"이 악하지 않지만 하나님이 보시기에는 매우 악하다는 사실에 주목해야 한다. 죄는 죄인으로 하여금 끝없이 자신을 합리화하게 한다. 그렇게 하나님과 가까이 동행하던 다윗이 어느새 하나님 보시기에 악한 일을 하는 자가 되어 버렸다.

3. 죄와 그 결과를 가지고 죄인을 대면함(12:1-12)

다윗은 모든 일을 비밀리에 끝냈기에 그 누구도 모른다고 생각했다. 유부녀와 간음하고 그 간음을 은폐하기 위해 우리아를 죽였다는 사실이 온 세상에 드러난 것을 다윗 자신만 모르고 있다! 그러나 사람들이 공론화하지 않는 이상 그의 영역 안에서 그 누구도 시비를 걸 사람은 없다. 다윗은 엄연한 이스라엘의 왕, 그것도 여호와께서 그와 그의 집안에 영원한 통치를 약속하신 그런 위대한 왕이 아닌가? 참으로 이스라엘 영토에서는 그 누구도 시비를 걸 만한 자가 없었다.

그리하여 하나님이 직접 나서서 다윗이 전혀 예상하지 못했던 사람과 방법을 통해 상황을 뒤집으셨다. 이스라엘에는 다윗이 권력을 남용해 이 같은 일을 저지른 것에 대해 문제를 제기할 사람이 없지만, 자기 백성을 잘 다스리라며 그에게 권력을 위임해 주셨던 이스라엘의 주인이신 하나님은 얼마든지 문제를 제기하실 수 있다. 하나님이 보실 때, 다윗은 절대 권력이 아니라 주인의 통제와 간섭이 필요한 대리인이었기 때문이다. 이 섹션은 다음과 같이 두 부분으로 구분된다. (1) 선지자의 이야기(12:1-6), (2) 이야기의 주인공 다윗(12:7-12).

> V. 다윗의 쇠퇴(9:1-24:25)
> 3장. 밧세바와의 간음(11:1-12:25)
>   3. 죄와 그 결과를 가지고 죄인을 대면함(12:1-12)

(1) 선지자의 이야기(12:1-6)

1 여호와께서 나단을 다윗에게 보내시니 그가 다윗에게 가서 그에게 이르되 한 성읍에 두 사람이 있는데 한 사람은 부하고 한 사람은 가난하니 2 그 부한 사람은 양과 소가 심히 많으나 3 가난한 사람은 아무것도 없고 자기가 사서 기르는 작은 암양 새끼 한 마리뿐이라 그 암양 새끼는 그와 그의 자식과 함께 자라며 그가 먹는 것을 먹으며 그의 잔으로 마시며 그의 품에 누우므로 그에게는 딸처럼 되었거늘 4 어떤 행인이 그 부자에게 오매 부자가 자기에게 온 행인을 위하여 자기의 양과 소를 아껴 잡지 아니하고 가난한 사람의 양 새끼를 빼앗아다가 자기에게 온 사람을 위하여 잡았나이다 하니 5 다윗이 그 사람으로 말미암아 노하여 나단에게 이르되 여호와의 살아 계심을 두고 맹세하노니 이 일을 행한 그 사람은 마땅히 죽을 자라 6 그가 불쌍히 여기지 아니하고 이런 일을 행하였으니 그 양 새끼를 네 배나 갚아 주어야 하리라 한지라

저자는 다윗이 저지른 일이 하나님 보시기에 악했다고 암시해 주었다 (11:27b). 다윗은 모든 일을 은폐하려 했지만, 하나님이 결코 잠잠하지 않으실 것을 암시한 것이다. 드디어 올 것이 왔다. 앞 섹션에서 언급한 것처럼 다윗은 밧세바를 데려오라며 사람을 보냈고, 간음과 임신을 은폐하려고 "보냈다"(שלח, 11:3, 4, 14, 16). 이제 하나님이 다윗에게 말씀하시기 위해 "보내신다"(שלח, 12:1). 얼마 전에 다윗과 그의 후손에게 여호와를 대신해서 영원한 통치권을 선포한 선지자 나단이 다윗을 찾아온 것이다.

나단이 다윗을 찾아오는 것은 결코 쉬운 일이 아니다. 다윗이 나단의 메시지를 거부하면 나단은 죽음을 피하기 어렵기 때문이다. 하나님이 다윗에게 주의 백성의 통치권을 위임해 주셨지만, 다윗이 이 같은 사실을 부인하면 나단과 다윗의 만남은 하나님의 권세와 인간 왕의 권세의 대립과 갈등이 된다. 물론 이론적으로 말하면 하나님 나라의 권세가 인간 왕의 권세보다 비교할 수 없이 크지만, 현실적으로 하나님의 권세를 인정하지 않는 인간 왕은 언제든지 하나님 나라의 권세를 짓밟을 수 있기 때문이다. 하나님은 이 같은 위험을 무릅쓰고서 다윗에게 사람을 보내셨다. 다윗이 또 하나의 사울이 되는 것을 용납하실 수 없었기 때문이다(Arnold).

사무엘이 여호와의 명령을 받고 다윗에게 기름 부으러 가기를 꺼렸던 상황을 생각해 보라(삼상 16:2). 사무엘 같은 사람도 왕을 두려워하는데, 하물며 나단이야 오죽 했겠는가? 아마 나단은 여러 날 동안 금식 기도하고 다윗을 만나러 가던 날 아침 자식들과 아내를 모아 놓고 "유언예배"를 드리고 왕을 찾았을 것이다! 때로 하나님의 일을 하는 것은 이런 위험을 안고 있다.

다윗을 찾은 나단은 마치 다윗이 통치하고 있는 영토에서 있었던 사건처럼 꾸며서 말한다(cf. 5절). 나단은 다윗에게 하나의 비유를 통해 이야기했다(Roth). 몇몇 칠십인역 사본에서는 이 이야기가 나단이 다윗에게 "이 일에 대해 판결을 내려주십시오" 하고 재판을 요청하는 것으로 시작한다(Gordon). 나단이 자신의 이야기에 현실감을 더한 것이다. 내용은 간단했다. 아무것도 부족한 것이 없는 엄청난 부자와, 재산이라고는 어린 암양 한 마리가 전부인 한 가난한 사람이 있었다. 가난한 사람은 이 양을 마치 자식을 아끼듯 애지중지하며 돌봤다. 같이 먹고, 같이 자고, 친딸처럼 보살폈다(3절).

하루는 부자가 손님 대접을 해야 할 일이 생겼다. 부자는 그 많은 자기 짐승을 놔두고 가난한 사람의 유일한 소유인 이 양을 빼앗아다가 잡았다. 여기서 "빼앗다"(לקח)는 사무엘이 이스라엘이 왕을 원할 때 왕이 "취할 것"(לקח)이라고 경고하면서 사용한 단어다(삼상 8:11-19). 또한 다윗이 밧세바를 취할 때 사용된 단어다(11:4). 즉, 저자는 여기서 이 단어를 사용함으로써 이 사건들을 연결하고자 한다(Brueggemann).

나단이 들려주는 이야기에 몰입했던 다윗이 이야기가 끝나자 몹시 분개했다. 아마도 다윗이 양을 돌보는 목동이었다는 사실이 그로 하여금 나단의 "어린양 이야기"에 더욱더 몰입하게 했을 것이다(Arnold). 그리고 선언했다. "이런 놈은 죽어야 마땅하다! 그리고 죽기 전에 네 배의 배상을 하고 죽어야 한다"(5-6절). 다윗은 율법에서 도둑에게 요구하는 "네 배와 다섯 배의 배상"으로도 만족할 수 없으며(cf. 출 22:1) 이 사람은 죽어 마땅하다고 흥분했다. 이 사람이 처형당하기 전에 "네 배"로 보상해 주어야 한다는 말은 곧 다윗 자신을 두고 하는 말이라는 것이 전통적인 유대교-기독교의 해석이다(Bergen). 다윗의 아들 중 이 죄로 인해 밧세바와의 사이에서 태어난 아들(cf. 12:18), 암논, 압살롬, 아도니야 등 넷이 죽게 된 것을 이렇게 해석한 것이다. 칠십인역은 마소라 사본의 "네 배" 대신 "일곱 배"로 기록하고 있다(cf. McCarter).

다윗은 나단에게 이 일은 도저히 용납할 수 없으니 어디 사는 누가 이런 일을 행했는지 가르쳐 달라고 한다. 사람을 보내 즉시 일을 수습하고 그를 죽여 자신이 통치하는 나라에는 공의와 정의가 살아있음을 온 천하에 알리겠다는 것이다. 아마도 다윗은 그를 "사람의 탈을 쓴 짐승만도 못한 놈!"으로 생각했을 것이다. 밧세바와 간음을 하고 죄를 은폐하려고 그녀의 남편을 살해한 다윗은 자신이 이 이야기에 등장하는 부자보다 더 나쁜 짓을 했다는 사실을 모르는 걸까? 아니면 똥 싼 놈이 방귀 낀 놈을 나무란다고, 자신의 죄와 자격지심으로 인해 남의 죄에 더 분노하는 걸까? 어찌 되었든지 다윗이 스스로 자기 죄에 대해 분노할 수 있게 한 나단의 능력이 대단하다. 여기서 나단의 지혜를 볼 수 있다. 때로는 직접 부딪치는 것보다 죄인들에게 자신들이 저지른 일들에 대해 객관적으로 생각할 수 있는 기회를 주는 것이 지혜롭다.

> V. 다윗의 쇠퇴(9:1-24:25)
> 　　3장. 밧세바와의 간음(11:1-12:25)
> 　　　　3. 죄와 그 결과를 가지고 죄인을 대면함(12:1-12)

(2) 이야기의 주인공 다윗(12:7-12)

⁷ 나단이 다윗에게 이르되 당신이 그 사람이라 이스라엘의 하나님 여호와께서 이와 같이 이르시기를 내가 너를 이스라엘 왕으로 기름 붓기 위하여 너를 사울의 손에서 구원하고 ⁸ 네 주인의 집을 네게 주고 네 주인의 아내들을 네 품에 두고 이스라엘과 유다 족속을 네게 맡겼느니라 만일 그것이 부족하였을 것 같으면 내가 네게 이것 저것을 더 주었으리라 ⁹ 그러한데 어찌하여 네가 여호와의 말씀을 업신여기고 나 보기에 악을 행하였느냐 네가 칼로 헷 사람 우리아를 치되 암몬 자손의 칼로 죽이고 그의 아내를 빼앗아 네 아내로 삼았도다 ¹⁰ 이제 네가 나를 업신여기고 헷 사람 우리아의 아내를 빼앗아 네 아내로 삼았은즉 칼이 네 집에서 영원토록 떠나지 아니하리라 하셨고 ¹¹ 여호와께서 또 이와 같이 이르시기를 보라 내가 너와 네 집에 재앙을 일으키고 내가 네 눈앞에서 네 아내를 빼앗아 네 이웃들에게 주리니 그 사람들이 네 아내들과 더불어 백주에 동침하리라 ¹² 너는 은밀히 행하였으나 나는 온 이스라엘 앞에서 백주에 이 일을 행하리라 하셨나이다 하니

나단은 분개해서 "이 부자 놈을 내가 요절내리라!" 하고 소리지르며

호들갑을 떠는 다윗의 등에 비수를 꽂았다. "바로 당신이 그 사람입니다(אַתָּה הָאִישׁ). 왕은 이제 여호와의 말씀을 들으십시오." 나단의 입에서 순식간에 흘러 나온 이 말은 순간적으로 다윗의 심장을 멈추게 했을 것이다. 특히 "바로 당신이 그 사람입니다(אַתָּה הָאִישׁ)"라는 딱 부러지는 한 마디가 주었을 충격을 생각해 보라.

다윗은 밧세바와 간음했고, 임신까지 하게 만들었다. 또한 그녀의 남편 우리아를 살해하고는 전쟁의 혼란스러운 상황 속에 그의 죽음을 감추려 했다. 모든 것이 다윗이 바라던 대로 은폐되는 듯했고, 다윗은 죽은 우리아의 아내를 취해 아내로 삼았다. 그러나 하나님은 모든 것을 정확하고 분명하게 지켜보고 계셨다. 다윗의 일거수일투족을 지켜보시는 하나님의 눈에 그의 행위는 분명 악한 것이었다. 사람의 눈은 속일 수 있었을지 모르지만, 하나님의 눈은 속일 수 없었다.

하나님은 먼저 다윗에게 자신이 얼마나 큰 축복을 주셨는지 일깨우셨다(7b-8절). 하나님은 다윗을 이스라엘의 왕으로 삼으셨고, 사울의 손에서 구하셨다. 다윗이 사울을 두 번 살려준 것도 하나님이 여건을 그렇게 만들어 가셨기 때문이라는 것이다. 또한 하나님은 사울의 왕궁을 다윗에게 넘기시고, 심지어 사울의 아내들까지 다윗에게 넘기셨다. 고대 근동에서는 다윗처럼 사울이 왕권을 넘겨주지 않은 상황에서 왕권을 갖게 될 경우 자신의 왕권을 확립하는 차원에서 공개적으로 선왕의 아내들을 범했다. 압살롬이 반역을 하자마자 다윗의 아내들을 범한 것도 이와 같은 이유에서다(삼하 16:21-22).

부족한 것이 있었다면 더 주셨을 것이다(8절). 하나님은 얼마든지 더 많은 것을 다윗에게 주실 수 있었고, 주시기를 원했다. 그러나 다윗은 하나님으로부터 "받는 자"의 위치에서 백성들로부터 "빼앗는 자"의 위치로 바꾸어 버린 이 사건을 통해 더 이상 하나님의 선물들을 받지 못하게 되었다(Gunn). 어느덧 사울처럼 빼앗는 왕이 되어 버린 것이다. 사무엘은 이스라엘이 왕을 원할 때 이 점을 가장 우려했다(cf. 삼상 8장).

하나님의 말씀은 또한 다윗이 지금 뭔가 부족해서 죄를 지은 것이 아님을 확인해 주신다. 다윗은 넘치게 가지고 있으면서도 다른 사람의 것을 탐냈다(cf. 나단의 비유). 사실 우리가 부족해서, 꼭 필요해서 죄를 짓는 경우가 몇 번이나 되는가? 대부분의 죄는 이미 가지고 있는 것에 만족하지 못하는 데서 비롯되지 않는가.

다윗은 그동안 하나님이 자신의 일을 알고 계시다는 것을 무의식적으로나마 짐작했을 것이다. 그런데도 정작 회개할 용기는 없었다. 이제 하나님이 그의 죄를 알고 계시다는 사실이 확인되었다. 다윗의 죄는 단순히 우리아와 밧세바의 가정을 파괴한 것만이 아니다. 하나님이 이 과정에서 가장 큰 상처를 받으셨다. 하나님이 다윗에게 걸었던 기대가 컸던 만큼 실망도 클 수밖에 없기 때문이다. 그래서 하나님은 이 일을 통해 다윗이 자신을 업신여겼다고 하신다(9절). 사울이 하나님으로부터 버림받은 이유는 그가 하나님의 말씀을 업신여겼기 때문이었다(삼상 15:26). 그러므로 이 말씀은 새로운 위기감을 조성한다(Birch). 하나님이 자신의 말씀을 업신여긴 사울을 버리신 것처럼, 주님의 말씀을 업신여긴 다윗도 버리실 것인가?

성경은 하나님의 말씀을 업신여기는 것은 곧 하나님을 업신여기는 것이라고 가르친다. 하나님이 다윗과 언약 관계를 맺지 않으셨다면, 다윗의 죄를 이처럼 개인적으로 받아들이실 필요는 없을 것이다. 즉, 하나님은 다윗과 맺으신 언약 관계를 바탕으로 나단을 통해 말씀하시는 것이다(Bergen).

이것이 죄의 본질이 아니겠는가? 우리가 죄를 지을 때 가장 상처받고 괴로워하는 대상은 우리의 죄 때문에 희생을 당한 자들이 아니라, 우리와 특별한 관계를 맺으시고 우리가 그 관계에 부응하는 삶을 살기를 기대하시는 하나님이다. 하나님은 우리와 언약을 맺으시고 부모가 자식을 바라보는 마음으로 우리를 바라보신다. 자식이 죄를 지으면 가장 괴로워하는 사람이 부모인 것처럼, 우리가 죄를 지으면 하나님이 그 누구보다 고통스러워하신다.

하나님은 상처받으신 심정을 다윗에게 설명한 다음 그의 죄에 대해 심판을 선언하셨다. 앞으로 "영원토록"(עַד־עוֹלָם) 다윗의 집안에 칼부림이 끊이지 않을 것이다(10절). 다윗은 자신의 죄를 숨기기 위해 암몬 사람들의 칼을 빌려 우리아를 죽였다(9절). 이제 하나님이 칼로 그의 집안을 치신다. 그것도 영원히 말이다. 하나님은 다윗과 그의 후손들에게 이스라엘을 "영원토록"(עַד־עוֹלָם) 통치할 수 있는 특권을 주셨다. 하지만 이제 영원한 살상이 그의 집안을 괴롭힌다. 다윗의 죄가 하나님이 7장에서 주신 "영원한 약속"을 위협하게 되었다(Satterthwaite). 그러나 저자는 이 이슈에 대한 자세한 언급을 회피하며 이야기를 전개해 나간다.

다윗이 우리아를 죽이고 나서 '칼'에 대해 한 말이 있다. "칼은 이 편도 죽이고 저 편도 죽인다"(11:25, 새번역). 이제 그 칼이 다윗의 집안을 상대로 뽑혀 있다. 칼이 "이 편"을 치기 시작한 것이다. 앞으로 그의 눈 앞에서 암논과 압살롬이 칼에 맞아 죽는다. 훗날 솔로몬은 아도니야를 죽인다. 먼 훗날 이세벨의 딸 아달랴가 다윗 집안을 칼로 쳐서 자손들을 멸종 위기에 처하게 한다(cf. 왕하 11장).

다윗은 "숨겨진 곳"에서 밧세바를 범했지만, 하나님은 다윗의 아내들을 그의 "이웃"(רֵעַ)에게 주시고, 그 이웃은 대낮에 모든 사람이 보는 앞에서 그들을 범할 것이다(11절). "너의 이웃"(רֵעֶךָ)이란 말은 과거에 하나님이 이스라엘의 통치권을 사울에게서 빼앗아 "너의 이웃"에게 주리라고 하실 때 사용한 표현과 같다(cf. 삼상 15:28). 즉, 다윗이 사울의 "이웃"이었다. 이제 "다윗의 '이웃'은 과연 누구인가?" 하는 질문이 생긴다. 훗날 그는 다윗의 아들 압살롬으로 드러난다. 다윗에게 선포된 심판에서 강조되는 것은 여호와의 절대적인 주권이다. 앞으로 벌어질 일은 분명히 압살롬의 죄며, 그는 자신의 죗값을 치르기 위해 죽었다. 그런데 여기서 사용되는 언어를 보라. 하나님은 "내가" 하는 일이라는 사실을 강조하신다.

4. 죄에 대한 판결과 결과(12:13-15a)

¹³ 다윗이 나단에게 이르되 내가 여호와께 죄를 범하였노라 하매 나단이 다윗에게 말하되 여호와께서도 당신의 죄를 사하셨나니 당신이 죽지 아니하려니와 ¹⁴ 이 일로 말미암아 여호와의 원수가 크게 비방할 거리를 얻게 하였으니 당신이 낳은 아이가 반드시 죽으리이다 하고 ¹⁵ᵃ 나단이 자기 집으로 돌아가니라

나단의 말을 들은 다윗은 드디어 자신의 본래 모습을 되찾는다. 상하고 깨어진 심정으로 하나님 앞에 무릎 꿇었다. 그는 나단이 전한 메시지를 잘 알아 들었다. 그래서 그는 "내가 하나님께 죄를 범했습니다"(לַיהוָה חָטָאתִי)라고 고백한다(13절). 다윗과 밧세바 이야기는 각각 두 히브리어 단어로 구성된 세 마디를 핵심으로 한다(Brueggemann). "내가 임신했습니다"(11:5), "당신이 바로 그 사람입니다"(12:7), "내가 여호와께 죄를 범했습니다"(13절). 드디어 이야기가 절정에 도달했다.

다윗의 고백은 나단의 "바로 당신이 그 사람입니다"(אַתָּה הָאִישׁ)와 대조되는 간단한 문장이다. 죄 고백은 많은 말이나 변명을 필요로 하지 않는다. 다윗은 사울처럼 선지자에게 매달리지도 않는다(cf. 삼상 15:24, 30). 자신의 죄 때문에 상처받으신 하나님을 의식하게 된 것이다. 인간이 서로에게 범하는 모든 잘못이 하나님께 죄를 범하는 것이라는 사실만 마음속에 간직해도 죄 문제의 상당 부분은 해결될 것이다!

나단이 알고 있고, 앞으로 밧세바를 비롯한 모든 사람이 알게 될 것을 생각하면 얼마나 큰 수모인가? 그러나 다윗은 한편으로는 "하나님으로부터 도망가던 일이 이제 드디어 끝났다"라는 느낌을 주는 안도의 한숨을 쉬고 있을 것이다. 법에 쫓기는 사람들의 이야기를 들어보면, 경찰에게 잡히기 전에는 비록 자유인의 몸이지만 제대로 잠을 잘 수가 없으며 오히려 잡히고 나서야 두 발 뻗고 잘 수 있다고 한다. 아마 다윗

도 그런 심정이었을 것이다. 다윗이 쓴 것으로 전해지는 시편 32:1-4을 생각해 보자. 그때의 그의 심정을 묘사하는 듯하다.

> 허물의 사함을 받고
> 자신의 죄가 가려진 자는 복이 있도다
> 마음에 간사함이 없고
> 여호와께 정죄를 당하지 아니하는 자는 복이 있도다
> 내가 입을 열지 아니할 때에
> 종일 신음하므로 내 뼈가 쇠하였도다
> 주의 손이 주야로 나를 누르시오니 내 진액이 빠져서
> 여름 가뭄에 마름 같이 되었나이다(개역개정).

다윗은 자신에게 사형을 선고한 적이 있다(5절). 자신이 한 일은 죽어 마땅한 일이라는 것을 스스로 고백했다. 또한 율법에 따르면, 간음한 자에 대한 형벌은 사형이다(레 20:10). 물론 구약에는 이 율법이 적용된 사례가 기록되어 있지 않다(McKeating). 다윗이 왕이었기 때문에, 이 사형을 집행할 수 있는 유일한 길은 하나님이 직접 시행하시는 것이다. 그러나 하나님은 회개하는 다윗을 용서하시고 그가 이 일로 인해 결코 죽지 않을 것이라고 말씀하셨다(13절). 다윗의 죄보다 훨씬 가벼워 보이는 죄를 지은 엘리와 사울은 용서하지 않으신 하나님이 다윗은 용서하셨다. 하나님의 신비로운 섭리라고만 설명할 수 있다(Bergen; Arnold). 어찌 되었든 하나님이 죽어 마땅한 다윗을 용서하신 이 일은 다윗의 삶에서 전환점이 되었다(Baldwin).

그러나 그와 밧세바 사이에 태어날 아이는 죽을 것이라고 선언하셨다(14절). 왜 죄를 지은 다윗은 살리시고, 죄 없는 그의 아이는 죽이시는가? 사건의 심각성을 강조하기 위해? 아이의 위치가 매우 불행하기 때문에? 다윗이 자기 앞에서 죽어 가는 자식을 보며 피눈물을 흘려 보

라고? 이유는 분명치 않다. 다만 죗값에 따른 다윗의 고통과 번뇌와 연관이 있는 듯하다.

　이때 다윗이 불렀던 노래로 전해 내려오는 것이 바로 시편 51편이다. 그 시를 음미하며 당시 다윗의 심정을 상상해 보라(시 51:1-11).

하나님이여 주의 인자를 따라
내게 은혜를 베푸시며
주의 많은 긍휼을 따라
내 죄악을 지워 주소서
나의 죄악을 말갛게 씻으시며
나의 죄를 깨끗이 제하소서
무릇 나는 내 죄과를 아오니
내 죄가 항상 내 앞에 있나이다
내가 주께만 범죄하여
주의 목전에 악을 행하였사오니
주께서 말씀하실 때에 의로우시다 하고
주께서 심판하실 때에 순전하시다 하리이다
내가 죄악 중에 출생하였음이여
어머니가 죄 중에서 나를 잉태하였나이다
보소서 주께서는 중심이 진실함을 원하시오니
내게 지혜를 은밀히 가르치시리이다
우슬초로 나를 정결하게 하소서 내가 정하리이다
나의 죄를 씻어주소서 내가 눈보다 희리이다
내게 즐겁고 기쁜 소리를 들려 주시사
주께서 꺾으신 뼈들도 즐거워하게 하소서
주의 얼굴을 내 죄에서 돌이키시고
내 모든 죄악을 지워 주소서

> 하나님이여 내 속에 정한 마음을 창조하시고
> 내 안에 정직한 영을 새롭게 하소서
> 나를 주 앞에서 쫓아내지 마시며
> 주의 성령을 내게서 거두지 마소서(개역개정).

나단은 이 말을 남기고 다윗을 떠났다(15a절). 나단이 무사히 왕궁을 떠날 수 있었던 것은 다윗이 하나님의 말씀을 받아들이고 자신을 주님의 권위에 복종시켰기 때문이다. 이날은 다윗의 권세와 하나님의 권세가 갈등을 빚은 날이다. 그러므로 다윗이 하나님의 권세를 인정하지 않았다면(viz., 신탁을 통한 책망을 받아들이지 않았다면), 나단은 이날 순교자로 생을 마감했을 것이다. 성경은 다윗을 하나님의 마음에 합한 자라고한다. 필자는 다윗에 대한 이 같은 평가가 옳다는 것을 뒷받침하는 사건이 바로 이 사건이라고 생각한다. 그가 온 나라와 부하들 앞에서 온갖 수치와 수모를 감수하면서 선지자를 통해 선포된 하나님의 말씀에 자신을 복종시켰기 때문이다.

다윗의 이야기에서 우리는 무엇을 배우는가? 과거의 순종과 승리의 삶이 우리의 이력서에 좋은 문구를 남길 수 있을지는 몰라도, 결코 우리가 미래에도 순종하며 살 것이라는 보증서는 되지 못한다. 건전한 신앙은 항상 어느 정도의 긴장감이 있는 믿음이 아닐까? 끝까지, 죽기까지 그리고 죽는 순간까지 순종하는 사람이야 말로 하나님이 귀하게 여기시는 사람이다. 우리는 또한 맡겨진 사명에 충실해야 한다. 다윗이 죄를 범하게 된 근본적인 원인은 그가 왕으로서 해야 할 일을 하지 않은 데서 비롯되었다는 사실을 알고, 우리 모두 교훈으로 삼아야 한다.

5. 아이의 죽음-죄의 열매가 회수됨(12:15b-23)

15b 우리아의 아내가 다윗에게 낳은 아이를 여호와께서 치시매 심히 앓는지라 16 다윗이 그 아이를 위하여 하나님께 간구하되 다윗이 금식하고 안에 들어가서 밤새도록 땅에 엎드렸으니 17 그 집의 늙은 자들이 그 곁에 서서 다윗을 땅에서 일으키려 하되 왕이 듣지 아니하고 그들과 더불어 먹지도 아니하더라 18 이레 만에 그 아이가 죽으니라 그러나 다윗의 신하들이 아이가 죽은 것을 왕에게 아뢰기를 두려워하니 이는 그들이 말하기를 아이가 살았을 때에 우리가 그에게 말하여도 왕이 그 말을 듣지 아니하셨나니 어떻게 그 아이가 죽은 것을 그에게 아뢸 수 있으랴 왕이 상심하시리로다 함이라 19 다윗이 그의 신하들이 서로 수군거리는 것을 보고 그 아이가 죽은 줄을 다윗이 깨닫고 그의 신하들에게 묻되 아이가 죽었느냐 하니 대답하되 죽었나이다 하는지라 20 다윗이 땅에서 일어나 몸을 씻고 기름을 바르고 의복을 갈아입고 여호와의 전에 들어가서 경배하고 왕궁으로 돌아와 명령하여 음식을 그 앞에 차리게 하고 먹은지라 21 그의 신하들이 그에게 이르되 아이가 살았을 때에는 그를 위하여 금식하고 우시더니 죽은 후에는 일어나서 잡수시니 이 일이 어찌 됨이니이까 하니 22 이르되 아이가 살았을 때에 내가 금식하고 운 것은 혹시 여호와께서 나를 불쌍히 여기사 아이를 살려 주실는지 누가 알까 생각함이거니와 23 지금은 죽었으니 내가 어찌 금식하랴 내가 다시 돌아오게 할 수 있느냐 나는 그에게로 가려니와 그는 내게로 돌아오지 아니하리라 하니라

시간이 흘러 밧세바는 다윗의 아이를 낳았다. 아들이었다(15절). 그러나 나단이 예언한 대로 여호와께서 그를 치시니 그가 7일을 앓다가 죽었다(16절). 다윗이 하나님께 금식하며 매달려 보았지만 허사였다. 이 사건에서 우리는 다윗의 위대함을 본다. 아이가 앓기 시작하자 다윗은 모든 일을 멈추고 금식하며 주야로 하나님께 매달렸다. 제발 이 아이를 살려 달라고 말이다. 다윗의 심정이 충분히 이해가 간다. 다윗에게 아

들이 없어서가 아니다. 아마도 그는 하나님께 이렇게 기도했을 것이다. "죄는 제가 지었으니 저를 죽이시고, 죄 없는 이 아이는 살려 주십시오." 그는 평생 이 아이의 죽음에 대한 죄책감을 안고 살았을 것이다. 주변 사람들이 말려 보기도 했지만 다윗은 도무지 말을 듣지 않았다.

사실 이 이야기에서 가장 어려운 부분은 바로 아이의 죽음이다. 죄는 부모가 지었는데, 왜 아이가 죽어야 하는가라는 질문은 우리를 참으로 당혹스럽게 한다. 게다가 하나님이 다윗은 용서하셔서 살게 하시면서, 아이는 죽이시는 것을 어떻게 이해해야 하는가? 성경은 이 문제에 대해 직접적으로 답하지 않는다. 이에 대한 답으로 가능성이 있는 것은 성경은 죄의 결과와 죄에 대한 벌을 구분한다는 사실이다(Evans). 아이의 죽음이 다윗이 저지른 죄의 결과이지만, 죄에 대한 벌은 아니라는 것이다. 하나님은 우리가 죄를 고백하면 우리의 죄를 사하여 주시지만, 우리는 용서받은 죄의 결과를 안고 살아야 한다(Arnold). 예를 들어, 마약에 중독된 엄마가 아이를 낳으면 십중팔구 그 아이는 얼마 못살고 죽는다. 엄마가 저지른 죄의 결과로 아이가 죽지만, 죄에 대한 벌로 심판을 받아 죽은 것은 아니다. 물론 이 같은 설명도 완벽한 답은 아니기에, 나머지 부분은 창조주 하나님의 신비로운 섭리에 맡길 수밖에 없다.

태어난 지 1주일 만에 아이는 죽었다. 아이가 태어난 지 7일째 죽었다는 것은 어느 정도의 상징성을 지닌 것으로 생각된다. 이스라엘에서 남자 아이들은 태어난 지 8일째 되는 날 할례를 받아 이스라엘 공동체의 멤버가 된다. 또한 할례를 받고 난 다음에야 비로소 이름을 받는다(Bergen; cf. 눅 1:59-62). 이런 정황에서 아이가 7일 만에 죽었다는 것은, 그 아이가 이스라엘 공동체의 멤버도 되지 못하고 죽었다는 의미다. 그래서 저자가 이 아이의 이름을 밝히지 않는지도 모른다.

주변 사람들은 두려워서 그에게 소식전하기를 꺼렸다. 아이가 살아 있을 때도 하나님께 울부짖으며 식음을 전폐했으니, 이제 아이가 죽은 것을 알면 왕이 죽을지도 모른다는 염려가 앞선 것이다. 그러나 다윗과 그들이 다른 점이 바로 여기에 있다. 다윗은 주변 사람들의 눈치를 보고 아이가 죽은 것을 알았다.

아이가 죽은 것을 안 그는 사람들의 우려와 달리 그 자리에서 일어나 깨끗이 씻고, 여호와의 집에 들어가 하나님께 예배를 드린 다음, 집으로 돌아가 일주일 만에 음식을 먹었다. 성경에서 "여호와의 집"(יהוה בית, 20절)은 성전을 의미한다(McCarter; Anderson). 그러나 성전은 아직 지어지지 않았다. 그러므로 다윗이 하나님의 법궤가 있는 곳을 찾아가 예배드린 것을 훗날 편집자가 독자들의 이해를 돕기 위해 이렇게 표현한 것으로 생각된다(cf. Arnold).

주변 사람들은 다윗의 행동을 이해할 수가 없었다. 오늘날 많은 주석가도 다윗의 행동을 이해하지 못한다(cf. Gordon). 그들이 이 일에 대해 묻자 다윗은 매우 합리적이고 논리적인 대답을 한다. "물이 엎질러지기 전에는 그 물을 쏟지 않으려고 최선을 다하지만, 일단 물이 엎질러지면 포기해야 한다"는 논리였다(cf. Youngblood; Baldwin). 다윗은 죽음의 권세에서 자유함을 보여 주었다(Brueggemann).

그나마 아이가 살아 있을 때는 하나님의 자비를 구하려고 최선을 다해 보았지만, 아이가 죽고 나면 무엇을 할 수 있었겠는가? 다윗은 사람의 생명은 하나님께 속한 것이며, 자신은 아무것도 할 수 없는 죄인이라는 사실을 철저하게 깨달았다. 물론 다윗의 이러한 모습을 보고 그를 매우 뻔뻔한 사람으로 생각할 수도 있다. 그러나 이것은 다윗의 단점이라기보다 장점이다. 이것이 바로 다윗의 위대한 점이다. 그는 언제 매달려야 하고 언제 포기해야 하는지를 알았다. 우리는 항상 과거를 기억하면서 살아야 한다. 그러나 그 과거에 얽매이지는 말라. 훌훌 털어 버리고 하나님을 향해 새롭게 날아가야 한다. 기독교는 미래를 지향하는 종교이기 때문이다.

6. 밧세바가 임신함-솔로몬의 탄생(12:24-25)

²⁴ 다윗이 그의 아내 밧세바를 위로하고 그에게 들어가 그와 동침하였더니 그가 아들을 낳으매 그의 이름을 솔로몬이라 하니라 여호와께서 그를 사랑하사 ²⁵ 선지자 나단을 보내 그의 이름을 여디디야라 하시니 이는 여호와께서 사랑하셨기 때문이더라

저자는 그동안 밧세바가 남편의 죽음에 대해 얼마나 알고 있었을까 하는 점에 대해 알려준 적이 없다. 그러나 일이 이렇게 진행되었으니 이제 그녀도 사건의 전모를 알게 되었을 것이다. 그녀는 죄를 은폐하려고 자신의 남편을 죽인 다윗을 어떻게 생각했을까? 게다가 아이까지 잃었다. 그녀의 슬픔이 상상이 가는가? 그녀를 짓누르는 죄책감은 또한 어떠했을까?

세월은 아픔과 고통을 치료하는 약이다. 세월이 지나 밧세바는 다른 아이를 낳았으며 그 아이의 이름을 솔로몬(שְׁלֹמֹה)이라고 했다. 그때까지 밧세바는 헷 사람 우리아의 아내로 언급되었다(11:3; 12:10). 이번에는 그녀가 처음으로 다윗의 아내로 언급된다(24절). 새로 태어난 아이의 이름은 '평안'(shalom과 같음)이라는 의미를 지녔다. 아마도 그동안 파란만장했던 그녀의 삶을 뒤돌아보며 하나님께 평안을 간구한 신앙의 고백일 것이다. 하나님도 새로 태어난 밧세바의 아이를 특별히 사랑해 주셨다. 그리고 그에게 여디디야라는 별명/애칭을 주셨다. "여디디야"(יְדִידְיָה)는 "여호와가 사랑하는 자"라는 의미를 지닌 이름이다. 하나님은 이미 다윗에게 훗날 그의 몸에서 "하나님이 아들같이 여기는 자"가 태어날 것을 말씀하셨다(cf. 삼하 7장).

솔로몬은 이 예언의 일차적 성취다. 다윗이 가장 괴로워하고 밧세바가 가장 슬퍼하는 순간에 이 약속의 아이가 태어난 것은 하나님이 회개하고 애통해 하는 죄인들을 어떻게 대하시는지 잘 보여 준다. 동시에

"여디디야"라는 이름은 솔로몬이 평범한 아이가 아니며 앞으로 주요 인물로 떠오르게 될 것임을 암시한다.

4장. 암몬과의 전쟁 B(12:26-31)

²⁶ 요압이 암몬 자손의 랍바를 쳐서 그 왕성을 점령하매 ²⁷ 요압이 전령을 다윗에게 보내 이르되 내가 랍바 곧 물들의 성읍을 쳐서 점령하였으니 ²⁸ 이제 왕은 그 백성의 남은 군사를 모아 그 성에 맞서 진 치고 이 성읍을 쳐서 점령하소서 내가 이 성읍을 점령하면 이 성읍이 내 이름으로 일컬음을 받을까 두려워하나이다 하니 ²⁹ 다윗이 모든 군사를 모아 랍바로 가서 그 곳을 쳐서 점령하고 ³⁰ 그 왕의 머리에서 보석 박힌 왕관을 가져오니 그 중량이 금 한 달란트라 다윗이 자기의 머리에 쓰니라 다윗이 또 그 성읍에서 노략한 물건을 무수히 내오고 ³¹ 그 안에 있는 백성들을 끌어내어 톱질과 써레질과 철도끼질과 벽돌구이를 그들에게 하게 하니라 암몬 자손의 모든 성읍을 이같이 하고 다윗과 모든 백성이 예루살렘으로 돌아가니라

10장에서 다윗이 암몬 왕 나하스의 죽음을 애도하기 위해 보낸 사절단을 암몬이 희롱해 돌려보냄으로써 시작된 전쟁이 드디어 막을 내리는 순간이다. 이 전쟁은 짧게는 9개월, 길게는 2년 이상 걸렸을 수도 있다(Bergen). 다윗은 이들과의 전쟁에서 왕의 사명을 잘 감당하지 못함으로써 밧세바와 간음하는 계기를 만들었다. 이제 이 사건—다윗에게 악몽으로 여겨질 수 있는 일—이 막을 내리는 순간이다.

요압이 모든 것을 준비해 놓고 다윗에게 "암몬 점령식"에 와 달라는 초청장을 보낸 것이다. 그동안 다윗은 자신의 안전(cf. 21:17)과 나라의 행정적인 일들 때문에 예루살렘에 머물고 있었을 것이다. 예루살렘에서 랍바까지는 65㎞에 달하는 거리다(Bergen). 다윗은 랍바(암몬의 수도)로 가서 그 성을 공격해 취하고 암몬 왕 하눈의 왕관까지 빼앗아 왔다. 암몬 왕이 착용하던 왕관은 무게가 1달란트(34㎏)에 달했으며, 온갖 보

석으로 장식되어 있었다. 이 왕관은 왕이 일상적으로 착용한 것이 아니라 선왕의 동상이나 암몬 사람들의 신 밀곰의 동상에 장식으로 씌어 둔 것이다(Bergen). 다윗은 이 전쟁을 통해 많은 전리품을 가지게 되었고, 암몬 사람들을 종으로 부리게 되었다. 다윗이 얻게 된 전리품과 노동력은 솔로몬이 성전을 건축하는 데 요긴하게 활용될 것이다. 요압과 군대가 전쟁에 나갈 때 함께 가지 않고 예루살렘에 남아 우리아의 아내를 '취했던' 다윗이 이제 암몬을 공격해 '취한다'(Birch). 다윗은 암몬 사람들의 수도 랍바를 정복함으로써 자신의 원래 위치—해야 할 일을 하는 왕의 위치—로 돌아온 것이다.

5장. 두 아들의 반역(13:1-18:33)

다윗과 밧세바의 일은 솔로몬의 탄생으로 일단락되었다. 다윗은 옛날 자신의 모습—온 이스라엘을 이끌고 전쟁터로 나가는 왕의 모습—을 되찾았다. 그러나 나단을 통해 선포된 불길한 예언이 그의 마음을 끊임없이 짓누르고 있었다. '과연 하나님의 진노의 채찍이 되어 나를 괴롭힐 '나의 이웃'은 누구일까? 앞으로 언제, 어떤 형태로 이 예언이 성취될 것인가?'라는 질문들이 그의 마음 한 구석을 항상 차지하고 있었을 것이다.

어느 정도 시간이 흘렀을까? 나단의 예언이 조금씩 잊혀져 가고 있을 때, 다윗이 전혀 예상하지 못한 곳에서 예언을 성취시킬 상황과 여건들이 천천히 만들어지고 있었다(cf. 12:11). 이제부터 시작되는 이야기들은 다윗이 밧세바와의 사건에서 저지른 죄에 대한 하나님의 벌이라고 할 수 있다(McCarter; Gordon). 물론 다윗은 이 정황들이 하나님의 심판과 연결되어 있다는 것을 전혀 의식하지 못하고 단순한 가정불화 정도로 간주했을 것이다. 그러나 몇 년이 흐른 뒤 드디어 다윗이 두려워했던 일이 현실로 드러났다. 그의 '이웃'이 나타난 것이다. 그를 더욱더 충격에 몰아넣은 것은 '그의 이웃'이 다름 아닌 자신의 아들이라는 사실이었다.

아울러 이 섹션에 묘사되어 있는 사건들은 앞으로 누가 다윗의 뒤를 이어 왕위에 오를 것인가와 직접 연관된 일들이다. 모든 것이 끝났을 때 다윗의 아들 중에서 가장 나이가 많은, 그래서 왕이 될 확률이 가장 높았던 두 아들이 죽었다. 그러므로 이런 차원에서 이 섹션은 어린 솔로몬이 형들을 제치고 왕위에 오르게 된 배경이 되는 이야기를 담고 있다. 이 섹션은 다음과 같이 구분될 수 있다.

A. 암논이 다말을 강간함(13:1-22)

A'. 압살롬이 암논을 살해함(13:23-39)

   B. 압살롬이 다윗에게 돌아옴(14:1-33)

   B'. 압살롬의 반역과 죽음(15:1-18:33)

> V. 다윗의 쇠퇴(9:1-24:25)
> 5장. 두 아들의 반역(13:1-18:33)

1. 암논이 다말을 강간함(13:1-22)

다윗의 남은 일생에 관한 이야기는 그의 가정 문제를 중심으로 엮여 나간다. 그 첫 번째 이야기는 암논과 다말이라는 이복 남매를 중심으로 펼쳐지는 비극이다. 이 사건은 두 사람만의 일로 끝나는 것이 아니라, 훗날 다윗의 왕권을 위협하는 사건이 터지게 하는 계기를 마련하기도 한다. 저자의 이 같은 의도는 첫 번째 사건에 직접 연루되지 않은 압살롬을 지속적으로 조명하는 데서 감지된다. 이야기를 시작하는 13:1에서 다말이 "압살롬의 동생"으로 소개되는 것도 그 예로 간주될 수 있다(Gordon).

암논이 다말을 강간한 사건은 "테러 이야기"(a text of terror, Trible)다. 또한 암논이 다말을 강간한 일은 여러 면에서 다윗이 밧세바와 간음한 일과 닮은 꼴이다. 첫째, 다윗과 암논 모두 큰 정치적 권력을 가진 자들이며 두 여인은 본인들의 의사와 상관없이 희생양이 된다. 그래서 처음에 밧세바는 엘리암의 딸로, 다말은 압살롬의 여동생으로 소개된다(Long). 둘째, 두 여인 모두 아름다움 때문에 결혼이라는 범위 밖에서 성관계를 가졌다(1절; 11:2). 셋째, 다윗과 암논 모두 자기 집에서 일을 저질렀다(7절; 11:4). 넷째, 두 여인 모두 남자들의 행동으로 인해 깊은 슬픔을 경험했다(19절; 11:26). 다섯째, 두 사건 모두 다윗의 아들들의 죽음으로 끝이 난다(29절; 12:18). 이렇게 두 사건이 비슷하게 전개되는 것은 두 가지 교훈을 담고 있다. (1) 하나님이 나단을 통해 예언하신 것이 그대로 이루어지고 있다. (2) 한 세대의 죄를 다음 세대가 모방할 수 있다. 아버지 다윗이 저지른 죄는 아들 암논에게 일종의 "부정적 모범사례"가 되어 버린 것이다(Long). 암논이 흉측한 죄를 저질렀을 때, 이미 비슷한 죄를 저지른 경력이 있는 다윗은 암논을 징계할 수 없었다. 아들 앞에 떳떳하지 못했기 때문이다. 그래서 죄는 짓지 않는 것이 좋다. 부모의 죄는 자식들 앞에서 부모의 권위를 떨어뜨리기 때문이다.

이 이야기는 "눕다"(שָׁכַב)라는 단어를 많이 사용한다(5, 6, 8, 11, 14절). 처음에 암논은 다말을 끌어들이기 위해 침대에 누웠고(5, 6절), 다말이 자신의 집에 도착했을 때도 그는 침대에 누워 있었다(8절). 암논은 빵을 들고 침대 옆으로 다가온 다말을 끌어안고 같이 눕자고 했다(11절). 다말이 말을 듣지 않자 암논은 강제로 그녀를 "눕혔다"(14절). 즉, 이 사건은 앞으로 다윗의 뒤를 이어 이스라엘의 왕이 되도록 지명되다시피 한 위치에 있었던 암논의 방종함을 잘 보여 준다. 이 이야기는 두 부분으로 나뉜다. (1) 암논의 상사병과 요나답의 묘책(13:1-6). (2) 암논이 다말을 강간함(13:7-22).

> V. 다윗의 쇠퇴(9:1-24:25)
> 　5장. 두 아들의 반역(13:1-18:33)
> 　　1. 암논이 다말을 강간함(13:1-22)

(1) 암논의 상사병과 요나답의 묘책(13:1-6)

[1] 그 후에 이 일이 있으니라 다윗의 아들 압살롬에게 아름다운 누이가 있으니 이름은 다말이라 다윗의 다른 아들 암논이 그를 사랑하나 [2] 그는 처녀이므로 어찌할 수 없는 줄을 알고 암논이 그의 누이 다말 때문에 울화로 말미암아 병이 되니라 [3] 암논에게 요나답이라 하는 친구가 있으니 그는 다윗의 형 시므아의 아들이요 심히 간교한 자라 [4] 그가 암논에게 이르되 왕자여 당신은 어찌하여 나날이 이렇게 파리하여 가느냐 내게

말해 주지 아니하겠느냐 하니 암논이 말하되 내가 아우 압살롬의 누이 다말을 사랑함
이니라 하니라 5 요나답이 그에게 이르되 침상에 누워 병든 체하다가 네 아버지가 너를
보러 오거든 너는 그에게 말하기를 원하건대 내 누이 다말이 와서 내게 떡을 먹이되
내가 보는 데에서 떡을 차려 그의 손으로 먹여 주게 하옵소서 하라 하니 6 암논이 곧
누워 병든 체하다가 왕이 와서 그를 볼 때에 암논이 왕께 아뢰되 원하건대 내 누이 다
말이 와서 내가 보는 데에서 과자 두어 개를 만들어 그의 손으로 내게 먹여 주게 하옵
소서 하니

암논은 다윗의 맏아들로서 특별한 경우가 아니면 그의 뒤를 이어 왕이
될 후계자였다(cf. 삼하 3:2). 사람들의 총애를 받았고 선망의 대상이었던
그에게도 말 못할 고민거리가 있었다. 한 여인 때문에 상사병을 앓고
있었던 것이다. 남자가 여자에 대해 사랑하는 감정을 가지는 것은 자연
스러운 일이다. 그러나 암논의 경우는 극복하기에 너무 버거운 상대라
는 것이 문제였다. 상대가 다름 아닌 이복 동생이자 압살롬의 여동생인
다말이었기 때문이다. 그러므로 이복 남매가 결혼하는 것을 금기시하
던 사회적 여건 앞에서 암논은 무기력해질 수밖에 없었다(2절). 사랑의
포로가 된 암논은 결국 앓아누웠다. 사랑이 사무쳐 병이 된 것이다.

다말이 "처녀이므로 어찌할 수 없는 줄을 알고"(2절)라는 말을 어떻
게 이해할 것인가? 일부 학자들은 이 표현을 다윗 왕궁의 성적 문란을
꼬집는 말이라고 생각한다. 만일 다말이 결혼한 여자였다면 암논이 그
녀와 놀아나는 것은 식은 죽 먹기였다는 의미다(Cotterell & Turner). 그러
나 대부분의 주석가는 당시 왕궁에서 처녀들은 경호원들로부터 특별
한 보호를 받고 있어서 암논이 접근하기가 어려웠던 것으로 해석한다
(Ackroyd; Birch; Arnold). 후자가 훨씬 더 적절한 해석이다. 이스라엘의 왕
궁에서 성적 문란이 심했다는 것은 성경 그 어디에도 암시되어 있지 않
으며, 다윗이 이 같은 상황을 용납했을 리 없기 때문이다.

여기서 암논의 '사랑'이 어떤 것이었는가 하는 점을 정리하고 가

야 할 것이다. 사람들은 종종 아가페(avgaph)가 가장 고귀한 사랑, 죽음을 각오하는 희생적인 사랑을 의미하며 그리스도인이 사용하기 시작한 단어라고 주장한다. 그러나 이 주장은 잘못된 것이다. 칠십인역은 이 사건을 헬라어로 번역하면서 암논이 다말에게 느꼈던 감정을 아가페(ἀγάπη)로 표현한다. 1절에서는 저자가 암논이 다말을 사랑한다고(ἠγάπησεν) 기록하며, 4절에서는 암논 자신이 다말을 사랑한다고(ἀγαπῶ) 고백한다. 물론 뒷감당은 못하지만 그 순간 만큼은 암논이 다말에 대해 차원 높은 사랑을 느꼈다고 주장할 수 있다. 그러나 성경이 말하는 대로 진정한 사랑의 가장 기본적이고 훌륭한 검증법은 시간이다. 암논의 '사랑'은 시간이 지나면서 변질되지 않았던가? 게다가 대부분의 학자는 처음부터 암논의 '사랑'이 호색적인 열망(lustful passion)에 불과한 것이었다고 평가한다(Gordon). 그러므로 '아가페'는 그리스도인이 처음으로 사용한 단어가 아니며, 이미 과거에 사용되었던 단어에 특별한 의미를 더해서 사용하기 시작한 것뿐이다.

한 주석가는 암논이 압살롬의 동생 다말을 범하는 것은 암논이 왕위 계승자로서 압살롬과 그의 집안을 견제하기 위해서라고 주장한다(Anderson). 다말을 범하는 일을 통해 압살롬에게 수모를 주어 왕권에 대한 정확한 서열을 확인하고 있다는 것이다. 가능성이 전혀 없다고 할 수는 없지만, 본문이 지지할 만한 해석은 아니다. 암논은 순수한 정욕에서 다말을 범하게 된 것이다.

이 상황에서 그에게 묘안을 제시해 주는 자가 있었으니, 친구이자 사촌인 요나답이었다. 저자에 의하면 그는 "지나치게 지혜롭다"(מְאֹד חָכָם) 못해 교활한 사람이었다(3절). 저자는 다말에 대한 소개(1절)와 요나답에 대한 소개(3절)에서 거의 동일한 히브리어 문장을 사용해 두 문장이 평행을 이루도록 한다. 다말이 눈이 부시도록 아름다운 것처럼 요나답의 교활함도 대단하다는 것이다(Arnold). 왕위 계승자 암논(cf. 하 3:2-5)이 앓아누웠다는 말을 듣고 문병을 왔던 그는 암논으로부터 자초지종을 전해 들은 다음, 다윗이 문병오면 그에게 다말을 보내 먹을 것을 만들게 함으로써 둘만의 시간을 가지라고 아이디어를 주었다.

만약에 암논이 다말과 단둘이 있게 되면 생길 일을 요나답은 예측하고 있었을까? 그가 지금 암논에게 제안을 하는 것과 훗날 압살롬이 암논을 죽였을 때 상황을 정확하게 파악하는 점(cf. 32절)을 감안하면 그는 충분히 예측하고 있었다고 보아야 한다. 더 나아가 암논이 병문안 온 요나답에게 하는 말을 들어보면 그는 이미 절제할 수 없는 욕망의 노예가 되어 있음을 알 수 있다(Conroy; McCarter). 이러한 암논에게는 불타는 욕망을 채우는 방법 외에 그 어떠한 것도 대안이 될 수 없다. 요나답은 암논에게 정욕을 채울 방법을 제공한 것이다.

그렇다면 그는 지금 매우 위험한 제안을 하고 있다. 그는 암논에게 아버지 다윗을 이용해 범죄하라는 충고를 하고 있는 것이다. 그러나 그에게 책임은 없다. 그는 단순히 '둘만의 시간'을 주선했기 때문이다. 선을 넘는 것은 암논의 몫으로 간주될 수 있다. 그는 어떤 의도를 가지고 이 제안을 한 것일까? 그는 단순한 불량배일까 아니면 시기심 많은 사촌일까? 역시 저자는 독자들의 상상에 맡긴다. 그러나 정황을 고려할 때 그는 시기심 많은 사촌이라 볼 수 있을 것이다. 다윗의 친족들이 여러 갈래로 나뉘어져 있을 가능성을 보여 주기 때문이다. 저자가 다른 친족들의 상황을 알려주지 않아 정확히 알 수 없지만, 본문은 최소한 압살롬과 다말이 한편이고, 암논과 요나답이 또 다른 세력을 형성하고 있음을 암시하고 있다(Conroy; Arnold).

요나답의 제안은 다말을 갖고 싶은 충동에 몸져누웠던 암논에게 복음으로 들렸다. 다윗이 찾아오자 그는 요나답이 시키는 대로 말했다. "원하건대 내 누이 다말이 와서 내가 보는 데에서 과자 두어 개를 만들어 그의 손으로 내게 먹여 주게 하옵소서"(6절, 개역개정). "과자"(개역개정)/"떡"(공동)/"빵"(새번역)으로 번역되는 히브리어 단어(לְבִבוֹת)는 여기서만 사용되는 것으로 단어의 어원을 연구해 보면 심장 모형의 케이

크류를 뜻하며 이 정황에 매우 잘 어울리는 상징적인 의미를 지니고 있다(Conroy; Holladay).

이렇게 해서 암논과 다말의 만남이 왕에 의해 주선되었다. 이 상황에서 만일 다윗이 암논의 부탁을 거절했다면 다윗의 행동이 사람들의 눈에 납득이 가지 않았을 것이다. 요나답은 바로 이 점을 노리고 암논에게 조언했던 것이다. 어찌 되었든지 그동안 남을 이용하는 데 익숙해져 있던 다윗이 이번에는 이용을 당하게 되었다. 그것도 아들이 탐욕적인 죄를 짓는 데 말이다. 아버지이자 왕으로서의 체면이 말이 아니다! 암논의 호색적인 열망과 다말의 눈부신 아름다움은 다윗과 밧세바의 이야기와 평행을 이루고 있다(Gordon). 그러나 초점은 다말이나 암논이 아닌 압살롬에게 맞추어져 있다(cf. Arnold).

> V. 다윗의 쇠퇴(9:1–24:25)
>   5장. 두 아들의 반역(13:1–18:33)
>   1. 암논이 다말을 강간함(13:1–22)

(2) 암논이 다말을 강간함(13:7-22)

7 다윗이 사람을 그의 집으로 보내 다말에게 이르되 이제 네 오라버니 암논의 집으로 가서 그를 위하여 음식을 차리라 한지라 8 다말이 그 오라버니 암논의 집에 이르매 그가 누웠더라 다말이 밀가루를 가지고 반죽하여 그가 보는 데서 과자를 만들고 그 과자를 굽고 9 그 냄비를 가져다가 그 앞에 쏟아 놓아도 암논이 먹기를 거절하고 암논이 이르되 모든 사람을 내게서 나가게 하라 하니 다 그를 떠나 나가니라 10 암논이 다말에게 이르되 음식물을 가지고 침실로 들어오라 내가 네 손에서 먹으리라 하니 다말이 자기가 만든 과자를 가지고 침실에 들어가 그의 오라버니 암논에게 이르러 11 그에게 먹이려고 가까이 가지고 갈 때에 암논이 그를 붙잡고 그에게 이르되 나의 누이야 와서 나와 동침하자 하는지라 12 그가 그에게 대답하되 아니라 내 오라버니여 나를 욕되게 하지 말라 이런 일은 이스라엘에서 마땅히 행하지 못할 것이니 이 어리석은 일을 행하지 말라 13 내가 이 수치를 지니고 어디로 가겠느냐 너도 이스라엘에서

어리석은 자 중의 하나가 되리라 이제 청하건대 왕께 말하라 그가 나를 네게 주기를 거절하지 아니하시리라 하되 ¹⁴ 암논이 그 말을 듣지 아니하고 다말보다 힘이 세므로 억지로 그와 동침하니라 ¹⁵ 그리하고 암논이 그를 심히 미워하니 이제 미워하는 미움이 전에 사랑하던 사랑보다 더한지라 암논이 그에게 이르되 일어나 가라 하니 ¹⁶ 다말이 그에게 이르되 옳지 아니하다 나를 쫓아보내는 이 큰 악은 아까 내게 행한 그 악보다 더하다 하되 암논이 그를 듣지 아니하고 ¹⁷ 그가 부리는 종을 불러 이르되 이 계집을 내게서 이제 내보내고 곧 문빗장을 지르라 하니 ¹⁸ 암논의 하인이 그를 끌어내고 곧 문빗장을 지르니라 다말이 채색옷을 입었으니 출가하지 아니한 공주는 이런 옷으로 단장하는 법이라 ¹⁹ 다말이 재를 자기의 머리에 덮어쓰고 그의 채색옷을 찢고 손을 머리 위에 얹고 가서 크게 울부짖으니라 ²⁰ 그의 오라버니 압살롬이 그에게 이르되 네 오라버니 암논이 너와 함께 있었느냐 그러나 그는 네 오라버니이니 누이야 지금은 잠잠히 있고 이것으로 말미암아 근심하지 말라 하니라 이에 다말이 그의 오라버니 압살롬의 집에 있어 처량하게 지내니라 ²¹ 다윗 왕이 이 모든 일을 듣고 심히 노하니라 ²² 압살롬은 암논이 그의 누이 다말을 욕되게 하였으므로 그를 미워하여 암논에 대하여 잘잘못을 압살롬이 말하지 아니하니라

암논이 꿈에도 그리던 다말이 드디어 그의 병상에 매혹적인 자태를 드러냈다. 암논은 그녀의 그림자만 보아도 가슴이 뛰었을 것이다. 그녀는 암논 앞에서 예쁜 모습으로 그를 위해 음식을 만들었다. 암논이 거짓으로 아프다며 침대에 누워 있는 것은 다윗이 밧세바를 범하기 전에 침대에서 낮잠을 잔 것과 비슷한 부분이 있다(Alter). 암논은 침대에서 일어나 이복 동생을 강간했고, 다윗은 침대에서 일어나 다른 남자의 아내를 강간했기 때문이다. 아비의 죄가 아들에 의해 반복되고 있는 것이다(Arnold).

저자는 다말이 음식을 빚는 과정을 천천히 묘사함으로써 내러티브의 진행 속도를 늦추고 있다. 암논의 음흉한 계획에 관해 전혀 알 리 없는 다말이 정성스럽게 사랑을 담아 과자를 만들어 가는 모습은 암논의 사

악함을 더욱더 부각하며 동시에 긴장감을 더하는 역할을 하고 있다. 드디어 요리가 끝나자 그녀는 그것을 암논에게 권했다. 그러나 암논은 음식에는 전혀 관심이 없다. 암논의 눈은 오로지 한 가지만 바라보고 있었다. 다말과 누운 자신의 모습이었다.

암논은 주변 사람들에게 모두 물러가라고 명령해서 두 사람만의 시간을 만들었다. 그리고 그는 다말에게 그녀의 손으로 직접 먹여달라고 부탁을 했다. 침실로 유인하기 위함이었다. 암논이 무슨 꿍꿍이를 가지고 있는지 전혀 알지 못하는 다말은 그의 요구를 좋게 받아들이고 오빠의 요청에 따랐다. 드디어 다말이 암논의 침대 옆에 다가서자 암논은 그녀를 끌어안고 "같이 눕자"(שׁכב)라고 말했다. 이 말은 같이 침대에 누워 도란도란 이야기를 나누며 천장에 붙어 있는 파리를 세어보자는 뜻이 아니다!

어이없는 일에 처한 다말은 암논에게 이끌리기보다는 완강하고 논리정연한 모습으로 위기에 대처했다(12-13절). 이러한 다말의 모습은 아무 말도 못하고 다윗에게 당하기만 했던 밧세바의 모습과 대조된다(Birch). 다말의 스피치는 종종 요셉이 보디발의 아내의 유혹을 뿌리치며 했던 말과 비교되기도 한다(Trible; Alter). 다말은 요셉처럼 도덕적으로 순결한 사람이었으며 모든 것은 암논의 책임이라는 것이다. 다말이 거부하자 그녀를 힘으로 제압한 것은(14절) 전적으로 암논이 저지른 죄임을 강조한다.

그녀는 암논이 하고자 하는 일은 도덕적으로 있을 수 없는 일이라며 그를 설득하려 했다. "이런 일은 이스라엘에서 마땅히 행하지 못할 것이니 이 어리석은 일을 행하지 말라"(12절). "이스라엘에서 마땅히 행하지 못할 일"과 "어리석은 일" 등은 도덕과 가치관에 있어서 이스라엘이 주변 국가들로부터 확실하게 거리감을 두었으며, 특히 성적(性的) 윤리에 있어서 그들로부터 자신들을 구별했음을 암시한다(Zimmerli). 다말의 현명한 조언은 암논을 진정시키기보다는 그의 죄의 악함을 더욱더 부각시켰다. 다말의 논리는 다음과 같다.

첫째, "비록 어머니는 달라도 같은 아버지를 가지고 있는 당신과 나는 오빠와 여동생 사이입니다. 이런 일은 상식적으로 생각해 보아도 있을 수 없습니다." 율법에 의하면 이복 남매 사이에 이런 일이 벌어지더라도 근친상간임에 틀림없었다(레 18:9, 11; 20:17; 신 27:22). 다말은 이복 오빠 암논이 하고자 하는 일은 반(反)인륜적인 행위라는 것을 강조한다. 시대와 장소를 초월해서 있을 수 없는 일이라는 것이다.

둘째, "이스라엘의 사회적 분위기가 아직 이런 일을 용납하지 않습니다. 나는 평생 돌이킬 수 없는 수모를 안고 살아야 하고 당신은 두고두고 저질로 취급받게 될 것입니다." 이복 남매의 정사는 사회가 용납하지 않는 불륜의 관계라는 것이다. 당시 고대 근동 사회에서 친족간의 결혼을 허용한 것은 사실이다. 그러나 결코 바람직한 것으로 보지는 않았다. 그러므로 다말은 이스라엘 사회의 정서를 바탕으로 이복 오빠에게 호소하고 있다.

셋째, "지금 당신이 하고자 하는 일은 죄악입니다"(cf. 신 27:22). 이 일은 무엇보다도 이스라엘의 하나님 앞에 죄를 범하는 행위라는 것이다. 특히 암논은 앞으로 다윗의 뒤를 이어 이스라엘의 왕이 될 사람인데, 이런 일을 범해서는 결코 안 된다는 것이 그녀의 호소였다.

넷째, "이성을 찾으시고 아버지께 저를 아내로 달라고 말씀해 보십시오. 거절하지 않으실 것입니다." 만약에 암논이 다말을 아내로 달라고 왕에게 부탁한다면, 다윗은 결코 그것을 허락할 리가 없다(cf. McCarter; Anderson; Bergen). 그러므로 이 발언은 분명히 다말이 이 순간을 피해보자는 의도에서 한 말이었다.

그러나 다말의 논리 정연한 말도 욕망에 눈이 뒤집힌 암논에게는 아무런 효력을 발휘하지 못했다. 그의 마음에는 그녀를 범하고자 하는 욕망밖에 없었다. 결국 그는 다말을 강간했다. 자신이 처음부터 계획했던 대로 그녀를 취한 것이다. 그런데 바로 다음 순간에 그의 마음은 다말을 싫어하는 마음으로 가득하게 되었다. 저자는 암논을 엄습한 다말에 대한 증오가 처음 그녀에게 느꼈던 애모보다 강한 감정이라고 한다(15절). 자신이 다말에게 한 행동에 대한 죄책감에서 비롯된 감정일까? 아닌 것 같다. 그랬다면 이 여인에게 이렇게까지 잔인할 수는 없다. 암논의 급격한 감정 변화에 대해 추측이 난무하지만(cf. Hertzberg; McCarter), 정확한 이유는 알 수 없다.

다말의 강한 반발에도 불구하고 그는 하인들을 시켜 다말을 강제로 그의 집에서 내보냈다. 사랑으로 시작한 이야기(13:1-2)가 미움과 냉대로(13:21-22) 막을 내리고 있다(Arnold). 율법은 사람이 처녀를 욕보이면 그녀와 결혼해야 하며, 절대로 이혼할 수 없다고 한다(출 22:16-17; 신 22:28-29). 온 나라를 율법으로 다스려야 할 왕위 계승자가 스스로 율법을 어기고 있다. 암논은 이스라엘의 왕이 될 만한 인물이 아니었다.

다말은 수치당한 여인의 모습으로 울며 집으로 돌아갔다. 공주들만 입고 다닐 수 있는 채색옷은 찢어졌고, 머리에 먼지를 뒤집어 쓰고 손을 머리에 올리고 울며 갔다. 다말은 요셉처럼 말하더니, 요셉의 옷과 비슷한 옷을 입고 있다(cf. McCarter). 그녀가 집으로 돌아가는 모습은 전형적인 슬픔 혹은 수치를 당한 자의 모습이었다. 그녀의 찢긴 옷은 그녀의 찢긴 삶을 상징한다(Arnold). 물론 다말의 이러한 행동은 그녀의 발언과 마찬가지로 아주 강한 "암논의 죄에 대한 선언"이었다. 다말의 친오빠 압살롬은 모든 것을 알고도 "지금은 조용히 있자"라는 권면과 함께 다말을 받아들였다. 암논을 죽일 기회를 노리기 시작한 것이다(Conroy).

암논의 성적인 충동을 만족시키는 데 사용되고 버림받은 여인의 심정이 상상이 되는가? 앞으로 그녀는 평생 다른 사람과 결혼도 못하고 이렇게 '수치스러운 모습'으로 살아야 한다. 한 여인의 일생을 이렇게 쉽게, 무의미하게 짓밟아도 되는 것인가? 암논의 괴물 같은 모습은 그가 지명된 다윗의 후계자일지라도 결코 이스라엘의 왕이 되어서는 안

된다는 인상을 준다. 그가 왕이 된다면, 앞뒤 가리지 않고 자신이 원하는 모든 것을 취하는 왕이 될 것이기 때문이다. 또한 인격적으로 부족한 자가 어떻게 이스라엘의 왕이 될 수 있겠는가.

소식을 들은 다윗은 매우 분개했다(21절). 그러나 그는 아무런 조치도 취하지 않았다. 어떻게 보면 그는 암논을 야단칠 입장이 못되었다(Keil & Delitzsch; Gordon). 자신은 밧세바와 놀아나지 않았던가? 게다가 그녀의 남편까지 살해한 자가 어떻게 아들에게 동생을 강간한 것에 대한 징계를 선고하겠는가? 평소에 경건하게, 진실되게 살면 다윗이 당면하게 될 어려움은 없었을 것이다. 게다가 본의 아니게 암논에게 죄악의 기회를 허락한 사람은 자신이 아닌가? 또한 암논과 다말을 결혼시키는 것도 좋은 일은 아니다. 다말에 대한 암논의 미움이 강하고, 암논에 대한 다말의 분노도 크기 때문에, 이 둘을 결혼시켰다가는 온 집안이 상상을 초월하는 고통에 휘말릴 수 있기 때문이다(Bergen). 그렇더라도 그는 분명히 적극적인 징계를 취했어야 했다.

다윗은 암논의 아버지였으며 잘못된 자식을 징계하는 것은 시간과 장소를 초월한 범우주적인 아버지의 책임이다. 그는 또한 여호와의 율법을 모든 사람에게 공정하게 적용해야 할 왕이 아닌가? 율법은 근친상간을 범한 자는 죽이라고 명령한다(레 20:11, 12, 14, 17). 사무엘서를 읽는 독자들의 마음에 다윗이 암논을 처형하지는 않더라도 뭔가 조치를 취해야 했다는 아쉬움이 남는다. 칠십인역의 한 사해 사본(4QSamª)은 다윗이 왜 암논을 징계하지 않았는가에 대해 다음 문장을 더해 설명한다. "그러나 다윗은 그의 아들 암논의 마음을 슬프게 하지 않았다. 그는 첫째 아들이었고, 다윗은 그를 사랑했기 때문이다"(καὶ οὐκ ἐλύπησεν τὸ πνεῦμα Αμνων τοῦ υἱοῦ αὐτοῦ ὅτι ἠγάπα αὐτόν ὅτι πρωτότοκος αὐτοῦ ἦν). 왕권을 이어받을 아이라며 "오냐 오냐" 하다가 개망나니로 키웠다는 것이다.

다윗이 암논을 징계하지 않자 문제가 발생했다. 압살롬이 아무런 말도 하지 않고 마음에 독을 품기 시작한 것이다(22절). 압살롬의 침묵은 이 사건이 초래한 가장 불길한 결과였다(Conroy). 문제를 방치하면 이런 결과가 빚어진다. 이 일의 결과가 정리되는 데는 7년이라는 긴 시간이 걸린다. 이때 정리했다면 쉽게 해결되었을 것이라는 아쉬움이 남는다. 죄는 방치할수록 눈덩이처럼 큰 결과를 가져온다. 다윗이 아버지 역할을 제대로 해서 암논을 징계했다면, 훗날 압살롬이 그렇게까지 아버지를 업신여기는 일은 없었을 것이다. 그러므로 죄를 방치하지 말자. 지혜로운 자는 죄를 그때그때 해결한다.

> V. 다윗의 쇠퇴(9:1–24:25)
>   5장. 두 아들의 반역(13:1–18:33)

2. 압살롬이 암논을 살해함(13:23-39)

암논이 다말을 강간하고 돌보지 않고 버려둔 지 2년이 지났다(23절). 모든 것이 본 모습으로 되돌아가고 그 사건도 세월 속에 묻히는 듯했다. 다만 슬픔과 수치에 잠긴 다말은 오빠의 집에서 삶을 비관하며 하루하루를 살아가고 있었다. 그러나 지난 2년 동안 한 순간도 이 사건을 잊지 않고 마음속으로 칼을 갈며 기회를 기다리는 자가 있었다. 바로 다말의 오빠 압살롬이었다. 압살롬은 매우 절제되고 인내심 강한 보복자였다(Arnold). 결국 다윗이 방관했던 암논의 죄는 눈덩이처럼 불어나서 다윗의 집안을 덮치고야 말았다. 압살롬이 무능력한 아버지를 대신해서 암논에게 그의 죗값을 물은 것이다. 나단이 밧세바 일로 다윗에게 선포했던 "칼이 당신의 집에서 떠나지 않으리라"(12:10)라는 예언이 처음으로 성취되는 순간이다.

 압살롬은 치밀한 계획을 세워 여동생을 강간한 암논을 죽이고 다른 나라로 도주했다. 다말이 암논에게 강간을 당하고 집으로 돌아왔을 때, 압살롬이 "지금은 가만히 있자"라고 했던 말이 무슨 의미인지 드디어 밝혀지고 있다. 압살롬은 동생이 울며 집으로 돌아온 순간부터 암논을 죽이기로 결정했던 것이다. 다만 적절한 기회와 방법을 기다렸을 뿐이다. 이 이야기는 다음과 같이 세 부분으로 구분된다. 암논에게 다말을 강간할 여건을 만들어준 요나답이 상황에 대한 정확한 판단으로 당황하는 다윗을 위로하는 일이 중심에 있다.

A. 압살롬의 음모(13:23-29)

B. 요나답의 정확한 판단(13:30-33)

A'. 압살롬의 도주(13:34-39)

> V. 다윗의 쇠퇴(9:1-24:25)
> 5장. 두 아들의 반역(13:1-18:33)
> 2. 압살롬이 암논을 살해함(13:23-39)

(1) 압살롬의 음모(13:23-29)

23 만 이 년 후에 에브라임 곁 바알하솔에서 압살롬이 양 털을 깎는 일이 있으매 압살롬이 왕의 모든 아들을 청하고 24 압살롬이 왕께 나아가 말하되 이제 종에게 양 털 깎는 일이 있사오니 청하건대 왕은 신하들을 데리시고 당신의 종과 함께 가사이다 하니 25 왕이 압살롬에게 이르되 아니라 내 아들아 이제 우리가 다 갈 것 없다 네게 누를 끼칠까 하노라 하니라 압살롬이 그에게 간청하였으나 그가 가지 아니하고 그에게 복을 비는지라 26 압살롬이 이르되 그렇게 하지 아니하시려거든 청하건대 내 형 암논이 우리와 함께 가게 하옵소서 왕이 그에게 이르되 그가 너와 함께 갈 것이 무엇이냐 하되 27 압살롬이 간청하매 왕이 암논과 왕의 모든 아들을 그와 함께 그에게 보내니라 28 압살롬이 이미 그의 종들에게 명령하여 이르기를 너희는 이제 암논의 마음이 술로 즐거워할 때를 자세히 보다가 내가 너희에게 암논을 치라 하거든 그를 죽이라 두려워하지 말라 내가 너희에게 명령한 것이 아니냐 너희는 담대히 용기를 내라 한지라 29 압살롬의 종들이 압살롬의 명령대로 암논에게 행하매 왕의 모든 아들들이 일어나 각기 노새를 타고 도망하니라

다말 사건이 있은 지 2년 후에, 압살롬은 바알하솔이라는 곳에서 양털 깎는 것을 자축하며 모든 왕자와 다윗을 청했다(23-24절). 근동에서 양털을 깎거나 추수하는 날은 큰 잔치를 여는 뜻깊은 날이었다. 겸사겸사 한잔하자는 것이었다. 바알하솔은 예루살렘에서 북쪽으로 24km 정도 떨어진 곳에 있다(Bergen). 한나절은 가야 되는 먼 길로, 잠시 들렀다가 올 만한 거리는 아니다.

다윗은 아들들이 모이는 데 아버지가 함께하는 것이 분위기상 좋지 않다는 사실을 알았을 뿐 아니라 내키지도 않아 극구 사양했다. 압살롬은 다윗의 형편이 정 그렇다면 아버지를 대신해서 암논이라도 꼭 가게 해 달라고 부탁했다. 다윗은 암논과 다말의 일을 생각할 때 압살롬의 요청이 무엇을 의미하는지 이해하기 어려웠다. 둘이 상당히 어색한 사이인데 왜 그를 초청하려는 것인지 되물었다(26절). 그러나 압살롬이 계속 조르자 그렇게 하도록 했다.

아마도 다윗은 압살롬이 암논에게 "형님, 지난 날의 일은 잊어버리고 앞으로 사이좋게 지냅시다"라고 제안할 거라 생각했을 것이다. 늙은 다윗의 판단력이 흐려지고 있다. 압살롬은 암논을 죽이려 하는데, 다윗은 그가 암논과의 관계를 회복하려고 잔치에 부르는 것이라고 판단한다. 암살롬은 잔치를 베풀 준비뿐 아니라 암논을 살해할 만반의 준비도 마친 상태였다. 자신의 신호에 따라 민첩하게 움직여 그를 살해할 저격수들을 잔치 장소 주변에 매복시켜 놓은 것이다. 물론 이 일에 대한 모든 책임은 본인이 지겠다는 것도 밝혀 두었다.

다윗이 압살롬의 청을 받아들여 아들들과 함께 갔다면 압살롬의 계획에 변화가 있었을까? 아니면 압살롬은 아버지 앞에서도 암논을 죽일 수 있는 인물인가? 그렇지 않다고 생각하는 사람들은 만일 다윗이 초청에 응했다면 압살롬은 다른 방법을 찾았을 것이라고 주장한다(Bergen). 그러나 압살롬은 아버지 다윗 앞에서도 충분히 암논을 죽일 수 있을 것이다. 그가 훗날 아버지를 상대로 반역을 일으키는 것을 보면 그렇게 할 가능성은 매우 높다.

압살롬은 아버지 다윗을 동생의 원수갚음에 이용하고 있다. 암논이 죄를 짓기 위해 다윗을 이용한 것과 비슷하다. 언제부터인가 다윗은 자식들이 죄를 짓는 데 이용하는 도구가 되어 있다. 우리는 시간이 흐를수록 커져 가는 다윗의 무능함을 보고 있다. 또한 압살롬은 속임수를 써서 암논을 자신이 원하는 곳으로 유인했다. 암논도 속임수를 써서 다말을 자신이 원하는 곳으로 끌어들였다. 다윗도 속임수를 써서 우리아를 자신이 원하는 곳으로 끌어들여 죽게 했다. 갑자기 속임수가 다윗집안의 내력이 되어버린 것 같다.

잔치의 분위기가 무르익어 갈 때 압살롬은 숨어 있던 자객들에게 신호를 보냈고, 그들은 일시에 몰려와 암논을 쳤다. 결국 암논은 그 자리에서 칼에 맞아 죽었다. 잔치는 순식간에 아수라장으로 변했고, 암논과 함께 잔치에 참석했던 왕자들도 놀라서 황급히 자리를 떴다.

> V. 다윗의 쇠퇴(9:1-24:25)
>   5장. 두 아들의 반역(13:1-18:33)
>   2. 압살롬이 암논을 살해함(13:23-39)

(2) 요나답의 정확한 판단(13:30-33)

30 그들이 길에 있을 때에 압살롬이 왕의 모든 아들들을 죽이고 하나도 남기지 아니하였다는 소문이 다윗에게 이르매 31 왕이 곧 일어나서 자기의 옷을 찢고 땅에 드러눕고 그의 신하들도 다 옷을 찢고 모셔 선지라 32 다윗의 형 시므아의 아들 요나답이 아뢰어 이르되 내 주여 젊은 왕자들이 다 죽임을 당한 줄로 생각하지 마옵소서 오직 암논만 죽었으리이다 그가 압살롬의 누이 다말을 욕되게 한 날부터 압살롬이 결심한 것이니이다 33 그러하온즉 내 주 왕이여 왕자들이 다 죽은 줄로 생각하여 상심하지 마옵소서 오직 암논만 죽었으리이다 하니라

연회에 참석했던 모든 왕자가 자신의 목숨을 구하기 위해 도망하기 시작했을 때, 정확하지 않은 소식이 다윗의 궁에 전해졌다. 모든 왕자가

살해되었다는 소식이었다. 다윗은 옷을 찢고 땅에 누워 버렸다. 극도의 슬픔을 표현하는 방법이다(Bergen). 그도 분명 자신의 집안에 문제가 있다는 것은 알았을 것이다. 그러나 이 정도로 심각하리라고는 상상도 못했을 것이다. 이 사건은 다윗이 아버지의 역할을 잘 감당하지 않은 데서 비롯된 것이다. 그가 암논을 징계했다면 이런 일은 없었을 것이다. 그러나 이미 때가 늦었다. 엎질러진 물인 것이다. 다윗은 땅에 엎드려 무엇을 생각했을까? 아마도 밧세바의 악몽이 그를 강타했을 것이다. '이 일을 통해 압살롬이 나의 "이웃"이 되는 것인가?'

어찌할 바를 모르고 누워 있는 다윗을 위로한답시고 찾아온 사람이 있었다(32절). 다윗의 조카이자 암논에게 다말을 가까이서 볼 수 있는 묘안을 제시해 주었던 요나답이다. 요나답은 암논이 다말을 강간할 수 있는 여건을 만들어준 사람이다. 그런 그가 이제 암논의 죽음에 대한 증인으로 등장한다. 요나답의 통찰은 정확했다. 그는 이번 일이 단순히 압살롬과 암논 사이의 해결되지 않은 문제를 정리하는 것이기 때문에 다른 왕자들은 무사하리라는 것과 압살롬은 지난 2년 동안 이날을 벼르고 있었음을 전해 준다.

지금까지의 이야기 속에서 압살롬이 요나답에게 마음을 털어놓았다는 말은 한 번도 없었다. 그러나 요나답은 압살롬의 마음을 정확하게 읽고 있다. 그렇다면 그가 왜 암논에게 "압살롬의 잔치에 가지 말라"고 충고해 주지 않았을까? 처음부터 다윗 집안의 평안을 파괴하려고 작정한 자인가? 요나답의 인격이 의심되는 부분이다.

아니면 이 이야기 뒤에 또 하나의 음모가 숨겨져 있는가? 요나답과 압살롬이 처음부터 내통했을 가능성은 어느 정도인가? 압살롬은 동생의 강간에 대한 원수갚음을 빌미삼아 자신이 다윗을 이어 왕이 되는 데 유일한 걸림돌인 암논을 제거한 것이고, 이 일을 위해 요나답과 공모해 여동생을 이용했다는 시나리오의 가능성은 어떤가? 역시 저자는 문학적인 격차(gap)로 남겨 놓고 있다. 일단은 요나답이 다윗의 집안에서 일어나는 모든 일을 꿰뚫어 보고 있다는 사실이 그리 좋아 보이지는 않는다.

(3) 압살롬의 도주(13:34-39)

³⁴ 이에 압살롬은 도망하니라 파수하는 청년이 눈을 들어 보니 보아라 뒷산 언덕길로 여러 사람이 오는도다 ³⁵ 요나답이 왕께 아뢰되 보소서 왕자들이 오나이다 당신의 종이 말한 대로 되었나이다 하고 ³⁶ 말을 마치자 왕자들이 이르러 소리를 높여 통곡하니 왕과 그의 모든 신하들도 심히 통곡하니라 ³⁷ 압살롬은 도망하여 그술 왕 암미훌의 아들 달매에게로 갔고 다윗은 날마다 그의 아들로 말미암아 슬퍼하니라 ³⁸ 압살롬이 도망하여 그술로 가서 거기에 산 지 삼 년이라 ³⁹ 다윗 왕의 마음이 압살롬을 향하여 간절하니 암논은 이미 죽었으므로 왕이 위로를 받았음이더라

요나답의 출현은 다윗으로 하여금 바로 구체적인 명령을 내리지 못하고 좀 더 소식을 기다리게 만드는 효과를 발휘했다. 그 사이에 압살롬은 도망할 수 있었다. 그는 그술 왕 암미훌의 아들 달매를 찾아갔다. 외할아버지를 찾아간 것이다. 압살롬의 어머니 마가는 그술 왕 달매의 딸이었다(삼하 3:3). 그술은 갈릴리 호수 동쪽에 있는 나라로, 예루살렘에서 약 130㎞ 떨어진 곳에 있었다(Bergen; McCarter).

다윗의 지난 몇 년은 정말 고통스러운 나날들이었을 것이다. 그는 지금 두고두고 죗값을 치르고 있는 것이다. 한 순간의 큰 고통보다 조금씩 조여오는 지속적인 고통이 훨씬 더 감당하기 힘들다는 것은 누구나 아는 사실이다. 그때 지속되는 고통의 잔인함을 철저히 깨달았기에, 다윗은 훗날 하나님이 인구조사와 연관하여 "칠 년, 세 달, 아니면 삼 일" 동안 그에게 임할 재앙 중 하나를 택하라고 하셨을 때 삼 일을 택했다.

본문은 다윗의 하루하루가 아들에 대한 슬픔으로 가득 찼다고 한다. "다윗은 날마다 그 아들로 말미암아 슬퍼하니라"(וַיִּתְאַבֵּל עַל־בְּנוֹ כָּל־הַיָּמִים, 37절). 그런데 어떤 아들에 대한 슬픔인가? 압살롬? 암논? 저자는 의도적으로 밝히지 않는다. 다윗의 성격을 감안하면 아마도 압살롬에 대한 슬픔으로 가득 찼을 것이다(Birch; cf. 39절). 암논은 이미 죽었기 때문이다. 그렇다면 그는 역시 엘리의 죄를 답습하는 것이다. 자식이 어떤 짓을 하든지 훈계를 하지 않는, 끝까지 기준이 없는 아버지의 모습이다.

빼앗긴 들에도 봄이 오듯, 시간이 지나자 암논의 죽음으로 인해 다윗을 엄습했던 심적 고통과 아픔도 누그러지기 시작했다. 그는 원래 과거에 머무는 것을 거부하는 삶을 살았던 사람이 아니던가? 다윗은 돌이킬 수 없는 일, 곧 암논의 죽음은 과거 속으로 묻어 두기로 했다. 그러고 나니 압살롬에 대한 미움이 그리움으로 변하기 시작했다.

압살롬이 암논을 죽이고 도주한 지 3년이란 세월이 흘렀다. 날이 갈수록 압살롬을 보고 싶은 다윗의 마음이 간절해졌다(39절). "암논은 이미 죽었으므로 왕이 위로를 받았음이더라"(39절)를 정확하게 번역하기는 쉽지 않다(cf. McCarter). 그러나 전반적인 의미는 확실하다. 다윗이 암논의 죽음을 슬퍼하는 일에 충분히 위로를 받았다는 뜻이거나(cf. NAS; NIV; NRS), 다윗이 드디어 암논의 죽음을 현실로 받아들이게 되었다는 뜻이다(cf. TNK). 다윗의 이 같은 심경 변화는 곧 압살롬과의 화해가 머지않았음을 암시한다(Arnold).

압살롬에 대한 다윗의 연민에는 두 가지 이유가 작용한 것 같다. 첫째, 자식에 대한 사랑이다. 비록 압살롬이 형을 살해했지만 자식이니 어떡하겠는가? 이 세상에서 그 누구에게도 환영받지 못하는 흉악한 범죄자라도 부모에게는 사랑스러운 자식이다. 다윗도 부모로서 자식을 사랑하고 있는 것이다. 둘째, 암논이 죽은 뒤 그 다음으로 나이가 많은 압살롬이 다윗의 뒤를 이어 왕이 될 가능성이 높아졌다(길랍은 사무엘하 3:3 이후 다시 언급되지 않는다, Gordon). 그러므로 왕권의 대를 누가 이을 것인가를 고심하던 다윗에게 압살롬이 유력한 대안으로 떠오른 것이다.

V. 다윗의 쇠퇴(9:1-24:25)
  5장. 두 아들의 반역(13:1-18:33)

3. 압살롬이 다윗에게 돌아옴(14:1-33)

많은 학자가 이 이야기의 흐름이 부드럽지 못하며 15-17절이 7절 바로 뒤에 와야 한다고 주장한다(McCarter; Anderson). 이 이야기가 1-7절 → 15-17절 → 8-14절 → 18-33절 순서로 읽혀야 한다는 것이다. 실제로 이렇게 읽으면 이야기의 흐름이 훨씬 자연스럽다. 무엇보다도 여인이 한참 동안 다윗과 압살롬에 대한 이야기(12-14절)를 한 후에 이제는 더 이상 할 필요가 없는 자신의 꾸며낸 이야기(15-17절)로 돌아가는 부자연스러움을 해소할 수 있다. 오늘날 우리에게 전해지는 버전은 이야기의 자연스러운 흐름을 막고 있으며, 이는 필사 과정에서 빚어진 혼란의 결과일 수 있다. 그러나 이 주석에서는 마소라 사본의 이야기의 순서에 따라 주해해 나가고자 한다. 우리에게 전해진 이야기의 순서도 의미 있게 해석될 수 있기 때문이다(cf. 15-17절 주해).

약삭빠른 요압이 다윗의 흔들리는 마음을 감지했다. 그는 다윗을 위해 죽음까지도 각오한 사람이었다. 다윗이 압살롬을 그리워하는 것을 눈치채고 두 사람의 관계를 회복시킬 방법을 모색하기에 이르렀다. 암논이 없는 마당에 다윗의 뒤를 잇는 데 가장 유력한 왕자는 압살롬이 아닌가? 이 일이 잘되기만 하면, 정권이 바뀌어도 그의 위치는 보장되는 것이다(Gordon).

그러나 요압은 훗날 압살롬을 회복시킨 것에 대해 후회하게 된다. 그가 압살롬을 처형해야 할 상황에 놓이기 때문이다. 요압이 실제로 압살롬을 죽이는 것을 보면, 요압이 압살롬이 왕이 된 후의 자신의 입지

를 생각해서 이 일을 꾸민 것이 분명하다. 하지만 그것이 유일한 이유
는 아니다. 요압은 철저한 다윗 사람으로, 다윗과 압살롬 중 하나를 택
해야 한다면 주저하지 않고 다윗을 택할 것이기 때문이다. 요압의 노력
과 주선으로 이루어진 다윗과 압살롬의 화해 이야기를 담고 있는 이 섹
션은 다음과 같이 구분될 수 있다.

A. 여인의 상소(14:1-7)
A′. 다윗의 판결(14:8-11)
  B. 여인의 충고(14:12-17)
  B′. 다윗이 귀향을 허락함(14:18-24)
    C. 다윗과 압살롬의 화해(14:25-33)

> V. 다윗의 쇠퇴(9:1-24:25)
>   5장. 두 아들의 반역(13:1-18:33)
>   3. 압살롬이 다윗에게 돌아옴(14:1-33)

(1) 여인의 상소(14:1-7)

[1] 스루야의 아들 요압이 왕의 마음이 압살롬에게로 향하는 줄 알고 [2] 드고아에 사람을
보내 거기서 지혜로운 여인 하나를 데려다가 그에게 이르되 청하건대 너는 상주가
된 것처럼 상복을 입고 기름을 바르지 말고 죽은 사람을 위하여 오래 슬퍼하는 여인
같이 하고 [3] 왕께 들어가서 그에게 이러이러하게 말하라고 요압이 그의 입에 할 말을
넣어 주니라 [4] 드고아 여인이 왕께 아뢸 때에 얼굴을 땅에 대고 엎드려 이르되 왕이
여 도우소서 하니 [5] 왕이 그에게 이르되 무슨 일이냐 하니라 대답하되 나는 진정으로
과부니이다 남편은 죽고 [6] 이 여종에게 아들 둘이 있더니 그들이 들에서 싸우나 그
들을 말리는 사람이 아무도 없으므로 한 아이가 다른 아이를 쳐죽인지라 [7] 온 족속이
일어나서 당신의 여종 나를 핍박하여 말하기를 그의 동생을 쳐죽인 자를 내놓으라
우리가 그의 동생 죽인 죄를 갚아 그를 죽여 상속자 될 것까지 끊겠노라 하오니 그러
한즉 그들이 내게 남아 있는 숯불을 꺼서 내 남편의 이름과 씨를 세상에 남겨두지 아

니하겠다 하니

다윗의 마음을 알아차린 요압이 한 지혜로운 여인을 드고아에서 데려
와 다윗에게 할 말을 주었다. 드고아는 예루살렘에서 남쪽으로 16㎞ 떨
어진 곳이며, 사해가 내려다보이는 고지대였다(ABD). 훗날 아모스 선
지자가 이곳에서 태어났다.

　요압이 여인에게 다윗을 설득시키는 데 사용하라고 준 방법은 수년
전 나단이 다윗과 밧세바와의 관계에 대해 사용한 것과 비슷하다(cf.
Baldwin; Anderson). 한 이야기를 만들고, 마치 이것이 다윗의 통치하에
있는 지역에서 일어난 사건처럼 꾸며서, 그로 하여금 자신의 처지를 깨
닫게 하는 것이다. 학자들은 이 같은 장르의 이야기를 "법률적 비유"
(judicial parable)라 부르기도 한다(cf. Birch). 이 이야기는 또한 가인과 아
벨의 이야기와 같은 방식으로 진행된다. 다음을 참고하라(Bergen).

요소	가인과 아벨	이 이야기
두 형제	창 4:1	6절
둘이 들에서 싸움	창 4:8	6절
한 형제가 다른 형제를 죽임	창 4:8	6절
살인자가 다른 사람들에 의해 죽는 것에 대한 염려	창 4:14	7절
권위 있는 자가 살인자의 목숨을 보호하기 위해 개입	창 4:15	8절
결정에 대해 불복종하는 자에 대한 경고	창 4:15	10절

　요압은 드고아의 과부에게 두 아들이 있는 것처럼 이야기를 꾸몄다.
그런데 아들들끼리 싸워서 한 아들이 다른 아들을 죽였다는 것이다. 사
건의 자초지종을 들은 집안 사람들이 형제를 죽인 아들을 처형해야 한
다고 주장했다. 그러나 여인의 입장에서는 살아 있는 아들이 다른 아들
을 죽였지만 그나마 살아 있는 아들마저 잃을 수 없다는 것이었다. 그
러니 왕께서 명령을 내려 친척들이 살아 있는 아들에게 손을 못 대도록

조치를 취해 달라는 내용이었다.

　다윗의 현실을 잘 묘사하는 이야기였다. 압살롬이 암논을 죽였지만 압살롬을 죽일 수 없는 다윗의 처지를 잘 반영하고 있다. 형을 죽였다고 압살롬을 처단하면 정의는 실현되겠지만, 다윗은 그나마 있는 또 하나의 아들을 잃어야 한다. 부모로서는 못할 짓인 것이다. 그래서 다윗은 암논이 다말을 강간했을 때처럼 이번에도 그 어떤 판결도 내리지 못한다(Arnold). 여인은 이 이야기를 통해 다윗이 처한 상황을 정확히 묘사한다. 드고아에서 온 여인은 다윗의 사고 패러다임(thinking paradigm)을 바꾸려 한다. 다윗이 어떤 판결을 내리든지 그 판결은 곧 개인적인 이권이 개입되지 않은 압살롬에 대한 판결이 될 것이다(McCarter). 이것이 이야기가 갖는 힘이다. 사람을 설득하고 마음을 움직이는 데 이야기만큼 좋은 도구도 없다.

> V. 다윗의 쇠퇴(9:1-24:25)
> 　5장. 두 아들의 반역(13:1-18:33)
> 　　3. 압살롬이 다윗에게 돌아옴(14:1-33)

(2) 다윗의 판결(14:8-11)

[8] 왕이 여인에게 이르되 네 집으로 가라 내가 너를 위하여 명령을 내리리라 하는지라 [9] 드고아 여인이 왕께 아뢰되 내 주 왕이여 그 죄는 나와 내 아버지의 집으로 돌릴 것이니 왕과 왕위는 허물이 없으리이다 [10] 왕이 이르되 누구든지 네게 말하는 자를 내게로 데려오라 그가 다시는 너를 건드리지도 못하리라 하니라 [11] 여인이 이르되 청하건대 왕은 왕의 하나님 여호와를 기억하사 원수 갚는 자가 더 죽이지 못하게 하옵소서 내 아들을 죽일까 두렵나이다 하니 왕이 이르되 여호와께서 살아 계심을 두고 맹세하노니 네 아들의 머리카락 하나도 땅에 떨어지지 아니하리라 하니라

다윗이 "생각해 보자"라는 반응을 보였다. 그러나 여인은 물러나려 하지 않았다. 여인은 왕과 대화를 계속 진행해 나가면서 그의 마음을 움직이기 시작했다. 다윗으로 하여금 자신의 문제를 다른 관점에서 평가하

고 현명한 판단을 내려 압살롬에게 내릴 형벌을 포기하게 하기 위함이었다. 삶을 다른 관점에서 바라보지 않는 한, 보복은 멈추지 않는다. 여인은 다윗이 자신의 문제를 다른 관점에서 바라볼 수 있도록 유도한다.

여인이 드디어 왕에게 확답을 받아냈다. "여호와께서 살아 계심을 두고 맹세하노니 네 아들의 머리카락 하나도 땅에 떨어지지 아니하리라"(11절). 이 말은 옛날 요나단을 죽이려 하는 사울에게 이스라엘 군인들이 한 말이기도 하다(삼상 14:45). 다윗은 지금 자신이 하는 말의 의미를 모르고 있다. 여인의 탄원은 요압이 압살롬을 구제하기 위해 꾸며낸 이야기다. 다윗은 지금 머리카락 하나라도 땅에 떨어지지 않을 것을 약속한다. 그런데 공교롭게도 이 여인이 이야기를 통해 복귀시키려는 압살롬은 많은 머리카락을 가진 자가 아닌가(삼하 18:9-10). 여인이 보존해 준 압살롬의 머리카락을 요압이 베게 된다.

(3) 여인의 충고(14:12-17)

12 여인이 이르되 청하건대 당신의 여종을 용납하여 한 말씀을 내 주 왕께 여쭙게 하옵소서 하니 그가 이르되 말하라 하니라 13 여인이 이르되 그러면 어찌하여 왕께서 하나님의 백성에게 대하여 이같은 생각을 하셨나이까 이 말씀을 하심으로 왕께서 죄 있는 사람 같이 되심은 그 내쫓긴 자를 왕께서 집으로 돌아오게 하지 아니하심이니이다 14 우리는 필경 죽으리니 땅에 쏟아진 물을 다시 담지 못함 같을 것이오나 하나님은 생명을 빼앗지 아니하시고 방책을 베푸사 내쫓긴 자가 하나님께 버린 자가 되지 아니하게 하시나이다 15 이제 내가 와서 내 주 왕께 이 말씀을 여쭙는 것은 백성들이 나를 두렵게 하므로 당신의 여종이 스스로 말하기를 내가 왕께 여쭈오면 혹시 종이 청하는 것을 왕께서 시행하실 것이라 16 왕께서 들으시고 나와 내 아들을 함께 하나님의 기업에서 끊을 자의 손으로부터 주의 종을 구원하시리라 함이니이다 17 당신

의 여종이 또 스스로 말하기를 내 주 왕의 말씀이 나의 위로가 되기를 원한다 하였사 오니 이는 내 주 왕께서 하나님의 사자 같이 선과 악을 분간하심이니이다 원하건대 왕의 하나님 여호와께서 왕과 같이 계시옵소서

"너의 아들은 결코 상하지 않을 것이다"라는 왕의 확답을 받고도 여인 은 물러나지 않았다. 드디어 자신이 찾아온 본래 목적을 말하기 시작했 다. 나단과 같이 이 여인도 "지금까지 내가 말한 것은 바로 당신의 이 야기입니다"라고 밝혔다.

그녀는 다윗에게 자신의 일이나 남의 일이나 일관성 있고 객관성 있 게 생각해 보기를 간구했다. 다윗은 여인의 이야기에서 처벌을 받아야 할 살인자가 여인이 사랑하는 아들이라는 점에 준하여 그는 죽지 않을 것이라고 선포했다. 여인은 이제 다윗에게 압살롬을 그러한 시선으로 바라보고 그로 하여금 다시 이스라엘로 돌아올 수 있도록 그를 부르라 고 호소한다. 비록 그가 암논을 죽였지만 왕이 사랑하는 아들이니 그를 벌하는 것은 지금까지 자신에게 허락한 현명한 판단에 부합하지 않는 다는 것이 여인의 주장이었다.

그리고 그녀는 다윗이 착각하고 있는 두 가지를 지적했다. 첫째, "우 리는 모두 죽는다." 암논이 죽은 것은 일찍 죽은 것뿐 결코 우리가 피 할 수 있는 일을 당한 것이 아니라고 말한다. 또한 그녀는 죽음은 마치 땅에 쏟아진 물과 같아서 다시 담을 수 없다고 말한다. 다윗은 아직도 암논에 대해 아파하고 미련을 간직하고 있을 것이다. 아마도 그를 위해 뭔가를 해야 하는 부담감이 있을지도 모른다. 여인은 그의 죽음과 관련 된 모든 것을 정리하라고 호소한다.

둘째, "하나님은 내어 쫓긴 자라도 버림받지 않게 하신다." 하나님 은 복귀시키는 자에게 복을 주신다는 것이다. 다윗은 마음속에 원한 을 품고 있을지도 모른다. 여인은 원한을 품는 것은 결코 하나님이 기 뻐하시는 일이 아님을 가르쳐 준다. 하나님이 진정으로 좋아하시는 것

은 내쫓긴 자를 원 위치로 복귀시키는 것이다. 자신이 사랑하는 아들이 그 살인자라는 사실을 의식하게 되면 복귀시키는 일은 매우 쉬워진다 (Brueggemann).

이미 언급한 것처럼, 상당수의 학자는 15-17절의 위치에 대해 문제를 제기한다. 이 부분은 7절 뒤에 와야 한다는 것이다(McCarter; Anderson). 그러나 현재의 이야기 순서도 의미를 구성하기 때문에, 여인의 의도적인 이야기 진행법으로 해석될 가능성도 있다. 여인은 지금 현실 세계와 이야기 세계를 자유로이 왕래하면서 다윗을 설득한다. 그녀는 이야기를 펼쳐 나가는 과정에서(5-7, 11a, 15-16절), 다윗의 현실을(8, 10, 11b-14절) 삽입했다. 비록 요압이 그녀에게 할 말을 가르쳐 주었지만, 그녀는 실로 대단한 이야기꾼이다.

> V. 다윗의 쇠퇴(9:1–24:25)
> 5장. 두 아들의 반역(13:1–18:33)
>   3. 압살롬이 다윗에게 돌아옴(14:1–33)

(4) 다윗이 귀향을 허락함(14:18-24)

18 왕이 그 여인에게 대답하여 이르되 바라노니 내가 네게 묻는 것을 내게 숨기지 말라 여인이 이르되 내 주 왕은 말씀하옵소서 19 왕이 이르되 이 모든 일에 요압이 너와 함께 하였느냐 하니 여인이 대답하여 이르되 내 주 왕의 살아 계심을 두고 맹세하옵나니 내 주 왕의 말씀을 좌로나 우로나 옮길 자가 없으리이다 왕의 종 요압이 내게 명령하였고 그가 이 모든 말을 왕의 여종의 입에 넣어 주었사오니 20 이는 왕의 종 요압이 이 일의 형편을 바꾸려 하여 이렇게 함이니이다 내 주 왕의 지혜는 하나님의 사자의 지혜와 같아서 땅에 있는 일을 다 아시나이다 하니라 21 왕이 요압에게 이르되 내가 이 일을 허락하였으니 가서 청년 압살롬을 데려오라 하니라 22 요압이 땅에 엎드려 절하고 왕을 위하여 복을 빌고 요압이 이르되 내 주 왕이여 종의 구함을 왕이 허락하시니 종이 왕 앞에서 은혜 입은 줄을 오늘 아나이다 하고 23 요압이 일어나 그술로 가서 압살롬을 데리고 예루살렘으로 오니 24 왕이 이르되 그를 그의 집으로 물

러가게 하여 내 얼굴을 볼 수 없게 하라 하매 압살롬이 자기 집으로 돌아가고 왕의 얼굴을 보지 못하니라

마치 긴 잠에서 깨어나듯 다윗은 조금씩 현실을 보기 시작했다. 그리고 이 모든 것이 요압이 꾸민 일임을 인식했다. 여인은 요압이 일을 꾸민 이유는 모두 다윗과 압살롬을 염려해서 그랬던 것임을 확인해 주었다 (20절). 다윗은 자신의 마음을 알아준 것에 대해 요압에게 고마움을 느꼈던 것 같다. 요압은 그술로 가서 압살롬을 데리고 예루살렘으로 돌아왔다.

그러나 문제가 생겼다. 다윗이 압살롬 만나기를 거부한 것이다(24절). 다윗이 지난 3년 동안 압살롬을 그리워했던 것은 사실이지만, 아직도 아물지 않은 상처가 있는 것일까? 아니면 당분간 더 근신하라고 만나기를 피하는 것일까? 아마도 전자일 것이다. 암논의 죽음이 아직도 그가 압살롬을 만날 수 있도록 허락하지 않는다. 또한 아버지로서는 아들 압살롬을 받아들였지만, 왕으로서는 아직 그를 용서하지 못했다 (Birch).

다윗은 최소한 한 번은 압살롬을 만나서 그가 암논을 살인한 일에 대해 문책하고 어떤 형태로든 압살롬을 징계했어야 했다. 결국 다윗이 압살롬에게 "칼을 뽑아야 할 때 칼을 뽑지 않자, 훗날 압살롬이 다윗에게 칼을 들이댄다"(Baldwin). 문제는 다윗이 압살롬 만나기를 거부하는 시간이 길어질수록 아버지에 대한 압살롬의 실망과 분노도 커진다는 점이다(Hertzberg).

(5) 다윗과 압살롬의 화해(14:25-33)

²⁵ 온 이스라엘 가운데에서 압살롬 같이 아름다움으로 크게 칭찬 받는 자가 없었으니 그는 발바닥부터 정수리까지 흠이 없음이라 ²⁶ 그의 머리털이 무거우므로 연말마다 깎았으며 그의 머리 털을 깎을 때에 그것을 달아본즉 그의 머리털이 왕의 저울로 이백 세겔이었더라 ²⁷ 압살롬이 아들 셋과 딸 하나를 낳았는데 딸의 이름은 다말이라 그는 얼굴이 아름다운 여자더라 ²⁸ 압살롬이 이태 동안 예루살렘에 있으되 왕의 얼굴을 보지 못하였으므로 ²⁹ 압살롬이 요압을 왕께 보내려 하여 압살롬이 요압에게 사람을 보내 부르되 그에게 오지 아니하고 또 다시 그에게 보내되 오지 아니하는지라 ³⁰ 압살롬이 자기의 종들에게 이르되 보라 요압의 밭이 내 밭 근처에 있고 거기 보리가 있으니 가서 불을 지르라 하니라 압살롬의 종들이 그 밭에 불을 질렀더니 ³¹ 요압이 일어나 압살롬의 집으로 가서 그에게 이르되 어찌하여 네 종들이 내 밭에 불을 질렀느냐 하니 ³² 압살롬이 요압에게 대답하되 내가 일찍이 사람을 네게 보내 너를 이리로 오라고 청한 것은 내가 너를 왕께 보내 아뢰게 하기를 어찌하여 내가 그술에서 돌아오게 되었나이까 이 때까지 거기에 있는 것이 내게 나았으리이다 하려 함이로라 이제는 네가 나로 하여금 왕의 얼굴을 볼 수 있게 하라 내가 만일 죄가 있으면 왕이 나를 죽이시는 것이 옳으니라 하는지라 ³³ 요압이 왕께 나아가서 그에게 아뢰매 왕이 압살롬을 부르니 그가 왕께 나아가 그 앞에서 얼굴을 땅에 대어 그에게 절하매 왕이 압살롬과 입을 맞추니라

예루살렘으로 돌아온 압살롬이 다윗을 만나지 못한 채 2년이 흘렀다. 압살롬은 더 이상 아버지와의 관계를 방치할 수 없다고 생각해 요압에게 주선을 부탁해서 아버지를 만났다. 암논을 살해한 지 5년 만의 일이다. 온 이스라엘은 예루살렘에 돌아온 압살롬을 보고 드디어 왕과 그의 아들이 관계를 회복했다고 생각했다. 그리고 압살롬 왕자의 준수함에 완전히 마음을 빼앗겼다. 압살롬의 매력은 머리카락에 있었다. 그의 머

리카락은 숱이 많고 매우 아름다웠던 것 같다.

압살롬은 매년 삭발식을 가졌는데, 베어낸 머리카락의 무게가 왕의 저울로 200세겔이었다고 한다(26절). 평민들이 사용하던 상업용 한 세겔은 11.5g이었고, 왕의 저울 한 세겔은 13g이었다. 그렇다면 압살롬의 머리카락 무게는 2.6kg이나 된다. 조금 이해하기 어려울 정도로 많은 양의 머리카락이다. 그러므로 그의 머리가 이스라엘에서 명물이 될 만했다. 사울이 소개될 때를 생각하면, 이 일은 이스라엘이 또 한 번 사람의 '외모'에 끌렸다가 훗날 그 대가를 치르게 될 것을 암시하는 듯하다. 하나님은 외모가 아니라 마음을 보아야 한다고 하시는데(삼상 16:7) 왜 사람들은 배우지 못하는 것일까? 압살롬의 머리가 그를 빛나게 하지만, 훗날 그는 머리 때문에 죽는다(cf. 삼하 18:9-10).

저자는 이야기를 잠시 멈추고 압살롬의 가족 사항에 대해 언급한다. 그에게는 세 아들과 딸이 있었다(27절). 딸의 이름은 다말이라고 기록되었지만, 아들들의 이름은 기록되어 있지 않다. 압살롬이 반역을 일으켰을 때는 이미 세 아들이 죽었기 때문일 것이다(cf. 삼하 18:18). 압살롬의 세 아들은 모두 어린 나이에 죽었다. 그가 딸을 다말이라고 이름한 것은 자기 여동생 다말에 대한 안타까움과 그녀를 위로하는 차원에서 비롯되었을 것이다(Birch).

압살롬의 세 아들이 모두 어린 나이에 죽었다는 사실은 압살롬이 하나님의 저주 아래 있음을 뜻한다고 해석하는 주석가도 있다(Bergen). 그러나 성경이 정확하게 말하지 않는 상황에서 압살롬의 상처에 소금을 치는 해석으로 생각된다. 성경이 침묵하는 것은 그냥 신비로 남겨두는 것이 좋다.

돌아오기만 하면 곧바로 아버지가 자신을 만나줄 것으로 기대했던 압살롬은 2년 동안 아버지를 만나지 못하자 초조해졌다. 압살롬의 귀향을 허락한 날, 다윗이 공식적으로는 압살롬을 용서했지만, 아직도 개인적으로는 그를 용서하지 못했다(Birch). 이 때문에 다윗이 그와의 만

남을 거부했던 것이다.

　그래서 압살롬은 자신이 창살 없는 감옥에 갇혀 있다고 생각했다. 이렇게 살 바에는 차라리 그술에 있을 때가 더 나았다고 생각했다(cf. 32절). 그렇다고 그가 그술로 돌아가는 것은 더 어이없는 일이다. 압살롬은 문제를 해결하기 위해 원래 자신의 귀향을 주선했던 요압에게 두 차례 사람을 보냈다. 요압의 주선을 통해 아버지 다윗을 만나고자 해서였다. 요압이 대답이 없자 사람을 시켜 요압의 보리밭에 불을 질렀다. 그러자 압살롬이 보낸 사람들이 자기 밭에 불을 질렀다는 보고를 받은 요압이 시비를 가리기 위해 압살롬을 찾아왔다.

　요압은 왜 압살롬을 만나지 않으려 했을까? 이유는 단순했던 것 같다. 요압은 다윗의 심복이다. 다윗이 싫어하면 요압도 싫어했고, 다윗이 만나지 않겠다고 하면 요압도 만나지 않았다. 비록 요압이 힘써서 압살롬을 복귀시켰지만, 결코 압살롬을 염려해서 일을 주선한 것이 아니다. 다윗이 염려되어 한 일이었다. 요압은 항상 다윗을 생각했기에, 훗날 압살롬을 죽일 때도 전혀 거리낌이 없었다. 비록 윤리적인 측면에 흠이 있었지만, 그는 다윗을 위해 죽기를 각오한 최고의 심복이었다.

　압살롬의 의도를 알아차린 요압은 드디어 다윗과 압살롬을 만나게 했다. 다윗은 압살롬에게 입을 맞추었다(33절). 5년 만의 부자(父子) 상봉이었다. 입을 맞추는 것은 용서를 의미한다(cf. NRS). 그러나 다윗의 입맞춤은 2년이 늦은 느낌을 준다. 또한 왕으로서 압살롬에게 입을 맞추는 것이지, 아버지로서는 아니다(Birch). 아버지로서 큰 아들 암논을 죽인 둘째 아들 압살롬을 아직도 완전히 용서하지 못했던 것이다. 물론 다윗은 압살롬을 사랑한다(cf. 14:1). 그러나 그를 용서하고 사랑하기에는 더 많은 시간이 필요했다. 문제는 다윗에게 그럴 만한 시간이 없다는 사실이다. 얼마 후 압살롬이 아버지를 상대로 쿠데타를 일으키면, 부자 간의 관계 회복과 용서는 끝나지 않은 일로 영원히 남게 된다. 시간이 있을 때 용서하고 관계를 회복하는 사람에게 복이 있다.

4. 압살롬의 반역과 죽음(15:1-18:33)

독자들은 다윗과 압살롬의 대립이 지속되는 듯하다가 14장 마지막 부분에서 다윗과 압살롬이 화해하는 것을 보고 안도의 한숨을 내쉬었을지도 모른다. 그러나 저자는 사건이 이제부터임을 암시한다. 여기까지는 단순히 서론에 불과하다는 것이다. 이제부터 "안전벨트를 매고" 시선을 압살롬에게 고정해 줄 것을 요구한다. 압살롬의 반역이 얼마나 심각하게 다윗의 왕권을 위협했는지는 저자가 사무엘서에서 이 사건에 할애하는 지면을 보면 알 수 있다. 다윗은 자신의 왕권을 거의 잃을 뻔 했다(Ackroyd).

물론 사건의 발단은 다윗의 간음에 있었다. 사무엘하 10-12장에서의 다윗의 행위가 이곳에 기록된 사건을 초래한 것이다(Arnold). 나단은 밧세바를 범한 그에게 언젠가는 "그의 이웃"이 그의 아내들을 공개적으로 범하는 날이 올 것이라고 했다(삼하 12:11). 이제 그가 죗값을 치를 때가 왔다. 다윗을 가장 힘들게 한 것은 "그의 이웃"이 바로 자신에게서 태어난 아들, 그것도 가장 총애하는 압살롬이었다는 사실이었을 것이다.

압살롬의 반역과 반역한 아들의 칼을 피해 망명길에 오른 일은 다윗의 일생에서 하나님의 함께하심에 대해 가장 의심하게 한 사건이었다. 그러나 동시에 하나님이 아들의 칼을 피해 도망가는 다윗의 옆에서 그를 지켜주시며, 세심한 배려와 은총으로 보호해 주시는 분임을 보여 주는 사건이기도 했다. 하나님의 은혜는 다윗의 아골 골짜기를 소망의 문으로 바꾸어 주셨다. 하나님의 징계의 막대기 끝에 꿀이 발라져 있었던 것이다(Keddie).

이 사건은 다윗이 형제를 죽인 아들을 징계하지 않고 방관하다가 그나마 있던 아들까지 잃게 되는 이야기다. 우리는 종종 다윗처럼 당면

한 문제에 대해 침묵하면 시간이 지나면서 저절로 해결될 거라고 생각할 때가 있다. 그러나 그렇지 않다. 문제는 방치해 두면 눈덩이처럼 불어나 우리를 엄습한다. 문제가 발생했을 때 해결하는 것이 가장 지혜로운 대처 방안이다. 다윗의 삶에서 가장 슬픈 이야기인 이 섹션은 다음과 같이 나눌 수 있다.[7]

    A. 압살롬이 반역을 준비함(15:1-6)
      B. 압살롬이 반역을 일으킴(15:7-12)
        C. 다윗의 망명(15:13-16:14)
          D. 압살롬과 후새(16:15-19)
          D'. 아히도벨과 후새(16:20-17:23)
        C'. 압살롬의 진군(17:24-26)
      B'. 다윗을 찾아온 지인들(17:27-29)
    A'. 압살롬의 죽음(18:1-33)

> V. 다윗의 쇠퇴(9:1~24:25)
>   5장. 두 아들의 반역(13:1~18:33)
>   4. 압살롬의 반역과 죽음(15:1~18:33)

(1) 압살롬이 반역을 준비함(15:1-6)

¹ 그 후에 압살롬이 자기를 위하여 병거와 말들을 준비하고 호위병 오십 명을 그 앞에 세우니라 ² 압살롬이 일찍이 일어나 성문 길 곁에 서서 어떤 사람이든지 송사가 있어

---

7 한 학자는 이 섹션에 19-20장을 포함해 다음과 같은 구조를 제시했다(Conroy). 그러나 이 구조는 압살롬의 반역과 전혀 연관이 없는 텍스트(cf. 20장)와 간접적으로 연관이 있는 텍스트(cf. 19장)를 대거 포함하기 때문에 수용하기에 다소 무리가 있다.
  A. 반역이 일어남(15:1-12)
    B. 다윗의 도주: 만남들(15:13-16:14)
      C. 전략가들의 대립(16:15-17:23)
      C'. 군사들의 대립(17:24-19:8a)
    B'. 다윗의 귀향: 만남(19:8b-43)
  A'. 반역이 끝남(20:1-22)

왕에게 재판을 청하러 올 때에 그 사람을 불러 이르되 너는 어느 성읍 사람이냐 하니 그 사람의 대답이 종은 이스라엘 아무 지파에 속하였나이다 하면 3 압살롬이 그에게 이르기를 보라 네 일이 옳고 바르다마는 네 송사를 들을 사람을 왕께서 세우지 아니하셨다 하고 4 또 압살롬이 이르기를 내가 이 땅에서 재판관이 되고 누구든지 송사나 재판할 일이 있어 내게로 오는 자에게 내가 정의 베풀기를 원하노라 하고 5 사람이 가까이 와서 그에게 절하려 하면 압살롬이 손을 펴서 그 사람을 붙들고 그에게 입을 맞추니 6 이스라엘 무리 중에 왕께 재판을 청하러 오는 자들마다 압살롬의 행함이 이와 같아서 이스라엘 사람의 마음을 압살롬이 훔치니라

압살롬과 다윗이 살던 예루살렘은 큰 도시가 아니었다. 압살롬은 이 작은 도시에서, 즉 아버지의 코밑에서 그를 향한 반역을 준비했다. 왜 아버지에게 반역한 것일까? 그는 아버지에 대한 실망과 상처로 일그러진 삶을 살고 있었다. 7년 전에 있었던 여동생의 강간 사건에 대해 아무런 책망도 하지 않으신 아버지, 결국 아버지의 무능함 때문에 빚어진 암논 살해 사건과 3년 동안의 망명생활, 예루살렘으로 돌아와서도 2년 동안이나 만나주기를 거부했던 아버지가 원망스러웠을 것이다. 또한 나이가 들면서 무기력해지고 판단력이 흐려지는 아버지를 지켜보며, 이스라엘은 자신과 같이 젊고 활력 넘치는 새로운 왕이 필요하다는 생각도 했을 것이다.

기술의 차이가 크지 않은 상태에서 제품의 승패는 제품이 가지고 있는 이미지와 디자인에 의해 좌우된다. 그래서 기업들은 고급스러운 이미지 메이킹(image making)과 디자인 혁신에 엄청난 돈을 쏟아 붓는다. 이러한 마케팅 원리를 알았는지, 압살롬도 이미지 메이킹에 온갖 힘을 기울였다. 그는 말을 탄 채 50여 명의 호위병을 거느리고 매일 사람들 앞에서 시위를 했다. 훗날 아도니야도 50명의 호위병을 거느리는 것을 보면, 50명을 거느리고 다니는 것은 왕자 혹은 왕위 계승자의 신분을 과시하는 제도였을 수도 있다(Birch; cf. 왕상 1:5). 사무엘은 이스라엘

의 왕이 언젠가는 말과 병거를 두게 될 것이라고 경고했다(삼상 8:11). 그래서인지 사울과 다윗은 그 어디에도 말을 탔다는 기록이 없다. 반면에 왕권을 넘보거나 차지한 다윗의 세 아들은 모두 말을 탔다(cf. 왕상 1:5; 4:26). 점차로 이스라엘의 왕권이 사무엘이 우려한 모습을 갖추어 가고 있다는 의미다.

압살롬의 용모는 뛰어났고 50여 명의 잘빠진 젊은 군사들이 그를 둘러싸고 다닐 때마다 사람들은 "장차 우리의 왕"에 대한 호감을 가졌을 것이다. 사울의 겉모습에 속았던 이스라엘은 다시 한 번 압살롬의 겉모습에 속을 것이다. 사무엘은 이스라엘의 왕이 젊은이들을 차출할 것도 경고했는데(삼상 8:11; cf. 왕상 1:5), 압살롬이 이 부분을 실현하고 있다. 저자는 압살롬은 사무엘이 우려한 왕이지 결코 하나님이 세우신 왕이 아니라는 사실을 분명히 한다.

압살롬은 매일 아침 일찍 성문 옆에 서 있었다. 왕에게 재판을 요청하러 성으로 오는 사람들을 만나기 위해서였다. 성으로 들어오는 사람들에게 그들의 사연을 묻고는 "참 안 됐습니다. 당신의 입장이 딱하기는 하지만 당신의 일을 듣고 법적인 판결을 내려줄 왕의 신하들이 없으니 어떡하지요?"라는 식으로 대답했다(2-3절). 다윗이 연로해 예전처럼 신속한 판결을 해주지 않는 것에 대한 불만을 자극하는 것이고(Birch), 사람들의 소송을 듣고 판결해 주어야 할 장로들이 늦게 나오는 것에 대한 간접적인 비난일 것이다. 압살롬은 늙은 다윗의 정권은 효율성에 있어서 한계에 도달했음을 사람들에게 상기시키고 있다.

압살롬이 얻고자 한 것은 무엇인가? 그는 "저는 해가 뜨자마자 일찍 법원을 찾아온 당신의 억울하고 절박한 심정을 이해합니다. 저라도 이렇게 일찍 나왔을 것입니다. 그런데 왕이 재판관으로 세운 사람들은 게으르고 거드름을 피우느라 아직 나오지 않았습니다. 그들은 당신의 일을 자신들의 일같이 여기지 않거든요"라며 슬며시 다윗의 법원을 비난하고 있다. 법원을 찾아오는 사람들의 심정을 잘 이해하지 못하는 재판

231

관들이 어떻게 제대로 된 판결을 할 수 있겠느냐는 문제를 제기하는 것이다.

압살롬은 또한 자신이 재판관으로 임명된다면, 왕의 재판관들과 달리 항상 공정하고 신속한 판결을 누구에게나 해줄 수 있다고 장담했다. 오늘날로 보면 이러한 행위는 일종의 선거 유세라 할 수 있다. "내가 통치하게 되면 많은 것이 달라질 것이다"라는 공약인 것이다. 그리고 누구든지 자신에게 인사하면 다가가서 입을 맞추며 아주 다정하게 화답했다. 마치 선거철이면 평소에는 찾지 않던 재래시장을 찾아가 서민들과 악수하고 사진 찍는 한국 정치인들을 보는 듯하다.

어찌 되었든 압살롬의 이미지 메이킹은 전에 없었던 일이다. 왕이나 귀족들이 평민들의 인사를 받는 둥 마는 둥 하던 사회에서, 압살롬은 그들을 인격적으로 대하고 있다. 왕자, 그것도 왕위 계승자로부터 이같은 대접을 받은 평민들은 자신들이 정부에 "잘 아는 친구"를 두었다는 착각을 했을 것이다(Birch).

이렇게 해서 압살롬은 온 이스라엘의 마음을 사로잡았다. 과거에 다윗이 사울의 "양들"의 마음을 사로잡은 것처럼 말이다. 그러나 압살롬을 바라보는 저자의 시선은 날카롭다. 그는 압살롬이 이스라엘의 마음을 "도적질했다"(גנב)라고 표현한다. 압살롬이 자신의 것이 아닌데 빼앗았으며, 속임수와 경건하지 못한 방법을 사용해 이러한 결과를 얻었음을 암시한다(Smith; Arnold). 이스라엘 백성들이 그들의 왕에 대해 지닌 생각들을 압살롬이 빼앗았다는 것이다. 압살롬은 마음속으로 이미 왕이 되어 있었다(Baldwin).

V. 다윗의 쇠퇴(9:1-24:25)
  5장. 두 아들의 반역(13:1-18:33)
    4. 압살롬의 반역과 죽음(15:1-18:33)

(2) 압살롬이 반역을 일으킴(15:7-12)

7 사 년 만에 압살롬이 왕께 아뢰되 내가 여호와께 서원한 것이 있사오니 청하건대 내가 헤브론에 가서 그 서원을 이루게 하소서 8 당신의 종이 아람 그술에 있을 때에 서원하기를 만일 여호와께서 반드시 나를 예루살렘으로 돌아가게 하시면 내가 여호와를 섬기리이다 하였나이다 9 왕이 그에게 이르되 평안히 가라 하니 그가 일어나 헤브론으로 가니라 10 이에 압살롬이 정탐을 이스라엘 모든 지파 가운데에 두루 보내 이르기를 너희는 나팔 소리를 듣거든 곧 말하기를 압살롬이 헤브론에서 왕이 되었다 하라 하니라 11 그 때 청함을 받은 이백 명이 압살롬과 함께 예루살렘에서부터 헤브론으로 내려갔으니 그들은 압살롬이 꾸민 그 모든 일을 알지 못하고 그저 따라가기만 한 사람들이라 12 제사 드릴 때에 압살롬이 사람을 보내 다윗의 모사 길로 사람 아히도벨을 그의 성읍 길로에서 청하여 온지라 반역하는 일이 커가매 압살롬에게로 돌아오는 백성이 많아지니라

그렇게 또 4년이 흘렀다(7절). 마소라 사본과 칠십인역 둘 다 40년(שְׁנָה אַרְבָּעִים; τεσσαράκοντα ἐτῶν)으로 기록하고 있지만(cf. NAS; TNK) 이것이 압살롬의 나이가 아니라면 잘못 표기된 것이다. 또한 이 숫자가 압살롬의 나이를 표기한다고 생각하기에도 문장 구조가 자연스럽지 않다. 그러므로 대부분의 학자와 번역본은 4년을 선호한다(개역개정; 공동번역; 새번역; NIV; NRS; cf. Anderson). 압살롬이 암논을 죽이고 도망했다가 예루살렘으로 돌아온 지 7년 만의 일이었다.

압살롬이 지난 4년 동안 준비했던 날이 왔다. 그는 다윗을 찾아가 헤브론에 가서 예배를 드리고 오겠다고 한다. 그술에 머물 때, 만일 여호와께서 다시 자신을 예루살렘으로 돌아올 수 있게 복을 주시면 헤브론에서 예배를 드리겠다고 서원했다고 한다(8절). 압살롬의 말은 분명 거짓이다. 성경은 서원을 가능한 빨리 지키라고 하는데(cf. 신 23:21), 그는

233

왜 돌아온 지 7년이 지나서야 그 서원을 지키겠다는 것일까? 그러나 늙은 다윗은 문제를 전혀 의식하지 못한다(Bergen).

압살롬이 예루살렘에서 멀리 떨어진 곳에서 일을 저지르는 것은 암논을 죽일 때 사용한 방법이기도 하다(cf. 삼하 13:23-27). 암논이 죽을 때는 다윗이 질문이라도 하더니, 이번에는 아예 "잘 다녀오라"(לך בשלום)고 한다(9절). 제사를 가장해서 정치적 일을 꾸미는 것은 사무엘이 사울의 눈을 피해 다윗에게 기름을 부을 때 사용했던 방법이기도 하다(cf. 삼상 16장). 역사를 살펴보면 정치적 목적으로 종교를 이용하는 경우는 자주 있었다. 예루살렘에서 32km 정도 떨어진 헤브론은 다윗이 유다의 왕으로 취임한 곳이기도 하다(cf. 삼하 2장). 그렇다면 압살롬은 의도적으로 자신을 "제2의 다윗"으로 묘사하는 것일까? 어찌 되었든 그는, 헤브론이 다윗을 왕으로 추대한 도시였기에, 이스라엘의 성읍 중 다윗에 대한 지지도가 가장 높으리라고 추측되는 도시에서 자신의 반역을 시작한다. 그만큼 자신이 있었던 것이다.

압살롬은 미리 준비한 치밀한 계획에 따라 민첩하게 행동을 취했다. 이스라엘 곳곳에 미리 사람들을 심어 놓고 신호가 떨어지면 모두 "압살롬이 헤브론에서 왕이 되었다"고 선포하도록 했다. 그는 또한 아버지에게 헤브론에서 제사를 드릴 수 있는 허락을 받아 놓은 터라 예루살렘의 유지 200명을 쉽게 헤브론으로 유인할 수 있었다. 압살롬의 음모를 전혀 알지 못했던 이들은 왕이 축복한 여행에 왕자와 함께했던 것이다. 그들은 지금 이용당하고 있다. "그들은 손님으로 초청받은 것일 뿐이며, 압살롬의 음모를 전혀 알지 못한 채로, 그저 따라가기만 한 사람들이다"(11절). 압살롬의 하객들은 지금 난처한 입장에 처했다. 떠나고 싶어도 떠날 수 없는 인질이 되었기에, 공개적으로 압살롬을 거역하면 생명이 위험하고 잠잠히 있자니 압살롬의 반역에 동참한 자들로 간주되는 상황이다.

예루살렘에서 도착한 200명의 유지들은 헤브론 사람들의 눈에 압살롬의 반역에 동조하는 자들로 보였을 것이다. 압살롬은 이러한 여론 조성을 노렸다. 아마도 많은 사람이 "만약에 이 많은 예루살렘의 유지들이 압살롬을 왕으로 추대할 정도라면 다윗의 날은 정해진 것 같다. 압살롬에게 줄을 서자"라고 생각했을 것이다.

압살롬의 반역에 있어 가장 유력한 지지자는 아히도벨이라는 계략가였다. 아히도벨은 길로 사람으로, 다윗의 참모였다. 다윗이 아히도벨이 반역에 참여했다는 소식을 듣고 바짝 긴장해 하나님께 기도하는 것을 보면, 이 사람의 능력을 충분히 상상할 수 있다(cf. 31절). 아마 제갈공명 같은 사람이었을 것이다. 그의 계략을 폐할 수 있는 유일한 방법은 하나님의 개입밖에 없다는 것이 저자의 관점이다. 그러므로 압살롬이 후새의 어수룩한 제안을 아히도벨의 계략보다 선호한 것은 하나님이 그를 죽이기로 작정하셨기 때문이다(17:14).

다윗의 오랜 친구이자 모사였던 아히도벨이 왜 압살롬에게 갔을까? 다윗 주변에 있던 사람들은 대체로 그를 따르고 그에게 목숨을 내놓고 충성하는 사람들이었다. 이러한 사실은 그의 망명길에서 만나는 사람들을 통해 역력히 드러난다. 그런데 왜?

사무엘하 23:34에서, 아히도벨은 엘리암의 아버지로 소개된다. 이 엘리암이 밧세바의 아버지 엘리암이라면 아히도벨은 밧세바의 할아버지가 된다(cf. McCarter; Anderson; Arnold). 물론 밧세바의 아버지 엘리암이 아히도벨의 아들 엘리암이라는 것을 증명할 만한 단서는 없다. 그러나 이들이 동명이인이라는 증거도 없다. 그렇다면 아히도벨은 손녀의 일로 인해 다윗에게 앙심을 품은 것일까? 물론 "날이 갈수록 다윗의 왕궁에서 밧세바의 영향력이 커져 가는데 아히도벨이 이런 일을 하겠는가?"라는 반문에도 어느 정도의 무게가 실린다(cf. Gordon). 그러나 아히도벨이 정치적인 이익에는 관심이 없는 원리주의자로서 손녀의 일에만 이 원리를 적용했다면, 이는 충분히 가능한 일이다. 그가 손주 사위 우리아를 많이 사랑했기에 그의 죽음에 대해 다윗을 용서하지 못했다면, 더욱 그렇다(Bergen). 확실하지는 않지만, 상당한 가능성은 내포하고 있다.

압살롬의 반역은 순식간에 그 세력을 확장해 나갔다. 그러나 저자는 압살롬의 행위를 "반역"(קֶשֶׁר)으로 규정함으로써 다시 한 번 그의 행동을 부정적으로 평가한다. 이 "반역"이라는 표현은 사울이 다윗과 그를 따르는 자들을 비난하면서 사용한 단어이기도 하다(삼상 22:8, 13). 비록 다윗이 아들에게 쫓기는 신세가 되었지만, 저자에게는 아직도 다윗이 유일하고 정당한 왕일 뿐이다.

> V. 다윗의 쇠퇴(9:1–24:25)
> 5장. 두 아들의 반역(13:1–18:33)
> 4. 압살롬의 반역과 죽음(15:1–18:33)

(3) 다윗의 망명(15:13-16:14)

다윗의 젊은 시절에 자주 보았던 일이 다시 일어났다. 다윗이 쫓기게 된 것이다. 과거에는 장인 사울에게 쫓겼는데, 이번에는 아들 압살롬에게 쫓긴다. 급히 예루살렘에서 도피하면서 시작되는 다윗의 망명 생활은 당시 이스라엘에서의 그의 지지 기반 상태를 보여 준다. 다윗을 지지하는 사람이 많았지만, 반대하는 사람도 많았다. 또한 북쪽 지파들은 다윗의 통치 아래 있었지만, 상당히 불편해했다. 그래서 압살롬이 반역하자 곧바로 압살롬의 편에 섰다. 훗날 솔로몬의 죄로 인해 나라가 둘로 나뉠 때 모두 다윗 왕조의 지배를 거부하고 여로보암 쪽으로 쏠렸던 것을 봐도, 아브넬의 주선으로 겨우 통일이 이루어지긴 했지만, 이 지파들은 다윗 정권을 그다지 좋아하지 않았다.

밧세바 사건 이후로 다윗은 판단력도 상당히 무뎌지고 무기력했다. 그러나 아들의 칼을 피해 도피하는 다윗은 판단력과 결단력이 살아 있었다. 요단 강을 건널 때까지는 머리에 재를 뿌리고 베옷을 입고 슬퍼하며 울던 그가 강을 건너자마자 신속하게 전략을 짜고 지시하는 지휘관으로 변한 것이다. 또한 피난 도중에 만난 사람들에게도 어떻게 해야 하는가를 정확히 알려주고 지시했다. 이 본문은 다윗이 피난길에서 만난 여러 사람의 이야기로 구성되어 있다. 다윗이 만난 모든 사람이 그에게 호의적인데, 시므이만은 저주를 퍼부었다. 다윗의 장군 아비새가 그를 죽이려 하지만, 다윗은 극구 말렸다. 시므이가 떠들어 대는 말을 하나님이 그를 질책하시는 말씀으로 받고 겸허히 하나님께 무릎꿇었기 때문이다. 압살롬의 반역이 자신이 밧세바와 간음한 일로 인한 하나님의 징계라는 것을 직감한 것이다. 이 섹션은 다음과 같이 구분될 수 있다.[8]

A. 서론: 예루살렘 탈출(15:13-16)
  B. 잇대와의 만남(15:17-23)
    C. 아비아달과 사독과의 만남(15:24-29)
      D. 다윗의 피난길(15:30-31)
    C'. 후새와의 만남(15:32-37)
  B'. 시바와의 만남(16:1-4)
E. 결론: 시므이의 저주(16:5-14)

V. 다윗의 쇠퇴(9:1-24:25)
  5장. 두 아들의 반역(13:1-18:33)
  4. 압살롬의 반역과 죽음(15:1-18:33)
  (3) 다윗의 망명(15:13-16:14)

① 예루살렘 탈출(15:13-16)

13 전령이 다윗에게 와서 말하되 이스라엘의 인심이 다 압살롬에게로 돌아갔나이다 한지라 14 다윗이 예루살렘에 함께 있는 그의 모든 신하들에게 이르되 일어나 도망하자 그렇지 아니하면 우리 중 한 사람도 압살롬에게서 피하지 못하리라 빨리 가자 두렵건대 그가 우리를 급히 따라와 우리를 해하고 칼날로 성읍을 칠까 하노라 15 왕의 신하들이 왕께 이르되 우리 주 왕께서 하고자 하시는 대로 우리가 행하리이다 보소

8 버치(Birch)는 15:13-19:43의 구조를 다음과 같이 제안한다.
  A. 다윗의 예루살렘 도피(15:13-16:14)
    B. 전략가들의 대결(16:15-17:23)
    B'. 군대의 대결(17:24-19:8)
  A'. 다윗의 예루살렘 귀향(19:9-43)

서 당신의 종들이니이다 하더라 ¹⁶ 왕이 나갈 때에 그의 가족을 다 따르게 하고 후궁 열 명을 왕이 남겨 두어 왕궁을 지키게 하니라

압살롬의 반역 소식을 전해 들은 다윗은 열 명의 후궁들만 궁에 남겨두고 민첩하게 예루살렘을 빠져 나왔다. 열 명의 후궁을 남겨둠으로써, 다윗은 본의 아니게 나단의 예언이 성취되는 계기를 제공한다. 또한 다윗의 텅 빈 왕궁은 그의 행렬이 대부분 왕궁과 연관된 사람들로 이루어졌음을 짐작케 만든다. 그런데 무엇이 다윗을 두렵게 한 것일까? 압살롬의 세력이 어느 정도 규모인지, 예루살렘에서는 그를 대적할 수 없는지를 판가름하기도 전에 썰물처럼 성을 빠져나가는 데는 어떤 의미가 숨겨져 있을까?

압살롬이 나단이 예언했던 "이웃"임을 직감하고 이 일이 여호와께로부터 온 일이기 때문에 결코 피할 수 없다는 것을 의식했을까? 정확한 이유는 알 수 없지만, 다윗은 겁에 질려 있다. 그는 일단 몸을 피하고 위기를 모면해 대책을 찾으려는 의도에서 급히 예루살렘을 탈출했다.

압살롬은 그동안 사람들에게 다윗이 무기력하고 늙어 감에 따라 판단력도 흐려졌다는 여론을 조성해 왔다. 그러나 지금부터 펼쳐지는 다윗의 대책과 여러 가지 결정은 그의 판단력이 결코 노쇠하지 않았을 뿐만 아니라 젊은 날의 민첩함과 능숙함도 그대로 지니고 있음을 여실히 드러낸다. 다윗의 민첩하고 정확한 상황 판단은 다윗 자신과 예루살렘 주민들을 살렸다(Bergen).

② **잇대와의 만남(15:17-23)**

¹⁷ 왕이 나가매 모든 백성이 다 따라서 벧메르학에 이르러 멈추어 서니 ¹⁸ 그의 모든

신하들이 그의 곁으로 지나가고 모든 그렛 사람과 모든 블렛 사람과 및 왕을 따라 가드에서 온 모든 가드 사람 육백 명이 왕 앞으로 행진하니라 ¹⁹ 그 때에 왕이 가드 사람 잇대에게 이르되 어찌하여 너도 우리와 함께 가느냐 너는 쫓겨난 나그네이니 돌아가서 왕과 함께 네 곳에 있으라 ²⁰ 너는 어제 왔고 나는 정처 없이 가니 오늘 어찌 너를 우리와 함께 떠돌아다니게 하리요 너도 돌아가고 네 동포들도 데려가라 은혜와 진리가 너와 함께 있기를 원하노라 하니라 ²¹ 잇대가 왕께 대답하여 이르되 여호와의 살아 계심과 내 주 왕의 살아 계심으로 맹세하옵나니 진실로 내 주 왕께서 어느 곳에 계시든지 사나 죽으나 종도 그 곳에 있겠나이다 하니 ²² 다윗이 잇대에게 이르되 앞서 건너가라 하매 가드 사람 잇대와 그의 수행자들과 그와 함께 한 아이들이 다 건너가고 ²³ 온 땅 사람이 큰 소리로 울며 모든 백성이 앞서 건너가매 왕도 기드론 시내를 건너가니 건너간 모든 백성이 광야 길로 향하니라

다윗은 식솔들을 거느리고 신속하게 예루살렘을 빠져나갔다. 그의 일행은 벧메르학에 도착해서 잠시 멈추어 섰다(17절). "벧메르학"(הַמֶּרְחָק בֵּית)의 문자적 의미는 "먼 집/끝 집"이다(cf. HALOT). 그래서 대부분의 번역본이 "먼 궁"(새번역), "마지막 집"(공동번역; NAS; NRS; TNK), "멀리 떨어져 있는 집"(NIV; KJV) 등으로 표기한다. 반면에 개역개정은 고유명사로 간주한다. 이런 지역/성읍이 있었다면 발굴되었을 법도 한데, 아직까지 발굴된 적은 없다. 그러므로 대부분의 번역본처럼 왕궁에서 상당히 떨어진 곳에 있는 집으로 해석하는 것이 바람직하다. 이곳은 쿠데타 소식을 듣고 정신없이 도망나온 다윗이 전세를 가다듬기 위해 잠시 멈추어 선 곳이다.

가드 사람 잇대는 무슨 이유에서인지 본국에 돌아갈 수 없어 이스라엘에 머물게 된 이방인이었다. 잇대는 다윗의 소식을 듣고 600명의 군대를 이끌고 그를 찾아왔다(18절). 잇대는 가족들도 함께 이끌고 왔다. 경우에 따라서 이스라엘 땅을 두 번 다시 밟지 못할 것을 각오하고 온 것이다. 아버지를 상대로 쿠데타를 일으킨 압살롬과 충성스런 이방인

잇대는 극명한 대조를 이룬다(Birch).

다윗은 그에게 이제 겨우 이스라엘에서 발붙이고 살게 되었으니 정처 없이 떠나는 자기를 따라나섰다가 어렵게 얻은 것을 잃지 말고 돌아가서 압살롬을 왕으로 모시고 살라고 당부했다. 다윗은 여호와의 "은혜와 진실하심"(חֶסֶד וֶאֱמֶת)으로 축복함으로써 결코 그를 원망하거나 서운하게 생각하지 않을 것을 확실하게 밝혔다(20절). 그러나 잇대는 확신을 가지고 말했다. "주님께서 확실히 살아 계시고, 임금님께서도 확실히 살아 계심을 두고 맹세합니다만, 그럴 수는 없습니다. 임금님께서 가시는 곳이면, 살든지 죽든지, 이 종도 따라가겠습니다"(21절, 새번역).

여기서 우리는 다윗의 인격을 본다. 이제 겨우 이스라엘에서 자리를 잡고 살게 된 이방인이 군대를 이끌고 와서 이런 다짐을 하는 것은 다윗의 인격에 대한 방증이다. 또한 잇대의 발언은 어디서 많이 들어본 말이 아닌가? 룻이 자기를 따라오지 말고 돌아가서 잘 살라는 홀로된 시어머니 나오미의 말을 받아 하던 고백과 비슷하다(cf. 룻 1:16-17). 잇대의 고백은 다윗이, 지금은 나오미와 같이 미래에 대해 장담할 수 없는 처량한 신세지만, 결코 망하지 않을 것이란 소망을 갖게 한다.

다윗의 곁에 이렇게 충성되고 자비를 아는 사람들이 있으니, 하나님은 이들을 위해서라도 반드시 다윗에게 은혜를 베푸실 것이다. 나오미가 룻의 각오를 알고 더 이상 만류하지 않았던 것처럼 다윗도 잇대의 충성을 기쁘게 받아들인다. 그리고 훗날 압살롬과의 전쟁에서 잇대를 세 명의 최고 장군 중 하나로 삼는다(삼하 18:2, 5). 잇대는 다윗과 그를 따르는 자들을 호위하는 일을 맡았다. 초라하던 다윗의 행렬이 이제 품위를 갖추었다. 다윗의 행렬이 기드론 시내를 건널 때, 그곳은 울음바다가 되었다(23절). 아들에게 쫓기는 기구한 다윗의 운명을 슬퍼하는 온 땅 사람들의 통곡이었다. 기드론 시내는 예루살렘과 감람 산 사이에 있는 곳이다. 이곳을 지나 곧장 가면 광야로 들어선다(Birch). 다윗의 행렬이 광야로 향하는 것은 상징적인 의미를 지니고 있다. 광야는 생명을 유지하기 어려운 곳이지만, 또한 하나님의 은혜를 체험하기에 가장 좋은 곳이기도 하다.

③ 아비아달과 사독과의 만남(15:24-29)

²⁴ 보라 사독과 그와 함께 한 모든 레위 사람도 하나님의 언약궤를 메어다가 하나님의 궤를 내려놓고 아비아달도 올라와서 모든 백성이 성에서 나오기를 기다리도다 ²⁵ 왕이 사독에게 이르되 보라 하나님의 궤를 성읍으로 도로 메어 가라 만일 내가 여호와 앞에서 은혜를 입으면 도로 나를 인도하사 내게 그 궤와 그 계신 데를 보이시리라 ²⁶ 그러나 그가 이와 같이 말씀하시기를 내가 너를 기뻐하지 아니한다 하시면 종이 여기 있사오니 선히 여기시는 대로 내게 행하시옵소서 하리라 ²⁷ 왕이 또 제사장 사독에게 이르되 네가 선견자가 아니냐 너는 너희의 두 아들 곧 네 아들 아히마아스와 아비아달의 아들 요나단을 데리고 평안히 성읍으로 돌아가라 ²⁸ 너희에게서 내게 알리는 소식이 올 때까지 내가 광야 나루터에서 기다리리라 하니라 ²⁹ 사독과 아비아달이 하나님의 궤를 예루살렘으로 도로 메어다 놓고 거기 머물러 있으니라

다윗 행렬이 기드론 시내를 건너 광야 쪽으로 가다 보니, 사독과 아비아달이 레위 사람들을 지휘하여 법궤를 메고 와서 그를 기다리고 있었다. 일부 학자들과 번역본은 아비아달이 "올라왔다"(יַּעַל, 24절)를 "제물을 바쳤다"라고 해석한다(NIV; Bergen). "모든 백성이 성을 떠날 때까지 아비아달이 제물을 바쳤다." 제사장들이 법궤와 함께 있다는 사실이 이 같은 해석을 완전히 배제하지는 않지만, 제물을 바치는 일을 묘사하는 동사(עלה)가 사용될 때는 대체로 "번제"(עוֹלָה)라는 명사가 함께 사용된다. 반면에 본문에서는 이 명사가 함께 사용되지 않으므로 대부분의 번역본과 학자들처럼 이 동사의 의미를 "올라오다"로 간주하는 것이 바람직하다(개역한글; 공동번역; 개역개정; NAS; NRS; TNK; cf. HALOT).

사독과 아비아달이 법궤를 메고 와서 다윗을 기다렸다는 사실은 당시 그의 주요 지지자들이 종교인이었음을 암시한다(Bergen). 오래전부터 다윗은 레위 사람들의 절대적인 후원자였다(삼상 22:20-23; cf. 삼하 6:12-18; 8:17). 이제 종교인들이 위기에 처한 다윗을 격려하러 나온 것이다. 그들이 하나님의 인도하심에 따라 다윗에게 나왔다면, 이 전쟁은 분명 다윗의 승리로 끝날 것을 확신할 수 있다. 이 같은 사실이 이 사건에서는 언급되지 않지만, 이야기가 전개되어감에 따라 하나님이 다윗 편에 계시며 압살롬을 처음부터 버리셨음이 조금씩 밝혀진다.

여기서 다윗의 변화된 모습을 목격하게 된다. 그동안 다윗은 법궤를 이용해 자신의 정권의 종교적 정당성을 추구했다(cf. 6장). 그가 옛날의 마음 자세를 그대로 지니고 있었다면 법궤를 보는 순간 매우 기뻤을 것이다. 법궤가 함께하는 한 분명히 여호와께서 자신을 보호하시고 회복시키실 것이라고 생각했을 것이기 때문이다(cf. Birch). 그러나 그의 신앙은 많이 성숙해졌다. 하나님의 법궤는 결코 재앙을 면하거나 불확실한 미래를 확실하게 하는 데 사용하는 수단이 아님을 깨달은 것이다. 그러므로 다윗은 언젠가 하나님이 자비를 베푸시면 자신이 다시 법궤로 나아갈지언정 법궤가 자신에게 와서는 안 된다고 생각했다(Bergen).

그래서 다윗은 자신의 모든 것을 여호와의 주권에 맡기며 법궤를 다시 예루살렘으로 가져갈 것을 명령한다. 주께서 자비를 베푸시면 그가 다시 예루살렘으로 돌아와 법궤를 볼 날이 있을 것이라고 확신하면서 말이다. 다윗은 만일 "주님께서 나를 싫다고 하시면, 오직 주님께서 바라시는 대로 나에게서 이루시기를 빌 수밖에 없소"(26절, 새번역)라며 사울에게 쫓겨 다니던 때처럼 모든 것을 하나님의 주권에 맡겼다. 그동안 사무엘서에서 사람들은 법궤를 전쟁에서 승리를 안겨주는 부적처럼 취급했는데, 다윗이 처음으로 이 같은 사고를 초월하고 있다. 이는 밧세바 사건 이후로 쇠퇴하던 그의 신앙이 다시 회복되고 있음을 암시한다.

다윗은 다시 예루살렘으로 법궤를 메고 돌아갈 제사장들에게 실질적인 도움을 요청한다. 돌아갈 때 그들의 아들 아히마아스와 요나단을 연락병으로 데려가라고 한다. 예루살렘에서 일어나는 일들을 이들을 통해 듣고자 했던 것이다. 위기의 순간 다윗은 여호와의 자비를 구하는 신앙과 신속하고 지혜롭게 일처리하는 능력을 동시에 보여 준다(Birch; cf. Gordon).

이렇게 해서 다윗은 압살롬의 동태를 상세하게 알려줄 수 있는 스파이를 압살롬의 등잔 밑에 심어 놓았다. 물론 다윗을 부정적으로 평가하면, 그는 제사장들이 광야에서 자신을 위해 기도하는 것보다 예루살렘에서 정보를 알아내는 것이 자신에게 더 도움이 된다고 생각했으며, 법궤를 이동시키는 것이 인력 낭비라고 생각해서 이런 결정을 내렸다고 주장할 수도 있다.

> V. 다윗의 쇠퇴(9:1-24:25)
>   5장. 두 아들의 반역(13:1-18:33)
>   4. 압살롬의 반역과 죽음(15:1-18:33)
>   (3) 다윗의 망명(15:13-16:14)

④ 다윗의 피난길(15:30-31)

30 다윗이 감람 산 길로 올라갈 때에 그의 머리를 그가 가리고 맨발로 울며 가고 그와 함께 가는 모든 백성들도 각각 자기의 머리를 가리고 울며 올라가니라 31 어떤 사람이 다윗에게 알리되 압살롬과 함께 모반한 자들 가운데 아히도벨이 있나이다 하니 다윗이 이르되 여호와여 원하옵건대 아히도벨의 모략을 어리석게 하옵소서 하니라

다윗은 머리를 가리고 맨발로 울며 고난당한 자의 모습으로 길을 떠났다(30절). 그와 함께하는 모든 사람도 슬픈 모습으로 그를 따랐다. 그런데 다윗을 기겁하게 하는 소식이 들려왔다. 다윗의 전략가 아히도벨이 압살롬과 합세했다는 소식이었다. 다윗이 할 수 있는 것은 기도뿐이었다. "하나님, 그의 계획이 모두 어리석은 것이 되게 하여 주십시오"(31절).

저자가 아히도벨의 이름을 이미 언급했지만(cf. 12절), 독자인 우리는 사무엘서에서 아직 아히도벨을 직접 만나본 적이 없기 때문에 그가 어

떤 사람인지 알지 못한다. 다만 다윗이 이렇게 긴장할 정도라면 아히도
벨이 전략가라는 정도는 짐작할 수 있다. 아히도벨의 위협 앞에서 그는
두려움에 사로잡힌 한 개인의 기도를 드렸다. 다윗은 매사에 이렇다.
항상 실용적인 면과 신앙적인 면이 섞인 행동을 하거나 기도를 드린다.

⑤ **후새와의 만남**(15:32–37)

[32] 다윗이 하나님을 경배하는 마루턱에 이를 때에 아렉 사람 후새가 옷을 찢고 흙을
머리에 덮어쓰고 다윗을 맞으러 온지라 [33] 다윗이 그에게 이르되 네가 만일 나와 함
께 나아가면 내게 누를 끼치리라 [34] 그러나 네가 만일 성읍으로 돌아가서 압살롬에게
말하기를 왕이여 내가 왕의 종이니이다 전에는 내가 왕의 아버지의 종이었더니 이제
는 내가 왕의 종이니이다 하면 네가 나를 위하여 아히도벨의 모략을 패하게 하리라
[35] 사독과 아비아달 두 제사장이 너와 함께 거기 있지 아니하냐 네가 왕의 궁중에서
무엇을 듣든지 사독과 아비아달 두 제사장에게 알리라 [36] 그들의 두 아들 곧 사독의
아히마아스와 아비아달의 요나단이 그들과 함께 거기 있나니 너희가 듣는 모든 것을
그들 편에 내게 소식을 알릴지니라 하는지라 [37] 다윗의 친구 후새가 곧 성읍으로 들
어가고 압살롬도 예루살렘으로 들어갔더라

하나님이 아히도벨에 대한 다윗의 기도를 들으셨다(Bergen). 그에게 적
수가 될 만한 사람 후새를 보내신 것이다. 슬픔에 잠겨 피난길을 가던
다윗은 그를 기다리던 후새를 보자 자신의 머리 위에 드리워진 어두운
구름들 사이로 한 줄기 빛이 비추고 있음을 의식했다. 저자는 후새를
다윗의 친구라고 한다(37절). 이는 후새가 오랜 세월 다윗과 우정을 나
눈 관계였을 뿐만 아니라 다윗이 항상 일을 의논하던 측근이었음을 뜻
한다(McCarter; Anderson). 다윗이 후새가 따라오면 짐이 될 것이라고 생
각하는 것을 보니, 후새는 나이도 다윗과 비슷하고 그 당시 상당한 고

령이었던 것으로 여겨진다(Gordon; cf. 33절). 다윗은 후새에게 그 자리에서 작전 명령을 내렸다. 예루살렘으로 돌아가서 압살롬에게 거짓 충성을 맹세하고 일을 펼쳐 나가라는 것이다. 무엇보다도 아히도벨의 계략을 막는 것이 그의 임무임을 확인해 주고 사독과 아비아달을 통해 소식을 전해 줄 것을 부탁했다.

다윗은 피난길에서 만나는 자들마다 적절한 역할을 지시해 준다. 그는 압살롬 주변에 사람들을 심어 놓음으로써 그의 일거수일투족을 확실히 파악할 수 있는 여건을 만들었다. 과거의 민첩함과 치밀한 전략가의 모습을 완전히 되찾은 것이다. 압살롬은 다윗을 형편없이 얕잡아 보았다. 그러나 이제 곧 그 대가를 치러야 한다. 물론 후새에게는 위험한 일이다. 조금이라도 잘못되면 생명을 잃는 작전이었다. 그러나 그는 다윗을 위해 죽음을 각오한 친구였다.

후새는 서둘러 예루살렘으로 돌아갔다. 후새와 다윗의 만남이 감람산 꼭대기에서 있었던 일이라면(cf. 32절), 후새는 약 1.6㎞를 걸어 30분 만에 예루살렘으로 돌아왔을 것이다(Bergen). 그가 예루살렘에 입성할 때 압살롬도 성에 도착했다(37절). 만일 압살롬이 도착한 후에 예루살렘에 도착했다면, 후새는 압살롬의 의심을 피할 수 없었을 것이다. 그러므로 그가 다윗을 만나고 급히 성으로 돌아가 압살롬을 환영할 수 있었던 것은 하나님이 다윗에게 베푸신 은총이라고 할 수 있다.

> V. 다윗의 쇠퇴(9:1–24:25)
>   5장. 두 아들의 반역(13:1–18:33)
>   4. 압살롬의 반역과 죽음(15:1–18:33)
>   (3) 다윗의 망명(15:13–16:14)

⑥ 시바와의 만남(16:1–4)

¹ 다윗이 마루턱을 조금 지나니 므비보셋의 종 시바가 안장 지운 두 나귀에 떡 이백 개와 건포도 백 송이와 여름 과일 백 개와 포도주 한 가죽부대를 싣고 다윗을 맞는지라 ² 왕이 시바에게 이르되 네가 무슨 뜻으로 이것을 가져왔느냐 하니 시바가 이르되

나귀는 왕의 가족들이 타게 하고 떡과 과일은 청년들이 먹게 하고 포도주는 들에서 피곤한 자들에게 마시게 하려 함이니이다 ³왕이 이르되 네 주인의 아들이 어디 있느냐 하니 시바가 왕께 아뢰되 예루살렘에 있는데 그가 말하기를 이스라엘 족속이 오늘 내 아버지의 나라를 내게 돌리리라 하나이다 하는지라 ⁴왕이 시바에게 이르되 므비보셋에게 있는 것이 다 네 것이니라 하니라 시바가 이르되 내가 절하나이다 내 주 왕이여 내가 왕 앞에서 은혜를 입게 하옵소서 하니라

시바는 사울 집안의 종으로, 다윗이 므비보셋에게 준 땅을 관리하도록 한 사람이었다. 독자들은 당연히 그가 압살롬 쪽으로 기울었을 것이라고 기대할 수 있다(Birch). 그러나 그는 큰 선물을 가지고 다윗을 찾아왔다(1절). 이는 다윗을 향한 충성을 드러내고자 하는 행위였다. 뭔가 다윗에게 얻어내고자 찾아온 것이다. 다윗도 뜻밖의 일을 당한 것처럼 "네가 여기 웬 일이냐?"라는 반응을 보였다(2절).

다윗의 질문에 대한 신중한 대답들은 그의 교활함을 그대로 드러낸다. "네가 무엇 때문에 이것을 가지고 왔느냐?" 즉, "너는 나를 따라올 이유가 없는 사람이 아니냐?"라는 다윗의 질문에 그는 다음과 같이 둘러댄다. "나귀들은 사람들 타라고, 음식은 잡수시라고 가져왔습니다." 그리고 그는 더 이상 말을 하지 않았다.

침묵을 깨고 다윗은 "네가 섬기는 상전[사울]의 손자는 지금 어디에 있느냐?"라고 물었다. 다윗은 지금 시바의 말을 전적으로 믿지 못하겠다는 자세를 취하고 있다. 그는 사울 집안의 사람이 아닌가? 다윗은 시바에게 던지는 질문 가운데 "네가 섬기는 상전"을 언급함으로써 자신의 심정을 드러낸다. 다윗의 질문은 므비보셋이 어디에 있는가 보다는 그가 이 내란 속에서 어느 쪽을 선택했는가를 알아보는 것이다(Gordon). 다윗의 질문에 시바는 "그는 예루살렘에 있으며 드디어 자신의 정당한 왕권을 되돌려 받을 날이 왔다고 생각하고 있다"라고 대답했다.

시바의 정체가 드러나는 순간이다(cf. Arnold). 그는 요구된 이상의 대답을 하고 있다. 또한 논리에 맞지 않는 대답을 하고 있다. 압살롬이 므비보셋에게 왕권을 회복시켜 주려고 내란을 일으켰는가? 므비보셋이 아무리 어리석어도 이런 착각에 빠질 확률은 적다. 게다가 므비보셋은 신체적으로도 왕이 되기 어려운 사람이다. 이스라엘에서 왕은 자신들을 이끌고 전쟁터에 가서 "그들을 위해 싸울 사람"이라고 정의된 적이 있다. 즉, 시바는 지금 주인 므비보셋을 모함하는 것이다. 훗날 므비보셋은 초췌한 모습으로 다윗 앞에 나아와 이런 시바의 음모를 확인했다.

순간적으로 감정이 욱해진 다윗은 시바의 말을 그대로 믿었다. 늙은 다윗의 판단력이 다시 흐려진 것이다(Bergen). 그리고 '배반자' 므비보셋의 땅을 모두 그에게 주었다. 시바는 이것을 노리고 왔을 것이다. 다윗은 시바에게 모든 땅의 소유권을 넘겨 줌으로써 어느 편에 설지 마음을 정하지 못하는 사람들에게 분명히 경고한다. "누구든지 압살롬 편에 서는 자들은 땅을 빼앗길 수 있다."

⑦ 시므이와의 만남(16:5-14)

5 다윗 왕이 바후림에 이르매 거기서 사울의 친족 한 사람이 나오니 게라의 아들이요 이름은 시므이라 그가 나오면서 계속하여 저주하고 6 또 다윗과 다윗 왕의 모든 신하들을 향하여 돌을 던지니 그 때에 모든 백성과 용사들은 다 왕의 좌우에 있었더라 7 시므이가 저주하는 가운데 이와 같이 말하니라 피를 흘린 자여 사악한 자여 가거라 가거라 8 사울의 족속의 모든 피를 여호와께서 네게로 돌리셨도다 그를 이어서 네가 왕이 되었으나 여호와께서 나라를 네 아들 압살롬의 손에 넘기셨도다 보라 너는 피를 흘린 자이므로 화를 자초하였느니라 하는지라 9 스루야의 아들 아비새가 왕께 여짜오되 이 죽은 개가 어찌 내 주 왕을 저주하리이까 청하건대 내가 건너가서 그의 머

리를 베게 하소서 하니 ¹⁰ 왕이 이르되 스루야의 아들들아 내가 너희와 무슨 상관이 있느냐 그가 저주하는 것은 여호와께서 그에게 다윗을 저주하라 하심이니 네가 어찌 그리하였느냐 할 자가 누구겠느냐 하고 ¹¹ 또 다윗이 아비새와 모든 신하들에게 이르되 내 몸에서 난 아들도 내 생명을 해하려 하거든 하물며 이 베냐민 사람이랴 여호와께서 그에게 명령하신 것이니 그가 저주하게 버려두라 ¹² 혹시 여호와께서 나의 원통함을 감찰하시리니 오늘 그 저주 때문에 여호와께서 선으로 내게 갚아 주시리라 하고 ¹³ 다윗과 그의 추종자들이 길을 갈 때에 시므이는 산비탈로 따라가면서 저주하고 그를 향하여 돌을 던지며 먼지를 날리더라 ¹⁴ 왕과 그와 함께 있는 백성들이 다 피곤하여 한 곳에 이르러 거기서 쉬니라

다윗의 행렬이 바후림 마을에 가까이 왔을 때, 시므이라는 사울의 친척이 나와 온갖 욕설과 저주를 퍼부었다. 그의 욕설은 다윗의 아픈 곳을 찔렀다. 그는 시므이가 말하는 대로 "피비린내 나는 살인자, 사울 집안 사람들을 죽인 자, 사울의 왕국을 차지한 자"가 아닌가? 시므이의 이러한 발언은 그가 아직도 이스보셋, 아브넬의 죽음에 다윗이 연관되었다는 생각을 떨치지 못하고 있음을 드러내는 듯하다(Gordon).

듣고 있던 아비새가 그를 죽이려 했다. 아비새는 요압의 동생이었다. 요압 형제들은 살생을 즐기는 자들이었다. 다윗은 몹시 화가 난 아비새에게 이성을 되찾으라고 하며 말하기 시작했다. "내 자식도 나를 죽이려 하는데 사울 집안의 사람이 나를 비난하는 것이 무슨 문제가 있겠는가? 만약에 여호와께서 그의 입을 빌려서 다윗을 저주하시는 것이라면 어찌 막을 수 있겠는가? 그리고 혹시 아는가? 여호와께서 저의 말을 듣고 나를 불쌍히 여기셔서 그 저주를 축복으로 바꾸어 주실지?" 다윗은 겸손한 마음으로 오직 하나님만을 바라보고 있다. 그는 하나님께 요구하는 것이 아니라 자신의 원하는 바를 그분이 허락하시기만 바랄 뿐이었다. 그러나 분명히 다윗은 속으로 시므이에게 분노를 느꼈다. 그랬기에 훗날 아들 솔로몬에게 시므이를 적절히 처리해 줄 것을 부탁

했던 것이다(왕상 2:8).

다윗이 시므이를 처형하지 않은 것을 계산된 정치적 수단이라고 해석하는 사람들도 있다. 시므이의 행동은 사울 시대부터 지금까지 계속된 다윗과 사울 집안의 갈등을 잘 나타낸다. 이는 이스라엘에 아직도 "사울 충성파"가 건재함을 의미한다. 이런 상황에서 다윗이 시므이를 죽이면 사울 집안을 동경하는 모든 사람이 압살롬에게 기울게 된다. 그러므로 다윗이 처한 상황은 시므이를 처형할 만한 형편이 아니었던 것이다.

이것이 저자가 묘사하고자 하는 다윗이란 인물이 지니고 있는 신비로움이다. 저자는 결코 독자들에게 다윗의 본색을 다 드러내 보이지 않는다. 다윗의 삶에는 항상 여호와를 절대적으로 의지하는 신앙과 함께 실제적인 문제에 대한 그의 정확한 계산이 동반된다(cf. Birch). 이 두 가지가 사무엘서에서 지속적으로 긴장감을 조성한다.

> V. 다윗의 쇠퇴(9:1–24:25)
>   5장. 두 아들의 반역(13:1–18:33)
>   4. 압살롬의 반역과 죽음(15:1–18:33)

(4) 압살롬과 후새(16:15-19)

15 압살롬과 모든 이스라엘 백성들이 예루살렘에 이르고 아히도벨도 그와 함께 이른 지라 16 다윗의 친구 아렉 사람 후새가 압살롬에게 나갈 때에 그에게 말하기를 왕이여 만세, 왕이여 만세 하니 17 압살롬이 후새에게 이르되 이것이 네가 친구를 후대하는 것이냐 네가 어찌하여 네 친구와 함께 가지 아니하였느냐 하니 18 후새가 압살롬에게 이르되 그렇지 아니하니이다 내가 여호와와 이 백성 모든 이스라엘의 택한 자에게 속하여 그와 함께 있을 것이니이다 19 또 내가 이제 누구를 섬기리이까 그의 아들이 아니니이까 내가 전에 왕의 아버지를 섬긴 것 같이 왕을 섬기리이다 하니라

그동안 모든 초점이 다윗에게 맞추어져 있었다. 당연하다. 저자의 관점에서 다윗은 사무엘서의 주인공일뿐만 아니라 이스라엘의 정당한 왕이

다. 다윗이 요단 강에 이르렀다는 말과 함께 이제 잠시 그동안 예루살렘에서 어떤 일이 벌어지고 있었는지에 초점을 맞춘다. 그러나 저자는 압살롬에게 초점을 맞추는 것이 아니라 그의 주변에 숨어 있는 다윗의 스파이들이 어떻게 위험을 무릅쓰고 다윗을 위해 효율적으로 일하고 있는가를 조명한다.

압살롬은 작전 참모 아히도벨과 함께 승자의 모습으로 예루살렘에 입성했다. 예루살렘은 온통 압살롬을 지지하는 사람들로 가득 차 있었다. 다윗을 위해 일하는 자는 매우 적었을 것이다. 다윗의 궁을 지키는 후궁 열 명, 두 제사장들과 그들의 아들들 그리고 후새 등 열다섯 명밖에 연상되지 않는다. 물론 마음은 다윗을 향했지만 표면적으로는 전혀 내색할 수 없는 상황에 처한 사람들도 있었을 것이다(cf. 삼하 17:19).

압살롬이 예루살렘에 입성할 때, 환영 인파 속에 후새가 끼어 있었다. 압살롬은 다윗과 후새의 관계를 잘 아는 터라 그에게 물었다. "어떻게 당신은 그 오랜 세월 동안 지속된 다윗 왕과의 우정을 이렇게 쉽게 저버릴 수 있습니까?" 예루살렘에서 후새를 보게 되리라고는 전혀 상상하지 못했기에, 압살롬은 의심이 앞선 것이다.

후새는 진정 속임수의 대가였다. 그는 쉽게 압살롬의 마음을 사로잡을 정도로 감쪽같이 변신했다. 그런데 재미있는 것은 후새의 발언이 마지막에 가서야 압살롬에 대한 충성을 노골적으로 드러내지 그 전에는 아주 애매모호하다는 점이다. 후새는 "임금님 만세! 임금님 만세"라고 외치는데(16절), 그는 과연 어느 왕을 마음에 두고 외치는 것일까? 물론 압살롬은 자기를 뜻하는 것으로 해석한다. 그러나 "압살롬 임금님 만세!"가 아니다. 후새는 압살롬의 해석과 상관없이 마음속으로는 "다윗 왕 만세"를 외쳤던 것이다(Bergen; Arnold). 그는 이러한 의도로 일부러 이름을 빼고 단순히 "임금님 만세!"를 외치고 있다(Anderson).

듣고 있던 압살롬이 어이없어하며 "이게 고작 당신의 친구에 대한 '자비'(חֶסֶד)의 한계요?"라고 묻자, 그는 "주님께서 뽑으시고 이 백성과 온 이스라엘 사람이 뽑아 세운 분을 섬길 뿐입니다"라고 대답했다. 자신은 한 개인에게 충성하는 것이 아니라 여호와가 세우신 분께 충성하는 것이라는 의미다. 역시 압살롬은 후새가 자신을 두고 하는 말로 받아들인다. 그러나 후새의 마음속에 있는 여호와가 세우신 자는 누구인가? 다윗이 아닌가? 그는 또 한 번 압살롬 앞에서 다윗에 대한 충성을 천명한다(Bergen; Birch). 독자들은 이 사실을 알지만, 압살롬은 모른다. 한마디로 꿈보다 해몽이 좋은 것이다.

(5) 아히도벨과 후새(16:20-17:23)

이 섹션은 예루살렘에서 진행되는 후새와 아히도벨 두 전략가의 긴박한 두뇌 싸움을 기술한다. 저자는 아히도벨의 계략이 마치 하나님의 지혜에서 비롯된 것처럼 대단한 것이라고 한다(16:23). 세상에 그 누구도 아히도벨의 계략을 당해 낼 만한 자가 없다는 의미다. 과연 아히도벨은 압살롬이 그의 아버지 다윗을 상대로 승리하고 이스라엘의 왕이 될 수 있는 묘책을 가지고 있었으며, 주저 없이 그에게 제안한다.

반면에 다윗의 편에 서서 압살롬을 속여야 하는 후새에게 이 싸움은 버거울 수밖에 없다. 그럼에도 후새가 승리하여 압살롬의 마음을 얻는다. 저자는 일이 이렇게 된 것이 전적으로 하나님 때문이라고 한다. 하나님이 압살롬을 죽이시려고 아히도벨의 훌륭한 모략들을 모두 좌절시키셨던 것이다(17:14). 아히도벨도 다윗을 죽일 수 있는 자신의 계략이 받아들여지지 않자 하나님이 압살롬을 죽이기로 작정하셨음을 깨달았던 것 같다. 그래서 그는 자살한다(17:23). 이 섹션은 다음과 같이 구분될 수 있다.

A. 아히도벨의 첫 번째 계략(16:20-23)

A'. 아히도벨의 두 번째 계략(17:1-4)

  B. 후새의 계략(17:5-14)

  B'. 후새의 진짜 계략(17:15-22)

    C. 아히도벨의 자살(17:23)

> V. 다윗의 쇠퇴(9:1-24:25)
>   5장. 두 아들의 반역(13:1-18:33)
>   4. 압살롬의 반역과 죽음(15:1-18:33)
>   (5) 아히도벨과 후새(16:20-17:23)

① 아히도벨의 첫 번째 계략(16:20-23)

²⁰ 압살롬이 아히도벨에게 이르되 너는 어떻게 행할 계략을 우리에게 가르치라 하니 ²¹ 아히도벨이 압살롬에게 이르되 왕의 아버지가 남겨 두어 왕궁을 지키게 한 후궁들과 더불어 동침하소서 그리하면 왕께서 왕의 아버지가 미워하는 바 됨을 온 이스라엘이 들으리니 왕과 함께 있는 모든 사람의 힘이 더욱 강하여지리이다 하니라 ²² 이에 사람들이 압살롬을 위하여 옥상에 장막을 치니 압살롬이 온 이스라엘 무리의 눈 앞에서 그 아버지의 후궁들과 더불어 동침하니라 ²³ 그 때에 아히도벨이 베푸는 계략은 사람이 하나님께 물어서 받은 말씀과 같은 것이라 아히도벨의 모든 계략은 다윗에게나 압살롬에게나 그와 같이 여겨졌더라

예루살렘에 왕으로 입성한 압살롬은 자신의 계략가 아히도벨에게 무엇을 해야 할지 물었다(20절). 아히도벨은 서슴지 않고 "왕처럼 행하시오"라고 하며 압살롬에게 다윗이 남겨두고 간 후궁들을 범하라고 조언했다. 압살롬의 이러한 행동이 첫째, 다윗과 완전히 원수가 되는 것이요, 둘째, 압살롬을 따르는 자들의 사기를 북돋울 것이라고 했다(21절).

  아히도벨의 제안은 전통적인 가치관을 가지고 있던 이스라엘 사람들에게는 대단히 무례하게 보일 것이다. 그러나 압살롬을 따르는 자들에게는 드디어 압살롬이 정식으로 왕이 되었음을 확인하는 상징적인 행동이었다. 그 당시 풍습은 쿠데타가 일어나면 전(前) 왕의 아내들을 새

로 취임한 왕이 범함으로써 새 왕이 정권을 잡았음을 확인하는 절차가 있었다. 그러나 이스라엘의 율법에 따르면, 다윗과 압살롬의 관계에서는 있을 수 없는 일이다. 분명히 율법이 아버지의 아내와 동침하는 아들을 죽이라 명하며 이를 금하기 때문이다(레 20:11). 그렇다면 압살롬의 앞날이 예측되지 않는가? 이 일은 이스라엘의 진정한 통치자로서 율법 준수를 강요하시는 하나님이 압살롬을 심판할 수밖에 없는 궁지로 모신 것이다.

그리하여 압살롬은 온 백성이 지켜보는 가운데 옥상에 올라가서 다윗의 후궁들을 범했다(22절). 압살롬은 자신이 다윗에 대한 나단의 예언(삼하 12:11-12)을 성취하고 있다는 것을 알았을까? 아히도벨은 알았을까? 이 사건은 본질상 아브넬과 이스보셋의 사이에 금이 가게 했던 것과 비슷하다(삼하 3:7-10).

"아히도벨의 모략은 무엇이든지 마치 하나님께 여쭈어 받은 말씀과 꼭 같이 여겨졌다"(23절). 다윗이 왜 아히도벨을 두려워했는지 충분히 이해가 된다. 그는 대단한 모략가였다. 다윗의 생존은 이 사람의 계략을 앞으로 어떻게 물리치느냐에 달려 있다. 후새는 과연 이 사람의 적수가 될 수 있을까?

② 아히도벨의 두 번째 계략(17:1-4)

1 아히도벨이 또 압살롬에게 이르되 이제 내가 사람 만 이천 명을 택하게 하소서 오늘 밤에 내가 일어나서 다윗의 뒤를 추적하여 2 그가 곤하고 힘이 빠졌을 때에 기습하여 그를 무섭게 하면 그와 함께 있는 모든 백성이 도망하리니 내가 다윗 왕만 쳐죽이고 3 모든 백성이 당신께 돌아오게 하리니 모든 사람이 돌아오기는 왕이 찾는 이 사람에게 달렸음이라 그리하면 모든 백성이 평안하리이다 하니 4 압살롬과 이스라엘 장로들

이 다 그 말을 옳게 여기더라

아히도벨의 "다윗 죽이기" 전략은 급히 사람을 모아 다윗의 뒤를 쫓는 것이었다. 대장장이가 철이 달구어졌을 때 망치로 내리치는 것처럼, 다윗이 도피하느라 분주해서 미처 전열을 가다듬지 못하고 있을 때 그를 치자는 것이다(Arnold). 아히도벨의 제안은 승리를 보장하는 전형적인 군사전략의 세 가지 요소를 모두 포함하고 있다(Bergen). 첫째, 수적으로 불리한 적을 순식간에 제압할 수 있는 강력한 군사력이다. 아히도벨은 압살롬에게 군사 1만 2천을 데리고 다윗을 치라고 하는데(1절), 이 당시 다윗의 군대는 2천 명도 안 되었던 같다(cf. 15:18). 그러므로 압살롬이 다섯 배 이상의 군사력으로 밀어붙이면 다윗의 군대는 싸우기도 전에 사기를 잃을 것이다. 둘째, 적의 허를 찌르는 기습적인 공격이다. 당시 군사적인 활동은 낮으로 제한되어 있었다. 이러한 상황에서 아히도벨은 "오늘 밤"(1절)에 다윗을 치자고 한다. 급히 피신하느라 지칠 대로 지친(cf. 16:14) 다윗 군대가 전열을 가다듬기 전에, 또한 야밤이라 공격을 전혀 예측하지 못하는 상황에 치자는 것이다. 아히도벨은 다윗 진영의 상황을 정확히 파악하고 있다. 셋째, 피해를 최소한으로 줄이기 위해 다윗을 표적으로 정하고 그 표적만 집중적으로 공격하자는 것이다. 다윗만 죽이면 모든 일이 끝날 것이며, 이 과정에서 필요 이상의 살생을 하면 백성들의 반감만 살 것이라는 의미다. 게다가 일단 다윗이 죽으면 압살롬은 다윗과 함께 피난길에 오른 백성들도 포용해 통치해야 하기 때문에, 그들의 피해를 최대한으로 줄이자는 것이었다. 과연 아히도벨의 제안은 매우 현명했다.

이 전략으로 다윗을 치면 다윗을 따르는 자들은 겁을 먹고 모두 도망할 것이므로, 다윗만 색출해 죽여서 전쟁을 신속하게 끝내자는 계책이었다. 아히도벨은 압살롬의 표적을 확실히 정의하고 있다. 그는 압살롬이 제거해야 할 사람은 다윗을 따르는 백성들이 아니라 다윗 단 한 사람임을 확실하게 하고 있다(2-3절). 일단 다윗이 죽으면 모든 백성이 압살롬에게 돌아올 것이라고 확신한다. 당연한 예측이다. 두 왕을 두고 갈등하던 대부분의 사람은 한 왕이 없어지면 당연히 생존하는 왕에게 기울기 때문이다.

칠십인역이 여기에 "마치 아내가 남편에게 돌아오듯 돌아올 것"(ὃν τρόπον ἐπιστρέφει ἡ νύμφη πρὸς τὸν ἄνδρα αὐτῆς)라는 문구를 추가하여, 상당수의 번역본이 이 문구를 반영하고 있다(새번역; 공동번역; NRS). 아히도 벨은 정치적인 계산에도 치밀했던 대단한 전략가였다. 최대한으로 백성들의 학살을 줄여서 이 전쟁의 범위를 축소시켜야 한다는 것이 그의 주장이었다. 매우 합리적인 생각이다. 아히도벨은 모든 사람이 압살롬에게 "돌아올 것"(שוב)이라고 하는데, 이 표현은 그들이 압살롬을 떠났음을 전제로 하고 있다. 그러나 그때까지 압살롬은 한 번도 이스라엘 사람들의 정당한 왕으로 군림한 적이 없다. 그러므로 이 표현을 "미묘한 아첨"(subtle flattery)으로 간주하는 학자들도 있다(Kirkpatrick).

아히도벨의 계획에 따르면, 압살롬은 전쟁터에 나갈 필요가 없다. 자신이 이 일을 위해 나선 것이다. 아무리 아버지와 관계가 좋지 않더라도 어떤 아들이 기꺼이 아버지를 직접 죽이겠는가? 아히도벨은 이 점을 잘 알기 때문에 자신이 직접 군대를 이끌고 가겠다고 나섰다.

아히도벨은 이 순간 다윗이 처한 상황을 잘 파악하고 있다(2절). 다윗은 지금 무척 지쳐 있다(cf. 16:14). 모든 전세를 마치 손바닥 보듯 하는 그의 통찰력이 그대로 드러나는 제안이었다. 역시 다윗이 왜 이 사람을 두려워했는지 충분히 이해가 간다.

압살롬을 비롯한 이스라엘의 모든 장로도 그의 제안을 매우 좋다고 느꼈다. 다윗의 생명이 순식간에 위험에 빠졌다. 만약 압살롬이 아히도벨의 묘책대로 한다면 모든 것이 끝장이다. 특히 모든 사람이 압살롬의 모략을 "마치 하나님께 여쭈어 받은 것"으로 간주하는 경향이 있지 않은가?(16:23). 이렇게 해서 다윗은 자신의 삶에서 가장 큰 위기를 맞았다.

③ 후새의 계략(17:5–14)

⁵ 압살롬이 이르되 아렉 사람 후새도 부르라 우리가 이제 그의 말도 듣자 하니라 ⁶ 후새가 압살롬에게 이르매 압살롬이 그에게 말하여 이르되 아히도벨이 이러이러하게 말하니 우리가 그 말대로 행하랴 그렇지 아니하거든 너는 말하라 하니 ⁷ 후새가 압살롬에게 이르되 이번에는 아히도벨이 베푼 계략이 좋지 아니하니이다 하고 ⁸ 또 후새가 말하되 왕도 아시거니와 왕의 아버지와 그의 추종자들은 용사라 그들은 들에 있는 곰이 새끼를 빼앗긴 것 같이 격분하였고 왕의 부친은 전쟁에 익숙한 사람인즉 백성과 함께 자지 아니하고 ⁹ 지금 그가 어느 굴에나 어느 곳에 숨어 있으리니 혹 무리 중에 몇이 먼저 엎드러지면 그 소문을 듣는 자가 말하기를 압살롬을 따르는 자 가운데에서 패함을 당하였다 할지라 ¹⁰ 비록 그가 사자 같은 마음을 가진 용사의 아들일지라도 낙심하리니 이는 이스라엘 무리가 왕의 아버지는 영웅이요 그의 추종자들도 용사인 줄 앎이니이다 ¹¹ 나는 이렇게 계략을 세웠나이다 온 이스라엘을 단부터 브엘세바까지 바닷가의 많은 모래 같이 당신께로 모으고 친히 전장에 나가시고 ¹² 우리가 그 만날 만한 곳에서 그를 기습하기를 이슬이 땅에 내림 같이 우리가 그의 위에 덮여 그와 그 함께 있는 모든 사람을 하나도 남겨 두지 아니할 것이요 ¹³ 또 만일 그가 어느 성에 들었으면 온 이스라엘이 밧줄을 가져다가 그 성을 강으로 끌어들여서 그 곳에 작은 돌 하나도 보이지 아니하게 할 것이니이다 하매 ¹⁴ 압살롬과 온 이스라엘 사람들이 이르되 아렉 사람 후새의 계략은 아히도벨의 계략보다 낫다 하니 이는 여호와께서 압살롬에게 화를 내리려 하사 아히도벨의 좋은 계략을 물리치라고 명령하셨음이더라

전혀 예측하지 못한 곳에서 일생일대의 위기를 맞이한 다윗에게 도움의 손길이 왔다. 무슨 생각에서인지 압살롬은 아히도벨의 전략을 그대로 이행하지 않고 후새를 찾아 아히도벨의 계략에 대해 말하고 그의 평가와 자문을 구했다. 아히도벨의 계략을 듣고 속으로 깜짝 놀란 후새

는(cf. 16절) 겉으로는 태연한 척하며 단호히 아히도벨의 계략을 비난했다. 그는 다음과 같은 근거를 제시했다. 첫째, 아히도벨은 다윗과 그의 군사들을 지나치게 과소평가하고 있다. 다윗과 그의 용사들은 새끼를 빼앗긴 곰같이 무섭게 화가 나 있는데(8절), 그를 당장 뒤쫓는 것은 마치 기름통을 메고 불에 뛰어드는 행위와 같다. 둘째, 다윗은 비상한 사람이라는 점을 감안해야 한다. 수많은 전쟁을 치러 온 다윗은 백성들과 같이 머물지 않을 것이 뻔하기 때문에 아히도벨의 계략은 다윗을 찾아내지 못할 것이다(8절). 셋째, 만약에 다윗을 못 찾은 상태에서 압살롬의 군사 중 몇 명이 죽기라도 한다면 전세는 완전히 다윗쪽으로 기울거라는 것을 생각해야 한다(9-10절). 전쟁은 근본적으로 사기로 승패를 좌우하기 때문에 다윗을 못 찾을 경우에는 일이 생길 것이 뻔한데 그 일에 대한 책임은 누가 질 것인가?

후새는 분명히 압살롬을 위해 아히도벨의 묘책을 비난하고 있다. 그러나 본문을 다시 읽어보라. 그의 발언은 다윗에 대한 찬양으로 가득하다. 다윗은 위대한 군사요, 용맹스러운 용장이요, 전술에서 앞서가는 전략가라는 것이다. 적군의 진영에서, 그것도 적의 두목 앞에서 자신이 섬기는 왕을 찬양할 수 있는 그의 대담함을 보라!

후새는 아히도벨의 계략을 대신할 묘책을 내놓았다(11-13절). 첫째, 시간을 두고 이스라엘의 모든 군사를 모아 압살롬이 직접 이끌고 싸우러 나가는 것이다(11절). 왕이 되었으니 이제 왕같이 행하라는 것이다. 만일 아히도벨이 군대를 이끌고 나간다면 결국 그가 모든 영광을 받을 수밖에 없는데, 압살롬이 군대를 이끌고 나가 승리하면 모든 영광은 압살롬에게 올 것이라는 주장이었다. 이 제안은 분명히 압살롬의 마음속에 싹트고 있는 교만에 속삭였다. 상상해 보라, 얼마나 멋있겠는가? 수십만 명을 앞세우고 왕답게 거드름을 피우며 전쟁하러 가는 모습이! 상상만 해도 흥분이 되지 않는가?

그러나 후새의 의도는 압살롬을 직접 전쟁에 참여시켜 위험에 빠뜨리는 데 있었다. 아히도벨은 압살롬에게 예루살렘에 남아 있으라고 했다. 자신이 직접 군사를 이끌고 가겠다고 제안한 것이다. 이렇게 되면 압살롬의 군대가 패하더라도 전쟁은 계속될 것이다. 그러나 후새는 압살롬을 전쟁터로 끌어들여 빨리 끝장을 보고자 한다. 후새는 전쟁이 지속될수록 다윗에게 불리해질 뿐만 아니라, 그만큼 많은 사람이 죽어야 한다는 부담감이 있음을 간파했다.

둘째, 많은 군사를 최대한 사용할 것을 제안했다(11절). 군인들이 숫자가 많아지면 결과는 뻔한 것 아니냐는 논리였다. 분명히 다윗에게 최대한 많은 시간을 가지고 전쟁을 준비할 수 있는 여건을 만들어주겠다는 생각에서 나온 발언이다. 그러나 압살롬이 후새의 생각을 알 리 없었다. 후새는 말을 이었다. 다윗이 어디로 가든지 그 곳을 쑥대밭으로 만들 수 있는 위력이 있는데, 왜 급하게 일을 진행해서 모험을 하느냐는 것이다.

셋째, 후새는 다윗과 함께하는 자들도 모두 죽여야 한다고 제안한다(12-13절). 그들은 압살롬에게 동조하지 않은 반역자들이고 살려줘 봤자 나중에 속만 썩일 것이니 아예 이번에 처단해 버리라는 충고였다. 이렇게 하면 누구든지 압살롬을 거역하는 자들에게 큰 경고가 될 것이라는 것이 후새의 조언이다. 이 충고는 압살롬의 분노에 속삭이고 있다. 이스라엘의 모든 사람이 자기를 따라주기를 바랐는데 그렇지 않은 자들이 분명히 있지 않은가? 압살롬은 모르고 있지만, 후새도 그중 한 사람이 아닌가? 그들을 생각하니 압살롬은 분노가 앞섰을 것이다.

압살롬이 후새의 계략을 듣고 보니 그럴듯했다. 무엇보다 자신의 심정을 잘 이해해 주는 후새가 고마웠을 것이다. 거드름도 피우고 싶고, 자신을 섭섭하게 한 사람들에게 복수할 수도 있는 묘책이 아닌가? 주변에 있는 사람들도 듣고 너무 좋은 생각이라고 거들었다. 압살롬은 이성을 잃어가고 있다. 그의 판단력이 흐려지는 것이다. 지금 그는 정치적인 계산보다 개인의 감정이 앞서고 있다.

압살롬이 이렇게 된 것은 분명 보이지 않는 힘의 작용이었다. 저자는 이 사실을 분명히 하고 있다. "주님께서 이미 압살롬이 재앙을 당하게 하시려고, 아히도벨의 좋은 모략을 좌절시키셨기 때문이다"(17:14, 새번역). 이 말씀은 압살롬의 반역 이야기의 전환점이다(Youngblood). 이 말씀을 기점으로 압살롬이 처한 모든 상황이 반전되기 시작한다. 하나님이 일방적으로 다윗의 편에 서셨기 때문이다. 또한 압살롬의 변화는 다윗의 기도에 대한 응답이기도 했다(cf. 15:31). 즉, 하나님은 지금 후새를 통해 압살롬에게 속임수를 쓰고 계신다(Gordon). 이 순간 명예와 허세에 눈이 먼 압살롬의 눈에 콩깍지가 씌어진 듯하다.

이 사건은 우리에게 역사의 흐름에 대해 큰 교훈을 안겨준다. 사람들은 역사를 해석할 때 두 가지 큰 오류에 빠진다. 첫째는 지나치게 모든 것을 자연적인 연쇄 현상으로 해석하고자 하는 것이다. 이 모델에서 하나님은 존재하지 않는다. 존재하시더라도 역사 과정에 개입하시지 않는다. 둘째는 지나치게 모든 것을 하나님께 떠맡기는 것이다. 이 모델의 위험은 인간이 책임져야 할 죄까지도 그분에게 뒤집어 씌우는 경향에 있다. 분명한 균형을 맞추어야 한다. 지금 압살롬 앞에서 다윗의 기도를 이루는 자는 후새다. 그는 대단한 언변으로 압살롬을 설득했다(Arnold). 그러나 압살롬의 마음이 후새의 제안에 기울도록 하신 분은 하나님이다.

④ 후새의 진짜 계략(17:15-22)

15 이에 후새가 사독과 아비아달 두 제사장에게 이르되 아히도벨이 압살롬과 이스라엘 장로들에게 이러이러하게 계략을 세웠고 나도 이러이러하게 계략을 세웠으니 16 이제 너희는 빨리 사람을 보내 다윗에게 전하기를 오늘밤에 광야 나루터에서 자지

말고 아무쪼록 건너가소서 하라 혹시 왕과 그를 따르는 모든 백성이 몰사할까 하노라 하니라 [17] 그 때에 요나단과 아히마아스가 사람이 볼까 두려워하여 감히 성에 들어가지 못하고 에느로겔 가에 머물고 어떤 여종은 그들에게 나와서 말하고 그들은 가서 다윗 왕에게 알리더니 [18] 한 청년이 그들을 보고 압살롬에게 알린지라 그 두 사람이 빨리 달려서 바후림 어떤 사람의 집으로 들어가서 그의 뜰에 있는 우물 속으로 내려가니 [19] 그 집 여인이 덮을 것을 가져다가 우물 아귀를 덮고 찧은 곡식을 그 위에 널매 전혀 알지 못하더라 [20] 압살롬의 종들이 그 집에 와서 여인에게 묻되 아히마아스와 요나단이 어디 있느냐 하니 여인이 그들에게 이르되 그들이 시내를 건너가더라 하니 그들이 찾아도 만나지 못하고 예루살렘으로 돌아가니라 [21] 그들이 간 후에 두 사람이 우물에서 올라와서 다윗 왕에게 가서 다윗 왕에게 말하여 이르되 당신들은 일어나 빨리 물을 건너가소서 아히도벨이 당신들을 해하려고 이러이러하게 계략을 세웠나이다 [22] 다윗이 일어나 모든 백성과 함께 요단을 건널새 새벽까지 한 사람도 요단을 건너지 못한 자가 없었더라

압살롬 앞에서 나온 후새는 곧장 제사장 사독과 아비아달에게 아히도벨의 계략을 알려주면서 빨리 다윗에게 전하라고 했다. 이때 아비아달의 아들 요나단과 사독의 아들 아히마아스는 사람들의 눈에 띄지 않기 위해 성에 들어오지 않고 엔 로겔 샘터에서 대기하고 있었다(17절). 엔 로겔 샘터는 힌놈 골짜기와 기드론 골짜기가 만나는 곳에서 200m 정도 남쪽에 있는 곳으로, 기혼 샘에서 그리 멀지 않은 곳에 있다(ABD).

후새는 만약 압살롬이 아히도벨의 계략을 수용하면 다윗이 죽음을 모면하기 힘들다는 것을 잘 알고 있었다(16절). 그러므로 후새는 1초라도 빨리 다윗에게 기별해 속히 강을 건너도록 해야 했다. 다행히 압살롬이 아히도벨의 계략보다 후새의 계략을 더 좋아했지만, 언제, 어떻게 그의 마음이 바뀔지 모르는 일이었다.

아비아달과 사독은 여종을 통해 성 밖에서 대기하던 아들들에게 소식을 전했다. 아들들은 발각되어 압살롬의 군사들이 쫓아오는 위기를

맞이하지만, 바후림 마을로 들어가서 담대한 한 여인의 도움으로 무사할 수 있었다(18-20절). 저자는 여인이 거짓으로 군사들을 따돌린 것에 대해 어떤 형태의 부정적인 평가도 하지 않는다. 전쟁 중이기 때문이기도 하지만, 사람의 생명을 살리기 위한 거짓말은 정당하다는 것이다(Bergen).

바후림은 베냐민 지파에 속한 마을로, 예루살렘에서 남쪽으로 약 1.6 ㎞ 떨어져 있으며, 요단 계곡으로 가는 길에 있다(ABD). 저자가 직접적으로 언급하진 않지만, 이 집은 다윗을 지지하는 것이 확실하다. 집 안에 우물이 있다는 것은 상당한 부자였음을 의미한다(Bergen). 소식을 전해 들은 다윗은 지체하지 않고 밤새 요단 강을 건넜다. 그도 죽음이 눈앞에 임박했음을 인식한 것이다.

이 사건은 비록 온 이스라엘이 압살롬을 따르고 있지만, 다윗의 첩보원들이 얼마나 민첩하게 그에게 정보를 전해 주는지 잘 보여 준다. 압살롬의 궁에서 일어나는 모든 일이 그대로 다윗에게 전해진 것이다. 일단 압살롬의 계획을 알게 되면 그만큼 대처하기가 쉬워진다. 궁에서 멀리 떨어져 있지만, 다윗은 궁에서 일어나는 일을 신속하게 보고받는 첩보 체계를 갖추고 있다.

> V. 다윗의 쇠퇴(9:1-24:25)
>   5장. 두 아들의 반역(13:1-18:33)
>   4. 압살롬의 반역과 죽음(15:1-18:33)
>   (5) 아히도벨과 후새(16:20-17:23)

⑤ 아히도벨의 자살(17:23)

23 아히도벨이 자기 계략이 시행되지 못함을 보고 나귀에 안장을 지우고 일어나 고향으로 돌아가 자기 집에 이르러 집을 정리하고 스스로 목매어 죽으매 그의 조상의 묘에 장사되니라

자신의 묘책이 거부되자 아히도벨은 고향인 길로(cf. 15:12)로 돌아가 목을 매 자살했다. 전략가로서 후새에게 패한 수치심도 앞섰을 테고, 압

261

살롬의 어두운 앞날을 예측했기 때문이기도 할 것이다. 또한 인생에 대해 허무함도 느끼지 않았을까? "내가 고작 이렇게 어리석은 인간 압살롬을 위해 생명을 내놓고 모험을 하다니!" 사람이 진정으로 마음을 다해 섬길 수 있는 지도자를 만나는 것은 참으로 큰 복이다. 마음을 다해 섬길 사람이 없는 아히도벨은 쓸쓸하고 슬플 뿐이다.

모든 것이 허무하게 무너지는 순간 그는 죽음을 택했다. 그러나 그는 죽어서야 왜 자신이 제안한 기발한 음모가 압살롬의 마음을 사로잡지 못했는지 알았을 것이다. 여호와께서 하신 일이다. 그는 다윗에 대한 개인적인 감정으로 인해 하나님 편에 서지 못했고, 하나님은 그런 아히도벨의 계략을 수포로 돌리신 것이다. 압살롬이 전쟁에서 패했다는 소식을 듣고 아히도벨이 스스로 목숨을 끊은 것이라고 주장하는 주석가도 있지만(Anderson), 크게 설득력은 없다. 압살롬이 자신의 제안을 거부하는 순간 이 전쟁에서 다윗이 승리할 것을 의식했기 때문에 이같이 극단적인 행동을 취한 것이다.

학자들은 아히도벨의 죽음과 예수님을 배신한 가룟 유다의 죽음이 평행을 이룬다고 생각한다. 두 사람 다 다윗 집안을 배신했고, 목을 매 자살했다(Arnold). 다윗이 아히도벨의 반역에 대해 알게 된 곳이 감람산이었는데(cf. 15:30-31), 이곳은 가룟 유다가 자살한 곳으로 추정되기도 한다(McCarter).

V. 다윗의 쇠퇴(9:1–24:25)
  5장. 두 아들의 반역(13:1–18:33)
    4. 압살롬의 반역과 죽음(15:1–18:33)

(6) 압살롬의 진군(17:24-26)

24 이에 다윗은 마하나임에 이르고 압살롬은 모든 이스라엘 사람과 함께 요단을 건너니라 25 압살롬이 아마사로 요압을 대신하여 군지휘관으로 삼으니라 아마사는 이스라엘 사람 이드라라 하는 자의 아들이라 이드라가 나하스의 딸 아비갈과 동침하여 그

를 낳았으며 아비갈은 요압의 어머니 스루야의 동생이더라 ²⁶ 이에 이스라엘 무리와 압살롬이 길르앗 땅에 진 치니라

다윗이 마하나임에 이르렀을 때에야 비로소 압살롬은 이스라엘의 온 군대를 이끌고 요단 강을 건넜다. 후새의 계략이 성공해 어느 정도 시간을 벌게 된 것이다. 이 귀한 시간을 통해 다윗은 자신의 군대를 정비할 수 있었다. 마하나임은 사울의 아들 이스보셋과 아브넬이 다윗을 상대로 전쟁할 때 수도로 삼았던 곳이다(cf. 삼하 2:8). 또한 사울이 왕이 되자마자 암몬 사람들의 손에서 구원한 길르앗 야베스가 있는 곳이기도 하다(cf. 삼상 11장; 31:11-13). 다윗은 전통적으로 사울 집안을 지지했던 지역에 와 있는 것이다.

압살롬은 요압에 맞설 군 지휘관으로 아마사를 내세웠다. 아마사는 요압의 조카였다. 요압의 집안은 군사적 엘리트 집안이었고, 압살롬은 이 같은 상황을 최대한 활용하려 한 것으로 생각된다(Birch). 그렇다 해도 조카와 삼촌이 서로를 상대로 전쟁을 해야 하는 상황이 좋아 보이지는 않는다. 또한 이 전쟁에 연루된 양편의 수장이 모두 다윗의 친척이라는 사실이 안타깝다. 압살롬은 군대를 이끌고 와 길르앗 땅에 진을 쳤다.

V. 다윗의 쇠퇴(9:1−24:25)
  5장. 두 아들의 반역(13:1−18:33)
    4. 압살롬의 반역과 죽음(15:1−18:33)

(7) 다윗을 찾아온 지인들(17:27-29)

²⁷ 다윗이 마하나임에 이르렀을 때에 암몬 족속에게 속한 랍바 사람 나하스의 아들 소비와 로데발 사람 암미엘의 아들 마길과 로글림 길르앗 사람 바르실래가 ²⁸ 침상과 대야와 질그릇과 밀과 보리와 밀가루와 볶은 곡식과 콩과 팥과 볶은 녹두와 ²⁹ 꿀과 버터와 양과 치즈를 가져다가 다윗과 그와 함께 한 백성에게 먹게 하였으니 이는 그들 생각에 백성이 들에서 시장하고 곤하고 목마르겠다 함이더라

마하나임에 머물고 있는 다윗에게 세 명의 유지가 군사들에게 먹일 음식물을 가지고 찾아왔다. 그들은 대단한 재력을 소유한 자들로, 그들의 방문은 다윗이 필요로 하는 모든 군수 물자가 이들을 통해 채워지는 것을 의미한다. 급히 예루살렘을 빠져나오느라 아무것도 챙기지 못한 다윗 일행에게 이들이 가져온 음식은 옛날에 하나님이 이스라엘을 광야에서 만나로 먹이신 일을 연상케 한다(Bergen). 다윗은 이 같은 경험을 토대로 "주께서 내 원수의 목전에서 나에게 상을 베푸신다"라고 고백했을 것이다(cf. 시 23:5). 또한 그들의 방문은 비록 다윗이 쫓기는 신세가 되었지만, 그가 아직도 인기 있는 정치인이란 점을 부각시킨다.

이 사건을 통해 하나의 아이러니가 형성된다. 다윗이 낳은 아들은 그를 죽이려 하는데, 이방인들은 그에게 충성을 다하고 있다. 이러한 사실이 독자들의 마음을 안타깝게 한다. 나하스의 아들 소비는 아마도 다윗에게 충성을 맹세한 암몬의 왕이었을 것이다(cf. 삼하 12:26-31). 마길은 요나단의 아들 므비보셋을 돌보던 사람이었다(cf. 삼하 9:4). 아마도 다윗이 므비보셋을 극진히 대해 준 일에 감동한 것으로 생각된다(Payne). 바르실래의 자비로움이 얼마나 컸는지, 다윗은 훗날 그에게 예루살렘에서 같이 살자고 초청한다(cf. 삼하 19:31-39).

V. 다윗의 쇠퇴(9:1-24:25)
　5장. 두 아들의 반역(13:1-18:33)
　　4. 압살롬의 반역과 죽음(15:1-18:33)

(8) 압살롬의 죽음(18:1-33)

다윗의 일생에서 가장 치욕적이고 허탈한 시간이라 할 수 있는 두 아들의 죄악과 반역 이야기가, 압살롬의 죽음이 기록된 본문에서 결론으로 접어들고 있다. 이 두 아들의 이야기는 다윗이 대외적으로는 매우 성공적이고 유능한 정치인이자 유력한 군인이었지만, 내부적으로는 징계해야 할 자식을 징계하지 못한 무능한 아버지이자 외도로 혹독한 대가를 치러야 했던 신실하지 못한 남편이었음을 강조한다. 자신의 간음이 이러한 결과를 초래할 것이라고 상상이라도 할 수 있었다면, 다윗은 밧세바와의 관계를 다시 한 번 생각했을 것이다.

전쟁터에서 들려온 압살롬의 전사 소식은 다윗으로 하여금 일단 안도의 한숨을 쉬게 했을 것이다. 밧세바와의 간음으로 인해 선지자 나단이 선포했던 불길한 예언은 지난 세월 동안 다윗의 마음을 짓눌러 왔다. 잊어버릴 만하면 기억나는 '이웃'의 정체에 대해 그는 많이 두려워하고 불안해 했다. "하나님이 나의 죄에 대한 벌로 보내실 '나의 이웃'―모든 사람 앞에서 내 아내들을 범하고 내 집안에 무고한 피를 흘릴 '나의 이웃'―은 과연 누구일까?"라는 질문이 계속 그를 짓눌렀던 것이다. 그리고 드디어 다윗의 '이웃'은 전혀 예기치 않았던 곳에서 출현했으며, 그 '이웃'의 정체는 다윗을 충격의 도가니로 몰아넣기에 충분했다. 그의 친아들 압살롬이 바로 그 '이웃'이었다는 사실은 도저히 믿을 수 없는 일이었다. 그러나 이제 모든 것이 끝났으니 다윗은 자신의 '이웃'에 대한 두려움만큼은 내려놓을 수 있었다.

'이웃' 문제는 일단락되었지만, 즉 나단이 예언한 환난의 풍파는 지나갔지만, 다윗의 심적 고통은 이제부터 시작이었다. 왜냐하면 그가 제거해야 했던 그 '이웃'이 바로 자신의 아들이었다는 점이 그를 편안하게 내버려두지 않았기 때문이다. 그는 자신이 죽든지, 아들을 죽이든지 하는 숙명적인 선택의 기로에서 후자를 택했다. 그러나 그것은 결코 쉽지 않은 선택이었다. 실제로 어떤 아버지가 자신이 살기 위해 아들을 죽이는 것을 쉽게 결정할 수 있단 말인가!

저자는 이 사건을 통해 이러한 다윗의 번뇌를 묘사하고 있다. 생각해 보자. 본문이 전하는 중심 사건은 압살롬의 죽음이다. 그러나 실제적인 전투와 그의 죽음에 대한 이야기는 극히 제한된 범위에서 묘사되고 있다. 즉, 다윗과 압살롬 군의 최후의 전투에서 압살롬이 어떻게 죽었는지는 저자가 전하고자 하는 핵심이 아닌 것이다. 오히려 저자는 압살롬의 죽음을 둘러싸고 야기된 다윗의 심리적 고뇌와 혼란에 초점을 맞추어 이야기를 진행해 나간다. 전쟁에서 승리하고도 이 소식을 다윗에게 전하기를 꺼려하는 이스라엘 군대의 자세 역시 다윗의 고통을 매우 효과적으로 표출하는 장면이다. 그래도 불행 중 다행인 것은 다윗이 직접 자신의 칼로 아들을 베는 비극은 없었다는 사실이다(Birch). 이 섹션은 다음과 같이 구분될 수 있다.

A. 왕 다윗과 아버지 다윗(18:1-5)
  B. 전쟁의 결과(18:6-8)
    C. 압살롬의 죽음(18:9-15)
  B. 전쟁의 종결(18:16-18)
A'. 다윗에게 소식이 전해짐(18:19-33)

> V. 다윗의 쇠퇴(9:1-24:25)
>   5장. 두 아들의 반역(13:1-18:33)
>   4. 압살롬의 반역과 죽음(15:1-18:33)
>   (8) 압살롬의 죽음(18:1-33)

① 왕 다윗과 아버지 다윗(18:1-5)

1 이에 다윗이 그와 함께 한 백성을 찾아가서 천부장과 백부장을 그들 위에 세우고 2 다윗이 그의 백성을 내보낼새 삼분의 일은 요압의 휘하에, 삼분의 일은 스루야의 아들 요압의 동생 아비새의 휘하에 넘기고 삼분의 일은 가드 사람 잇대의 휘하에 넘기고 왕이 백성에게 이르되 나도 반드시 너희와 함께 나가리라 하니 3 백성들이 이르되 왕은 나가지 마소서 우리가 도망할지라도 그들은 우리에게 마음을 쓰지 아니할 터이요 우리가 절반이나 죽을지라도 우리에게 마음을 쓰지 아니할 터이라 왕은 우리 만 명보다 중하시오니 왕은 성읍에 계시다가 우리를 도우심이 좋으니이다 하니라 4 왕이 그들에게 이르되 너희가 좋게 여기는 대로 내가 행하리라 하고 문 곁에 왕이 서매 모든 백성이 백 명씩 천 명씩 대를 지어 나가는지라 5 왕이 요압과 아비새와 잇대에게 명령하여 이르되 나를 위하여 젊은 압살롬을 너그러이 대우하라 하니 왕이 압살롬을 위하여 모든 군지휘관에게 명령할 때에 백성들이 다 들으니라

266

다윗은 자신의 군대를 셋으로 나누어 요압, 아비새, 잇대에게 지휘를 맡겼다. 요압은 다윗이 항상 의지할 수 있는 충견이며, 아비새는 요압의 형제다. 또 잇대는 이웃 나라에서 온 용병이다(cf. 삼하 15:19-22). 다윗은 자신도 전쟁에 나갈 것을 선언한다. 고대 근동의 정서상 왕이 직접 군대를 지휘해 전쟁터로 나가는 것은 당연한 일이다. 또한 다윗의 마음 한구석에는 자신의 과오를 되돌리고픈 바람이 있었는지도 모른다. 그가 하나님으로부터 받고 있는 이 징벌의 발단이 된 밧세바와의 간음 사건은 이스라엘의 왕으로서 군대를 이끌고 전쟁터로 나갔어야 했는데 그러지 않고 후방에서 상황을 관망하다가, 즉 일종의 직무유기를 범하다가 일어난 일이 아니었던가!

그가 밧세바를 처음 본 그 숙명의 날에 전쟁터에만 있었다면 오늘과 같은 일은 일어나지 않았을 것이다. 그러므로 이번만큼은 순리에 따라 모든 것을 진행해 나가겠다는 의지가 있었던 것이다. 살다 보면 있어야 할 곳에 있지 않고, 해야 할 일을 하지 않고 있다가 죄를 짓는 일이 얼마나 많은가! 다윗의 과오로부터 배우자. 주어진 환경에서 최선을 다하며 살아가는 것은 아름다운 신앙인의 모습일 뿐만 아니라 죄를 예방하는 효과를 발휘한다.

다윗이 전쟁터로 나가겠다는 말을 들은 군사들의 반응은 의외였다. 다윗은 절대로 전쟁터에 모습을 드러내면 안 된다는 것이다. 군사들의 논리는 매우 일관성이 있을 뿐만 아니라 압살롬의 전략가 아히도벨의 계략이 얼마나 효과적인 것인가를 잘 보여 준다. 이 전쟁은 여느 때와 달리 특별히 우두머리를 표적으로 삼는 전쟁이다. 두목만 제거하면 끝나는 싸움인 것이다. 그러므로 압살롬의 군대는 다윗이 보이면 그만 표적으로 삼아 공격할 것이다. 그러나 수적으로는 다윗의 군대가 훨씬 더 불리한 상황이다.

이 정황에서 다윗이 출장하는 것은 패배를 자청하는 행위라고 할 수 있다. 그뿐만 아니라 군사들은 어느 지역에서 싸우더라도 함께 있는 늙

267

은 왕에게 신경을 쓰지 않을 수가 없다. 그러므로 다윗이 전쟁터에 함께 하는 것은 오히려 그들에게 장애가 될 수 있을 것이다. 게다가 마음 약한 다윗 앞에서 어떻게 그의 아들을 죽이겠는가? 지극히 어려운 문제다.

그래서 신하들은 왕이 잔인한 현장을 목격하지 않도록 하기 위해 전쟁터에 나오지 말 것을 호소한다. 군사들은 말한다. "우리가 도망을 친다 하여도, 그들이 우리에게는 마음을 두지 않을 것이며, 우리가 절반이나 죽는다 하여도, 그들은 우리에게 마음을 두지 않을 것입니다"(3절, 새번역). 다윗 군대의 규모는 압살롬의 군대를 막아내면서 왕까지 보호할 정도가 되지 못했던 것이다.

전쟁터로 떠나는 군인들이 다윗을 어떻게 생각하는지 본문은 확실히 밝히고 있다. "임금님은 우리들 만 명과 다름이 없으십니다"(3절, 새번역). 압살롬의 군인에게 다윗의 목이 얼마나 값진 트로피인가를 잘 표현하고 있다. 그들은 군인 만 명의 목숨보다 다윗의 목숨을 더 귀한 전리품으로 간주할 것이다. 아히도벨의 계략의 진가가 그대로 드러나는 순간이다. 다윗이 제거된다면, 이 군대는 더 이상 압살롬의 통치에 대항해 싸울 명분을 잃게 된다. 모든 사람이 전쟁을 멈추고 각자 집으로 돌아가는 현상이 일어날 것이다. 그러나 다윗이 살아 있다면, 설령 자신들의 군대 중 만 명이 죽는다 해도 이들은 압살롬을 대항해서 싸울 것이다. 이런 차원에서 다윗은 그들 만 명보다 귀한 것이다. 아히도벨이 바로 이 점을 의식하고 압살롬에게 속히 다윗의 목숨을 제거하자고 제안했던 것이 아닌가! 그러나 이제 모든 것이 끝났다. 우리는 압살롬의 최후만을 기다리고 있을 뿐이다. 다윗 병사들의 충성스런 마음이 아름답다. "우리는 죽어도 괜찮습니다. 그러나 임금님은 꼭 사셔야 합니다."

병사들의 충성스런 호소에 감동되고 설득된 다윗은 그들의 뜻에 따라 후방에 있기로 한다. 자신을 위해 목숨을 내걸고 싸우러 나가는 군대에게 폐가 될 수는 없지 않은가! 다윗은 군대를 이끌고 전쟁터로 나가는 세 장군—요압, 아비새, 잇대—에게 마지막으로 부탁했다. "저 어린 압살롬을 너그럽게 대해 주시오"(5절. 새번역). 비록 압살롬이 다윗의 생명을 노리는 경쟁자이자 정치적 적이 되어 있지만, 그를 바라보는 다윗의 마음은 측은하기만 하다.

만일 아들도 살리고 자신도 죽지 않을 수 있는 옵션이 있다면, 그는 분명히 그 길을 택했을 것이다. 그러나 다윗은 압살롬을 제거해야만 자신이 살 수 있는 절박한 상황에 처해 있다. 그래서 그는 이미 장성한 아들 압살롬을 아무것도 모르는 '어린아이'(נַעַר; 공동번역, "아직 철이 없으니"; cf. TNK, "my boy"), 그저 철없이 부모에게 반항하는 청소년처럼 측은히 여기는 것이다.

이 순간은 평생 수없이 많은 전쟁을 치렀던 용장 다윗보다 아버지 다윗이 앞선다. 그동안 다윗은 압살롬에 대항해 싸우기 위해 치밀한 계획과 스파이전을 펼쳐 왔다. 그런데 결정적인 순간이 되자 아버지의 본능이 앞선 것이다. 다윗의 "압살롬을 너그럽게 대해 달라"는 부탁은 무슨 뜻인가? 전쟁만 이기고 아들은 죽이지 말라는 것인가? 그러나 다윗은 너무나 잘 알고 있지 않은가! 압살롬이 죽지 않고는 결코 이 전쟁이 끝나지 않을 것이며, 그가 빨리 제거될수록 그만큼 피 흘림이 줄 것이라는 점을 말이다. 그렇다면 그는 그의 군대에게 압살롬과의 전쟁에서 패할 것을 부탁하는 것인가? 이것이 그의 희망 사항이라면 차라리 군대를 전쟁터로 보내지 말고 집으로 보내야 한다. 다윗의 부탁은 듣는 이의 마음을 흔들어 놓기에 충분하다.

어찌됐든 우리는 다윗의 내면적 갈등을 상상할 수 있다. 자신이 살아 남기 위해서는 압살롬을 제거해야 한다. 그는 이 일을 위해 꾸준히 준비해 왔다. 그러나 그동안 자신이 준비해 온 각본대로 움직이려면 아들을 죽여야 한다. 그는 생각했을 것이다. 밧세바와 간음하고 우리아를 죽인 대가로 자신의 운명이 너무나 혹독한 대가를 치르고 있다고. 한 순간의 간음이 이처럼 커다란 고통을 동반하게 될 줄 알았다면 결코 죄를 짓지 않았을 것이라고 말이다.

죄라는 것이 항상 그렇지 않은가! 죄를 짓기 전에 그 죄가 어떤 파급 효과를 가져올 것임을 상상할 수 있다면, 대부분의 사람이 죄를 짓지 않을 것이다. 그리스도인 중 많은 이가 죄를 지으면서 하나님께 용서만 받으면 된다는 무의식적인 착각 속에서 살아간다. 물론 하나님은 어떤 죄라도 진실한 마음으로 회개하면 용서하신다. 그러나 용서받은 죄도 때로는 치러야 할 대가가 따른다는 점을 기억해야 한다. 예를 들어, 알 코올 중독자가 회개하면 하나님께 용서받을 수 있지만, 용서를 받은 후에도 중독에서 오는 후유증과 가족들이 받은 상처는 두고두고 그를 괴롭힐 수 있다. 다윗도 지금 이미 용서받은 죄에 대한 대가를 치르고 있다. 죄를 짓고 사함받는 것을 너무나 당연하고 가벼운 일로 생각하지 않아야 한다.

저자는 전쟁터로 향하는 모든 군사가 다윗이 장군들에게 압살롬에 대해 "너그럽게 대해 달라"고 부탁하는 말을 들었다고 기록한다(5절). 왕의 솔직한 심정을 듣고 그들은 무슨 생각을 했을까? 다윗의 발언은 그들의 사기에 어떤 영향을 미쳤을까? 저자는 전혀 힌트를 주지 않는다. 다만 다윗의 부탁이 백성들로 하여금 압살롬을 보고도 죽이기를 꺼려하는 현상을 일으켰다는 것만은 확실하다(cf. 12-13절). 다윗의 부탁은 전쟁터로 향하는 군인들에게 무거운 짐을 지워 주었다. 물론 아버지로서의 심정은 이해하지만, 그를 위해 목숨을 내놓고 싸우러 나가는 군인들에게는 몹시 사기를 떨어뜨리는 부탁이었다.

② 전쟁의 결과(18:6-8)

6 이에 백성이 이스라엘을 치러 들로 나가서 에브라임 수풀에서 싸우더니 7 거기서 이스라엘 백성이 다윗의 부하들에게 패하매 그 날 그 곳에서 전사자가 많아 이만 명에

이르렀고 ⁸ 그 땅에서 사면으로 퍼져 싸웠으므로 그 날에 수풀에서 죽은 자가 칼에 죽은 자보다 많았더라

압살롬이 반역을 일으킨 이후(15:1), 그와 다윗의 운명을 결정할 이 전쟁에 대한 준비는 상당히 자세하게 느린 템포로 진행되어 왔다. 그리고 드디어 아버지와 아들이 운명의 순간에 이르렀다. 그러나 전투 자체는 매우 빨리, 일방적으로, 전쟁이 시작하자마자 끝이 난다.

전쟁은 에브라임 숲에서 치열하게 펼쳐졌다. 에브라임 숲은 길르앗에 있는 곳으로, 사사 시대 때 입다가 에브라임을 물리친 이후로 붙여진 이름이다(삿 12:5; cf. ABD). 사울에게 쫓길 때부터 게릴라전에 익숙했던 다윗의 군대에게 넓은 평지보다는 우거진 숲이 훨씬 더 큰 이점을 제공했을 것이다(Arnold; Birch). 전쟁은 압살롬 군의 대패로 끝났으며, 이만 명의 사상자가 발생했다(7절). 그런데 이들은 왜 동족임에도 싸워야 하는가? 전쟁이 주는 가장 뼈아픈 사실은 소수의 욕망과 과오 때문에 수많은 사람이 희생되어야 한다는 점이다.

다윗 한 사람의 죄 때문에 수많은 사람이 평생 불구자가 되었다. 압살롬의 거룩하지 못한 야심 때문에 이만 명이 죽었다. 목자가 좋은 양 떼를 만나는 것은 복이다. 그러나 양 떼가 좋은 목자를 만나는 것은 더 큰 복이라는 점을 기억해야 한다. 지도자라는 위치는 이처럼 중요한 것이다. 교회의 지도자는 근신하고 신중해야 한다. 지도자는 더 이상 개인이 아니라 공인이다. 지도자의 실수가 교회를 큰 혼란에 빠뜨릴 수도 있다. 지도자의 리더십은 교회를 세울 수도 있고 무너뜨릴 수도 있다.

저자는 그날 칼에 맞아 죽은 자보다 숲속에서 생명을 잃은 자가 더 많다고 기록한다(8절). 숲속에서 정확히 무슨 일이 있었을까? 혹시 그곳에 들짐승들이 많아서 전쟁하는 군인들을 해하였다는 말일까? 이 지역의 지형을 감안하면 이 일이 그렇게 신비스럽지만은 않다는 것이 일부 학자들의 생각이다. 지형이 험하고 많은 웅덩이와 구멍이 있는 곳이

271

기 때문에(cf. 17절), 전투에 몰두하다가 발을 헛디디거나 굴러떨어져 죽을 수 있는 위험이 많다는 것이다(cf. Gordon). 물론 가능한 해석이다. 그러나 저자가 이 같은 표현을 통해 근본적으로 강조하고자 하는 점은 다른 데 있는 듯하다.

여호수아 10:11에 "하늘에서 큰 우박 덩이를 아세가에 이르기까지 내리시매 그들이 죽었으니 이스라엘 자손의 칼에 죽은 자보다 우박에 죽은 자가 더 많았더라"라는 말씀이 나온다. "칼에 죽은 자보다 우박에 죽은 자가 더 많았더라"라는 말씀은 본문의 "칼에 맞아 죽은 자보다 숲속에서 생명을 잃은 자가 더욱 많았더라"라는 말씀과 매우 비슷하다. 여호수아 10:11은, 여호수아가 가나안 사람들을 대상으로 싸웠을 때, 하나님이 이적을 베푸시며 직접 전투에 참여하셨을 뿐만 아니라 자연으로 하여금 여호수아를 돕게 하셨다는 점을 강조했다. 즉, 여호수아가 이루어낸 승리는 곧 하나님의 업적이었음을 강조하는 데 초점이 맞추어져 있다.

본문이 이처럼 여호수아서의 말씀을 연상케 함으로써 이번에는 하나님이 자연으로 하여금 다윗을 돕게 하셨다는 점을 강조한다. 결국 이 전쟁의 승리는 하나님이 이루신 것이다. 저자는 이미 하나님이 압살롬을 죽이기로 작정하셨기 때문에 아히도벨의 모략을 좌절시키셨다고 했다(17:14). 같은 맥락에서 이 말씀을 해석하는 것이 바람직하다.

여기서 한 가지 의미심장한 교훈을 배울 수 있다. 비록 하나님이 다윗을 처벌 대상으로 삼으셨고 그를 징계하고 계시지만, 한 순간도 그를 버리시지는 않았다는 점이다. 살다 보면 누구나 하나님으로부터 징계를 받을 때가 있다. 그때마다 사람들은 괴로워한다. 너무 힘이 들어소리를 지르고 울음을 터트린다. 그래도 힘이 들면 하나님을 원망한다. 하나님이 나를 버리셨다고 말이다. 그러나 하나님은 택한 자녀를 결코 버리시지 않는 분이다. 책망하시고 징계를 내리실지언정, 버리시지는 않는다. 본문은 다윗의 삶에서의 이러한 하나님의 은혜를 잘 묘사한다. 전쟁은 다윗의 승리로 끝이 났고 쿠데타는 진압되었다. 그러나 다윗은 전혀 기쁘지 않다. 그는 매우 슬픈 승자다(Brueggemann).

③ 압살롬의 죽음(18:9-15)

9 압살롬이 다윗의 부하들과 마주치니라 압살롬이 노새를 탔는데 그 노새가 큰 상수리나무 번성한 가지 아래로 지날 때에 압살롬의 머리가 그 상수리나무에 걸리매 그가 공중과 그 땅 사이에 달리고 그가 탔던 노새는 그 아래로 빠져나간지라 10 한 사람이 보고 요압에게 알려 이르되 내가 보니 압살롬이 상수리나무에 달렸더이다 하니 11 요압이 그 알린 사람에게 이르되 네가 보고 어찌하여 당장에 쳐서 땅에 떨어뜨리지 아니하였느냐 내가 네게 은 열 개와 띠 하나를 주었으리라 하는지라 12 그 사람이 요압에게 대답하되 내가 내 손에 은 천 개를 받는다 할지라도 나는 왕의 아들에게 손을 대지 아니하겠나이다 우리가 들었거니와 왕이 당신과 아비새와 잇대에게 명령하여 이르시기를 삼가 누구든지 젊은 압살롬을 해하지 말라 하셨나이다 13 아무 일도 왕 앞에는 숨길 수 없나니 내가 만일 거역하여 그의 생명을 해하였더라면 당신도 나를 대적하였으리이다 하니 14 요압이 이르되 나는 너와 같이 지체할 수 없다 하고 손에 작은 창 셋을 가지고 가서 상수리나무 가운데서 아직 살아 있는 압살롬의 심장을 찌르니 15 요압의 무기를 든 청년 열 명이 압살롬을 에워싸고 쳐죽이니라

전쟁이 진행되는 도중 요압에게 압살롬이 나무에 매달려 있다는 소식이 전달되었다. 노새를 타고 가다가 머리가 나무에 걸리고 그 나귀는 그냥 달려가는 바람에 허공에 매달려 있다는 것이다. 정확히 압살롬이 어떤 모습을 하고 있는지, 압살롬의 머리가 구체적으로 어떻게 되었는지 원문은 확실하게 밝히지 않는다. 압살롬을 유명하게 만들었던 머리채가(cf. 삼하 14:26) 가지에 걸렸다는 것일까?(Josephus; McCarter; Anderson) 아니면 새총처럼 갈라진 가지에 압살롬의 목이 끼었다는 말일까?(Driver) 정확하지 않지만 그의 머리채가 가지에 걸렸다는 해석이

지배적이다. 어쨌든 압살롬은 타고 가던 노새를 잃는 순간 왕의 자리도 함께 잃었다(Alter; Conroy).

한때 모든 사람의 선망의 대상이었던 압살롬의 머리가 이제는 그에게 죽음을 불러오는 도구가 되어 버렸다. 압살롬과 그의 아름다운 머리 이야기는 장래가 촉망되던 젊은이가 교만으로 몰락한 이야기의 모형이 된다(Arnold). 게다가 본문은 그가 나무에 "매달렸다"(תלה)고 하는데, 율법에서 이 동사는 단 한 번, 나무에 매달린 사람은 저주를 받은 것이라고 선언할 때 사용된다(신 21:23). 저자는 압살롬의 죽음을 하나님의 저주가 임한 결과처럼 묘사하고 있다. 또한 율법에 따르면, 아버지께 반역하는 아들(cf. 출 20:12; 신 5:16; 21:18-21)과 아버지의 첩/아내와 동침하는 자는 모두 하나님의 심판을 받아야 한다고 한다(레 20:11). 이 두 가지 율법을 범한 압살롬은 하나님의 심판을 받았다(Bergen).

저자는 압살롬이 "하늘과 땅 사이에"(בֵּין הַשָּׁמַיִם וּבֵין הָאָרֶץ) 매달려 있다고 표현한다(9절). 하늘과 땅 사이에 매달려 있는 그의 모습은 이 이야기의 여러 가지 상황을 상징하는 듯하다(Birch). "압살롬은 삶과 죽음 사이에 매달려 있고, 반역자와 귀중한 아들 사이에서 바둥거리고 있으며, 모진 왕과 여린 아버지 사이에 매달려 있는 것이다"(Brueggemann). 그는 하늘과 땅 그 어느 쪽에도 속할 수 없는 "갈 곳 없는 사람"(a nowhere man)이 되어 버렸다(Fokkelman). 다윗은 살기 위해 압살롬을 죽여야 하지만, 정작 나무에 매달린 압살롬의 모습은 다윗에게 안타까움을 자아내기에 충분하다.

나무에 매달린 압살롬이 심각한 위기에 처한 것이 확실하다. 그가 처한 상황을 감안하면, 아마 기절했거나 혼수 상태에 빠져 있을 것이다. 그러나 그는 아직 살아 있다. 이 사건은 우연히 일어난 일이다. "어쩌다가"(קרא; 9절, 새번역) 압살롬이 다윗의 부하들과 만나면서 생긴 일이다. 누군가 이런 일을 계획하거나 음모를 꾸며 일어난 사건이 아니다. 우리는 압살롬이 나무에 매달려 있는 것이 하나님이 하신 일이라는 점을 깨달아야 한다.

압살롬이 나무에 매달려 있다는 소식을 전해 들은 요압은 그 병사에게 "네가 그를 죽였으면 은 열 개를 상금으로 주었을 텐데 왜 그를 죽이지 않았느냐?"라고 물었다(11절). 그러나 그 병사는 생각보다 똑똑했으며 상황을 정확히 파악하고 있었다. 그는 다윗이 세 장군에게 말하는 것을 들었기에 은 1,000개를 준다 해도 결코 압살롬을 죽이지 않았을 것이며, 또한 요압의 우호적인 발언을 믿을 수 없다는 것을 확실하게 표현했다.

요압이 이 순간에는 이렇게 말하지만 정말로 그가 압살롬을 죽였다면 요압은 왕 앞에서 자신의 편을 들어주지 않았을 것이라는 주장이다. 그는 요압의 인격을 확실히 파악하고 있었다. 병사의 발언이 다윗 군대에 속해 있는 모든 군사의 입장과 이해를 대변한다고 해석하는 것이 바람직하다. 다윗의 모든 군사는 전쟁에서 승리를 하더라도 적군의 우두머리인 압살롬은 죽일 수 없다는 심적 부담을 안고 전쟁에 임했다.

요압도 병사의 판단을 부인하지 않는다. 단순히 "너와 시간 낭비할 필요가 없다"며 상황을 얼버무리고 곧장 압살롬이 있는 곳을 향해 뛰어갔다. 마음이 뜨끔해서, 이렇게 생각했을 것이다. "짜식, 귀신같이 내 마음을 읽었네!" 압살롬을 찾은 요압은 가차없이 창으로 그의 심장을 뚫었다. 요압은 압살롬을 죽이기를 주저했던 군인과 다르다. 그는 평생 사람 죽이는 일을 재미로 삼아 왔던 사람이다. 요압은 무고한 사람까지도 죽였다. 앞으로도 더 죽일 것이다.

이런 요압에게 압살롬의 생명이라고 해서 특별할 리가 없다. 요압과 압살롬은 한때 가까운 관계를 유지했다. 그러나 요압이 전쟁터에서 만난 압살롬은 제거되어야 할 다윗의 적에 불과하다. 요압은 평생 다윗의 번영을 위해 개처럼 살아오지 않았던가! 이번에도 그 충견 기질이 다시 발동했을 뿐이다.

한 가지 흥미로운 것은 다윗과 요압의 관계다. 요압은 다윗의 친척이자 그가 사울에게 쫓겨 광야생활을 할 때부터 그를 돕던 장군이다.

요압은 다윗을 위해서라면 무엇이든 할 수 있는 사람이었다. 요압은 밧세바 사건에서도 다윗의 요청대로 우리아를 제거해 준 사람이었다. 그런데 다윗은 한 번도 요압을 전적으로 신임하거나 좋아한 적이 없는 것으로 기록되어 있다. 오히려 사무엘서는 다윗이 그를 경계하고 정치적인 채무(liability)로 간주해 왔다고 기록한다.

다윗이 요압을 필요로 했던 것은 사실이지만, 가까이 하기에는 너무 결함이 많은 사람으로 취급했던 것 같다. 이 두 사람의 관계는 이처럼 제한적이고 불편한 관계, 그렇지만 공존해야만 하는 관계였다. 다윗이 자신을 위해서는 죽을 의향도 있는 "충견" 요압과 거리감을 유지한 것은 무엇 때문일까? 물론 요압의 다듬어지지 않은 성격 등 여러 가지 이유가 있을 것이다. 그리고 그 이유 중 하나는 다윗이 맹목적인 충성을 다짐하는 사람은 장기적인 안목에서 결코 자산(asset)이 될 수 없다는 진실을 깨달았기 때문일 것이다. 목회자들은 흔히 "죽도록 충성하겠다"는 사람들을 옆에 두고 사역하기를 원한다. 그러나 맹목적인 충성은 결코 바람직한 것이 아님을 기억해야 한다.

④ 전쟁의 종결(18:16–18)

16 요압이 나팔을 불어 백성들에게 그치게 하니 그들이 이스라엘을 추격하지 아니하고 돌아오니라 17 그들이 압살롬을 옮겨다가 수풀 가운데 큰 구멍에 그를 던지고 그 위에 매우 큰 돌무더기를 쌓으니라 온 이스라엘 무리가 각기 장막으로 도망하니라 18 압살롬이 살았을 때에 자기를 위하여 한 비석을 마련하여 세웠으니 이는 그가 자기 이름을 전할 아들이 내게 없다고 말하였음이더라 그러므로 자기 이름을 기념하여 그 비석에 이름을 붙였으며 그 비석이 왕의 골짜기에 있고 이제까지 그것을 압살롬의 기념비라 일컫더라

압살롬이 죽었으니 양측은 더 이상 전쟁을 할 필요가 없어졌다. 요압은 나팔을 불어 양쪽의 군사들이 더 이상 싸우지 않도록 했다. 압살롬을 따르던 군인들은 모두 뿔뿔이 흩어져 각자 집으로 돌아갔다. 아히도벨의 예측처럼, 이 전쟁은 우두머리만 제거하면 끝날 전쟁이었다. 다만 아히도벨은 다윗을 제거하고 싶었지만 실제로는 압살롬이 제거됨으로써 전쟁이 마무리되었다.

군인들이 모여들자 요압은 압살롬을 묻었다. 그의 시신을 가져가 봤자 왕이 좋아할 리 없기 때문이다. 그리고 그의 시체 위에 큰 돌무더기를 쌓아 주었다. 마치 이스라엘이 과거에 아골 골짜기에 아간의 묘를 쌓은 것처럼 말이다(Bergen; cf. 수 7:26). 이렇게 해서 압살롬은 가족의 묘에도 안장되지 못하고 광야에 묻혀야 했다. 율법을 수없이 범하면서도 두려움 없이 살아 오던 인생에 대한 적절한 심판인 것이다.

저자는 압살롬이 아들을 셋이나 두었으면서도(cf. 삼하 14:27) 후대에 남길 아들이 없다고 생각해서 스스로 비석을 남겼다고 한다(18절). 무슨 사연인가? 저자는 이렇다 할 힌트를 주지 않는다. 다만 사무엘하 14:27이 딸의 이름은 밝히는 반면에 아들들의 이름을 언급하지 않는 것으로 보아, 아들들이 아버지보다 먼저 죽었을 것이라는 추측은 가능하다(Gordon; Birch). 이로 인해 압살롬의 비석이 "오늘날"까지 전해진다는 말로 그의 죽음에 대한 기록을 맺는다. 그런데 본문이 말하는 "오늘날"은 과연 언제일까? 학자들의 추측만 분분할 뿐이다.

⑤ 다윗에게 소식이 전해짐(18:19–33)

¹⁹ 사독의 아들 아히마아스가 이르되 청하건대 내가 빨리 왕에게 가서 여호와께서 왕의 원수 갚아 주신 소식을 전하게 하소서 ²⁰ 요압이 그에게 이르되 너는 오늘 소식을

전하는 자가 되지 말고 다른 날에 전할 것이니라 왕의 아들이 죽었나니 네가 오늘 소식을 전하지 못하리라 하고 ²¹요압이 구스 사람에게 이르되 네가 가서 본 것을 왕께 아뢰라 하매 구스 사람이 요압에게 절하고 달음질하여 가니 ²²사독의 아들 아히마아스가 다시 요압에게 이르되 청하건대 아무쪼록 내가 또한 구스 사람의 뒤를 따라 달려가게 하소서 하니 요압이 이르되 내 아들아 너는 왜 달려가려 하느냐 이 소식으로 말미암아서는 너는 상을 받지 못하리라 하되 ²³그가 한사코 달려가겠노라 하는지라 요압이 이르되 그리하라 하니 아히마아스가 들길로 달음질하여 구스 사람보다 앞질러가니라 ²⁴때에 다윗이 두 문 사이에 앉아 있더라 파수꾼이 성 문 위층에 올라가서 눈을 들어 보니 어떤 사람이 홀로 달려오는지라 ²⁵파수꾼이 외쳐 왕께 아뢰매 왕이 이르되 그가 만일 혼자면 그의 입에 소식이 있으리라 할 때에 그가 점점 가까이 오니라 ²⁶파수꾼이 본즉 한 사람이 또 달려오는지라 파수꾼이 문지기에게 외쳐 이르되 보라 한 사람이 또 혼자 달려온다 하니 왕이 이르되 그도 소식을 가져오느니라 ²⁷파수꾼이 이르되 내가 보기에는 앞선 사람의 달음질이 사독의 아들 아히마아스의 달음질과 같으니이다 하니 왕이 이르되 그는 좋은 사람이니 좋은 소식을 가져오느니라 하니라 ²⁸아히마아스가 외쳐 왕께 아뢰되 평강하옵소서 하고 왕 앞에서 얼굴을 땅에 대고 절하며 이르되 왕의 하나님 여호와를 찬양하리로소이다 그의 손을 들어 내 주 왕을 대적하는 자들을 넘겨 주셨나이다 하니 ²⁹왕이 이르되 젊은 압살롬은 잘 있느냐 하니라 아히마아스가 대답하되 요압이 왕의 종 나를 보낼 때에 크게 소동하는 것을 보았사오나 무슨 일인지 알지 못하였나이다 하니 ³⁰왕이 이르되 물러나 거기 서 있으라 하매 물러나서 서 있더라 ³¹구스 사람이 이르러 말하되 내 주 왕께 아뢸 소식이 있나이다 여호와께서 오늘 왕을 대적하던 모든 원수를 갚으셨나이다 하니 ³²왕이 구스 사람에게 묻되 젊은 압살롬은 잘 있느냐 구스 사람이 대답하되 내 주 왕의 원수와 일어나서 왕을 대적하는 자들은 다 그 청년과 같이 되기를 원하나이다 하니 ³³왕의 마음이 심히 아파 문 위층으로 올라가서 우니라 그가 올라갈 때에 말하기를 내 아들 압살롬아 내 아들 내 아들 압살롬아 차라리 내가 너를 대신하여 죽었더면, 압살롬 내 아들아 내 아들아 하였더라 요압이 볼 때, 압살롬과 전쟁을 해서 그를 죽이는 일은 쉬웠다. 그러나 이제 전쟁에서 승리한 소식을 다윗에게 전하는 어려운 일이 남아 있다. 예전이라면 전쟁에서의 승리를 후방에 있는 왕에게 전하는 것은 즐거운 일이었다. 그러나 이번 전쟁만큼은 이겼어도 승리의 소식을 쉽게 전할 만한 분위기가 아니었다. 방금 물리쳤던 적은 다름 아닌 왕의 아들이 아닌가? 그에게는 이 같은 심적 부담이 있었다. 비록 전쟁에서 승리했지만, 이는 상처뿐인 영광이었다.

지난 날들을 생각해 보면 압살롬의 죽음을 알리는 것은 결코 쉽게 접근할 문제가 아니다. 다윗의 경쟁자이자 정치적 원수였던 사울의 전사 소식을 알리며 왕관을 가져왔던 아말렉 소년도(삼하1장), 이스보셋을 죽이고 그의 머리를 선물로 가져왔던 레갑과 바아나도(삼하4장) 목숨을 잃었다. 이러한 예들로 보건대, 이번에도 자칫 잘못하면 소식을 전하는 자가 생명을 잃을 수도 있다. 그래서 요압은 고민에 빠졌다. 저자는 전쟁에서 승리한 다윗 진영의 분위기가 이처럼 참담했음을 시사한다.

이윽고 사독의 아들 아히마아스가 자청해서 다윗에게 소식을 전하고자 한다. 그러나 요압은 그를 말렸다. "오늘은 아무리 좋은 소식이라도, 네가 전하여서는 안 된다. 너는 다른 날 이 좋은 소식을 전하여도 된다. 그러나 오늘은 날이 아니다. 오늘은 임금님의 아들이 죽은 날이다"(20절). 그리고 요압은 아히마아스 대신 에디오피아 사람을 보냈다. 이방인이니까 죽어도 괜찮다는 생각이 든 것일까? 자신이 어떤 위험에 처해 있는지를 아는지 모르는지 에디오피아 사람은 명령을 받고 곧장 다윗에게로 떠났다.

전령이 떠난 다음 사독의 아들 아히마아스가 요압에게 다시 청했다. 요압은 달래 보았다. "이 소식으로는 아무런 상도 받지 못하는데 왜 가려 하느냐?"(22절). 그러나 아히마아스가 계속 요청하자 "그래 네 맘대로 해라"하고 그를 보냈다. 아히마아스는 빠른 사람이라 에디오피아 사람을 앞질러 가서 다윗에게 전쟁의 승리를 고했다. 요압이 이끄는 군

279

대가 전쟁에서 승리했다는 소식은 다윗에게 안도의 숨을 쉬게 했지만, 동시에 근심을 안겨 주었다(Bergen). 다윗에게 가장 중요한 뉴스는 승전보가 아니라, 압살롬에 대한 소식이었다(Birch).

감사 찬양 양식을 사용해 전쟁에 대해 보고하는(Conroy) 아히마아스는 먼저 승리를 주신 여호와를 찬양했다. 그러나 압살롬의 죽음에 대해서는 알지 못하는 것처럼 말했다. 다만 자신이 떠날 때 진영에 "큰 소동"이 있었다는 것만 말함으로써 다윗에게 마음의 준비를 시켰다. 전쟁에 승리했고 진영에 큰 소동이 있었다는 것은 당연히 압살롬의 죽음을 암시하는 것이 아니겠는가! 곧 이어서 에디오피아 사람이 와서 압살롬의 죽음을 전했다.

다윗은 주체할 수 없는 슬픔을 안고 문 윗층으로 올라가 오열하며 통곡했다. 왕이 아닌 아버지로서 소식을 접한 것이다(Birch). 다윗은 문 윗층으로 올라가 '공중'에서 울었다. '공중'은 또한 압살롬이 죽었던 곳이기도 하다(9절). 그곳에서 다윗은 목놓아 울었다. "내 아들 압살롬아, 내 아들아, 내 아들 압살롬아, 너 대신에 차라리 내가 죽을 것을, 압살롬아, 내 아들아, 내 아들아!" "너 대신에 차라리 내가 죽을 것을!"이란 고백은 진실한 것이며, 상징적으로나마 그는 그날 죽은 것이다. 그것도 아들이 죽었던 같은 장소인 '공중'에서 말이다.

다윗은 "내 아들아!"를 다섯 차례나 반복함으로써 아버지로서의 아픔을 충분히 표현한다. 이 순간 다윗에게 전쟁, 반역, 보좌 등은 아무런 의미가 없다(Birch). 오직 아들을 잃은 아버지의 슬픔만 있을 뿐이다. 밧세바와의 간음이 이러한 결과를 초래하리라고 상상이라도 했다면, 다윗은 죄를 짓기 전에 한 번 더 생각했을 것이다. 또한 다윗은 암논이 다말을 범했을 때 그를 징계하지 않았던 일, 압살롬이 암논을 죽이고 도주했을 때 징계하지 않았던 일도 이 비극적인 사건에 빌미를 제공했음을 인식했을 것이다. 그러나 후회하기에는 이미 늦었다. 다윗이 오열하자 그의 진영은 순식간에 모든 것이 얼어붙는 듯했을 것이다. 전쟁에 이기고도 승전가를 부르지 못하는 그의 신하들을 생각해 보라. 아버지 다윗이 전사 다윗을 앞선 것이다.

본문은 다윗의 심적 고뇌를 효과적으로 묘사한다. 이날 왕으로서의 다윗은 쿠데타를 성공적으로 제압했다. 그러나 아들 압살롬을 죽임으로써 아버지로서의 다윗은 죽음을 피할 수 없었다. 여기서 한 가지 신학적인 질문을 해 보자. 누가 압살롬을 죽였는가? 다윗과 요압, 아니면 여호와? 압살롬이 적장과 싸우다가 장렬하게 전사한 것이 아니라 매우 특별한 상황에서 칼 한 번 뽑아 보지 못하고 죽게 된 것은 여호와께서 그를 죽이셨음을 간접적으로 입증하는 듯하다.

게다가 이미 언급한 것처럼, 압살롬이 상수리 나무에 달려 있더라는 (10절) 보고에 사용되는 "매달리다"(חלה)는 "나무에 달린 자는 하나님께 저주를 받았음이니라"(신 21:23)에서 사용되는 단어다. 이 단어를 이곳에서 사용함으로써 압살롬은 하나님의 심판과 저주를 받아 죽었다고 평가하는 듯하다(Anderson; Bergen). 압살롬이 이미 하나님의 심판을 받을 만한 여러 가지 죄를 지었다는 점을 감안할 때, 이런 평가는 충분히 가능하다.

또한 앞서 언급한 것처럼, "그 날에 수풀에서 죽은 자가 칼에 죽은 자보다 많았더라"(8절) 역시 하나님의 개입을 암시한다. 그러나 결정적인 단서는 하나님이 압살롬으로 하여금 아히도벨의 계략이 아니라 후새의 계략을 선택하게 하신 것이다. 이는 "여호와께서 압살롬에게 화를 내리려 하사" 일어난 일이다(cf. 삼하 17:14). 하나님이 압살롬을 죽이신 것이다. 이렇게 해서 나단이 다윗에게 경고한 일들이 모두 현실로 드러났다.

6장. 다윗의 회복(19:1-20:26)

철저하게 준비했던 아들과의 전쟁에서 승리했지만, 아들의 사망 소식을 전해 들은 다윗은 통곡할 수밖에 없었다. 본인이 살기 위해서는 생명을 위협하는 적으로 등장한 압살롬을 죽일 수밖에 없었지만, 그래도 자식을 죽여야 하는 부모의 찢어지는 심정이 오죽했겠는가? 그는 과연 누가 이 전쟁에서 승리했는가를 질문하고 있었는지 모른다. 이번 전쟁은 누가 이기든지 상처뿐인 영광만 남는다. 그러나 아픔도 잠깐, 다윗은 시간이 지나면서 얼마 전에 버려두고 떠났던 예루살렘으로 다시 돌아와 왕으로 군림했다.

예루살렘으로 돌아온 후 다윗은 또 한 차례의 반란을 겪는다. 베냐민 지파 출신의 세바라는 사람이 사람들을 선동해 반역한 것이다. 아들도 반역하는 판국에 왜 이런 일이 없겠는가? 이 사건은 비록 다윗이 통일 왕국을 다스리고 있지만, 그의 통치에 불만을 품고 있는 사람들이 상당히 많았음을 암시한다(cf. 19:40b-43). 이 같은 갈등은 솔로몬이 죽은 직후 표면화되어 나라를 둘로 나누는 결과를 초래한다(cf. 왕상 12장). 이 섹션은 다음과 같이 세 부분으로 구분된다.

A. 왕의 귀환(19:1-43)
B. 세바의 반역(20:1-22)
C. 다윗의 관료들(20:23-26)

V. 다윗의 쇠퇴(9:1–24:25)
6장. 다윗의 회복(19:1–20:26)

1. 왕의 귀환(19:1-43)

압살롬은 죽었다. 그러므로 이제 다윗은 슬픔을 추스르고 다시 예루살렘으로 가야 한다. 승리는 했지만 가슴 아픈 승리였으며, 그의 발걸음은 무겁기만 했다. 죄의 대가가 이렇게 크고 치명적일 거라고는 상상도 못했다. 그러나 이제 죗값을 치렀으니 더 이상 불안해할 필요는 없다. 죄의 대가로 인해 쫓기던 일이 이제 끝이 났기 때문이다. 다윗은 아들을 잃은 일이 한없이 슬프지만, 드디어 올 것이 왔고, 치러야 할 일을 치렀다는 안도감도 있었을 것이다. 다윗의 예루살렘 귀환 중에 있었던 일들을 회고하는 이 섹션은 다음과 같이 구분될 수 있다.

A. 슬픔뿐인 승리(19:1-4)

B. 요압의 사태 수습(19:5-8)

C. 다윗의 귀환 준비(19:9-14)

D. 왕의 귀환 환영(19:15-18a)

E. 다윗과 시므이(19:18b-23)

F. 다윗과 므비보셋(19:24-30)

G. 다윗과 바르실래(19:31-40)

H. 껄끄러운 남북관계(19:41-43)

V. 다윗의 쇠퇴(9:1–24:25)
6장. 다윗의 회복(19:1–20:26)
1. 왕의 귀환(19:1–43)

(1) 슬픔뿐인 승리(19:1-4)

[1] 어떤 사람이 요압에게 아뢰되 왕이 압살롬을 위하여 울며 슬퍼하시나이다 하니 [2] 왕

이 그 아들을 위하여 슬퍼한다 함이 그 날에 백성들에게 들리매 그 날의 승리가 모든 백성에게 슬픔이 된지라 3 그 날에 백성들이 싸움에 쫓겨 부끄러워 도망함 같이 가만히 성읍으로 들어가니라 4 왕이 그의 얼굴을 가리고 큰 소리로 부르되 내 아들 압살롬아 압살롬아 내 아들아 내 아들아 하니

왕이기에 앞서 아버지였기 때문에, 아들을 잃은 다윗이 슬퍼하는 것은 당연한 일이다(Gordon). 특히 밧세바와 간음만 하지 않았어도 이런 일이 일어나지 않았을 것이라는 생각에 그는 큰 죄책감을 가지고 통곡했을 것이다. 그러나 슬픔을 모든 사람 앞에서 너무 노골적으로 드러내니 문제가 생겼다. 다윗을 위해 생명을 내놓고 죽도록 싸워서 승리를 가져온 군사들은 마치 죄인처럼 마음이 무거웠던 것이다.

사실 요압과 군사들은 매우 불리한 상황에서 용감하게 싸워 기적적인 승리를 일구어 냈다. 또한 여호와께서 승리를 주신 날이기도 하다. 그러므로 전쟁터에서 돌아오는 군인들은 대대적인 환영을 받아야 한다. 그러나 다윗은 승리에는 관심이 없는 듯하다. 그는 오직 아들의 죽음 때문에 슬퍼하고 있다. 다윗이 머물던 성의 분위기는 장례식장 같았다. 그래서 생명을 걸고 싸워 승리한 군인들은 개선문을 통해 승전가를 울리며 성에 입성하는 것이 아니라, "마치 싸움터에서 도망쳐 나올 때에 부끄러워서 빠져 나가는 것처럼, 슬며시 성 안으로 들어왔다"(3절, 새번역). 그런데도 다윗은 아랑곳하지 않고 아들을 위해 큰소리로 울었다. 다윗 안에서 아버지가 왕을 가려 버린 것이다. 이 소식이 요압에게 들렸다. 요압이 가만히 있을 리 없었다.

(2) 요압의 사태 수습(19:5-8a)

5 요압이 집에 들어가서 왕께 말씀 드리되 왕께서 오늘 왕의 생명과 왕의 자녀의 생명과 처첩과 비빈들의 생명을 구원한 모든 부하들의 얼굴을 부끄럽게 하시니 6 이는 왕께서 미워하는 자는 사랑하시며 사랑하는 자는 미워하시고 오늘 지휘관들과 부하들을 멸시하심을 나타내심이라 오늘 내가 깨달으니 만일 압살롬이 살고 오늘 우리가 다 죽었더면 왕이 마땅히 여기실 뻔하였나이다 7 이제 곧 일어나 나가 왕의 부하들의 마음을 위로하여 말씀하옵소서 내가 여호와를 두고 맹세하옵나니 왕이 만일 나가지 아니하시면 오늘 밤에 한 사람도 왕과 함께 머물지 아니할지라 그리하면 그 화가 왕이 젊었을 때부터 지금까지 당하신 모든 화보다 더욱 심하리이다 하니 8a 왕이 일어나 성문에 앉으매 어떤 사람이 모든 백성에게 말하되 왕이 문에 앉아 계신다 하니 모든 백성이 왕 앞으로 나아오니라

다윗이 통곡한다는 소식을 들은 요압은 그를 찾았다. 그의 입장은 단호했다. 왕을 위해 목숨을 내놓고 싸운 병사들을 잘못 대접해도 유분수지 어떻게 이런 일이 있을 수 있느냐는 것이었다. 요압의 항의는 다음 사항들을 포함했다. 첫째, 왕을 위해 싸운 병사들을 부끄럽게 만들지 말라. 병사들이 목숨을 다해 싸워서 왕, 그의 아내들, 자식들, 후궁들의 목숨을 구했는데, 어찌하여 왕은 이들의 영웅적인 행동을 부끄럽게 만드냐는 것이었다(5절).

둘째, 왕은 자신의 군대가 지고 차라리 압살롬이 승리하기를 원했던 것같은 행동을 삼가해야 한다(6절). 물론 본심은 아니겠지만 지금 왕의 행동은 그런 느낌을 조성한다는 것이다. 비록 아들이 죽었다 할지라도, 사적인 슬픔이 거사를 이루고 돌아온 사람들에게는 왕이 자신들이 죽기를 원했다고 생각할 수 있는 정치적인 부담이 된다는 사실을 기억하라는 것이었다.

285

셋째, 왕은 지금 당장 전쟁을 치르고 돌아온 군사들을 위로하고 격려하지 않으면 또 하나의 반란을 치러야 할 것이다(8절). 그만큼 사람들의 마음이 심상치 않다는 것이다. 심지어 요압 자신이 주동이 되는 반역의 가능성도 배제할 수 없다고 경고한다(Birch). 물론 현실성이 없는 일이지만, 요압은 다윗의 마음을 사태의 심각성에 맞추도록 유도하고 있다. 현실을 망각하고 개인적인 슬픔에 빠져 있는 다윗에게 충성스러운 조언을 하고 있다. 요압은 이 경고를 통해 위기에 빠진 다윗의 왕권을 보존해 주었다(Bergen). 사람이 슬픔에 빠지면 논리적이나 이성적으로 생각하지 못한다. 이럴 때는 옆에서 누군가가 그를 합리적인 길로 인도해야 한다. 다윗이 경험한 이날의 슬픔이 상상이 된다.

요압의 말을 들은 다윗은 그의 뜻대로 행한다. 더 이상 아버지로서 슬퍼할 수만은 없음을 깨달은 것이다. 이제는 다시 한 군대를 지휘하는 왕으로서 자리에 앉아야 한다. 드디어 성문으로 나가서 군사들을 위로하기에 이르렀고, 그를 본 군사들은 드디어 마음의 안정을 찾았다. 다윗이 드디어 왕의 본래 모습으로 돌아온 것이다(Gordon). 엎드려 절 받기 식이지만 일단 상황은 안정되었다. 권력은 그것을 추구하는 자(압살롬)나 그것을 가진 자(다윗) 모두에게 결코 만족감이나 기쁨을 줄 수 없었다(Evans).

```
V. 다윗의 쇠퇴(9:1-24:25)
  6장. 다윗의 회복(19:1-20:26)
    1. 왕의 귀환(19:1-43)
```

(3) 다윗의 귀환 준비(19:8b-14)

8b 이스라엘은 이미 각기 장막으로 도망하였더라 9 이스라엘 모든 지파 백성들이 변론하여 이르되 왕이 우리를 원수의 손에서 구원하여 내셨고 또 우리를 블레셋 사람들의 손에서 구원하셨으나 이제 압살롬을 피하여 그 땅에서 나가셨고 10 우리가 기름을 부어 우리를 다스리게 한 압살롬은 싸움에서 죽었거늘 이제 너희가 어찌하여 왕

을 도로 모셔 올 일에 잠잠하고 있느냐 하니라 ¹¹ 다윗 왕이 사독과 아비아달 두 제사장에게 소식을 전하여 이르되 너희는 유다 장로들에게 말하여 이르기를 왕의 말씀이 온 이스라엘이 왕을 왕궁으로 도로 모셔오자 하는 말이 왕께 들렸거늘 너희는 어찌하여 왕을 궁으로 모시는 일에 나중이 되느냐 ¹² 너희는 내 형제요 내 골육이거늘 너희는 어찌하여 왕을 도로 모셔오는 일에 나중이 되리요 하셨다 하고 ¹³ 너희는 또 아마사에게 이르기를 너는 내 골육이 아니냐 네가 요압을 이어서 항상 내 앞에서 지휘관이 되지 아니하면 하나님이 내게 벌 위에 벌을 내리시기를 바라노라 하셨다 하라 하여 ¹⁴ 모든 유다 사람들의 마음을 하나 같이 기울게 하매 그들이 왕께 전갈을 보내어 이르되 당신께서는 모든 부하들과 더불어 돌아오소서 한지라

다윗이 예루살렘으로 돌아올 채비를 할 무렵 북쪽 사람들의 소식이 들렸다. 자신들이 기름 부은 압살롬은 죽었으니 다시 다윗을 왕으로 추대해서 예루살렘으로 모시자는 소식이었다. 그들이 압살롬을 왕으로 추대하는 순간, 다윗은 더 이상 그들의 왕이 아니었기 때문에 이 같은 일이 추진되었던 것이다(Anderson). 궁지에 몰린 사람들이 앞장서서 다윗을 환영하자는 계책을 내놓았다. 그들의 논리는 블레셋 군과 이방인들의 손에서 자신들을 구원한 다윗을 배신해서는 안 된다는 것이었다(9절). 물론 다윗의 입장에서는 어떤 문책도 없이 그들의 제안을 환영해야 한다. 이스라엘은 이제 왕이 하나이며, 유일한 왕인 다윗은 자비를 베풀고 심지어 어제의 원수들도 품어야 하기 때문이다.

다윗은 예루살렘에 머물고 있던 사독과 아비아달에게 연락해 유다 사람들이 이 일에 동참하도록 했다. 헤브론을 중심으로 형성되어 있던 그의 유다 지파 지지 세력에게 소식을 보냈다. 북쪽 사람들도 이렇게 공을 세우려고 모의하는데, 다윗의 혈육인 남쪽 사람들은 왜 잠잠히 있느냐는 것이다. 다윗이 이스라엘을 효율적으로 통치하려면 유다 지파의 지지가 절실하다(Arnold). 사실 압살롬을 왕으로 추대했던 헤브론 사람들은 전적으로 다윗을 환영하기가 쉽지 않다. 자의였든 타의였든, 자

287

신들이 저지른 일이 있기 때문이다.

다윗은 헤브론 사람들이 어쩔 수 없이 압살롬의 반역에 동조했다고 생각한다는 사실을 넌지시 그들에게 내비친다. 이렇게 해서 헤브론 사람들에게 다윗을 다시 받아들일 수 있는 명분을 주어 그들의 불편한 마음을 해소해 보겠다는 것이었다. 서먹서먹해진 관계에 개의치 말고 다시 함께 출발하자는 다윗의 제안이었다.

다윗은 압살롬을 노골적으로 도왔던 사람들에게도 "햇볕정책"을 펼쳐 나갔다. 압살롬의 총사령관이었던 아마사를 요압의 자리(총사령관)에 등용하겠다는 것이다(13절). 역시 정치적인 의도가 매우 짙다. 먼저 압살롬을 도왔던 북쪽 사람들의 불안한 심기를 안정시킴으로써 더 이상의 출혈을 막겠다는 것이다. 미국의 남북전쟁이 끝난 후 링컨 대통령은 패배한 남군을 다시 미국의 일원으로 받아들이기 위해 남부군 장군 로버트 리(Robert E. Lee)를 승리한 북부군 장군 유리시스 그랜트(Ulysses S. Grant)의 자리로 초청했다. 둘째, 그는 이 순간부터 요압을 견제하기를 원한다. 요압의 강등은 압살롬의 살해에 대한 보복으로 해석되기도 한다(Gordon; Bergen). 이 일을 빌미로 요압 옆에 경쟁자를 두려는 것이다. 그러나 머지않아 요압은 아마사를 제거해 버린다. 요압은 절대 경쟁자를 허용하지 않는 사람이다. 요압 같은 사람이 옆에 없는 것이 행복한 일이다. 이렇게 해서 다윗은 유다 사람들의 마음을 안정시킬 수 있었다.

> V. 다윗의 쇠퇴(9:1-24:25)
> 6장. 다윗의 회복(19:1-20:26)
>   1. 왕의 귀환(19:1-43)

(4) 왕의 귀환 환영(19:15-18a)

15 왕이 돌아와 요단에 이르매 유다 족속이 왕을 맞아 요단을 건너가게 하려고 길갈로 오니라 16 바후림에 있는 베냐민 사람 게라의 아들 시므이가 급히 유다 사람과 함

께 다윗 왕을 맞으러 내려올 때에 ¹⁷ 베냐민 사람 천 명이 그와 함께 하고 사울 집안의 종 시바도 그의 아들 열다섯과 종 스무 명과 더불어 그와 함께 하여 요단 강을 밟고 건너 왕 앞으로 나아오니라 ¹⁸ᵃ 왕의 가족을 건너가게 하며 왕이 좋게 여기는 대로 쓰게 하려 하여 나룻배로 건너가니

다윗이 유다 사람들의 연락을 받고 예루살렘으로 돌아가기 위해 요단 강변에 와 보니 환영하는 많은 인파가 길갈에서 몰려와 있었다. 다윗은 과거 여호수아와 이스라엘 백성들이 요단 강을 건널 때 이용한 나루터로 건넜다(cf. 수 3:16-17). 마음을 새롭게 하고 옛날 선조들을 생각하며 요단 강을 건넜을 것이다. 이 나루터는 길갈에서 약 6㎞ 떨어진 곳에 있었다(Bergen).

길갈은 여러 면에서 신학적-역사적 의미를 지닌 유서 깊은 장소다. 오래전에 이곳에서 여호수아는 40여 년의 광야생활을 끝내고 가나안에 입성한 이스라엘 백성들에게 할례를 행함으로써 애굽에서의 노예생활의 수치를 굴려 버린 후 여호와와 이스라엘의 언약을 새롭게 확인했다(수 5:3-9). 또한 이곳은 사무엘의 지휘 아래 이스라엘이 하나님 앞에 새롭게 태어난 곳이기도 하다(cf. 삼상 11:14). 한 마디로 길갈은 하나님이 그의 백성에게 베풀어 주시는 은혜를 상기시키는 곳이었다. 다윗이 망명을 갔다가 이곳으로 오는 것은, 다윗이 여호와의 은혜를 입고 하나님과 이스라엘 사람들에게 회복되는 것을 상징할 뿐만 아니라, 앞으로 그도 반역에 가담한 자들을 자비와 은혜로 대할 것을 기대하게 했다.

눈에 띄는 사람은 망명길에 오른 다윗을 그렇게 저주했던 시므이였다. 그는 혼자가 아니었다. 베냐민 지파 사람 1,000명과 시바도 데려왔다. 시바는 자신의 아들 열다섯 명과 종 스무 명을 다 데리고 나왔다. 그리고 그들은 왕이 안전하게 요단 강을 건너도록 최선을 다했다. 이들은 다윗의 환심을 살 일이 있는 사람들이었다.

시므이는 분명히 다윗에게 잘 보일 이유가 있다. 그는 피난을 떠나

던 다윗을 저주하고 그에게 돌까지 던졌다. 이제 다윗이 다시 이스라엘의 왕으로 돌아왔으니, 자신의 생명이 위태로운 상황이다. 그러므로 그는 1,000명이나 데리고 나와 다윗 일행이 강을 건너는 일을 도왔다. 그런데 므비보셋의 종 시바는 왜 이렇게 온 가족을 몰고 나와서 법석을 떠는가? 그도 마음 한 곳에 석연치 않은 것이 도사리고 있었다. 이제 그의 주인 므비보셋을 모함한 일이 드러나면 자신의 생명을 보존하는 것이 어려울 수도 있기 때문이다.

V. 다윗의 쇠퇴(9:1-24:25)
  6장. 다윗의 회복(19:1-20:26)
    1. 왕의 귀환(19:1-43)

---

(5) 다윗과 시므이(19:18b-23)

18b 왕이 요단을 건너가게 할 때에 게라의 아들 시므이가 왕 앞에 엎드려 19 왕께 아뢰되 내 주여 원하건대 내게 죄를 돌리지 마옵소서 내 주 왕께서 예루살렘에서 나오시던 날에 종의 패역한 일을 기억하지 마시오며 왕이 마음에 두지 마옵소서 20 왕의 종 내가 범죄한 줄 아옵기에 오늘 요셉의 온 족속 중 내가 먼저 내려와서 내 주 왕을 영접하나이다 하니 21 스루야의 아들 아비새가 대답하여 이르되 시므이가 여호와의 기름 부으신 자를 저주하였으니 그로 말미암아 죽어야 마땅하지 아니하니이까 하니라 22 다윗이 이르되 스루야의 아들들아 내가 너희와 무슨 상관이 있기에 너희가 오늘 나의 원수가 되느냐 오늘 어찌하여 이스라엘 가운데에서 사람을 죽이겠느냐 내가 오늘 이스라엘의 왕이 된 것을 내가 알지 못하리요 하고 23 왕이 시므이에게 이르되 네가 죽지 아니하리라 하고 그에게 맹세하니라

시므이의 심정은 한마디로 죽을 맛이었다. 자신이 파악한 바로는, 다윗이 돌아오지 않았어야 한다. 그런데 그가 강을 건넌 것이다. 그는 다윗 앞에 넙죽 절하며 살려 달라고 애원할 수밖에 없는 입장이었다. 자신의 잘못을 뉘우치고 회개하는 마음으로 이렇게 베냐민 지파 사람 중 가장 먼저 나와서 사죄한다는 것이다. 그리고 지금 그는 동족 1,000명을 끌

고 왔다. 시므이가 이 정도 규모의 무리를 동원했다는 것은 그가 상당한 영향력을 행사하는 사람이었음을 암시한다. 시므이가 이처럼 많은 베냐민 사람을 동원해 나온 것은 다윗이 그를 살려주면 베냐민 지파의 충성은 자신이 보장한다는 의미다.

옆에서 듣던 아비새가 처음 이 사람을 만났을 때와 같은 말을 한다. "이 자는 죽여야 한다." 피는 못 속이는 것 같다. 그는 형 요압처럼 사람 죽이기를 좋아한다. 그러나 다윗은 아비새처럼 어리석지 않았다. 지난번에는 신학적인 이유로, 이번에는 실질적인 이유로 그를 죽이지 못하게 한다. 그는 시므이가 무엇을 약속하고 있는지 정확히 파악했다(cf. Evans). 그리고 그를 죽이면 온 베냐민 지파의 동조가 사라질 것도 알았다. 그러니 단지 자신의 분을 풀고자 그를 죽일 다윗이 아니다. 얼마나 계산이 빠른 사람인가.

다윗은 단순히 "오늘은 좋은 날"이니 어떻게 살생이 있겠느냐면서 결코 그가 죽지 않으리라는 맹세를 했다. 이렇게 말함으로써, 시므이를 살려주는 이유가 그의 정치적인 협상 제안 때문임을 은폐한다. 시므이와 다윗은 서로 필요한 것을 내놓고 아주 재미있게 협상을 펼쳐 나갔다. 비록 시므이와 협상을 하지만, 다윗은 이미 그에게 사형선고를 내렸다. 다만 형 집행을 보류하고 있을 뿐이다(cf. 왕상 2:8-9, 36-46).

> V. 다윗의 쇠퇴(9:1-24:25)
>   6장. 다윗의 회복(19:1-20:26)
>   1. 왕의 귀환(19:1-43)

(6) 다윗과 므비보셋(19:24-30)

24 사울의 손자 므비보셋이 내려와 왕을 맞으니 그는 왕이 떠난 날부터 평안히 돌아오는 날까지 그의 발을 맵시 내지 아니하며 그의 수염을 깎지 아니하며 옷을 빨지 아니하였더라 25 예루살렘에서 와서 왕을 맞을 때에 왕이 그에게 물어 이르되 므비보셋이여 네가 어찌하여 나와 함께 가지 아니하였더냐 하니 26 대답하되 내 주 왕이여 왕

의 종인 나는 다리를 절므로 내 나귀에 안장을 지워 그 위에 타고 왕과 함께 가려 하였더니 내 종이 나를 속이고 ²⁷ 종인 나를 내 주 왕께 모함하였나이다 내 주 왕께서는 하나님의 사자와 같으시니 왕의 처분대로 하옵소서 ²⁸ 내 아버지의 온 집이 내 주 왕 앞에서는 다만 죽을 사람이 되지 아니하였나이까 그러나 종을 왕의 상에서 음식 먹는 자 가운데에 두셨사오니 내게 아직 무슨 공의가 있어서 다시 왕께 부르짖을 수 있사오리이까 하니라 ²⁹ 왕이 그에게 이르되 네가 어찌하여 또 네 일을 말하느냐 내가 이르노니 너는 시바와 밭을 나누라 하니 ³⁰ 므비보셋이 왕께 아뢰되 내 주 왕께서 평안히 왕궁에 돌아오시게 되었으니 그로 그 전부를 차지하게 하옵소서 하니라

다윗이 다음으로 만난 사람은 므비보셋이었다. 저자는 그가 "왕이 떠나간 날부터 평안하게 다시 돌아오는 날까지, 발도 씻지 않고, 수염도 깎지 않고, 옷도 빨아 입지 않았다"(24절)라고 기록함으로써, 그가 시바가 말한 바와 달리 다윗에게 충성하는 자였음을 암시한다. 즉, 시바가 므비보셋을 모함한 것이다(cf. 삼하 16:3). 므비보셋은 다윗을 맞이하기 위해 30㎞ 이상을 걸어왔다. 양 다리를 저는 그가 이 이야기에 등장하는 그 누구보다 많은 노력과 고생을 해서 이곳까지 온 것이다(Bergen).

므비보셋이 애도를 의미하는 초췌한 모습으로 다윗 앞에 나타나자 다윗은 왜 그가 왕과 함께하지 않았는지 물었으며, 므비보셋은 시바가 자신을 따돌리고 심지어 왕에게 모함을 한 것이라고 말한다. 그러나 그는 모든 것을 다윗의 판단에 넘긴다. 원래 자신을 포함한 사울 집안의 모든 사람은 죽은 목숨이나 다름없는데 다윗이 자비를 베풀어 이 순간까지 살아왔으니, 왕이 어떤 판단을 하더라도 결코 그를 원망하지 않겠다는 것이다. 그는 죽음을 각오한 것이다.

다윗은 자신이 시바의 일방적인 말만 듣고 그에게 속은 것을 알아차렸다. 그러나 모든 것이 귀찮았다. 또한 시바를 벌할 수도 없는 상황이다. 시바는 곤경에 빠진 다윗과 군대를 위하여 음식을 가져온 사람이었다. 게다가 시바는 시므이와 같이 와 있다. 시바는 시므이가 제시한 협

상의 일부분이다. 이런 상황에서 시바를 벌하는 것은 지혜로운 일이 아니다. 그래서 그는 시바에게 준 땅을 반반씩 나누도록 했다. 땅이 크니 반을 가지나 전체를 가지나 먹고 살기에는 특별히 어려움이 없으리라는 생각이었을 것이다.

므비보셋은 "왕이 안전하게 돌아오셨으니 땅이야 시바가 다 차지해도 상관없다"라는 자세를 취한다. 자신은 욕심도 없고 다만 진심으로 다윗을 염려하는 사람이었음을 증명하는 발언이다(Birch). 그가 아버지 요나단을 조금이라도 닮았다면, 그가 하는 말이 대부분 진심이라고 할 수 있다. 그러나 이 일로 인해 사울의 집안을 대표하는 므비보셋과 시바 두 사람 모두 문제가 있음이 드러났다(Anderson).

> V. 다윗의 쇠퇴(9:1-24:25)
>   6장. 다윗의 회복(19:1-20:26)
>   1. 왕의 귀환(19:1-43)

(7) 다윗과 바르실래(19:31-40)

31 길르앗 사람 바르실래가 왕이 요단을 건너가게 하려고 로글림에서 내려와 함께 요단에 이르니 32 바르실래는 매우 늙어 나이가 팔십 세라 그는 큰 부자이므로 왕이 마하나임에 머물 때에 그가 왕을 공궤하였더라 33 왕이 바르실래에게 이르되 너는 나와 함께 건너가자 예루살렘에서 내가 너를 공궤하리라 34 바르실래가 왕께 아뢰되 내 생명의 날이 얼마나 있사옵겠기에 어찌 왕과 함께 예루살렘으로 올라가리이까 35 내 나이가 이제 팔십 세라 어떻게 좋고 흉한 것을 분간할 수 있사오며 음식의 맛을 알 수 있사오리이까 이 종이 어떻게 다시 노래하는 남자나 여인의 소리를 알아들을 수 있사오리이까 어찌하여 종이 내 주 왕께 아직도 누를 끼치리이까 36 당신의 종은 왕을 모시고 요단을 건너려는 것뿐이거늘 왕께서 어찌하여 이같은 상으로 내게 갚으려 하시나이까 37 청하건대 당신의 종을 돌려보내옵소서 내가 내 고향 부모의 묘 곁에서 죽으려 하나이다 그러나 왕의 종 김함이 여기 있사오니 청하건대 그가 내 주 왕과 함께 건너가게 하시옵고 왕의 처분대로 그에게 베푸소서 하니라 38 왕이 대답하되 김함

이 나와 함께 건너가리니 나는 네가 좋아하는 대로 그에게 베풀겠고 또 네가 내게 구하는 것은 다 너를 위하여 시행하리라 하니라 39 백성이 다 요단을 건너매 왕도 건너가서 왕이 바르실래에게 입을 맞추고 그에게 복을 비니 그가 자기 곳으로 돌아가니라 40 왕이 길갈로 건너오고 김함도 함께 건너오니 온 유다 백성과 이스라엘 백성의 절반이나 왕과 함께 건너니라

바르실래는 다윗이 마하나임에서 망명생활을 할 때 그의 모든 음식을 공급해 주던 사람이다(cf. 삼하 17:27-29). 그는 매우 부자였으며, 나이가 여든이나 되는 노인이었다. 그가 다윗이 강을 건너는 일을 도우러 찾아왔다. 그는 다윗 왕의 귀환을 축하하기 위해 80㎞ 이상의 거리를 왔을 것이다(Bergen). 바르실래의 방문은 다윗에 대한 그의 지속적인 지지를 의미하기도 했다.

다윗은 은혜를 아는 사람이다. 다윗은 바르실래의 은혜에 보답하고 싶어서 같이 강을 건너 예루살렘으로 가도록 그를 초청했다. 거기서 잘 대접하면서 모시겠다는 것이다. 그러나 바르실래는 나이를 핑계삼아 고향에 머물기를 원했다. 바르실래는 자기 대신 김함을 데려가 달라고 다윗에게 부탁했다. 히브리어 본문은 김함과 바르실래의 관계에 대해 정확하게 말하지 않지만, 대부분의 학자는 김함이 바르실래의 젊은 아들이었을 것이라고 생각한다(McCarter; Anderson). 다윗은 기쁨으로 김함을 맞이했고, 부탁할 일이 있으면 언제든지 연락하라는 말을 남긴 후 마지막으로 바르실래에게 복을 빌어주고 떠났다.

이 사건은 단순히 은혜를 갚는 것을 초월해서 정치적으로 힘을 합하자는 다윗의 제안에 바르실래가 동조한 것이다(Brueggemann). 만일 그렇다면 바르실래가 가든 아들 김함이 가든 중요하지 않다. 일단은 이 두 권력이 힘을 합하는 데 그 중요성이 있다. 정권이 흔들려 피난길에 올랐던 다윗에게 바르실래의 정치적 동조는 매우 큰 힘이 되었을 것이다.

예레미야 41:17에 "게롯김함"(lit., 김함의 여관)이란 장소가 소개된

다. 아마도 다윗을 따라 예루살렘에 입성한 김함에게 다윗이 땅을 하
사했고, 김함과 자손들이 그곳에 여관을 지었던 것으로 생각된다
(Thompson). 훗날 다윗은 죽는 순간에도 솔로몬에게 바르실래의 아들들
에게 잘 하라고 당부한다(왕상 2:7). 다윗은 고마움을 아는 사람이었다.

> V. 다윗의 쇠퇴(9:1-24:25)
> 6장. 다윗의 회복(19:1-20:26)
>   1. 왕의 귀환(19:1-43)

(8) 껄끄러운 남북관계(19:41-43)

⁴¹ 온 이스라엘 사람이 왕께 나아와 왕께 아뢰되 우리 형제 유다 사람들이 어찌 왕을
도둑하여 왕과 왕의 집안과 왕을 따르는 모든 사람을 인도하여 요단을 건너가게 하
였나이까 하매 ⁴² 모든 유다 사람이 이스라엘 사람에게 대답하되 왕은 우리의 종친인
까닭이라 너희가 어찌 이 일에 대하여 분 내느냐 우리가 왕의 것을 조금이라도 얻어
먹었느냐 왕께서 우리에게 선물로 주신 것이 있느냐 ⁴³ 이스라엘 사람이 유다 사람에
게 대답하여 이르되 우리는 왕에 대하여 열 몫을 가졌으니 다윗에게 대하여 너희보
다 더욱 관계가 있거늘 너희가 어찌 우리를 멸시하여 우리 왕을 모셔 오는 일에 먼저
우리와 의논하지 아니하였느냐 하나 유다 사람의 말이 이스라엘 사람의 말보다 더
강경하였더라

압살롬이 죽었다고 해서 북쪽 사람들과 남쪽 사람들의 관계가 원만해
진 것은 아니다. 남북관계는 다윗이 왕이 되기 전부터 존재했던 문제
다. 여기서 그들의 갈등이 다시 한 번 표면화된다. 유다 사람들은 자신
들이 왕의 지파이기 때문에 아무런 대가를 받지도, 바라지도 않고 왕을
모셔왔다고 한다(42절). 북쪽 지파들은 자신들은 다윗이 다스리는 열두
지파 중 열 지파를 차지한다며 문제를 제기했다(43절). 다윗을 다시 왕
으로 모셔 오는 데 어느 지파가 주동이 되느냐를 놓고 다툰 것이다. 양
쪽의 주장을 살펴보면 유다의 언어가 더 강력하다. 마치 유다가 북쪽
지파들을 위협하는 듯한 인상을 준다(Birch).

이 사건은 다윗과 솔로몬의 통치가 결코 쉽지만은 않았으리라는 것을 충분히 상상할 수 있게 한다. 이들의 해결되지 않은 감정은 결국 솔로몬의 죄와 결합해 이스라엘을 남, 북 왕국으로 나누는 결과를 초래한다. 또한 여기에 소개된 갈등은 바로 다음 부분에서 언급될 세바의 반란에 불을 지피는 결과를 초래했다. 나단은 상황이 이렇게 될 것이라고 다윗에게 이미 경고했다(Gordon; cf. 12:10).

> V. 다윗의 쇠퇴(9:1-24:25)
>   6장. 다윗의 회복(19:1-20:26)

2. 세바의 반역(20:1-22)

유다 지파에 속한 사람들이 다윗의 귀향 행사를 주선하자 북쪽 사람들은 소외감을 느꼈다. 가까스로 수습은 되었지만, 내란으로 인해 나라의 분위기가 어수선한 상황에서 유다와 북쪽 지파들의 분열이 심각해지는 것이다. 이 상황에서 불만이 쌓인 북쪽 사람들의 심기를 더 자극하는 사람이 있었다. 이스라엘의 초대 왕 사울을 배출했던 베냐민 지파에 속한 세바였다. 그는 다윗의 지배에 불만을 품은 사람들을 선동해 반역을 시도했다.

세바의 반역 사건은 다윗의 통치 아래서도 지속되는 지역 감정의 실태를 잘 나타낸다. 하나님이 세우시고 복을 주신 왕정이기 때문에 굳건하게 세워졌을 것이라고 기대할 수 있지만, 실상 다윗 왕정은 상당히 오랜 기간 통치했음에도 뿌리를 깊게 내리지 못했다. 이때에도 북쪽 열 지파는 마지못해 다윗 정권을 수용했고, 기회만 주어지면 반역하려 했다. 세바의 반역 이야기는 다음과 같이 구분될 수 있다.

A. 세바의 반역(20:1-2)
  B. 다윗의 궁궐 정리(20:3)

B'. 요압의 아마사 정리(20:4-13)

A'. 반역 제압(20:14-22)

(1) 세바의 반역(20:1-2)

¹ 마침 거기에 불량배 하나가 있으니 그의 이름은 세바인데 베냐민 사람 비그리의 아들이었더라 그가 나팔을 불며 이르되

우리는 다윗과 나눌 분깃이 없으며

이새의 아들에게서 받을 유산이

우리에게 없도다

이스라엘아 각각 장막으로 돌아가라

하매 ² 이에 온 이스라엘 사람들이 다윗 따르기를 그치고 올라가 비그리의 아들 세바를 따르나 유다 사람들은 그들의 왕과 합하여 요단에서 예루살렘까지 따르니라

저자는 다윗을 비난하는 세바를 "불량배"(אִישׁ בְּלִיַּעַל, 1절)라고 칭함으로써 그에 대해 분명한 가치 평가를 내리고 있다. 저자는 엘리의 아들들(삼상 2:12), 사울의 왕위 취임식에 반기를 들었던 사람들(삼상 10:27), 다윗의 요구를 무시한 나발(삼상 25:17, 25), 아말렉을 소탕하고 돌아오는 길에 짐을 지키던 자들에게는 노획물을 분배해서는 안 된다고 한 자들(삼상 30:22) 등에게 이 명칭을 사용했다. 지나친 이기주의에 빠져 문제를 제기하는 사람들—가치관이 자기중심적으로 형성된 사람들—을 가리키는 표현으로 이 명사를 사용하는 것이다(cf. Arnold). 저자는 세바가 반란을 일으킨 명분으로 유다 지파를 제외한 이스라엘의 모든 백성이 느끼는 소외감을 앞세우지만 사실은 자신의 이기적인 생각에서 반란을 시작했다고 비난한다.

저자는 세바의 말을 들은 "온 이스라엘 사람"(כָּל־אִישׁ יִשְׂרָאֵל)이 다윗을

버렸다고 한다(2절). 훗날 다윗을 지지하는 유다 지파와 북쪽 열 지파와의 대규모 싸움이 일어나지 않고 지극히 제한된 범위에서 세바의 추종자들과만 전쟁이 일어난 것을 보면, 본문에서 "온 이스라엘 사람"은 이때 다윗을 환영하려고 요단 강에 와 있던 북쪽 지파 사람들을 의미한다(cf. Arnold). 그러나 세바가 순식간에 많은 사람의 지지를 받는 것을 볼 때, 그가 상당히 높은 지위의 장성이었을 가능성이 크다(Bergen). 또한 세바가 이렇게 떠들어대도 다윗 군대가 손을 쓰지 못하는 것을 보면, 그의 군대가 상당한 규모를 지닌 것으로 추정된다. 북쪽 사람들이 다윗을 버리고 세바를 따르자 유다 지파 사람들은 긴장했다. 그래서 요단 강에서 예루살렘에 이르기까지 왕을 호위하는 일에 전념했다(2절).

세바의 불만을 토로하는 메시지(1절)가 훗날 솔로몬과 그의 아들에게 실망한 여로보암과 북쪽 사람들에 의해 반복되는 것(왕상 12:16)을 보면, 그의 불만은 새로운 게 아니라 오래전부터 북쪽 사람들 사이에서 일반화되어 오던 정치적 정서를 표면화한 것에 불과하다(cf. Brueggemann). 또한 이 두 사건은 다윗 집안이 불만을 표출하는 북쪽 사람들과 적절한 협상을 하지 못해서 빚어진 일이라는 공통점을 지니고 있다(Birch). 세바의 발언 내용을 간단히 요약하면, 베냐민 지파(viz., 사울 왕이 속했던 지파)를 포함한 북쪽 사람들은 처음부터 다윗에게 소외당했으며, 한 번도 다윗이 통치하는 나라의 일부가 된 적이 없었다는 것이다.

이렇게 해서 이스라엘은 다시 남북으로 나뉘어 진통을 겪게 되었다. 이는 유다의 왕이 된 다윗과 북쪽 지파들의 지지를 받은 사울의 아들 이스보셋이 대립했던 때를 연상케 한다(cf. 삼하 2:8-4:6). 북쪽 사람들은 베냐민 사람 세바를 따르고, 남쪽의 유다 사람들은 다윗 왕을 따르고 있다. 압살롬의 반역으로 동족상잔의 진통을 겪은 이스라엘은 다시 분열의 소용돌이에 휩싸였다. 그러나 끝에 가서는 다윗만이 하나님이 세우신 왕이라는 사실이 확인된다(McCarter).

V. 다윗의 쇠퇴(9:1-24:25)
  6장. 다윗의 회복(19:1-20:26)
    2. 세바의 반역(20:1-22)

(2) 다윗의 궁궐 정리(20:3)

3 다윗이 예루살렘 본궁에 이르러 전에 머물러 왕궁을 지키게 한 후궁 열 명을 잡아 별실에 가두고 먹을 것만 주고 그들에게 관계하지 아니하니 그들이 죽는 날까지 갇혀서 생과부로 지내니라

예루살렘에 있는 자신의 왕궁으로 돌아온 다윗은 압살롬에서 강간당한 후궁 열 명을 모두 감금했다. 평생 밖으로 나오지 못하도록 감시병을 두고 죽지 않도록 음식만 주었다. 그들과 잠자리도 함께하지 않았다. 이렇게 해서 그들은 평생을 생과부로 살다가 일생을 마쳤다. 다윗의 이 같은 조치가 압살롬에게 강간을 당해 수치와 상처를 당한 후궁들에 대한 배려라는 주석가도 있지만(Bergen), 저자는 그렇게 말하지 않는다. 오히려 다윗은 후궁들에게 자신들을 지키지 못한 것에 대한 징계를 하는 듯하다(Birch). 다윗은 왜 이들에게 화풀이를 하는가? 누구 때문에 이들이 이렇게 되었는가? 다윗은 여인들이 무력 앞에서 어떻게 행동하기를 원했던 것인가?

일부 학자들은 다윗의 행동에 정치적인 계산이 들어 있다고 한다(Brueggemann). 먼저 그는 자신은 이들을 범한 압살롬과 질적으로 다르다는 것을 보여 주기 위함이라는 것이다. 아주 설득력이 없는 논리는 아니지만, 그렇다고 해서 쉽게 납득이 되는 것도 아니다. 둘째, 세바가 주동하고 있는 북쪽 사람들의 비난을 수용하는 행동이라는 것이다. 북쪽 사람들은 다윗이 하나님과의 언약에 준하지 않고 주변 국가들의 왕권을 모방하는 점에 불만을 가지고 있으며, 다윗의 이러한 성향이 대표적으로 열방의 왕들과 같이 첩을 두는 데서 나타났다는 것이다. 그래서 첩들을 정리하는 것은 그들의 비난을 무마시키는 동시에 자신은 이제 언약이 말하는 왕의 본모습으로 돌아왔음을 상징한다는 것이다.

그러나 북쪽 사람들이 동경하는 사울도 첩을 두지 않았는가? 그러므로 이 해석 역시 큰 설득력은 없어 보인다. 따라서 단순히 다윗이 압살롬이 범한 여자들을 옆에 둘 생각이 없음을 확실하게 밝힌 것뿐이다 (Birch). 다윗 옆에 감금되어 평생을 지내야 하는 열 명의 후궁은 그에게 평생 자신의 죄와 하나님의 은혜를 동시에 연상시키는 살아 있는 증인이 되었을 것이다. 이 여인들의 운명은 다윗의 삶에서 많이 일어나는 여인들의 비극적인 이야기(밧세바, 다말, 미갈 등)의 일부다(Evans).

(3) 요압의 아마사 정리(20:4-13)

4 왕이 아마사에게 이르되 너는 나를 위하여 삼 일 내로 유다 사람을 큰 소리로 불러 모으고 너도 여기 있으라 하니라 5 아마사가 유다 사람을 모으러 가더니 왕이 정한 기일에 지체된지라 6 다윗이 이에 아비새에게 이르되 이제 비그리의 아들 세바가 압살롬보다 우리를 더 해하리니 너는 네 주의 부하들을 데리고 그의 뒤를 쫓아가라 그가 견고한 성읍에 들어가 우리들을 피할까 염려하노라 하매 7 요압을 따르는 자들과 그렛 사람들과 블렛 사람들과 모든 용사들이 다 아비새를 따라 비그리의 아들 세바를 뒤쫓으려고 예루살렘에서 나와 8 기브온 큰 바위 곁에 이르매 아마사가 맞으러 오니 그 때에 요압이 군복을 입고 띠를 띠고 칼집에 꽂은 칼을 허리에 맸는데 그가 나아갈 때에 칼이 빠져 떨어졌더라 9 요압이 아마사에게 이르되 내 형은 평안하냐 하며 오른손으로 아마사의 수염을 잡고 그와 입을 맞추려는 체하매 10 아마사가 요압의 손에 있는 칼은 주의하지 아니한지라 요압이 칼로 그의 배를 찌르매 그의 창자가 땅에 쏟아지니 그를 다시 치지 아니하여도 죽으니라 요압과 그의 동생 아비새가 비그리의 아들 세바를 뒤쫓을새 11 요압의 청년 중 하나가 아마사 곁에 서서 이르되 요압을 좋아하는 자가 누구이며 요압을 따라 다윗을 위하는 자는 누구냐 하니 12 아마사가 길 가운데 피 속에 놓여 있는지라 그 청년이 모든 백성이 서 있는 것을 보고 아마사

를 큰길에서부터 밭으로 옮겼으나 거기에 이르는 자도 다 멈추어 서는 것을 보고 옷을 그 위에 덮으니라 ¹³ 아마사를 큰길에서 옮겨가매 사람들이 다 요압을 따라 비그리의 아들 세바를 뒤쫓아가니라

다윗은 흉흉한 민심을 수습하기 위해 압살롬 군대의 사령관이었던 아마사를 벌하지 않고 오히려 요압과 같은 지위를 주겠다고 약속한 적이 있다(cf. 삼하 19:13). 그는 이 약속을 지켜서 아마사를 군대 사령관으로 임명하고 할 일을 주었다. 그런데 이번에도 요압이 사고를 쳤다. 요압은 특별한 이유 없이 오직 자신의 욕심을 채우기 위해 그를 살해했다(Evans).

북쪽에서 세바가 반란을 일으켰으니 군대를 일으켜서 그를 치러 나가야 했다. 다윗은 아마사에게 이 임무를 부여했다. 유다 지파에서 군대를 모아 3일 내로 오라는 것이었다(4절). 그러나 아마사는 시간을 지키지 못했다(5절). 아마도 아마사가 다윗의 정책에 전적으로 동조하지 않았음을 암시하는 것 같다(Gordon). 또한 유다 지파가 표면적으로는 다윗을 지지하지만 내부에는 상당한 갈등이 있었음을 암시하기도 한다. 이 상황에서 3일은 아마사가 자신을 설득하고 유다 지파의 여론을 수습해 군대를 일으키기에는 너무 짧은 시간이었다.

세바가 세력을 키우기 전에 제거해야 한다는 생각에 다윗은 더 이상 기다리지 않고 아비새와 요압을 출동시켰다(6-7절). 생각해 보면 반역으로 인해 위기에 처했던 다윗이 전열을 가다듬고 압살롬의 군대를 상대로 승리할 수 있었던 결정적인 요소는 압살롬 군의 공격이 지체된 것이었다. 다윗은 시간이 지나기 전에 신속하게 세바를 공격해야 한다는 사실을 잘 알고 있었다(Bergen). 게다가 압살롬은 다윗 왕 개인의 생명을 노린 반역을 일으켰지만, 세바는 왕국을 위협하고 있다(McCarter). 그러므로 세바가 세력을 모으기 전에 빨리 제거해야 한다. 그런데 다윗이 아비새에게 모든 작전권을 주고 아마사를 요압의 자리에 임명한 것을 보면, 요압은 다윗의 눈 밖에 나 있는 것이다. 그가 압살롬을 처형한

301

것이 크게 작용한 것 같은 인사 조치였다.

왕의 군대의 행렬이 예루살렘 근교에 있는 기브온의 큰 바위 곁에 이르렀을 때, 아마사가 그들을 찾아왔다. 기브온은 다윗이 머물고 있는 예루살렘에서 12㎞ 떨어진 곳이다(Bergen). 아마사가 이렇다 할 병력도 없이 혼자 찾아온 것을 보면, 아마도 그는 유다 지파 사람들을 설득하고 군대를 일으키는 데 고전하다가 왕의 군대가 출발했다는 소식을 듣고 자신의 힘이라도 더하려는 생각으로 찾아온 것 같다(cf. Anderson; McCarter). 혹은 다윗 군대의 최고 장군으로서 권력을 행사하러 왔을 가능성도 있다.

아마사가 나타나자 요압은 이성을 잃었다. 드디어 왕이 보지 않는 곳에서 자신의 자리를 빼앗아 간 사람을 만난 것이다. 사실 아마사와 요압은 친척 관계이기 때문에 이렇게 하면 안 된다. 요압은 아마사가 눈치채지 못하도록 인사를 가장해 가차없이 아마사를 살해했다(9-10절). 마치 실수로 칼을 떨어뜨린 척하고는 그 칼을 주워 방심한 아마사를 찌른 것이다. 이렇게 해서 요압은 세 사람을 죽였다(아브넬, 압살롬, 아마사). 요압은 이 세 사람을 정당하게 죽이지 않았다. 아브넬과 아마사에게는 속임수를 사용했고, 압살롬은 혼수상태에서 그의 칼에 죽어갔다. 요압의 인품을 잘 드러내는 사건들이다. 물론 여기에 그가 다윗의 사주를 받아 죽인 우리아도 더할 수 있다.

아마사의 살인을 지켜본 군인들은 충격을 받았다. 그들은 아마사의 시체가 보이는 한 그 자리를 그냥 지나려 하지 않았을 것이다. 그의 시체가 길에서 질질 끌려 들판으로 옮겨지고 옷으로 가려질 때에야 군인들이 요압을 따라 제대로 움직이기 시작했다. 그만큼 요압의 만행은 믿기 어렵고 사람들로 하여금 두려움을 느끼게 하는 가증스러운 행동이었다는 것이 저자의 관점이다(Birch; cf. McCarter).

V. 다윗의 쇠퇴(9:1-24:25)
　6장. 다윗의 회복(19:1-20:26)
　　2. 세바의 반역(20:1-22)

(4) 반역 제압(20:14-22)

¹⁴ 세바가 이스라엘 모든 지파 가운데 두루 다녀서 아벨과 벧마아가와 베림 온 땅에 이르니 그 무리도 다 모여 그를 따르더라 ¹⁵ 이에 그들이 벧마아가 아벨로 가서 세바를 에우고 그 성읍을 향한 지역 언덕 위에 토성을 쌓고 요압과 함께 한 모든 백성이 성벽을 쳐서 헐고자 하더니 ¹⁶ 그 성읍에서 지혜로운 여인 한 사람이 외쳐 이르되 들을지어다 들을지어다 청하건대 너희는 요압에게 이르기를 이리로 가까이 오라 내가 네게 말하려 하노라 한다 하라 ¹⁷ 요압이 그 여인에게 가까이 가니 여인이 이르되 당신이 요압이니이까 하니 대답하되 그러하다 하니라 여인이 그에게 이르되 여종의 말을 들으소서 하니 대답하되 내가 들으리라 하니라 ¹⁸ 여인이 말하여 이르되 옛 사람들이 흔히 말하기를 아벨에게 가서 물을 것이라 하고 그 일을 끝내었나이다 ¹⁹ 나는 이스라엘의 화평하고 충성된 자 중 하나이거늘 당신이 이스라엘 가운데 어머니 같은 성을 멸하고자 하시는도다 어찌하여 당신이 여호와의 기업을 삼키고자 하시나이까 하니 ²⁰ 요압이 대답하여 이르되 결단코 그렇지 아니하다 결단코 그렇지 아니하다 삼키거나 멸하거나 하려 함이 아니니 ²¹ 그 일이 그러한 것이 아니니라 에브라임 산지 사람 비그리의 아들 그의 이름을 세바라 하는 자가 손을 들어 왕 다윗을 대적하였나니 너희가 그만 내주면 내가 이 성벽에서 떠나가리라 하니라 여인이 요압에게 이르되 그의 머리를 성벽에서 당신에게 내어던지리이다 하고 ²² 이에 여인이 그의 지혜를 가지고 모든 백성에게 나아가매 그들이 비그리의 아들 세바의 머리를 베어 요압에게 던진지라 이에 요압이 나팔을 불매 무리가 흩어져 성읍에서 물러나 각기 장막으로 돌아가고 요압은 예루살렘으로 돌아와 왕에게 나아가니라

요압은 군대를 이끌고 세바가 가는 곳마다 뒤쫓아 이스라엘을 두루 다녔다(14절). 세바가 군대를 모을 만한 여유를 주지 않기 위해서였다. 아히도벨이 압살롬에게 제안했던 계략을(cf. 삼하 16:15-17:14) 다윗의 군대가 활용하고 있다(Birch). 그래서 결국 세바는 이렇다 할 반군을 모으지

못하고 쫓기는 신세가 되어 버렸다. 드디어 요압의 군대가 세바가 숨어 있는 벧마아가의 아벨 성을 포위했다. 아벨 성은 갈릴리 호수에서 북쪽으로 50㎞ 떨어진 곳에 있었으며, 단에서 서쪽에 있었다(ABD; Bergen). 세바의 반역은 우려할 만큼 큰 규모는 아니라는 사실이 명백하게 드러났다.

요압은 원래 성을 포위하고 함락하는 데 천재적 소질을 지닌 사람이다(cf. 삼하 11:1; 12:26-31). 다윗의 군사들이 둔덕을 성벽 높이만큼 쌓아 성을 치려는 순간에 한 여인이 요압 장군을 찾았다. 이 여인은 지혜로운 말로 요압을 만족시키고 성읍 사람들의 생명도 구했다. 저자가 이름도 알려주지 않는 이 여인은 무력만 쓸 줄 아는 요압과 극명한 대조를 이룬다(Birch). 또한 여인과 요압의 대화는 여러 면에서 요압이 다윗에게 보냈던 드고아의 여인과 다윗이 나누었던 대화와 비슷하다(McCarter). 이 두 여인의 이야기는 지혜가 무력보다 강한 것임을 드러낸다. 또한 드고아의 여인 이야기와 이 이야기는 압살롬의 반역 이야기를 양쪽에서 감싸고 있는 책 받침대 역할을 하고 있다(Arnold).

사무엘서에는 세 명의 지혜로운 여인이 등장한다. 아비가일(삼상 25장), 드고아의 여인(삼하 14장) 그리고 이 아벨 성의 여인. 이들의 지혜로움을 자세히 살펴보면 한 가지 공통점이 있다. 그들은 모두 틀에 박힌 혹은 평범한 지각(conventional perception)을 초월한 사람들이다(Gordon). 이 여인들은 모두 자신들이 처해 있던 문제를 다른 각도에서 평가하고 해답을 찾으려는 사람들이다. 또한 그들은 모두 다윗이 무고한 피를 흘리지 않도록 덕을 끼친 사람들이다. 무력이 행사되기 직전 무력만이 해결책이 아니며, 평화로운 대안이 있음을 보여 주는 사람들이었다(Brueggemann). 이런 사람들로 둘러싸인 사람은 복 있는 사람이다.

그녀는 아벨의 역사와 전통을 논하는 것으로 이야기를 시작했다. 첫째, "옛날 속담에도 '물어 볼 것이 있으면, 아벨 지역에 가서 물어 보아라' 하였고, 또 그렇게 해서 무슨 일이든지 해결했던 곳" 아벨을 치는 것은 이스라엘이 자신의 과거와 오랜 전통을 스스로 멸절하는 행위라는 것이다(18절). "물어 볼 것이 있으면, 아벨에 가서 물어보라"는 말은 하나님의 뜻을 구하는 종교적인 행위가 포함되어 있다(Bergen). 그녀는 또한 아벨을 "이스라엘에서 어머니와 같은 성읍"이라고 부름으로써(19절), 아벨에 대한 향수를 부각하고 있다. 이런 추억과 조상 대대로 얼이 서려 있는 도시를 어찌 초토화할 수 있는가? 그녀는 지금 아벨 성의 역사적 중요성을 부각하는 것이다.

둘째, 아벨 성에는 정치에 전혀 관심 없고 그저 평화롭고 성실하게 살려는 많은 사람이 있는데, 이들을 치는 것은 옳지 않다는 것이다(19절). 그녀는 다윗이 자신의 정치적인 적을 없애는 것은 이해가 가는데, 왜 애꿎은 사람까지 함께 죽이려 하는지 문제를 제기했다. 지금 이 여인은 정치적인 유혹과 야망에 사로잡힌 다윗과 그의 종 요압에게 외부인의 자격으로 발언하고 있다. 모든 것을 정치적으로 해석하지 말라는 그녀의 도전은 매우 인상적이다. 그녀는 상식에 탄원하고 있다. 상식 밖의 행동은 삼가해 달라는 것이다. 사실 어느 나라의 정치 실정에서도 여인의 주장은 의미가 있다. 많은 사람이 자신의 의사와 상관없이 희생되는 경우가 많기 때문이다.

셋째, 그녀는 아벨은 여호와께서 주신 유산이라는 것을 상기시켰다. 그녀는 신학적인 근거로 자신의 주장을 펼쳐 나가고 있다. 여호와의 유산은 그 누구도 학대하거나 욕보일 수 없는 거룩한 것이다. 심지어 다윗 왕권마저도 여호와의 유산을 함부로 대할 수 없다고 그녀는 주장했다. 또한 같은 민족이고 한 나라에 속해 있는데 요압이 계획하는 유혈사태만이 문제를 해결할 수 있는 유일한 방법이라는 주장에는 동의하지 않는다는 것이다.

또한 본문에 직접 언급하지는 않았지만 그녀는 요압이 여호와의 율법을 잘 이행하지 않고 있음을 암시하고 있는 듯하다. 지금 그녀가 요압과 대화하는 목적은 물불 못 가리는 요압이 어느 정도 이성을 찾을 때 협상을 하려는 데 있다. 요압은 살생에 눈이 멀다 보니 성을 정복했을 때 율법이 요구하는 규례를 준수하지 않고 있다. 여인은 이러한 요압에게 협상을 제시함으로써 율법을 준수하라고 압력을 넣고 있는 것이다. 신명기 20:10-11은 이렇게 기록하고 있다. "네가 어떤 성읍으로 나아가서 치려 할 때에는 그 성읍에 먼저 화평을 선언하라 그 성읍이 만일 화평하기로 회답하고 너를 향하여 성문을 열거든 그 모든 주민들에게 네게 조공을 바치고 너를 섬기게 할 것이요". 하물며 여호와의 율법이 이방 사람들에게도 적용되도록 강요한다면, 이스라엘의 성읍에는 더욱더 적용해야 하지 않겠는가?

평소에 그렇게 사람 죽이기를 좋아하고 전쟁을 좋아하던 요압이 임자를 만났다. 여인의 말을 듣자 자신을 변명하기 위해 쩔쩔매는 그의 모습을 보라(20절). 그의 등에 식은땀이 나고 있다! 그의 무력이 여인의 조리 있는 발언 앞에 무릎을 꿇은 것이다. 그는 "나의 유일한 목적은 세바라는 반역자를 넘겨받는 것"이라는 말로 대답했다. 그리고 그 여인은 아벨 성의 사람들을 '슬기로운 말'로 설득시켜 세바의 머리를 요압에게 던져 줌으로써 한 사람의 죽음으로 수백, 수천 명의 목숨을 구했다. 자신이 약속한 것처럼, 요압은 더 이상의 살생을 하지 않고 세바의 머리를 들고 예루살렘으로 돌아왔다.

이 사건은 여러 면에서 나발을 죽이겠다고 이를 갈고 그를 찾아 떠났던 다윗을 길에서 만나 지혜롭게 행하도록 깨우쳐 준 아비가일 사건과 비슷하다. 다윗과 그의 심복 요압은 지금 정치적 게임에 빠져 있다. 그들은 자신들의 정치적인 적은 어떤 대가를 치르고서라도 제거해야 한다는 생각에 사로잡혀 있다. 이 상황에서 지혜로운 여인의 발언과 세바의 일이 어떻게 해결되었는가를 전해 들은 다윗은 어떤 생각을 하게 되었을까? 옛날 다윗이 나발 집안 사람을 모두 죽이겠다고 길을 나섰다가 아비가일을 만나 설득당하고 돌아온 일을 회상했을 것이다. 그때처럼 이번에도 다윗은 피를 묻히지 않고 문제를 해결했다.

3. 다윗의 관료들(20:23-26)

²³ 요압은 이스라엘 온 군대의 지휘관이 되고 여호야다의 아들 브나야는 그렛 사람과 블렛 사람의 지휘관이 되고 ²⁴ 아도람은 감역관이 되고 아힐룻의 아들 여호사밧은 사관이 되고 ²⁵ 스와는 서기관이 되고 사독과 아비아달은 제사장이 되고 ²⁶ 야일 사람 이라는 다윗의 대신이 되니라

이 부분은 사무엘하 9장에서 시작해 지금까지 지속된 다윗의 일생 중 한 부분을 정리하는 의미를 가지고 있다. 또한 8:15-18에 주어진 다윗의 관료들 목록과 대조를 이루는 부분이다. 아마도 8장에 언급된 관료들은 다윗 왕정 초기의 사람들이며, 본문에 언급된 사람들은 그의 통치 말기에 그를 도왔던 관료들일 것이다(McCarter). 8:15-18에서와 같이 여기서도 군사적, 종교적, 통계적 관료들을 언급한다.

군사적 관료로는 요압과 브나야가 있다. 브나야는 그렛 사람과 블렛 사람으로 이루어진 경호원들의 지휘를 맡았다고 한다(23절). 다윗은 용병(돈 받고 싸우는 외국군)을 많이 기용했던 것 같다. 통계 부문의 관료로는 여호사밧과 스와가 있었다. 종교적 관료로는 사독과 아비아달과 이라가 있었다. 이라는 다른 곳에서는 알려지지 않은 사람이며, 다윗의 아들들이 했던 역할(긴밀한 보좌관/각료 역할)을 했을 것이라는 추측도 있다(Hertzberg; Birch).

중요한 정보는 아도니람이 부역(강제 노동) 감독관이었다는 것이다. 우리는 보통 열왕기상 5:13, 9:15-22에 근거해 솔로몬이 백성들에게 강제 노동을 처음 요구한 것으로 생각한다. 그러나 본문이 밝히는 것으로 추측해 보면 다윗이 이미 이 제도를 시작했음을 알게 된다. 용병, 강제 노동의 언급은 이때의 다윗의 통치가 언약 개념에서 상당히 멀어져 있음을 암시한다. 이스라엘이 왕을 요구할 때 사무엘이 경고했던 일들이 다윗의 시대에도 상당 부분 현실화되고 있었던 것이다(cf. 삼상 8:10-18).

어떻게 보면 여기에 소개된 다윗의 정권은 "다윗식 언약적 왕권" (Davidic covenantal kingship)이라고 생각할 수도 있다(Brueggemann). 이런 상황에서 아벨의 여인의 지혜는 새로운 의미를 갖는다. 다윗이 꼭 그렇게 통치할 필요는 없다는 것이다. 지혜를 구하며 통치를 하면 많은 살상과 의미 없는 희생을 막을 수 있다는 것이 저자의 주장인 듯하다. 사역을 하면서, 교회를 운영하면서도 일을 효율적으로, 은혜롭게 할 수 있는 지혜가 필요하다.

7장. 다윗의 마지막 행보(21:1-24:25)

많은 학자가 사무엘하 20장이 열왕기상 1-2장으로 곧장 연결되는 하나의 이야기라고 주장한다. 그러므로 그 사이에 끼어 있는 사무엘하 21-24장은 일종의 삽입(intrusion)이며 다윗 일생의 여러 시점에서 비롯된 잡다하고 부수적인 이야기들을 모아 놓은 것으로 간주한다(Anderson; McCarter; Bergen; Birch). 물론 아직도 이 섹션에 기록된 일들이 세바의 반역 이후에 있었던 일이라고 해석하는 사람들도 더러 있다(Keil & Delitzsch). 그러나 이 섹션에 기록된 이야기들은 세바의 반역 이후에 있었던 일들을 기록한 것이 아니라, 다윗의 삶의 여러 시점에서 유래된 것들을 모아놓은 것이 거의 확실하다. 그러므로 이들은 이 섹션을 "사무엘서 부록"(The Samuel Appendix)이라고 부르기도 한다(Hertzberg; Anderson; Gordon).

학자들은 대체로 이 섹션이 다윗이 여러 곳에서 행한 이야기들로 구성되어 있으며, 시대적으로는 대부분 세바의 반역 이전에 있었던 일들이라고 결론 내린다. 그러나 이 섹션의 저작 목적에 관해서는 학자들의 입장이 매우 다양하다. 일부 주석가들은 사무엘하 5-8장에서 다윗을 이상적인 왕으로 묘사한 것을 근거로, 독자들이 그를 너무 높이 평가하거나 지나치게 큰 권세를 지녔던 왕으로 간주할까 봐 그도 흠이 많은 사람이었다고 전함으로써 현실적인 균형감을 더하는 것이 이 섹션의 주된 목적이라고 주장한다(Brueggemann). 그들의 주장에 따르면, 이 섹션은 다윗의 인간적 한계와 연약함을 드러내는 이야기들을 포함하고 있으며, 그의 왕권과 하나님이 기대했던 왕권은 상당히 거리감이 있음을 강조한다. 그러나 밧세바와 압살롬 이야기에서 이미 다윗의 명예가 치명적인 손상을 입었음을 감안할 때, 그리 설득력 있는 주장은 아니다.

정반대의 관점으로 해석하는 학자들은 이 섹션이 다윗의 왕권이 압살롬의 반역 후에도 얼마나 확고히 자리를 잡았는가를 보여 주기 위해 집필되었다고 주장한다(Baldwin; Bergen; Arnold). 그들의 주장에 따르면, 사무엘서의 핵심은 "누가 이스라엘의 왕으로 합당한 자인가?"라는 질문에 답하는 것으로, 이 섹션에서는 다양한 장르(노래, 목록, 이야기 등)의 글을 동원해 다윗이야 말로 모든 자격을 갖춘 사람이며 이스라엘의 왕으로 합당한 사람이라는 점을 강조한다(Arnold). 어떤 주석가는 이 섹션이 다윗 정권의 출발점은 하나님의 절대적 주권이며(cf. 삼하 22:1-23:7), 그는 이스라엘을 다스릴 만한 충분한 조직과 관료들을 지녔고(cf. 삼하 21:15-22; 23:8-39), 왕으로서 공정하고 지혜로운 판결을 할 수 있었다는 사실을 입증하는 이야기들(cf. 삼하 21:1-14; 24:1-25)로 구성되어 있다고 해석한다(Bergen). 그러나 다윗이 교만에 빠져 주변의 만류에도 인구조사를 강행해서 재앙을 초래한 마지막 이야기(삼하 24:1-25)는 다윗의 결정을 공정하거나 지혜롭다고 생각하기에 앞서 그를 이기적인 사람으로 묘사하는 듯하다. 또한 사울의 아들들을 기브온 사람들에게 내어 주어 죽인 이야기(삼하 21:1-14)는 다윗이 정치적인 의도에서 이런 일을 했다고 해석될 수도 있기 때문에, 이 해석 역시 그다지 만족스럽지는 않다.

위의 두 가지 극단적인 해석보다는 양쪽 관점을 어느 정도 포괄하는 해석이 더 설득력 있어 보인다. 이 섹션은 다윗의 인간적인 연약함과 자신의 욕구를 채우기 위한 왕권 남용을 기술하지만(cf. 삼하 21:1-14; 24:1-25), 동시에 아직도 하나님의 권위에 적절하게 반응하는 "하나님의 마음에 합한 자"의 삶을 살고 있음을 시사한다(cf. Birch). 다윗은 압살롬과 세바의 반역을 겪으면서 만신창이가 되는 듯했으나 아직도 효율적이고 안정적인 관료들을 가진 왕이다(cf. 삼하 21:15-22; 23:8-39). 물론 완벽한 왕은 아니다. 때로는 정치적인 목적을 이루기 위해 폭력과 권력을 남용하기도 한다(cf. 삼하 21:1-14; 24:1-25). 그러나 하나님의 권위에 자신을 복종하는 신앙은 항상 간직하고 있었다(cf. 삼하 22:1-23:7; 24:11-25). 이 섹션은 다윗에 대한 환상을 깨는 동시에 그가 왜 하나님의 마음에 합한 왕이었는지 보여 주는 역할을 동시에 감당하고 있다.

이 본문은 정교한 짜임새를 지니고 있으며, 이 구조를 바탕으로 매우 간략하게 다윗의 일생을 신학적으로 정리한다. 그가 흠이 많고 연약함에도 불구하고, 하나님은 주권적으로 그에게 복을 내리시고 이 순간까지 인도하셨다. 이 섹션은 하나님이 그를 귀하게 여기신 이유는 오직 한 가지, 그가 하나님의 마음에 합한 사람이었기 때문이라는, 다윗의 이야기에 적절한 결론을 맺고 있다. 다음 구조를 참고하라(Youngblood; Nelson; McCarter).

A. 내러티브: 3년 동안의 기근과 죽음, 제물로 해결(21:1-14)

　B. 목록: 다윗의 용장들(21:15-22)

　　C. 노래: 다윗이 사울로부터 해방되었을 때 부른 노래(22:1-51)

　　C'. 노래: 다윗의 마지막 노래(23:1-7)

　B'. 목록: 다윗의 용장들(23:8-39)

A'. 내러티브: 3일 동안의 재앙과 죽음, 제물로 해결(24:1-25)

이 구조를 관찰해 보자. 이 본문의 일부는 분명 다윗 왕권 초기에 있었던 일들이다(특히, A와 C는 거의 확실하다. 참고. 삼하 9장 주해). 오래전에 있었던 일이 다윗이 죽음을 앞둔 위치에 수록되어 있다는 점은, 역시 성경 역사서가 시대적인 순서에 우선권을 두기보다 신학적 의미를 구현하는 데 우선권을 두고 이야기를 전개해 나간다는 것을 암시한다. 저자는 21-24장을 통해 다윗의 파란만장한 일생, 그러나 하나님의 축복으로 풍요로웠던 삶을 요약하는 듯한 인상을 준다.

복음성가 중에 "예수 인도하셨네"라는 노래가 있다. 가사를 살펴 보면 "내 일생 여정 끝내어 강 건너 언덕 이를 때 하늘 문 향해 말하리.

311

예수 인도하셨네. 매일 발걸음마다 예수 인도하셨네 나의 무거운 죄 짐을 모두 벗고 하는 말 예수 인도하셨네"라는 고백이 나온다. 다윗은 지금 이 노래를 부르고 있는 것이다. 보잘것없는 목동으로 태어나 한 나라의 왕이 된 것도, 자신의 집안에 영원히 복을 주시겠다는 약속을 받은 것도, 모두 하나님의 은혜라는 것이다. 우리가 이 세상을 떠날 때의 하나님을 향한 최후의 고백도 이와 같았으면 좋겠다. 찬송가의 가사가 생각난다. "내 구주 예수를 더욱 사랑…다만 내 소원은 내 구주 예수를 더욱 사랑…숨질 때 하는 말 더욱 사랑 더욱 사랑…."

구조의 중앙에 놓여 있는 두 개의 노래를 살펴보자. 첫 번째 노래는 여호와의 구원 행위들을 찬양한다(22장). 두 번째 노래는 이스라엘의 미래에 대한 소망의 기초가 되는 다윗 언약을 찬양한다(23:1-7). 하나님의 구원 행위와 그분이 주신 언약이 한 민족으로 지속되는 이스라엘 역사의 기초임을 잘 드러낸다.

다윗의 부하들 명단은 하나님이 역사를 이루어 나가시는 과정에서 사용하신 인간 도구들을 보여 준다. 이들은 하나님이 보내신 천사가 되어 다윗의 사역을 도왔다. 물론 그 외에도 수많은 사람이 그를 도와 사역했지만, 이들은 특별히 많은 일을 했다.

전체를 감싸고 있는 여호와의 진노에 대한 사건들은 사울뿐 아니라 다윗마저도 여호와의 진노의 대상이 되었다는 사실을 전함으로써, 이스라엘의 진정한 왕은 여호와 한 분뿐임을 강조한다. 하나님의 사랑을 한 몸에 받은 다윗, 이 세상에서 가장 가까이 하나님과 호흡한 다윗도 그분을 함부로 대할 수는 없었다. 하나님은 아무리 경건한 사람도 델 수 있는 "뜨거운 감자"이시다.

1. 3년 동안의 기근과 죽음(21:1-14)

다윗 시대에 3년 동안 기근이 왔다는 내용으로 시작하는 이 이야기는 학자들 사이에 많은 논쟁을 불러일으켰다. 성경에 기록된 대로 단순한 "잘못된 과거 바로잡기"로 해석할 것인가, 아니면 이 이야기 뒤에 종교적인 이유를 빌미로 정적들을 제거하려는 다윗의 음모가 숨겨진 것으로 해석할 것인가가 논쟁의 기본적인 이슈다. 또한 대부분의 학자는 이 이야기를 다윗의 통치 초기에 있었던 일로 간주한다. 그 증거로 사울의 집안이 아직 건재하고 죽은 사울의 만행이 그 순간까지 영향을 미치는 점 등을 제시한다. 이 사건이 일찍 일어난 것으로 간주할 경우, 압살롬에게 쫓기던 다윗에게 저주를 퍼부어대던 시므이의 비난이 어느 정도 이 사건을 배경으로 하고 있을 가능성이 있다(Gordon; Arnold).

이 사건을 다윗이 정치적인 적들을 제거하기 위해 꾸민 음모로 해석하는 사람들도 제법 많다(Brueggemann; cf. McCarter; Anderson). 옛 왕 사울 집안이 반역을 꾀하는 것을 막기 위해 그 집안 남자들의 씨를 말리는 음모였다는 것이다. 다윗의 음모설을 주장하는 학자들이 제시하는 세 가지 증거를 살펴 보자. 첫째, 흉년과 사울의 살인죄가 직접적으로 연관되는 부분은 1절뿐이라는 것이다. 그런데 의심스러운 것은 1절에서 사울의 죄와 흉년을 연관짓는 계시가 다윗에게 직접 왔다는 사실이다. 즉, 선지자도, 제사장도 아닌 다윗에게 직접 계시가 임했고 다윗 이외에 그 누구도 하나님의 이 같은 계시를 확인할 만한 위치에 있지 않았기에, 이 사건은, 다윗이 꾸며낸 이야기에 근거를 둔, 사울 집안에 대한 탄압일 수 있다는 것이다(McCarter).

둘째, 사울의 일생에 대한 기록에서 기브온 족과의 사건은 전혀 언급되지 않는다. 특히 사무엘서가 전적으로 다윗을 지지하고 사울의 잘

313

못을 노골적으로 드러내는 성향이 있다는 점을 감안할 때, 책의 침묵은 이 사건에 대한 논쟁에서 상당히 큰 비중을 차지해야 한다는 것이다. 즉, 실제로 있었던 사건이라면 사무엘서 어딘가에 분명히 기록되어 있어야 한다는 주장이다. 셋째, 사울이 비록 여호와께 버림받은 것은 사실이지만, 그는 신앙적으로 신중하고 양심적으로 살았던 사람이며, 이 이야기에서 주장하는 것처럼 엄청난 양의 무고한 피흘림을 초래할 만한 인물은 되지 못한다는 것이다.

이에 기초해 이들은 이 사건은 다윗이 정치적인 불씨를 제거하기 위해 꾸며낸 자작극이며, 이 이야기는 다윗이 얼마나 무자비한 기회주의자인가를 보여 주기 위해 수록된 것이라고 주장한다(cf. Birch). 저자가 다윗이 종교를 이용해 자신의 만행을 위장한 것과 여호와와의 언약에서 멀어진 정권 형성을 아이러니로 묘사해 나간다는 것이다. 그러므로 본문을 표면적으로 읽지 말고 저자의 진정한 의도를 포착해야 한다는 것이 그들의 주장이다.

이들의 주장이 어느 정도 가능성이 있어 보이는 것은 사실이다. 특히 사무엘서에 비친 다윗의 모습을 생각해 보면 충분히 가능한 시나리오다. 그러나 이들의 주장 역시 다윗에 대해 비관적이고, 이야기를 지나치게 부정적으로 대하는 처사에 불과하다. 반면에 이 학자들은 사울에게 지나치게 관대한 입장을 표명하는 듯하다. 다윗과 마찬가지로 사울 또한 본문에서 언급된 만행을 분명히 저지를 수 있는 사람이었다. 한 예로, 그는 놉의 제사장 75명의 무고한 피를 흘리게 했다. 그가 이스라엘의 변방에 거주하는 소수 민족인 기브온을 청소했을 가능성은 충분히 있다. 게다가 기브온 사람들은 사울의 만행을 생생하게 기억하는 듯한 인상을 준다.

본문은 몇 가지 정확한 시대적 상황을 언급하고 있다. 3년 동안 지속된 기근, 사울 집안에 대한 기브온 사람들의 해결되지 않은 분노, 사울의 자손들을 죽인 다음에 비가 온 점 등이다. 물론 처음과 마지막 사항은 우연이라고 주장할 수도 있다. 또한 두 번째 사항은 다윗이 기브온에 속한 사람을 사서 그의 입을 통해 사울 자손을 죽여 달라는 요구를 하도록 했다고 주장할 수도 있다. 그러나 "사무엘서에 비친 다윗이 이렇게까지 비열한 인간인가?"라는 반론은 이러한 주장에 심각한 문제를 제기한다. 또한, "다윗이 혼자 이 일을 조작해서 무고한 피를 흘렸다면, 그의 하나님 여호와께서 방관하고 계셨겠는가?"라는 신학적인 질문도 논쟁에 한 몫을 해야 한다. 밧세바와 간음하고 우리아를 죽인 것 때문에 다윗으로 하여금 엄청난 대가를 치르게 하신 분이 사울 집안의 남자들이 무고하게 죽는 것을 지켜만 보셨겠는가? 절대 그럴 리는 없다.

다윗은 때로 하나님의 계시를 직접 받은 경험이 있음을 스스로 밝히기도 했다. 예를 들면, 사무엘하 23:2에서 그는 "여호와의 영이 나를 통하여 말씀하심이여 그의 말씀이 내 혀에 있도다"라고 고백한다. 물론 시의 한 문구로 사용되는 이 문장이 정확히 어떤 의미를 지니고 있는지는 해석하기 쉽지 않다. 그러나 여호와께서 제삼자를 통하지 않고 직접 그에게 계시하셨다는 가능성은 충분히 존재한다. 그러므로 필자는 이 이야기에서 다윗에 대해 훨씬 더 긍정적으로 평가한다. 다윗이 사울 집안 사람들을 죽이기 위해 이 사건을 조작한 것이 아니라, 실제로 있었던 일을 회고한 것이다.

> V. 다윗의 쇠퇴(9:1–24:25)
> 7장. 다윗의 마지막 행보(21:1–24:25)
> 1. 3년 동안의 기근과 죽음(21:1–14)

(1) 기근의 이유(21:1-2)

[1] 다윗의 시대에 해를 거듭하여 삼 년 기근이 있으므로 다윗이 여호와 앞에 간구하매 여호와께서 이르시되 이는 사울과 피를 흘린 그의 집으로 말미암음이니 그가 기브온 사람을 죽였음이니라 하시니라 [2] 기브온 사람은 이스라엘 족속이 아니요 그들은 아모리 사람 중에서 남은 자라 이스라엘 족속들이 전에 그들에게 맹세하였거늘 사울이

이스라엘과 유다 족속을 위하여 열심이 있으므로 그들을 죽이고자 하였더라 이에 왕이 기브온 사람을 불러 그들에게 물으니라

한 나라에 3년 동안 흉년이 계속된다는 것은 누구보다도 통치자에게 부담을 주는 일이다. 언제인지는 모르지만, 다윗 시대에 이 일이 있었다. 이 일이 사무엘하 9장 이전에 일어난 사건임은 거의 확실하다. 사무엘하 9장에서 다윗은 처음으로 므비보셋을 대면하는데, 정황을 보면 사울 집안의 남자들이 거의 다 죽었음을 전제하기 때문이다(cf. 9:1). 그렇다면 다윗이 요나단을 생각해서 므비보셋의 이름을 명단에서 빼는 것은 어떻게 이해할 수 있는가? 비록 아직 므비보셋을 만날 만한 상황이 아니어서 그를 부르지는 못하지만, 다윗은 훗날을 위해 그의 생명을 보존해 두고자 했을 것이다. 다윗은 사울 집안의 남자들에 대해 보고를 받은 뒤 보고한 사람에게 목록에 혹시 요나단의 자손이 있는지 물었을 것이고, 므비보셋이 그의 아들이라는 보고를 받았을 것이다. 그래서 다윗은 보고하는 사람에게 요나단의 아들 므비보셋은 목록에서 빼라고 지시했다(cf. 7절). 물론 이 일은 다윗이 므비보셋을 만난 일(삼하 9장)과 압살롬의 반역 사이에 있었던 일이라고 해석하는 사람들도 있다(Kirkpatrick; Bergen).

가뭄으로 인한 기근은 가나안 땅에서 자주 목격되는 일이다(cf. 창 12:10; 룻 1:1). 율법은 이스라엘의 땅에 기근이 임하는 것은 주의 백성들의 영적 분위기와 연관성이 있다고 한다. "모든 것이 풍족하여도 기쁨과 즐거운 마음으로 네 하나님 여호와를 섬기지 아니함으로 말미암아 네가 주리고 목마르고 헐벗고 모든 것이 부족한 중에서 여호와께서 보내사 너를 치게 하실 적군을 섬기게 될 것이다"(신 28:47-48; cf. 왕상 17:1; 겔 14:21; 학 1:10ff). 이 같은 율법에 근거해 다윗이 하나님께 나아가서 왜 지난 3년 동안 이스라엘에 기근이 계속되고 있는지 물으니, 하나님은 "기브온 족의 한 맺힌 가슴" 때문이라는 것을 가르쳐 주셨다.

구약은 사람들이 거주하는 땅은 거주자들의 죄의 영향을 받는다고 가르친다(민 35:33). 아담과 하와가 죄를 지었을 때, 자연이 저주를 받았다(창 3장). 또한 억울한 피흘림이 있으면 땅은 하늘을 향해 부르짖는다고 한다. 가인이 아벨을 살해했을 때 이러한 일이 있었다(창 4장). 즉, 인간의 죄는 그들의 거주지를 오염시키며, 오염된 땅은 하나님께 호소한다는 것이다. 대체로 인간의 고통과 아픔에는 세월이 약이다. 그러나 어떤 것은 아무리 세월이 흘러도 잊히거나 사라지지 않는다. 또한 여기서 중요한 것은 사울에게 피해를 입은 기브온 사람들이 입을 열지 않았다는 점이다. 그들은 누구에게도 억울하다고 항의하지 않았다. 여호와께서 직접 이 사건을 다시 여신(open) 것이다. 정의의 하나님은 세월이 지나 인간의 기억 속에서 희미해지는 일이라도 진실은 꼭 밝히시는 분이다.

기브온 사람들은 여호수아 시대까지 가나안에 살던 아모리 사람들이었다. 그들은 먼 길을 온 것처럼 속여서 여호수아와 언약을 맺었다(cf. 수 9:3-15). 그 뒤 그들의 거짓이 드러나지만, 여호수아와의 언약은 그대로 준수되었다. 그 대신 그들은 이스라엘 백성들 사이에 살면서 종노릇을 했다. 기브온 사람들이 이스라엘과 언약을 맺었다는 소문이 가나안에 퍼지자 주변 국가들이 분개해 그들을 치러 왔고, 그들과 언약을 맺은 이스라엘은 그들을 위해 싸웠다. 이 사건이 바로 해와 달이 그 자리에 멈춘 여호수아 10장의 사건이다. 사울은 이러한 역사적 언약과 관계를 무시하고 기브온 사람들을 청소하려 들었던 것이다(2절).

(2) 피해자들의 요구(21:3-9)

3 다윗이 그들에게 묻되 내가 너희를 위하여 어떻게 하랴 내가 어떻게 속죄하여야 너

희가 여호와의 기업을 위하여 복을 빌겠느냐 하니 ⁴기브온 사람이 그에게 대답하되 사울과 그의 집과 우리 사이의 문제는 은금에 있지 아니하오며 이스라엘 가운데에서 사람을 죽이는 문제도 우리에게 있지 아니하니이다 하니라 왕이 이르되 너희가 말하는 대로 시행하리라 ⁵그들이 왕께 아뢰되 우리를 학살하였고 또 우리를 멸하여 이스라엘 영토 내에 머물지 못하게 하려고 모해한 사람의 ⁶자손 일곱 사람을 우리에게 내주소서 여호와께서 택하신 사울의 고을 기브아에서 우리가 그들을 여호와 앞에서 목 매어 달겠나이다 하니 왕이 이르되 내가 내주리라 하니라 ⁷그러나 다윗과 사울의 아들 요나단 사이에 서로 여호와를 두고 맹세한 것이 있으므로 왕이 사울의 손자 요나단의 아들 므비보셋은 아끼고 ⁸왕이 이에 아야의 딸 리스바에게서 난 자 곧 사울의 두 아들 알모니와 므비보셋과 사울의 딸 메랍에게서 난 자 곧 므홀랏 사람 바르실래의 아들 아드리엘의 다섯 아들을 붙잡아 ⁹그들을 기브온 사람의 손에 넘기니 기브온 사람이 그들을 산 위에서 여호와 앞에 목 매어 달매 그들 일곱 사람이 동시에 죽으니 죽은 때는 곡식 베는 첫날 곧 보리를 베기 시작하는 때더라

다윗이 기브온 사람들에게 어떻게 해야 그들의 문제를 해결할 수 있는지 묻자, 그들은 이 문제는 결코 돈으로 해결할 수 있는 문제가 아니라고 대답했다. 그들의 논리는 당연하고 율법에 비추어 볼 때 합당한 것이다. 율법은 살인으로 인해 잃은 생명을 돈으로 협상하거나 보상하는 것을 금한다(cf. 민 35:31-33). 그들은 사울의 자손 중에 남자 일곱을 넘겨 달라고 한다. 그들을 죽이겠다는 것이다.

기브온 사람들은 이 문제는 결코 이스라엘과 자신들의 문제가 아니라, 단순히 사울 집안과 자신들의 문제라고 그 범위를 축소시키고자 한다. 다윗의 입장에서는 기브온 사람들이 매우 고맙게 생각되었을 것이다. 만약 이 문제가 범국가적 문제로 확산될 때는 이스라엘 전체에 그만큼 더 큰 영향을 미칠 것이기 때문이다.

기브온 사람들은 다시 한 번 사울이 시도했던 인종 청소를 확인한 다음(5절), 사울의 자손 중 남자 일곱 명을 넘겨 달라고 요청했다. 그렇

게 하면 그들을 다름 아닌 사울의 본 고향 기브아에서 죽이겠다고 했다 (6절). 죽이는 것은 확실한데 어떤 방법을 사용했는지는 확실치 않다. 그들의 처형 방법을 의미하는 히브리어 단어(יקע)의 뜻이 확실하지 않기 때문이다. 칠십인역은 "태양에 말려 죽이겠다"(ἐξηλιάσωμεν αὐτοὺς), 탈굼은 "십자가에 못박겠다", 시리아어 버전은 "번제로 태우겠다"로 번역하고 있으며, 최근의 번역들도 많은 차이를 두고 있다. "목 매달겠다"(개역개정), "나무에 매달겠다"(새번역; 공동), "hang"(목 매달다; NAS), "impale"〔(흉기로) 찌르다; NRS; JPS〕. 한 가지 확실한 것은 기브온 사람들은 그들을 괴롭혔던 사울의 본거지로 들어가 그의 후손들이 보는 앞에서 원수를 갚겠다는 것이었다. 그들의 피맺힌 한(恨)이 상상이 가는가? 이러한 원한은 돈으로도 해결하기 어렵다.

다윗은 사울의 아들 일곱을 넘겨 주었다. 그러나 기브온 사람들의 요구와 다윗의 요구 수용을 바라보는 주석가들의 시선은 매우 비판적이다(cf. Payne). 율법은 조상의 죄 때문에 자손이 벌을 받는 것을 금하기 때문이다(cf. 신 24:16). 그럼에도 불구하고 다윗이 기브온 사람들의 요구를 수용한 것은 이 일을 통해 정적들을 제거하려는 의도도 포함되어 있기 때문이다(Birch). 그러나 하나님이 이 일을 인정하셨다고(cf. 14절) 하니 쉽게 납득되지 않는 부분은 신비로 남겨 두어야 한다.

다윗은 요나단의 아들 므비보셋은 포함시키지 않았다(7절). 역시 어떤 학자들은 므비보셋은 절름발이라서 다윗에게 위협이 되지 않기 때문이라고 주장한다(Brueggemann). 필자는 다윗과 요나단의 언약 때문이라고 생각한다. 다윗과 요나단 사이에 맺었던 맹세는 여호와가 증인이시다. 그러므로 므비보셋이 요나단의 아들이라는 것을 다윗이 알고 있는 상황에서 결코 그를 내어줄 수는 없는 것이다. 이는 요나단과의 언약을 깨는 행위이기 때문이다.

모든 번역이 8절에 "메랍"의 다섯 아들이 일곱 명에 속한 것으로 번역하지만 마소라 사본과 칠십인역은 메랍 대신 "미갈"(מיכל; Μιχολ)을 언급한다. 그러나 이것은 분명한 오류라고 생각된다. 미갈은 자식을 가진 적이 없었고(cf. 6:23), 메랍은 본문이 언급하는 아드리엘과 결혼했던 것으로 알려져 있기 때문이다(cf. 삼상 18:19). 탈굼은 "미갈이 키운 메랍의 다섯 아들"로 표현함으로써 이 두 가지를 동시에 충족시키려 한다. 일부 주석가들은 아드리엘의 아버지 바르실래가 압살롬의 반역이 끝나고 다윗이 예루살렘으로 데려온 김함의 아버지라고 하지만, 그럴 가능성은 희박하다(Hertzberg). 동명이인(同名異人)인 것이다.

사울의 일곱 아들을 넘겨받은 기브온 사람들은 산에 있는 나무에 이들을 매달았다. 모두 같은 날에 처형되었다. 이때가 보리를 거두기 시작할 무렵이었다고 한다(9절). 오늘날의 달력으로 하면 4월 중순쯤에 있었던 일인 것 같다(cf. 출 9:31ff; 룻 1:22). 저자가 보리를 거두기 시작할 무렵에 이 일이 있었다고 하는 것은 이 사건으로 인해 드디어 기근이 끝날 날이 머지않았음을 알리기 위해서다(Birch).

```
V. 다윗의 쇠퇴(9:1~24:25)
  7장. 다윗의 마지막 행보(21:1~24:25)
    1. 3년 동안의 기근과 죽음(21:1~14)
```

(3) 리스바의 철야(21:10-14)

[10] 아야의 딸 리스바가 굵은 베를 가져다가 자기를 위하여 바위 위에 펴고 곡식 베기 시작할 때부터 하늘에서 비가 시체에 쏟아지기까지 그 시체에 낮에는 공중의 새가 앉지 못하게 하고 밤에는 들짐승이 범하지 못하게 한지라 [11] 이에 아야의 딸 사울의 첩 리스바가 행한 일이 다윗에게 알려지매 [12] 다윗이 가서 사울의 뼈와 그의 아들 요나단의 뼈를 길르앗 야베스 사람에게서 가져가니 이는 전에 블레셋 사람들이 사울을 길보아에서 죽여 블레셋 사람들이 벧산 거리에 매단 것을 그들이 가만히 가져온 것이라 [13] 다윗이 그 곳에서 사울의 뼈와 그의 아들 요나단의 뼈를 가지고 올라오매 사람들이 그 달려 죽은 자들의 뼈를 거두어다가 [14] 사울과 그의 아들 요나단의 뼈와 함께 베냐민 땅 셀라에서 그의 아버지 기스의 묘에 장사하되 모두 왕의 명령을 따라 행

하니라 그 후에야 하나님이 그 땅을 위한 기도를 들으시니라

기브온 사람들은 사울의 자손들의 시체를 전시용으로 몇 달 동안 그대로 두었다. 그리고 그 시체에 아무도 손대지 못하도록 조치를 취했던 것 같다. 그런데 이들이 처형된 날부터 비가 올 때까지 자리를 뜨지 않고 밤낮으로 시체를 지키는 여인이 있었다. 낮에는 새들을 쫓고, 밤에는 들짐승들을 쫓았던 이 여인은 사울의 첩 리스바였다. 리스바는 이 사건으로 인해 순식간에 두 아들을 잃었다(8절). 본문이 말하는 비가 언제 내렸는가에 대해서는 논란이 있다. 일부 주석가들은 늦은 봄 혹은 여름비라고 한다(Youngblood; Gordon; McCarter). 그러나 그때는 비가 정기적으로 내리는 계절이 아니다. 그래서 10월에 내리는 가을비라는 해석이 대안으로 제시되었다(Kirkpatrick; cf. 새번역). 중요하지는 않지만, 어느 비로 해석하느냐에 따라서 리스바의 고행은 1개월에서 6-7개월까지가 될 수 있다.

리스바는 굵은 베로 만든 천을 가져다가 바윗돌 위에 쳐 놓고 몇 달 동안 자신의 자식들과 조카들의 시체를 지켰다. 그녀는 죽은 사람들을 언약적 저주에서 보호하기 위해 이 일을 했을지도 모른다(Youngblood; cf. 렘 34:20). 순식간에 아들 둘을 잃은 것도 억울한데 그들의 시체를 가져다 장사지낼 수도 없었던 그 여인의 고통은 아마도 '한'이란 말 외에 그 어떤 말로도 설명할 수 없을 것이다. 복수는 항상 새로운 아픔을 잉태한다.

뒤늦게 다윗은 리스바의 철야 소식을 들었다. 작은 양심이 남아 있었는지, 다윗은 그들의 뼈와 내친김에 사울과 요나단의 뼈도 가져다가 베냐민 지파의 땅 셀라에 있는 사울의 아버지 기스의 무덤에 합장했다(14절). 드디어 사울과 요나단이 자신들이 묻혀야 할 장소로 오게 된 것이다. 아주 오랜만의 일이었다. 이제 모든 면에서 사울 집안의 이야기는 막을 내렸다(Arnold). 그리고 땅은 다시 회복되었다.

2. 다윗의 용장들(21:15-22)

15 블레셋 사람이 다시 이스라엘을 치거늘 다윗이 그의 부하들과 함께 내려가서 블레셋 사람과 싸우더니 다윗이 피곤하매 16 거인족의 아들 중에 무게가 삼백 세겔 되는 놋 창을 들고 새 칼을 찬 이스비브놉이 다윗을 죽이려 하므로 17 스루야의 아들 아비새가 다윗을 도와 그 블레셋 사람들을 쳐죽이니 그 때에 다윗의 추종자들이 그에게 맹세하여 이르되 왕은 다시 우리와 함께 전장에 나가지 마옵소서 이스라엘의 등불이 꺼지지 말게 하옵소서 하니라 18 그 후에 다시 블레셋 사람과 곱에서 전쟁할 때에 후사 사람 십브개는 거인족의 아들 중의 삽을 쳐죽였고 19 또 다시 블레셋 사람과 곱에서 전쟁할 때에 베들레헴 사람 야레오르김의 아들 엘하난은 가드 골리앗의 아우 라흐미를 죽였는데 그 자의 창 자루는 베틀 채 같았더라 20 또 가드에서 전쟁할 때에 그 곳에 키가 큰 자 하나는 손가락과 발가락이 각기 여섯 개씩 모두 스물 네 개가 있는데 그도 거인족의 소생이라 21 그가 이스라엘 사람을 능욕하므로 다윗의 형 삼마의 아들 요나단이 그를 죽이니라 22 이 네 사람 가드의 거인족의 소생이 다윗의 손과 그의 부하들의 손에 다 넘어졌더라

이 본문은 두 전쟁 이야기로 엮여 있다. 그리고 두 전쟁 모두 블레셋 사람들과의 전쟁이었다. 정확히 다윗의 통치 기간 중 어느 시대의 일인지는 확실하지 않다. 다만 두 가지를 염두에 두고 생각해야 할 것이다. 첫째, 블레셋 사람들은 사무엘하 5장 이후로는 이스라엘에게 위협적인 요소로 등장하지 않는다(cf. 삼하 5:17-25). 그렇다면 다윗의 통치 초기라고 생각할 수 있다. 그러나 쉽게 단정짓기에는 어려운 문제가 본문에서 발견된다. 15절에 의하면, 다윗은 몹시 "지쳐 있었다"(עיף). 이것이 단순히 지속된 싸움에서 온 피로인지, 아니면 연로함으로 온 연약함인지는 확실하지 않다. 만약 나이에서 오는 연약함이라면, 그가 왕이 된 지 상당한 시간이 흐른 뒤로 간주된다. 시대를 판단하는 데 있어 이 두 가

322

지 점을 염두에 두어야 한다.

먼저 언급된 전쟁(15-17절)은 다윗이 어떻게 자신의 부하들에 의해 구출되었으며, 그의 부하들이 얼마나 그를 아끼고 소중히 여겼는가에 초점이 맞추어져 있다. 그들은 다윗의 생명이 위험에 놓인 순간을 목격하고 난 후로 다시는 전쟁에 나오지 않겠다는 약속을 받아냈다. "임금님은 이스라엘의 등불이십니다. 우리는 우리의 등불이 꺼지지 않도록 지키고자 합니다"(17절, 새번역). 일부 학자들은 이 사건을 계기로 다윗이 전쟁터에 더 이상 나가지 않았으며, 요압이 랍바를 공격하는 동안 예루살렘에 머물면서 밧세바를 범하게 되었다고 한다(cf. Arnold). 성경은 사람이 죽으면 그의 등불이 꺼진 것으로 표현한다(cf. 욥 18:6; 잠 13:9). 훗날 등불은 다윗 왕조를 상징하는 것으로 사용되며(왕상 15:4; 시 132:17), 이 상징의 근원은 성소 안에서 계속 타도록 보존되었던 등에서 유래된 것으로 추정된다(cf. 삼상 3:3). 성소의 등은 이스라엘 종교에서 왕의 상징으로 자리를 잡았으며, 이 등의 보전은 곧 이스라엘 공동체의 보전을 상징했던 것으로 추측하는 학자도 있다(McKane).

나머지 부분(18-22절)은 다른 전쟁들에 대한 언급이다. 주요 골자는 이스라엘의 장군들이 거인 넷을 몇 번의 전쟁을 치르면서 죽였다는 내용이다. 주목할 만한 이름은 골리앗이다(19절). 이 사실에 근거해, 어떤 학자들은 다윗이 골리앗을 죽이지 않고 엘하난이라는 무명의 장수가 그를 죽였으며, 사무엘상 17장은 다윗을 영웅화하기 위해 다윗이 죽인 것처럼 기록한 것이라고 주장하기도 한다(Alter; McCarter). 하지만 크게 설득력이 없는 주장이다. 동명이인(同名異人)은 항상 있을 수 있다(cf. Kirkpatrick).

"골리앗"은 사람의 이름이 아니라, 일종의 호칭(viz., 이집트의 모든 왕을 "바로"라고 부르는 것처럼)일 수도 있다(Hertzberg). 신약 성경에서 마리아가 몇 명이고 요한이 몇 명인가? 전통적으로 유대인 해석자들은 엘하난이 다윗의 다른 이름이라고 풀이해 이 문제를 해결했다. 많은 주석

가도 이 해석을 따른다(Baldwin; Gordon). 다윗은 즉위할 때의 이름이었
고, 그의 본명은 엘하난이었다는 것이다. 그러나 크게 설득력이 있는
해석은 아니다. 역대상 20:5은 엘하난이 골리앗의 형제를 죽였다고 기
록하고 있다. 일부 학자들은 역대기 저자가 본문의 문제를 없애려고 노
력한 결과라며 역사성을 인정하지 않는다. 그러나 본문의 마소라 사본
은 상당히 부패되어 있어서 정확한 의미와 본문에서 언급된 사람들의
관계가 분명하지 않다. 이 상황에서 역대기 저자가 제시한 해석을 거부
할 필요는 없다(Keil & Delitzsch; Youngblood; Bergen). 좀 더 신중하게 여러
가지 가능성을 고려해 보아야 할 것이다.

　　다윗과 장군들이 승리한 이야기들을 기록한 이 섹션은 다음에 등장
할 찬양시에 적절한 배경이 되어 준다. 더욱이 다윗과 용사들은 거인들
을 죽이는 쾌거를 이루었다. 하나님이 그들을 도우신 것이다. 하나님이
다윗과 그의 군사들에게 승리를 주셨으니, 그들은 자연스럽게 하나님
께 감사와 찬양을 드릴 분위기를 조성하고 있다(Arnold).

> V. 다윗의 쇠퇴(9:1-24:25)
> 　7장. 다윗의 마지막 행보(21:1-24:25)

3. 다윗이 사울로부터 해방되었을 때 부른 노래(22:1-51)

이 노래는, 주께서 모든 원수의 손과 사울의 손에서 건져 주셨을 때, 다
윗이 여호와께 드린 찬양이다(1절). 그렇다면 다윗이 사울에게 쫓기던
시대나 사울이 전쟁에서 죽고 난 후 헤브론 시절이 시작될 때, 즉 다윗
의 정치 일생에 있어서 가장 초기에 저작된 것으로 간주할 수 있다. 이
노래는 시편 18편에 거의 그대로 보존되어 있다. 이 사실에 근거해 어
떤 학자들은 사무엘서를 최종적으로 정리한 사람이 시편 18편을 인용
해 여기에 도입한 것이라고 주장하기도 한다.

　　이 시가 시편과 사무엘서 중 어느 책에 먼저 수록된 것인지는 중요

한 문제가 아니다. 본 주석의 서론에서 언급한 것 같이, 이 노래는 사무엘상 2장에 기록되어 있는 한나의 노래와 깊은 연관성을 지니고 있으며, 그 노래와 함께 사무엘서를 이해하는 열쇠를 지니고 있다(Childs; Brueggemann). 이 시들의 공통점에 대해서는 다음 도표를 참고하라.

공통 주제	한나의 노래 (삼상 2장)	다윗의 노래 (삼하 22장)
원수로부터의 해방을 노래함	2:1	22:3-4
하나님을 반석으로 찬양	2:2	22:32
"땅의 기둥들은 여호와의 것이라"	2:8	22:16
여호와께서 우레로 적들을 무찌르심	2:10	22:14-15, 29
여호와께서 겸손한 자들을 구원하시고, 거만한 자를 낮추심	2:3-4	22:28
여호와께서 그의 종들의 발을 지키심	2:9	22:37
여호와께서 그를 의지하는 자를 "힘으로 띠를 띠우신다"	2:4	22:40
여호와께서 그의 기름 부음 받은 자를 형통케 하심	2:10	22:51
적으로부터의 구원	2:1	22:3-4
스올	2:6	22:6

이 시들의 관계에서 다음과 같은 사항을 관찰할 수 있다. 첫째, 이 시들은 사무엘서를 해석하고 이해하는 신학적 상황(theological context)을 제공한다. 다윗과 이스라엘의 역사는 권력과 갈등의 이야기가 아니라 주님의 주권의 시연(enactment)이라는 것이 저자의 관점이다. 그러므로 이 시들의 중요한 주제는 여호와의 구원/해방이다. 둘째, 이스라엘은 그동안 다윗을 통해 여러 차례 원수의 손에서 구원되었다. 그러나 이 시들은 다윗이 이룬 구원과 해방 뒤에는 여호와가 계셨음을 확인한다. 즉, 이스라엘의 구원자는 여호와이시지 다윗이 아니라는 것을 강조한다. 셋째, 이 시들은 또한 이스라엘의 삶은 하나님의 통치 아래에 있다는 것을 강조함으로써 그의 백성들은 왕을 바라볼 것이 아니라 여호와를 바라보라고 권면한다. 또한 이스라엘은 그분의 통치 안에 있기 때

문에 미래에 대해 걱정할 필요가 없다는 점을 암시한다.

본문에 기록된 시는 개인 찬양시 양식에 따라 저작되었다. 표제와 내용에 근거해 많은 학자가 이 시를 왕의 감사시(royal thanksgiving psalm)라고도 한다(Westermann; cf. Gunkel). 이 시의 구조는 학자들에 따라 다양하게 제시된다. 다음을 참고하라.

크레이기(Craigie)는 다음과 같은 구조를 제안한다.

A. 서론적 찬양(2-4절)
  B. 간구와 하나님의 현현(5-20절)
  B′. 하나님의 선하심(21-31절)
  B″. 비교할 수 없는 하나님과 그의 종(32-46절)
A′. 결론적 찬양(47-51절)

벌겐(Bergen)은 다음과 같은 구조를 제안한다.

  a. 주님을 찬양(1-4절)
    b. 주께서 다윗을 구원하심(5-20절)
      c. 다윗을 구원하신 이유(21-29절)
    b′. 주께서 다윗을 구원하심(30-46절)
  a′. 주님을 찬양(47-50절)
  d. 말미: 주님의 영원한 다윗 집안 보호(51절).

밴게메렌(VanGemeren)은 더 섬세하고 세부적인 구조를 제안한다. 서로 평행을 이루는 섹션들이 동일한 아이디어의 평행(A, A′)을 이루는가 하면 대조적인 아이디어들의 평행(B, B′)을 형성하고 있기도 하다는 점이 일관성이 없어 만족스럽지는 않다. 그래도 가장 자세하게 본문을 나

누어 놓았고 어느 정도 설득력이 있는 제안이다. 본 주석에서는 이 제
안에 따라 본문을 주해해 나갈 것이다.

   A. 이스라엘의 반석 여호와(2-4절)
     B. 고뇌(5-7절)
       C. 하나님이 구원을 위해 오심(8-16절)
         D. 하나님의 구원(17-20절)
           E. 하나님의 신실하심(21-30절)
         D'. 하나님의 완벽하심(31-37절)
       C'. 왕이신 여호와의 승리(38-43절)
     B'. 영광스러운 구원(44-46절)
   A'. 이스라엘의 반석 여호와(47-51절)

> V. 다윗의 쇠퇴(9:1-24:25)
>   7장. 다윗의 마지막 행보(21:1-24:25)
>   3. 다윗이 사울로부터 해방되었을 때 부른 노래(22:1-51)

(1) 역사적 표제(22:1)

¹ 여호와께서 다윗을 모든 원수의 손과 사울의 손에서 구원하신 그 날에 다윗이 이 노
래의 말씀으로 여호와께 아뢰어

다윗이 죽기 전에 자신의 삶을 돌아보며 그동안 자신과 함께하신 하나
님의 은혜에 감사하며 드리는 찬양시다. 이러한 배경에서 이 시편을 이
해하는 것이 가장 바람직하다(Davidson). 지난날 하나님이 베푸신 은혜
를 묵상할 때 다윗에게 가장 먼저 떠오르는 것은 역시 사울의 손에서
자신을 구원하신 일이었다. 그 사건을 통해 다윗의 왕권이 공식적으로
출범했다고 해도 과언이 아니기 때문이다. 그래서 그는 그때를 생각하
며 이 노래를 불렀다. 이 노래는 그의 삶에 대한 신학적 결론의 일부다
(Hertzberg).

이미 언급한 것처럼, 이 노래는 시편 18편으로 시편 모음집에 다시 등장한다. 내용상으로는 전혀 차이가 없이 시편에 도입되었으며, 몇몇 단어와 이름의 표기에 차이가 있는 정도다(Cross & Freedman). 시편 18편의 표제에는 "지휘자를 따라 부르는 노래"(새번역)라는 말이 추가되었다. 사무엘서에서 시편 모음집으로 복사되면서 어떻게 부를 것인가에 대한 음악적 지시가 더해진 것이다.

학자들은 이 시에서 사용되는 언어가 종말론적이고 메시아적인 요소를 많이 포함하고 있다고 생각한다(McCann; Birch). 칼뱅은 "이 시를 연구하면서 앞으로 오실 그분의 모형과 그림자를 염두에 둔다면 매우 큰 수확이 있을 것이다"라고 했다. 신약의 관점에서 이 시를 바라볼 때, 이 시편은 메시아적인 요소가 많이 잠재되어 있다. 예를 들어, "죽음의 밧줄"(5-6절)은 예수 그리스도의 십자가 사건에서 새로운 의미를 부여한다(Craigie).

> V. 다윗의 쇠퇴(9:1–24:25)
>   7장. 다윗의 마지막 행보(21:1–24:25)
>   3. 다윗이 사울로부터 해방되었을 때 부른 노래(22:1–51)

(2) 나의 구원이 되신 여호와(22:2-4)

2 이르되

여호와는 나의 반석이시요

나의 요새시요

나를 위하여 나를 건지시는 자시요

3 내가 피할 나의 반석의 하나님이시요

나의 방패시요

나의 구원의 뿔이시요

나의 높은 망대시요

그에게 피할 나의 피난처시요

나의 구원자시라

나를 폭력에서 구원하셨도다

⁴ 내가 찬송 받으실 여호와께 아뢰리니

내 원수들에게서 구원을 받으리로다

다윗은 시의 서두에서 여호와가 다윗의 고통과 신음에 응답하시는 분이라는 것을 강하게 강조한다. 그의 개인화된 표현이 시의 이러한 측면을 잘 묘사한다. 내용을 살펴볼 때, 시를 소개하는 표제(1절)가 없으면 마치 요나가 물에 빠졌다가 구사일생으로 물고기를 통해 그의 생명이 보존되었을 때 하나님께 불렀던 노래일 수도 있다는 생각을 하게 한다 (cf. 5-6절).

다윗은 다양한 이름으로 하나님을 찬양한다. 그가 하나님을 부르며 사용하는 표현들을 살펴보면 크게 두 가지로 나뉜다. 전투와 연관된 것들(건지시는 분, 방패, 구원의 뿔), 쉽게 침범할 수 없는 지형적인 것들(반석, 요새, 피할 바위, 산성). 첫 번째 것들은 그가 군대를 이끌고 싸울 때 친근하게 느꼈던 것들이며, 두 번째 것들은 사울을 피해 방황하던 광야 시절 때부터 아주 익숙해진 것들이다.

"구원의 뿔"(3절)에서 뿔이 과연 무엇을 상징하는가에 관해 여러 가지 가능성이 제시되었다. 성전의 뿔을 잡으면 살 수 있다는 점을 기초하여 보호를 의미한다고도 하고(Anderson), 뿔과 같이 생긴 산을 의미한다고도 한다. 뿔은 힘을 상징하기도 한다. 그러나 신학적으로 생각할 때, 뿔은 하나님으로부터 오는 수직적인 개입을 의미하기도 한다 (Surign). 이 표현은 구약에서 이곳과 시편 18편에만 사용된다. 그는 지금 자신의 삶을 회고하면서 가장 의미 있는 이미지들을 형성하며 하나님의 구원을 찬양하는 것이다.

다윗은 무엇보다도 하나님이 "나"라는 개인에게 구원을 베풀어 주신 것을 찬양한다. 계속 반복되는 "나", "내가"를 살펴보라. 성경에서 이렇게 일인칭 단수가 많이 사용되는 곳도 흔하지 않을 것이다. 그만큼 다윗은 하나님을 인격적으로, 자신의 문제에 직접적으로 개입하시고, 필요에 따라서는 자신에게 구원의 손을 내미시는 분으로 알았던 것이다. 여호와는 온 세상과 인류의 구원자이기 이전에 다윗 자신의 구세주라며 하나님과 자신의 주-종 관계를 강조한다(Bergen). 그가 "하나님의 마음이 합한 자"(cf. 삼상 13:14)라는 호칭을 얻게 된 것은 그의 내면에 이렇게 철저하고 확실한 하나님과의 관계가 있었기 때문이다. 우리도 하나님에 대해 많이 알고 있다고 자부할 것이다. 그러나 시인은 우리에게 다시 한 번 질문하는 듯하다. "하나님을 얼마나 아는가?"

이 문단의 요지를 구성하는 단어들은 "건지심, 들으심, 구원, 구원자" 등이다. 다윗은 하나님이 자신이 곤경에 처했을 때마다 자신의 삶에 직접 관여하신 분이셨음을 고백한다. 그러므로 그분은 그의 "찬양을 받으실 여호와"이신 것이다(4절). 다윗이 하나님을 부르는 호칭들을 살펴보자.

표현	의미
"나의 반석"(סלעי)	높은 바위산의 보호를 뜻한다
"나의 요새"	철통 같은 방어를 통해 보호하신다는 뜻이다
"나를 건지시는 분"	문자적으로 "나로 하여금 앞으로 갈 수 있도록 하시는 분"이라는 뜻이다
"나의 하나님"	나의 경배의 대상이신 하늘에 계신 아버지를 뜻한다
"나의 반석"(צורי)	나의 방어, 방어자를 뜻한다
"나의 방패"	갑옷을 입은 듯한 군사적 보호를 뜻한다
"나의 구원의 뿔"	나의 힘이 되심을 상징한다
"나의 산성"	높은 탑과 같이 적군의 침입에 끄떡없는 곳에 대한 은유다
"나의 피난처"	폭풍과 두려움에서 보호해 주시는 분이라는 뜻이다
"나의 구원자"	원수들에게 수난을 당하거나 고통을 당할 때, 그들의 손에서 나를 구원하시는 분이라는 것을 강조하는 표현이다

(3) 다윗의 번뇌(22:5-7)

5 사망의 물결이 나를 에우고

불의의 창수가 나를 두렵게 하였으며

6 스올의 줄이 나를 두르고

사망의 올무가 내게 이르렀도다

7 내가 환난 중에서 여호와께 아뢰며

나의 하나님께 아뢰었더니

그가 그의 성전에서 내 소리를 들으심이여

나의 부르짖음이 그의 귀에 들렸도다

저자는 당면했던 위험의 정도를 거의 확실한 죽음과 비교해서 묘사한다. 그는 "사망의 물결"(מִשְׁבְּרֵי־מָוֶת)이 휘감고 "불의의 창수"(נַחֲלֵי בְלִיַּעַל)가 엄습했다고 회고한다(5절). 그런데 이러한 죽음에 대한 표현은 가나안 신화에 배경을 두고 있다는 것이 학계의 일반적인 견해다. 이 시편에서 사용되는 언어들과 가나안 신화와의 관계는 다음과 같이 정리될 수 있다(Craigie).

시 18편/삼하 22장	가나안 신화
시편 기자가 "사망의 물결"(מִשְׁבְּרֵי־מָוֶת)에 휘감겼고 "불의의 창수"(נַחֲלֵי בְלִיַּעַל)에 휩쓸렸다(5–6절). 베리알은 가나안의 바다 신 얌(Yam)과 동일시 될 수 있다.	죽음과 혼돈의 신들인 못(Mot)과 얌(Yam)은 신들의 조상이다.
여호와가 시편 기자를 구원하기 위해 현현하시는데, 이 현현이 태풍과 지진으로 나타난다(7–15절)	바알(Baal)은 자신의 이러한 모습으로 자신이 태풍의 신임을 드러낸다.
여호와가 바다(Yam)와 땅(지하 세계: 못의 활동지)을 야단치심으로 그의 종을 구하신다.	바알이 얌(Yam)과 못(Mot)을 물리치고 질서를 확립한다.

  그렇다면 저자는 왜 세속적인 언어들을 사용하는 것인가? 아마도 그 당시 사람들이 가장 잘 이해하는 용어를 사용해 온 세상을 세속적인 세력(paganism)이 휩쓸려고 하는 듯한 분위기를 묘사하는 것 같다. 그러나 바로 그때—모든 것이 위태로운 순간—저자는 이 위협이 하나님의 약속과 상반된다고 생각했다. 하나님은 질서와 공의의 창조주이시기 때문에 세상에서 이러한 일이 일어나는 것을 방관하시지 않을 것이라는 확신이 생긴 것이다. 그래서 그는 하나님을 향해 도움을 청했다. 그리고 하나님은 그의 부르짖음을 들으셨다(7절). "그의 성전"(7절)은 어느 곳인가? 다윗이 저자라고 전제한다면, 이 성전은 하늘에 있는 성전일 것이다.

  5-6절과 7절의 대조는 매우 아름답다. 5-6절의 "불의의 창수"(בְלִיַּעַל), "사망의 물결"(נַחֲלֵי־מָוֶת), "스올의 줄"(חֶבְלֵי שְׁאוֹל), "사망의 올무"(מֹקְשֵׁי־מָוֶת) 등은 인간이 체험하는 것 중 압도적으로 생명을 위협하는 위기의 순간들을 의미한다. 이 상황에서 하나님께 부르짖었더니 "그분이 들으셨다"(7절). 부르짖음—응답은 사무엘이 실제적으로 보여 주었던(삼상 7장) 여호와와 그분의 백성들 사이에 체결된 언약 관계의 기본적인 틀을 제공한다. 그런데 여기서 중요한 것은 하나님이 이스라엘과 맺으신 언약은 그분의 백성 개개인에게도 유효하다는 점이다. 그분은 이스라엘의 하나님이시고, 이스라엘에 속한 한 사람 다윗의 하나님이신 것이다. 많은 사람이 이 개인적인 면모를 무시하거나 의식하지 않는다.

  여호와는 인자하고 자상한 귀로 우리의 작은 신음에도 응답하시는 분이다. 이러한 하나님이 다윗과 일생을 동행하셨으니, 그가 두려울 것이 무엇인가? 아마도 가장 두려운 적은 바로 자신이었을 것이다. 혹시라도 이런 하나님과 멀어지게 하는 죄악의 길을 가게 되지는 않을까 하는 것이 가장 큰 두려움이었을 것이다. 그리스도인의 삶도 마찬가지다. 우리 일생의 상당 부분은 자신과의 싸움인 것이다. 하나님이 손이 짧으셔서, 혹은 귀가 어두우셔서 우리를 구원하시지 못하는 것이 아니다.

"주님의 손이 짧아서 구원하지 못하시는 것도 아니고,

주님의 귀가 어두워서 듣지 못하시는 것도 아니다.

오직, 너희 죄악이 너희와 너희의 하나님 사이를 갈라놓았고,

너희의 죄 때문에,

주님께서 너희에게서 얼굴을 돌리셔서,

너희의 말을 듣지 않으실 뿐이다"(사 59:1-2, 새번역).

우리의 문제는 근본적으로 하나님을 직접 체험하지 못한 데서 비롯된 위선에 있지 않을까?

"이 백성이 입으로는 나를 가까이하고,

입술로는 나를 영화롭게 하지만,

그 마음으로는 나를 멀리하고 있다.

그들이 나를 경외한다는 말은,

다만, 들은 말을 흉내내는 것일 뿐이다"(사 29:13, 새번역).

V. 다윗의 쇠퇴(9:1-24:25)
  7장. 다윗의 마지막 행보(21:1-24:25)
    3. 다윗이 사울로부터 해방되었을 때 부른 노래(22:1-51)

(4) 구원을 위하여 오신 하나님(22:8-16)

8 이에 땅이 진동하고 떨며

하늘의 기초가 요동하고 흔들렸으니

그의 진노로 말미암음이로다

9 그의 코에서 연기가 오르고

입에서 불이 나와 사름이여

그 불에 숯이 피었도다

10 그가 또 하늘을 드리우고 강림하시니

그의 발 아래는 어두캄캄하였도다

¹¹ 그룹을 타고 날으심이여

바람 날개 위에 나타나셨도다

¹² 그가 흑암 곧 모인 물과

공중의 빽빽한 구름으로

둘린 장막을 삼으심이여

¹³ 그 앞에 있는 광채로 말미암아

숯불이 피었도다

¹⁴ 여호와께서 하늘에서 우렛소리를 내시며

지존하신 자가 음성을 내심이여

¹⁵ 화살을 날려 그들을 흩으시며

번개로 무찌르셨도다

¹⁶ 이럴 때에 여호와의 꾸지람과

콧김으로 말미암아 물 밑이 드러나고

세상의 기초가 나타났도다

다윗은 5-6절에서 죽음에 대한 강한 신화적 이미지들을 사용해 그의 삶의 절박한 상황을 묘사했다. 그러나 섬뜩한 죽음의 이미지보다 더 강한 이미지가 본문에 나타난다. 역시 신화적인 이미지들이지만, 이 이미지들은 죽음보다 훨씬 강한 구원의 주 하나님의 현현을 표현한다.

본문에서 제시되는 이미지와 언어 감각은 출애굽기 15장, 시편 114편에 수록되어 있는 하나님의 현현과 비슷하다. 또한 예수님이 거친 바다를 잠잠케 하시는 모습(막 6:45-51)은 여기에 묘사된 성난 파도를 잠잠케 하시는 하나님의 모습과 비슷하다. 하나님은 구원하시면 확실하게 이루신다는 것이 이 부분의 요지다. 그리고 하나님이 적극적으로 오셔서 자신의 백성을 구원하신 동기는 7절에 언급된 대로 하나님과 그분의 백성의 언약 관계에서 비롯된 것이다.

하나님이 자신의 자녀들에 대해 얼마나 관심이 있으신가는 저자의 기도를 들으시고 오시는 그분의 모습을 보면 알 수 있다(8-9절). 하나님은 자기 자녀를 곤경에 빠뜨린 자들에게 매우 노하신 모습으로 오신다. 얼마나 장엄하게 오시는지, 본문은 "땅이 꿈틀거리고, 흔들리며, 하늘을 받친 산의 뿌리가 떨면서 뒤틀렸다"고 기록하고 있다(8절. 새번역). 그분의 코에서 연기가 솟아 오르고, 그분의 입은 모든 것을 삼키는 불을 뿜어내며, 그분에게서 숯덩이들이 불꽃을 튕기면서 달아올랐다(9절). 하나님을 괴물로 묘사하는 것일까? 이는 하나님이 자신의 백성이 당한 일에 대해 그만큼 분노하셨음을 전하려는 표현이다.

여기서 묘사되는 하나님의 모습은 말 그대로 무시무시하다. 마치 불을 뿜어내는 괴물과 같이, 그분의 코에서 연기가 솟고 그분의 입에서 불이 새어 나왔다. 이분 앞에 "땅이 꿈틀거리고, 흔들리며, 하늘을 받친 산의 뿌리가 떨면서 뒤틀렸다"(8절). 그 누구도 화가 나신 하나님 앞에 설 수가 없다. 그런데 이분을 화나게 한 것은 무엇인가? 그분의 사랑하는 자 다윗을 위협하던 자들이 아닌가? 하나님이 우리를 이렇게 위하시는데, 누가 우리를 대적할 수 있겠는가?

하나님은 그룹을 타고 오시고, 하나님이 그룹을 타고 임재하시면서 온갖 천재지변을 대동한다. 이러한 하나님의 모습은 가나안 신화들에서 발견되는 바알의 모습과 비슷한 점이 많다. 그렇다면 저자는 그들이 이해하는 용어를 사용해 이 천재지변을 다스리는 자는 바알이 아니라 여호와라는 논쟁(polemic)을 펼쳐가는 것이다. 구름을 타고 다니시는 이는 바알이 아니라 여호와시며, 번개를 화살로 사용하시는 이도 그분이시며, 바다를 꾸짖는 자도 바알이 아니라 여호와시라는 것이다.

여호와는 높은 곳에서 오신다(10-13절; cf. 17절). 자신의 백성을 구하러 오실 때, 그분은 하늘을 가르고 내려오신다(10절). 그분이 오실 때, 빗방울을 머금은 짙은 구름들과 어둠이 그분의 주위를 에워싸 '장막'을 형성했다. 이는 두 가지 의미를 포함하고 있다. 첫째, 장막이나 성전의 지성소는 외부의 빛이 들어가지 않는 아주 어두운 곳이다. 여기서 어둠과 짙은 구름이 지성소의 어둠을 재현한다. 지성소는 하나님의 법궤와 속죄소가 머물던 곳이다. 즉, 다윗은 이스라엘 종교가 갈망하고 바라보던, 그룹 사이에 거하시던(cf. 11절) 그분이 자신을 구속하러 오셨다고 노래하는 것이다. 그와 하나님은 언약 관계로 묶여 있다(cf. 7절). 하나님은 백성과의 언약을 준수하러 오신 것이다. 그분은 가장 어두운 곳에서 빛이 가장 강렬하고 환하게 보이듯이 "빛난 광채 속에서 이글거리는 숯덩이들"을 동반하고 오셨다.

둘째, 다윗은 "주님께서 그의 성전에서 나의 간구를 들으셨다"(7절)라고 고백했다. 그러면 "과연 무엇이 그분의 '성전'인가?" 하는 문제가 제기된다. 다윗은 하나님을 위해 그분이 거하실 성전을 건축하기를 원했다. 그러나 그는 이 순간 진정한 그분의 성전이 어디인가를 깨달았다. 여호와의 성전은 결코 인간이 만들어 그분께 선사하는 어떤 건물이 될 수 없음을 깨달았다. 하늘이 그분의 성소다. 즉, 앞으로 솔로몬이 주를 위해 건축할 성전은 자신의 백성들을 위해 그들과 함께하시는 하나님의 임재를 상기시키는 상징적인 의미를 지닐 뿐, 결코 하나님을 그곳에 거하시도록 묶어둘 수 없음을 시인하는 것이다. 그분은 인간이 만들수 있는 어떤 것보다 위대하시고 크신 분이다. 솔로몬은 이 사실을 확실하게 깨달았다(cf. 왕상 8:35-36).

하나님은 오셔서 대결다운 대결 한 번 해 보지 못하신다. 적이 너무 약하기 때문이다. 하나님의 절대적인 능력과 영광이 적을 '초전 박살' 냄으로 싸움을 끝내 버린다. 여기서 저자는 평행법을 사용해 천둥을 그분의 목소리로, 번개를 그분의 화살로 표현한다. 그분은 구름을 장막의 재료로 삼으시고(12절), 바람을 날개로 삼으시더니(11절), 천둥과 번개를 자신의 목소리와 화살로 이용하신다. 온 자연이 그분의 지배 아래 있는 것이다. 이러한 분이 자연에 큰 영향을 받고 살아가는 인간을 심판하러 오셨으니, 심판의 대상이 되는 인간으로서는 큰일이다. 그런데 여호와는 누구를 위해 누구와 싸우러 오셨는가? 자신의 종 다윗을 위해, 자신의 원수들과 싸우러 오셨다. 주를 사랑하는 사람의 적은 하나님의 적이다. 그러므로 하나님이 직접 그들을 대적하실 것이다. 그래서 예수님은 제자들에게 "원수 갚지 말라"라고 하셨다. 전쟁이 여호와께 속한 것처럼 원수 갚음도 여호와께 속했기 때문이다.

> V. 다윗의 쇠퇴(9:1-24:25)
> 　7장. 다윗의 마지막 행보(21:1-24:25)
> 　　3. 다윗이 사울로부터 해방되었을 때 부른 노래(22:1-51)

(5) 나의 구원자 여호와(22:17-20)

¹⁷ 그가 위에서 손을 내미사

나를 붙드심이여

많은 물에서 나를 건져내셨도다

¹⁸ 나를 강한 원수와

미워하는 자에게서 건지셨음이여

그들은 나보다 강했기 때문이로다

¹⁹ 그들이 나의 재앙의 날에 내게 이르렀으나

여호와께서 나의 의지가 되셨도다

²⁰ 나를 또 넓은 곳으로 인도하시고

나를 기뻐하시므로 구원하셨도다

다윗은 5-7절을 통해 이미 표현한 절박한 상황에서 하나님이 어떻게 구원을 베푸셨는지 다시 찬양한다. 하나님은 진노하신 모습으로 나타나신 후 즉시 구원 사역을 시작하신다. 그분의 사역은 여러 개의 동사를 통해 적절하게 표현되어 있다. "손을 내미시고…움켜 잡아 주시고…건져 주시고…살려 주시고…끌어내셨다…살려 주셨다"(17-20절). 이러한 구원 사역은 마치 출애굽 시대를 연상시키는 듯하다(Craigie). 두 가지가 인상적이다.

원수들이 다윗에게 덤벼들었으나 여호와는 전화위복이 되게 하셨다 (19절). 하나님만이 우리가 의지할 분이다. 어린아이가 아빠를 의지하 듯 우리가 하나님을 의지하면 못할 일이 무엇이겠는가? 다윗은 여호와 께서 자신을 속박하는 비좁은 공간에서 넓고 안전한 곳으로 데리고 나 오셨다고 간증한다. 그런데 그분이 이렇게 하시는 이유는 "그가 나를 좋아하셔서"(כִּי־חָפֵץ בִּי)라는 것이다(20절). 교만의 소리로 들릴 수 있다. 그러나 이것은 교만이 아니라 확신이다.

우리는 "나는 하나님 없이 못 살아요"라는 고백을 자주한다. 다윗은 한 걸음 더 나아가 자신과 하나님의 관계를 확인하고 있다. 다윗은 언약 과 믿음을 통해 자신이 얼마나 여호와께 귀한 존재인지 깨달았다. 하나 님과 자신 사이에 형성된 아주 특별한 관계를 깨달은 것이다. 그래서 그 는 담대히 "하나님도 나 없이는 못 살겠지요?"라며 하나님의 신실하심 에 대해 애교 섞인 신앙고백을 하는 것이다. 이러한 확신을 하나님께 고 백할 수 있는 날이 우리 모두에게 이미 왔거나 속히 오기를 기원한다.

> V. 다윗의 쇠퇴(9:1-24:25)
> 　7장. 다윗의 마지막 행보(21:1-24:25)
> 　　3. 다윗이 사울로부터 해방되었을 때 부른 노래(22:1-51)

(6) 하나님의 신실하심(22:21-30)

21 여호와께서 내 공의를 따라 상 주시며

내 손의 깨끗함을 따라 갚으셨으니

22 이는 내가 여호와의 도를 지키고

악을 행함으로 내 하나님을 떠나지 아니하였으며

23 그의 모든 법도를 내 앞에 두고

그의 규례를 버리지 아니하였음이로다

24 내가 또 그의 앞에 완전하여

스스로 지켜 죄악을 피하였나니

²⁵ 그러므로 여호와께서 내 의대로,

그의 눈앞에서 내 깨끗한 대로

내게 갚으셨도다

²⁶ 자비한 자에게는 주의 자비하심을 나타내시며

완전한 자에게는 주의 완전하심을 보이시며

²⁷ 깨끗한 자에게는 주의 깨끗하심을 보이시며

사악한 자에게는 주의 거스르심을 보이시리이다

²⁸ 주께서 곤고한 백성은 구원하시고

교만한 자를 살피사 낮추시리이다

²⁹ 여호와여 주는 나의 등불이시니

여호와께서 나의 어둠을 밝히시리이다

³⁰ 내가 주를 의뢰하고 적진으로 달리며

내 하나님을 의지하고 성벽을 뛰어넘나이다

다윗은 그가 갖고 있는 하나님과의 특별한 관계에 대해 기탄없이 표현했다(20절). 그의 확신은 결코 빈말이 아니며, 자신이 하나님이 그분의 백성에게 요구하시는 순결과 정의의 삶을 살아 왔음을 주장하고 있다. 그러므로 이는 하나님이 자신을 사망의 굴레에서 구해 내신 것이 여호와께서 자신의 백성과 맺으신 언약의 조항을 이행하신 지극히 당연한 결과일 뿐임을 주장하는 것이다. 시인은 이 부분에서 먼저 하나님이 자신에게 보여 주신 선하심을 묵상한(21-25절) 후에 온 인류에게 베풀어 주시는 자상함을 노래하고(26-28절), 마지막에 다시 개인적인 묵상과 찬송으로 끝을 맺는다(29-30절).

21, 25절은 수미쌍관(inclusio)을 형성하여 여호와가 이루신 구원은 다윗의 의로움을 인정하시고 그에게 상으로 베푸신 행위라고 주장한다. 중심 부분인 22-24절은 그가 여호와의 율법과 뜻에 따라 신실하게 살아 왔다고 주장한다. 그런데 우리가 아는 다윗은 그의 주장처럼 순수한 사

람이 아니다. 열왕기상 15:5도 다윗은 "주님께서 보시기에 올바르게 살았고, 헷 사람 우리야의 사건 말고는, 그 생애 동안에 주님의 명령을 어긴 일이 없었다"(새번역)라며 우리아의 사건에 대해 언급한다.

그렇다면 그의 주장을 어떻게 이해해야 하는가? 역시 이 시는 1절에서 언급한 것같이 그의 정치 인생의 초기에 수록된 것 같다. 그가 아무리 뻔뻔한 사람이라도 우리아 사건 이후로 이런 말을 했을 리는 없다. 특히 이복 여동생을 강간한 암논에게 아무런 조치를 취하지 않는 모습을 보면, 그 후 그의 기세는 많이 수그러들었으리라는 것을 짐작할 수 있다. 압살롬의 죽음을 애도하던 그의 심정도 이런 다윗의 면모를 보여 주는 듯하다.

물론 우리아 사건 외에도 우리는 다윗의 경건치 못한 모습을 여기저기에서 보았다. 그러나 저자는 이런 것들이 큰 흠에 해당하지 않는다고 주장하는 것 같다. 또한 "어떻게 다윗이 자신의 의로움에 대해 자신있게 말하는가?" 하는 질문을 해 보아야 한다. 이는 결코 자신의 교만을 드러내기 위함이 아니다. 그는 지금 자신의 시를 듣는 자들을 설득하고자 설교하고 있다. 그는 "하나님은 우리의 의롭게 살려는 모습을 철저하게 헤아리시고 적절하게 상을 주시는 분이시니 그분을 믿고 의롭게 살라. 나의 인생을 보라. 나의 인생은 여호와께서 우리와 맺으신 언약에 의해 얼마나 신실하게 보상해 주셨는지 잘 보여 주는 시범 케이스다"라고 외치는 것이다.

저자가 자신의 의와 깨끗함 때문에 하나님이 복을 주셨다고 회고하는 것은 결코 교만이나 자신의 행위를 자랑하고자 하는 동기에서 비롯된 것이 아니다. 그는 자신의 삶을 통해 하나님이 그분께 순종하는 자들을 어떻게 대하시는지 확인하고자 한다. 하나님께 충성하는 것은 실제적인 것으로 드러나야 한다. 그리고 저자는 그 충성이 마음속 깊은 곳에서부터 우러나는 영적인 반응이라고 주장한다. 하나님의 사역은 그분의 백성들이 어떻게 그분께 반응을 보이는가와 연관이 있다(Davidson).

'의'는 하나님의 명령에 적절히 반응하는 삶의 열매다. 그러므로 '의'와 '깨끗함'은 결코 행위나 완벽함으로 해석될 수 없다. 이것들은 단순히 하나님이 베푸신 모든 자비하심을 생각하며 그분을 사랑하는 것을 즐거운 마음으로 표현한 것에 불과하다. 저자는 "하나님, 내가 당신을 위해 한 일들을 보소서"라고 고백하는 것이 아니라, "하나님 내가 당신을 너무나 사랑하기에 내가 당신의 뜻대로 살려고 최선을 다하고 있습니다"라고 고백하는 것이다(vanGemeren).

주장과 호소를 끝낸 다윗은 "여호와는 이런 분이다"라는 가르침을 준다(26-28절). 그분은 인간의 행위대로, 사고대로 응답하시는 분이라는 것이 다윗의 가르침이다. 하나님은 신실한 자들의 예배를 받으시고 그들을 보호하신다. "신실한 자들"(חָסִיד)은 하나님의 신실하심(חֶסֶד)을 체험할 것이다. "흠 없는 사람들"(תָּמִים)은 하나님의 흠 없으심(תָּמַם)을 경험할 것이다(26절). "깨끗한 자들"(ברר)은 하나님의 깨끗하심(ברר)을 볼 것이다(27절). 반면에 "간교한 사람들"(עִקֵּשׁ)은 하나님의 "교묘하심"(פתל: 새번역)을 체험할 것이다(27절). 그뿐만 아니라 "불쌍한 "자(עָנִי)는 구하시고, "교만한 자"(רָמִים)는 낮추신다(27절). 인간이 행한 대로 하나님이 돌려주신다는 것이 저자의 고백이다. 모든 사람이 심은 대로 거두는 것이다. 마치 산상수훈, 특히 팔복(cf. 마 5장)과 같은 분위기를 조성한다.

하나님의 신실하심과 선을 선으로 갚아 주시는 데서 용기를 얻은 시인은 계속 노래한다. "오 주님, 저의 등불이 계속 타게 해주시는 분은 바로 당신이십니다"(כִּי־אַתָּה נֵרִי יְהוָה, 29절). 하나님이 그의 의로움을 인정하셨다는 것이다. 그러므로 하나님의 빛이 시편 기자의 어둠(חֹשֶׁךְ)을 밝혀 주셨다고 고백한다(29절). 빛과 어둠의 대조는 성경 전체에 잘 나타난다. 어둠은 혼돈, 죽음, 고통 그리고 하나님을 대적하는 모든 세력을 상징한다(cf. 창 1:2). 빛은 질서, 생명, 번성 그리고 하나님의 모든 계획의 표현이다. 사해에서 발견된 글들을 살펴보면, 쿰란 공동체는 자신들을 "빛의 자녀들"(children of light)로, 그 외 모든 사람을 "어둠의 자식들"(children of darkness)로 표현한다.

그러나 여기서 언급되는 "등불"은 단순히 빛과 어둠의 대조를 드러내는 데 그치지 않는다. 사무엘서-열왕기에서 "등불"의 사용을 생각해보자. 사무엘하 21:17은 다윗을 "이스라엘의 등불"(נֵר יִשְׂרָאֵל)이라고 부른다. 열왕기 저자는 세 차례나 하나님이 다윗에게 허락하신 "등불" 때문에 이스라엘과 다윗 왕조에 노하시기를 거부하셨다고 기록한다(왕상 11:36; 15:4; 왕하 8:19). 다윗에게 등불은 하나님이 그와 맺으신 언약(하 7장)을 의미하는 것이다.

그렇다면 다윗은 지금 "어둠이 나를 엄습해 올 때마다 내게 힘이 되고 내가 요동하지 않는 이유는 하나님이 약속하신 언약을 믿기 때문입니다. 그것을 생각할 때마다 내가 처한 어려움은 별것이 아님을 생각하게 됩니다"라고 고백하는 것이다. 그래서 30절에서는 하나님이 도와주신다면 어떠한 적이 공격해와도 자신은 두렵지 않다고 고백한다. 물론 이 시의 표제가 사울에게 쫓길 때 저작한 것이라고 밝히고 있지만, 다윗의 일생을 회고하면서 사용된 점을 감안하면, 이 말에 새로운 의미를 부여해서 부른 노래라고 간주해도 큰 어려움은 없다.

> V. 다윗의 쇠퇴(9:1–24:25)
>   7장. 다윗의 마지막 행보(21:1–24:25)
>   3. 다윗이 사울로부터 해방되었을 때 부른 노래(22:1–51)

(7) 하나님의 완벽하심(22:31-37)

31 하나님의 도는 완전하고
여호와의 말씀은 진실하니
그는 자기에게 피하는 모든 자에게 방패시로다
32 여호와 외에 누가 하나님이며
우리 하나님 외에 누가 반석이냐

33 하나님은 나의 견고한 요새시며

나를 안전한 곳으로 인도하시며

34 나의 발로 암사슴 발 같게 하시며

나를 나의 높은 곳에 세우시며

35 내 손을 가르쳐 싸우게 하시니

내 팔이 놋 활을 당기도다

36 주께서 또 주의 구원의 방패를 내게 주시며

주의 온유함이 나를 크게 하셨나이다

37 내 걸음을 넓게 하셨고

내 발이 미끄러지지 아니하게 하셨나이다

자신이 하나님의 율법대로 살려고 노력한 것과 여호와가 진정 어떤 분인지 노래한 다윗은 본인이 1-20절을 통해 노래한 주제들로 다시 돌아간다. 그러나 두 노래는 분명한 차이가 있다. 1-20절에서 다윗은 여호와께 부르짖는 것밖에 할 수 없었고 모든 것을 행하시는 이는 여호와셨지만, 여기서 노래하는 자는 여호와의 도움으로 많은 것을 자신이 직접할 수 있다는 자신감을 보인다.

시인은 여호와의 완벽하심을 다시 한 번 선포한 다음(31-32절), 이 사실이 자신에게 어떤 의미를 부여하는지 노래한다(32-36절). 하나님의 길은 완벽하며(תְּמִים דַּרְכּוֹ) 그분의 말씀은 순수하다(אִמְרַת יְהוָה צְרוּפָה). 특히 "순수하다"(צרף)는 단어는 금을 제련하는(refine) 사람이 순도를 높이기 위해 여러 차례 용광로에 집어 넣어 얻어낸 결과를 뜻한다. 저자는 자신의 삶에서 하나님의 말씀이 여러 차례 시험되었지만(test) 항상 진실하고 신실하다는 것이 입증되었다고 호소하고자 한다.

그런데 하나님의 말씀이 신실하고 완벽하다는 것은 우리에게 무슨 의미인가? 저자는 하나님의 신실하심이 무엇보다도 그분을 의지하는 자들을 대할 때 그 진가가 나타난다고 강조한다. 그분께 피하는 모든

343

자에게 그분의 신실하신 말씀은 방패가 되는 것이다(31절). 그러므로 그분을 의지하는 모든 사람이 함께 고백한다. "주님 밖에 그 어느 누가 하나님이며, 우리 하나님 밖에 그 어느 누가 구원의 반석인가?"(32절) 이 질문들은 답이 정해져 있는 수사학적인 것들이다. 즉, 신앙고백인 것이다.

시인은 자신을 하나님이 무장시켜 주신 군인으로 묘사한다(33-37절). 하나님이 그의 발을 암사슴의 발처럼 튼튼하게 하시고(34절), 강한 팔을 주셨다(35절). 주님은 그에게 구원의 방패(그 무엇도 꿰뚫을 수 없는)를 주셨다(36절). 방패와 하나님의 오른팔(36절)은 보호를 의미한다. 튼튼한 발은 넘어지지 않게 할 뿐만 아니라, 도망치는 적군을 따라잡아 결정적인 철퇴를 가할 수 있게 한다. 강한 팔은 무기를 휘둘러 적군을 물리칠 수 있게 한다. 그러므로 승리는 자연히 저자의 것이 되리라는 것을 예측할 수 있다.

> V. 다윗의 쇠퇴(9:1-24:25)
>   7장. 다윗의 마지막 행보(21:1-24:25)
>   3. 다윗이 사울로부터 해방되었을 때 부른 노래(22:1-51)

(8) 왕이신 여호와의 승리(22:38-43)

38 내가 내 원수를 뒤쫓아 멸하였사오며

그들을 무찌르기 전에는 돌이키지 아니하였나이다

39 내가 그들을 무찔러 전멸시켰더니

그들이 내 발 아래에 엎드러지고

능히 일어나지 못하였나이다

40 이는 주께서 내게 전쟁하게 하려고

능력으로 내게 띠 띠우사

일어나 나를 치는 자를 내게 굴복하게 하셨사오며

41 주께서 또 내 원수들이 등을 내게로 향하게 하시고

내게 나를 미워하는 자를 끊어 버리게 하셨음이니이다

⁴² 그들이 도움을 구해도 구원할 자가 없었고

여호와께 부르짖어도 대답하지 아니하셨나이다

⁴³ 내가 그들을 땅의 티끌 같이 부스러뜨리고

거리의 진흙 같이 밟아 헤쳤나이다

하나님이 무장시켜 주신 군사로 싸움에 임한 다윗은 결정적인 승리를 할 수 있었다. 그는 튼튼한 발로 원수들의 뒤를 쫓아서 전멸시켰다(38 절). 원수들이 그의 발 앞에 쓰러져 다시는 일어서지 못하도록 결정적인 승리를 거두었다(39절). 용사는 그들을 먼지처럼 날려 보냈고, 진흙처럼 짓밟았다(43절). 그러나 저자는 이 모든 것이 자신의 노력의 대가라기보다 하나님의 은혜라고 고백한다(40-42절). 이는 진정한 승리는 여호와께 속한 것이라는 찬양이다. 저자는 이 고백을 통해 문제에 초점을 맞추지 말고 그 문제를 해결해 주실 수 있는 하나님을 바라보라고 역설한다.

"주께서 나의 원수들의 목을 내게 주셨으며"(אֹיְבַי תַּתָּה לִּי ערֶף, 41절; 새 번역, "주님께서는 나의 원수들을 내 앞에서 도망가게 하시고")는 매우 강한 이미지를 제시한다. 고대 근동에서는 흔히 전쟁이 끝나면 패한 왕이 땅에 엎드리고 승리한 왕이 그의 목을 발로 짓밟는 행위를 통해 승리자의 절대적인 권위와 패배자의 목숨은 승자의 자비에 달려있다는 것을 모든 사람에게 보여 주었는데, 여기서 이러한 그림이 나타난다.

(9) 영광스러운 구원(22:44-46)

⁴⁴ 주께서 또 나를 내 백성의 다툼에서 건지시고

나를 보전하사 모든 민족의 으뜸으로 삼으셨으니

내가 알지 못하는 백성이 나를 섬기리이다

45 이방인들이 내게 굴복함이여

그들이 내 소문을 귀로 듣고

곧 내게 순복하리로다

46 이방인들이 쇠약하여

그들의 견고한 곳에서 떨며 나오리로다

시인이 하나님의 은혜를 입어 승리했다는 소식이 원수들에게 전해지자 그들은 기겁을 한다. 그리고 그들은 이 일에 대해 듣자마자 시인에게 항복하고 순종을 약속한다는 그림이 그려진다. 하나님이 함께하심의 영향력이 이렇게 결정적이고 절대적인 결과를 초래한 것이다. 그러나 동시에 이 말씀, 특히 "나를 지켜 주셔서 뭇 민족을 다스리게 하시니, 내가 모르는 백성들까지 나를 섬깁니다"(44절, 새번역)라는 말씀은 단순한 과장이 아니다. 여기에는 앞으로 세상에 임할 '메시아의 통치'가 잠재되어 있다(vanGemeren).

> V. 다윗의 쇠퇴(9:1~24:25)
> 7장. 다윗의 마지막 행보(21:1~24:25)
>   3. 다윗이 사울로부터 해방되었을 때 부른 노래(22:1~51)

(10) 이스라엘의 반석 여호와(22:47-51)

47 여호와의 사심을 두고 나의 반석을 찬송하며

내 구원의 반석이신 하나님을 높일지로다

48 이 하나님이 나를 위하여 보복하시고

민족들이 내게 복종하게 하시며

49 나를 원수들에게서 이끌어 내시며

나를 대적하는 자 위에 나를 높이시고

나를 강포한 자에게서 건지시는도다

50 이러므로 여호와여 내가 모든 민족 중에서 주께 감사하며

주의 이름을 찬양하리이다

51 여호와께서 그의 왕에게 큰 구원을 주시며

기름 부음 받은 자에게 인자를 베푸심이여

영원하도록 다윗과 그 후손에게로다 하였더라

여러 모양으로 자신이 처한 상황에 대해 하나님께 호소하고 응답을 받고 확신으로 가득 차게 되었던 저자가 마지막으로 이 노래의 주요 주제들—곤경, 구원, 승리—을 묶어서 다시 한 번 하나님께 찬양과 감사를 드린다. 노래를 마치면서 시인은 다윗 언약을 다시 한 번 상기시킨다. "주님은 손수 세우신 왕(מֶלֶךְ)에게 큰 승리를 안겨 주시는 분이십니다. 손수 기름을 부어 세우신 다윗과 그의 자손에게 한결같은 사랑을 영원 무궁 하도록 베푸시는 분이십니다"(51절, 새번역). 역시 이 말씀에도 메시아의 통치에 대한 기대가 잠재되어 있음을 쉽게 알 수 있다.

저자는 거듭 여호와가 도우시면 많은 것을 할 수 있다는 자신감을 표현하고 있다. 다윗의 "내가"를 생각해 보라(30, 38, 39, 43절). 다윗은 높은 성벽을 뛰어넘을 수 있었으며, 원수들을 뒤쫓아가 전멸했으며, 그의 적들을 무찔렀으며, 그들을 산산이 부수었다고 말한다. 이는 본인의 능력과 본인의 힘에 대해 자신감이 넘치는 사람의 고백이다.

그러나 이 사람이 이렇게 할 수 있는 능력을 지니게 된 것은 하나님이 도와주시기 때문이다(30절). "참으로 주님께서 나와 함께 계셔서 도와주시면…." 그는 또한 자신이 적을 무찌를 수 있었던 것은 여호와께서 그에게 전투 훈련을 시키셨기에 가능했다고(35절), 그가 환난에 처할 때마다 여호와가 구원의 방패로 막아주셨다고 간증한다(36절). 여호와는 그에게 싸우러 나갈 용기를 북돋아 주셨고(40절), 다윗의 원수들로 하여금 다윗 앞에서 도망하게 하셨다(41절). 결국 다윗에게 승리를

안겨주시는 분은 여호와이시다(51절).

그렇다면 다윗의 자신감과 여호와의 돌보심의 관계를 어떻게 이해해야 할까? 즉, 다윗이 "나는 모든 것을 할 수 있다"라고 외치면서 동시에 "그분이 도우시면 할 수 있다"라고 고백하는 것을 어떻게 이해해야 하는가? 큰 문제는 아니다. 사도 바울 역시 이러한 영적 역설(paradox)을 터득한 사람이었다. 그는 힘없는 죄인으로서 자신의 부족함을 고백했다(롬 7:24). "아, 나는 비참한 사람입니다. 누가 이 죽음의 몸에서 나를 건져 주겠습니까?" 그는 자신이 아무것도 할 수 없는 무력함을 느꼈던 사람이다. 그러나 동시에 그는 "나는 모든 것을 할 수 있습니다"(빌 4:13)라고 자신감 넘치는 자세를 취하고 있다.

어떻게 이 두 가지가 가능한가? 바울은 "나에게 능력을 주시는 분 안에서"(빌 4:13)라는 말을 더하고 있다. 즉, 바울은 자신의 재능이나 힘의 범위 내에서 자신의 능력의 한계를 정의한 것이 아니라, 그와 함께 하시는 예수 그리스도 안에서 자신의 능력의 무한함을 의식한 것이다. 그는 예수 그리스도의 능력을 자신의 능력의 한계로 사용할 수 있는 비밀을 터득한 것이다. 바울은 이런 영적 진리를 어디서 배웠을까? 아마도 다윗으로부터 배운 것 같다. 바울이 고백하기 1,000년 전에 이미 다윗은 이 비밀을 터득했던 것이다. 그가 시 전반부에서 묘사하는 절박한 상황(cf. 7절)에서 후반부의 자신만만한 용사의 모습으로 변화된 순간은, 바로 사무엘서가 시작할 때 등장하는 한나의 노래의 한 대목이 그대로 성취되는 순간이다.

주님은 사람을 가난하게도 하시고, 부유하게도 하시고
낮추기도 하시고, 높이기도 하신다.
가난한 사람을 티끌에서 일으키시며
궁핍한 사람을 거름더미에서 들어올리셔서,
귀한 이들과 한자리에 앉게 하시며

영광스러운 자리를 차지하게 하신다.

(삼상 2:7-8, 새번역).

그렇다면 이스라엘은 과연 누구를 찬양해야 하는가? 그들에게 여호와의 힘을 빌어 구원을 베푸는 다윗인가? 아니면 다윗을 도와주셔서 그로 하여금 이스라엘에 구원을 베풀게 하신 여호와인가? 다윗의 답은 명확하다. "내가 주님께 감사를 드리며, 주님의 이름을 찬양합니다"(50절). 다윗은 한나의 노래에서 사용되었던 용어들을 사용해 자신의 찬송을 마무리한다(51절). 그래서 오래전부터 이 말씀은 메시아적인 예언으로 이해되어 왔다(cf. Keil & Delitzsch). 또한 이 노래는 나단이 다윗에게 대언한 하나님의 약속(cf. 삼하 7장)과 직접적으로 연관된 텍스트다(McCarter).

V. 다윗의 쇠퇴(9:1-24:25)
   7장. 다윗의 마지막 행보(21:1-24:25)

4. 다윗의 마지막 노래(23:1-7)

다윗이 사울과 그를 괴롭히던 모든 원수로부터 해방되었을 때 불렀던 노래가 22장이라면, 죽기 전에 마지막으로 남긴 노래는 23장이다. 23장은 앞으로 자신의 후손들이 이스라엘을 통치할 때 어떤 왕이 되어야 하는가와 여호와께서 자신과 자신의 후손들에게 허락하신 언약을 영원히 준수해 주시기를 기원하는 것이 노래의 중심을 이루고 있다. 이 노래는 주전 10세기 다윗 시대에 저작된 것으로, 훗날 저자/편집자가 인용한 것이다(Hertzberg; McCarter).

히브리어 성경을 아람어로 번역하면서 간략한 설명을 추가했던 요나단 탈굼(Targum Jonathan)은 이 시를 메시아에 대한 예언으로 해석했다(cf. Kirkpatrick). 예수님도 이 노래를 메시아적으로 간주하셨다(cf. 4절; 요 8:12; 9:5. 7절; 마 13:30, 40, Bergen; cf. Baldwin). 이 짤막한 노래는 세 부분으로

349

구분될 수 있다. (1) 다윗의 자아상(23:1-2), (2) 생명의 빛과 같은 통치 (23:3-4), (3) 영원한 언약(23:5-7).

(1) 다윗의 자아상(23:1-2)

¹이는 다윗의 마지막 말이라

이새의 아들 다윗이 말함이여

높이 세워진 자,

야곱의 하나님께로부터 기름 부음 받은 자,

이스라엘의 노래 잘 하는 자가 말하노라

²여호와의 영이 나를 통하여 말씀하심이여

그의 말씀이 내 혀에 있도다

이 노래는 "다윗이 마지막으로 남긴 말"(דִּבְרֵי דָוִד הָאַחֲרֹנִים)이라고 소개되고 있다(1절). 아마도 죽기 전에 마지막으로 남긴 노래라는 의미일 것이다. 다윗이 남긴 마지막 말이 선지자들이 선포하는 메시지를 뜻하는 "신탁"(נְאֻם)으로 묘사되는 것이 매우 인상적이다(1절; cf. Birch). 1절은 다윗의 자아상을 담고 있다. 2절에서, 다윗은 하나님의 영이 직접 자신에게 말씀을 주셨다고 한다. 즉, 하나님은 이스라엘의 다른 왕들과 달리 다윗과는 직접 대화하셨고 경우에 따라 계시도 주셨음을 밝힌다. 이곳에서 다윗이 하는 말은 자신의 말이 아니라 여호와께서 그의 혀에 주신 말이라면서 왕이 이스라엘을 통치하면서 그의 신앙의 신조로 삼을 것 두 가지를 나열하고 있다.

하나님이 다윗과 직접 대화하시고 그에게 계시도 주셨다면 다윗은 구약의 선지자들과 다를 바가 없다. 그는 하나님과 자신의 관계의 이러한 면모를 "주님의 영이 나를 통해 말씀하시니, 그의 말씀이 나의 혀에 담겼다"라고 회고한다(2절). 잠시 후 3절에서, 그는 한 번 더 "이스라엘의 반석께서 나에게 이르셨다"라고 기록한다. 다만 다윗과 하나님 사이의 이런 관계가 얼마나 지속된 것인가는 별개의 문제다. 사도행전 2:30은 다윗을 선지자라 부르고 있다.

이새의 아들 다윗. 그는 이 순간 근동 지역의 최고의 권력가로 자리잡고 있다. 모든 것이 그의 명령 하나면 이루어진다. 그러나 그는 보잘것없는 베들레헴의 작은 농가 출신이었다. 그의 아버지 이새는 사울의 아버지 기스와 같이 대단한 가문에서 태어난 사람도, 많은 재산을 소유한 사람도 아니었다. 이새는 평범한 농부였다. 다윗은 여기서 자신을 이새의 아들로 밝힘으로써 별 볼 일 없는 자신의 과거를 회상한다. 비록 자신이 이스라엘의 왕이 되기 위해 많은 노력을 한 것은 사실이지만, 모든 것이 하나님의 은혜이자 섭리였다고 고백한다(Birch).

다윗은 자신을 가리켜 높이 일으켜 세워진 용사로 표현한다(1절). 그는 지금 옛날 골리앗을 때려죽임으로써 시작된 자신의 군인 생활을 추억하고 있다. 골리앗과의 싸움에서 다윗은 골리앗에게 "너는 칼을 차고 창을 메고 투창을 들고 나에게로 나왔으나, 나는 네가 모욕하는 이스라엘 군대의 하나님 곧 만군의 주님의 이름을 의지하고 너에게로 나왔다. 주님께서 너를 나의 손에 넘겨 주실 터이니…전쟁에서 이기고 지는 것은 주님께 달린 것이다. 주님께서 너희를 모조리 우리 손에 넘겨 주실 것이다"(삼상 17:45-47, 새번역)라고 선언함으로써 그가 얼마나 여호와를 의지하는지 보여 준 적이 있다. 다윗은 군인으로 사는 동안 그때의 고백을 명확하게 기억했던 것 같다. 그가 적이 두려워하는 용사가 될 수 있었던 것은 스스로의 능력이 아니라 그분이 "높이 일으켜 세워 주셨기 때문"인 것이다.

다윗은 자신을 야곱의 하나님이 기름 부어 세우신 왕이라고 한다(1절). 물론 사무엘이 그에게 기름을 부었다. 그러나 사무엘 뒤에는 여호와가 계셨다. 다윗은 자신의 왕권은 결코 인간들이 준 것이 아니며, 오직 하나님이 당신의 섭리와 의지에 의해 주신 것임을 확신하고 있다. 또한 다윗에게 기름을 부으신 분은 다름 아닌 "야곱의 하나님"이시다. 즉, 이스라엘의 하나님이 그를 왕으로 세우셨으니 누가 하나님의 절대적인 선택에 반기를 들 수 있겠는가?

다윗은 또한 자신을 가리켜 이스라엘에서 아름다운 시를 읊는 사람이라고 한다. 다윗은 음악과 시를 매우 즐기던 사람이었다. 그가 남긴 시들만 보아도 알 수 있다. 왕이 되지 않았다면, 그는 아마 시인이 되었을 것이다. 그는 이스라엘의 보좌에서 노래하는 나이팅게일이었다. 다윗은 지금 그의 일생의 마지막 노래를 부르고 있다. 다윗이 평생 지어 부른 노래는 하나님을 경배하고 찬양하는 노래들이었다. 그는 하나님이 주신 달란트를 사용해 주님을 영화롭게 했다.

(2) 생명의 빛과 같은 통치(23:3-4)

3 이스라엘의 하나님이 말씀하시며
이스라엘의 반석이 내게 이르시기를
사람을 공의로 다스리는 자,
하나님을 경외함으로 다스리는 자여
4 그는 돋는 해의 아침 빛 같고
구름 없는 아침 같고
비 내린 후의 광선으로
땅에서 움이 돋는 새 풀 같으니라 하시도다

다윗은 이스라엘을 통치하는 왕이 두 개의 원리만 기억하고 따르면 백성들에게 보배 같은 존재가 될 수 있음을, 즉 제발 이 원리대로 통치해 주기를 권면하고 있다. 첫째, "모든 사람을 공의로 다스리는 것"(צַדִּיק

מֹושֵׁל בָּאָדָם)이다. 다윗은 그의 뒤를 이어 이스라엘을 통치할 자들에게 "하나님의 공의가 너희의 통치의 본질이 되도록 하라"는 권면을 하고 있다. 여호와께서 자신을 대신해 통치할 왕에게 주신 것은 절제되지 않은 권력이 아니다. 그 권력은 분명히 "공의"(צַדִּיק)라는 기준에 의해 제한되어야 한다. 공의로 절제된 권력은 결코 권력자의 이익이나 관심사에 그 초점을 두지 않는다. 백성들의 인권과 권리를 위해 정당하고 공평하게 통치한다.

다윗은 자기 자손들에게 모든 사람을 공의로 다스릴 것을 권면하면서 동시에 장차 오실 메시아를 염두에 두고 있는 것 같다. 그는 이 같은 상황에서 자연스럽게 사용되는 단어 "백성"을 피하고 "사람"(אָדָם, viz., 인류)이라는 다소 부자연스러운 단어를 사용한다. 온 인류를 공의로 다스리는 분은 예수 그리스도시다. 이 세상에서 작은 예수로 살아가는 우리들도 교회를 포함한 세상의 모든 곳에서 공의를 추구하고 행하려고 노력해야 한다.

둘째, "하나님을 두려워하면서 다스리는 것"(מֹושֵׁל יִרְאַת אֱלֹהִים)이다. 이 말은 하나님의 두려움으로 다스리는 것을 의미할 수 있다. 문맥과 정황을 감안하면 하나님을 두려워하면서 다스린다는 의미가 더 잘 어울린다. 다윗이 지금 왕의 행위에 초점을 맞추는 것이지 왕이 다스릴 백성에 초점을 맞추는 것이 아니기 때문이다. 통치자가 하나님을 두려워하는 마음으로 백성을 다스린다면, 비록 그가 한 순간 잘못을 저지르더라도 크게 잘못되지는 않을 것이다. 다윗은 이러한 현실을 깨달았다. 목사를 포함한 교회의 지도자들의 마음속에 여호와에 대한 두려움이 있는 한, 그 교회가 크게 잘못되는 일은 없을 것이다. 대부분의 비뚤어진 교회들을 보면, 지도자의 삶에 하나님에 대한 두려움이 결여되어 있다.

셋째, 다윗은 하나님의 뜻대로 통치하는 "인간 왕의 통치는 그의 백성들에게 이런 영향을 미칠 수 있다"며 아름다운 두 개의 신선한 그림을 제시한다. 첫 번째 묘사는 "구름이 끼지 않은 아침에 떠오르는 맑은 아침 햇살과 같다"이다. 푸르른 하늘을 가르고 눈이 부시도록 이 땅을 비추는 비단결같이 부드러운 햇살을 상상해 보라. 그 햇살이 사람들에게 닿는 순간 지친 영혼이 소생되고, 실의에 빠진 마음에 소망이 싹틀 것이다. 두 번째 묘사는 "비가 온 뒤에 땅에서 새싹을 돋게 하는 햇빛과도 같다"이다. 가뭄으로 찌들었던 땅을 단비가 적셔주고, 그 비가 부드럽게 녹인 흙을 뚫고 자라나는 새싹 위에, 그 싹이 잘 자라도록 에너지를 공급하는 햇빛을 상상해 보라. 생명의 기운을 돋우는 창조의 빛이다.

온 세상은 이 빛이 오기를 기다려 왔다. 그리고 지금도 기다리고 있다. 예수님이 재림하셔서 이 세상을 통치하시면 이렇게 될 것이다. 다윗은 지금 자신의 뒤를 이어 이스라엘을 통치하게 될 후손들에게 이런 왕이 되어 달라고 호소하며 당부한다. 우리 한국 교회에도 이런 지도자들이 많이 있었으면 좋겠다.

> V. 다윗의 쇠퇴(9:1~24:25)
> 7장. 다윗의 마지막 행보(21:1~24:25)
>   4. 다윗의 마지막 노래(23:1~7)

(3) 영원한 언약(23:5-7)

5 내 집이 하나님 앞에 이같지 아니하냐

하나님이 나와 더불어 영원한 언약을 세우사

만사에 구비하고 견고하게 하셨으니

나의 모든 구원과 나의 모든 소원을

어찌 이루지 아니하시랴

6 그러나 사악한 자는 다 내버려질 가시나무 같으니

이는 손으로 잡을 수 없음이로다

7 그것들을 만지는 자는

철과 창자루를 가져야 하리니

그것들이 당장에 불살리리로다 하니라

다윗은 공의에 기초하고 하나님을 두려워하는 마음을 가지고 통치하는 자는 온 세상에 생명력과 소망을 주는 빛과 같다고 선포한 다음, 자신의 왕조가 하나님 앞에서 바로 이러한 위치에 있음을 밝힌다. 아마도 자신이 지닌 믿음과 여호와를 경외하는 마음이 후예들의 삶에도 나타나기를 바라는 마음에서 이러한 선언을 하는 듯하다. 특히 5절의 묘사는 다윗 자신이 되어야 할 왕의 모습을 묘사한 것으로, 그가 항상 이러했다고 말하는 것은 아니다(Satterthwaite).

그가 이렇게 말할 수 있는 이유는 무엇보다 여호와께서 그와 맺으신 언약 때문이다. 이 언약은 "영원한 언약"(בְּרִית עוֹלָם)이며 여호와께서 허락하시고 유지하실 것이기 때문에, 다윗이 이토록 자신 있게 말할 수 있는 것이다. "어찌 나의 구원을 이루지 않으시며, 어찌 나의 모든 소원을 들어주지 않으시랴?" 다윗은 하나님이 언약을 세우셨으니(cf. 삼하 7:16) 끝까지 그 언약을 지켜주실 것을 확신한다. 하나님은 이스라엘의 역사를 시작하신 분이자 미래를 결정하시는 분이다(Birch). 다윗은 자신의 왕조를 통해 선한 일을 시작하신 하나님이 그 일을 마무리하실 것을 확신한다.

그러나 악한 사람들(בְלִיַּעַל)은 모두 하나님께 버림받을 것이다(6절). 가시가 돋힌 막대기를 지팡이로 사용할 수 없듯이, 하나님도 이 같은 사람들을 사용하실 수 없기 때문이다. "악한 사람들"(בְלִיַּעַל)은 일상에서 부정과 불신을 행하는 악하고 저질스러운 사람들을 말하지만, 본문에서는 다윗과 하나님 사이의 언약을 대적하거나 부인하는 자들을 의미한다(Gordon). 그들은 그 누구도 움켜쥘 수 없는 가시덤불과 같다. 그 누구도 통제할 수 없으며, 그 누구도 설득할 수 없다. 즉, 구제불능이다. 이런 자들은 불태울 수밖에 없다(7절).

5. 다윗의 용장들(23:8-39)

다윗을 도왔던 용사들의 이름이 본문에 나열되어 있다. 이 섹션은 사무엘하 21:15-21과 대조를 이루면서도 더 많은 이름을 포함하고 있다. 사무엘하 21:15-21이 중간에 한 사건(다윗이 목숨을 잃을 뻔한 사건)을 삽입한 것처럼, 여기서도 중간에서 한 사건을 언급한다. 이 많은 용사들의 이름은 이스라엘을 위해 공을 세운 사람이 다윗만이 아니었음을 암시한다. 다윗은 상당한 팀을 이용해 하나님의 일을 했던 것이다. 그러나 저자는 다윗에게 승리를 안겨 주신 분이 하나님이라는 사실을 반복적으로 강조한다(10, 12절). 저자는 하나님의 통치와 사람의 노력이 다윗 왕권에서 균형을 이루고 있음을 암시한다(Brueggemann; Bergen). 대부분의 주석가는 이 목록이 다윗 정권이 끝나갈 무렵 최종 정리되었을 것으로 추측하지만, 초기에 작성된 것이라고 주장하는 학자도 있다(Youngblood). 이 섹션은 다음과 같은 구조를 지녔다.

A. 다윗의 '세 용사'의 위상(23:8-12)

　B. 용사들의 충성심(23:13-17)

A'. 다윗의 '삼십 용사'의 위상(23:18-39)

(1) 다윗의 '세 용사'의 위상(23:8-12)

[8] 다윗의 용사들의 이름은 이러하니라 다그몬 사람 요셉밧세벳이라고도 하고 에센 사람 아디노라고도 하는 자는 군지휘관의 두목이라 그가 단번에 팔백 명을 쳐죽였더라 [9] 그 다음은 아호아 사람 도대의 아들 엘르아살이니 다윗과 함께 한 세 용사 중의

한 사람이라 블레셋 사람들이 싸우려고 거기에 모이매 이스라엘 사람들이 물러간지라 세 용사가 싸움을 돋우고 10 그가 나가서 손이 피곤하여 그의 손이 칼에 붙기까지 블레셋 사람을 치니라 그 날에 여호와께서 크게 이기게 하셨으므로 백성들은 돌아와 그의 뒤를 따라가며 노략할 뿐이었더라 11 그 다음은 하랄 사람 아게의 아들 삼마라 블레셋 사람들이 사기가 올라 거기 녹두나무가 가득한 한쪽 밭에 모이매 백성들은 블레셋 사람들 앞에서 도망하되 12 그는 그 밭 가운데 서서 막아 블레셋 사람들을 친지라 여호와께서 큰 구원을 이루시니라

다윗의 군사 중에서 가장 용맹스러운 세 장군은 그의 군대 리더십의 삼인방을 형성하고 있다. 그들의 이름과 업적은 다음과 같다. 첫째는 요셉밧세벳이란 다그몬 사람으로, 그는 이 세 장군의 우두머리로 소개된다. 그는 한꺼번에 800명과 싸워 이겼다고 한다. 우리는 그에 관해 더 이상 아는 바가 없다. 둘째는 아호아 사람 도대의 아들 엘르아살로, 블레셋 사람들과의 싸움에서 큰 공을 세운 사람이다. 그는 역대상 11:12에 한 번 더 언급되지만 더 이상의 정보는 주어지지 않는다. 우리는 그에 관해서도 더 이상 아는 바가 없다. 셋째는 하랄 사람 아게의 아들 삼마로, 역시 블레셋 사람들과의 싸움에서 큰 공을 세운 사람이다. 25절에 언급된 하롯 사람 삼마, 33절에 언급된 하랄 사람 삼마와 혼동하기 쉽지만, 각각 다른 사람이다. 히브리어로 표기된 그들의 도시와 이름은 각각 다르다. "세 용사"에 속했던 삼마(שַׁמָּא הָרָרִי, 11절), 25절의 삼마(חֲרֹדִי הַשַּׁמָּה), 33절의 삼마(שַׁמָּה הַהֲרָרִי)의 표기 차이를 비교하라. 역시 이 사람에 관해서도 더 이상 아는 바가 없다.

위 세 사람 중 두 사람이 블레셋 사람들과의 싸움에서 공을 세운 자들임을 감안할 때, 이들은 아마 다윗이 통치하기 시작할 때 그를 도왔을 것이다. 이들이 용감무쌍했던 것은 사실이지만, 그들에게 승리를 주신 분은 여호와라는 점을 기억해야 한다(10, 12절). 이들은 하나님이 사용하신 도구에 불과했다.

(2) 용사들의 충성심(23:13-17)

¹³또 삼십 두목 중 세 사람이 곡식 벨 때에 아둘람 굴에 내려가 다윗에게 나아갔는데 때에 블레셋 사람의 한 무리가 르바임 골짜기에 진 쳤더라 ¹⁴그 때에 다윗은 산성에 있고 그 때에 블레셋 사람의 요새는 베들레헴에 있는지라 ¹⁵다윗이 소원하여 이르되 베들레헴 성문 곁 우물 물을 누가 내게 마시게 할까 하매 ¹⁶세 용사가 블레셋 사람의 진영을 돌파하고 지나가서 베들레헴 성문 곁 우물 물을 길어 가지고 다윗에게로 왔으나 다윗이 마시기를 기뻐하지 아니하고 그 물을 여호와께 부어 드리며 ¹⁷이르되 여호와여 내가 나를 위하여 결단코 이런 일을 하지 아니하리이다 이는 목숨을 걸고 갔던 사람들의 피가 아니니이까 하고 마시기를 즐겨하지 아니하니라 세 용사가 이런 일을 행하였더라

다윗은 매우 능력 있는 군인이었다. 그는 본문이 전하는 것처럼 훌륭한 용사들을 많이 거느리고 있었다. 그러면 다윗과 그의 용사들의 관계는 어떠했는가? 단순한 고용인과 고용주의 관계였을까? 여기에 소개되는 사건은 다윗과 그의 용사들과의 관계를 잘 보여 준다. 사건이 블레셋 사람들과의 싸움을 배경으로 하는 점을 감안할 때, 이 사건 역시 다윗 통치의 초기에 있었던 이야기인 것 같다.

다윗은 블레셋 군과 진을 치고 있었다. 그는 아둘람 동굴에 사령부를 차리고 있었고, 블레셋 사람들은 베들레헴에 진을 치고 있었다. 다윗의 "삼십 용사"에 속한 용사 세 명이 그를 찾아왔다. 작전 도중 다윗은 향수에 젖었다. 그는 지금 블레셋 군이 진을 치고 있는 베들레헴에서 어린 시절을 보냈다. 갑자기 어렸을 때 즐겨 마시던 베들레헴 성문 곁의 샘물이 생각났다.

그는 중얼댔다. "누가 베들레헴 성문 곁에 있는 우물물을 나에게 길어다 주어, 내가 마실 수 있도록 해주겠느냐?" 아마도 다윗은 어렸을

때 추수철의 목마름을 적셔 주던 고향의 샘물에 관한 생각을 떠올렸을
것이다(McCarter). 다윗이 순간적으로 향수에 젖어 연약한 인간이 된 것
이다. 왕을 위해 목숨도 내놓을 각오가 되어 있던 세 용사는 주저하지
않고 적군의 진영으로 뛰어들었다. 그들은 목숨을 걸고 다윗을 위해 그
샘에서 물을 가져왔다.

물론 이 일은 다윗과 그의 군사들 사이의 끈끈한 관계를 유감없이
드러낸 사건이다. 그러나 이 일은 분명히 다윗의 실언으로 인한 것이
다. 다윗의 실언 한 마디 때문에, 이들은 최소한 80㎞를 가서 적진을
뚫고 물을 길어왔다(Bergen). 한 컵의 물 때문에 세 용사의 생명을 위험
에 빠뜨렸던 것이다. 뒤늦게 본인의 실언이 어떤 결과를 초래했는지 깨
달은 다윗은 정신을 차리고 적절하게 이 일을 처리했다.

그 용사들이 길어온 물을 여호와 앞에 부으며 이렇게 고백했다. "주
님, 이 물을 제가 어찌 감히 마시겠습니까! 이것은, 목숨을 걸고 다녀
온 세 용사의 피가 아닙니까!"(17절). 만약에 다윗이 이 물을 마셨다면
그의 군인들은 어떠한 반응을 보였을까? 다윗은 이 물을 마시지 않음
으로써 자신을 위해 싸우고 있는 군사들을 어떻게 생각하는지 보여 주
었다. 떨리는 손으로 물을 붓는 다윗을 보며 군사들은 크게 감동되어
그를 위해 더욱더 열심히 싸우고 그를 사랑했을 것이다. "이렇게 우리
의 생명을 귀하게 여기시는 분을 위해 죽기까지 충성하리라"라는 다짐
을 절로 했을 것이다. 이 사건은 다윗과 그의 군사들 사이에 존재했던
"거룩한 동맹"의 한 면모를 잘 보여 준다.

(3) 다윗의 "삼십 용사"의 위상(23:18-39)

¹⁸ 또 스루야의 아들 요압의 아우 아비새이니 그는 그 세 사람의 우두머리라 그가 그

의 창을 들어 삼백 명을 죽이고 세 사람 중에 이름을 얻었으니 19 그는 세 사람 중에 가장 존귀한 자가 아니냐 그가 그들의 우두머리가 되었으나 그러나 첫 세 사람에게는 미치지 못하였더라 20 또 갑스엘 용사의 손자 여호야다의 아들 브나야이니 그는 용맹스런 일을 행한 자라 일찍이 모압 아리엘의 아들 둘을 죽였고 또 눈이 올 때에 구덩이에 내려가서 사자 한 마리를 쳐죽였으며 21 또 장대한 애굽 사람을 죽였는데 그의 손에 창이 있어도 그가 막대기를 가지고 내려가 그 애굽 사람의 손에서 창을 빼앗아 그 창으로 그를 죽였더라 22 여호야다의 아들 브나야가 이런 일을 행하였으므로 세 용사 중에 이름을 얻고 23 삼십 명보다 존귀하나 그러나 세 사람에게는 미치지 못하였더라 다윗이 그를 세워 시위대 대장을 삼았더라 24 요압의 아우 아사헬은 삼십 명 중의 하나요 또 베들레헴 도도의 아들 엘하난과 25 하롯 사람 삼훗과 하롯 사람 엘리가와 26 발디 사람 헬레스와 드고아 사람 익게스의 아들 이라와 27 아나돗 사람 아비에셀과 후사 사람 므분내와 28 아호아 사람 살몬과 느도바 사람 마하래와 29 느도바 사람 바아나의 아들 헬렙과 베냐민 자손에 속한 기브아 사람 리배의 아들 잇대와 30 비라돈 사람 브나야와 가아스 시냇가에 사는 힛대와 31 아르바 사람 아비알본과 바르훔 사람 아스마웻과 32 사알본 사람 엘리아바와 야센의 아들 요나단과 33 하랄 사람 삼마와 아랄 사람 사랄의 아들 아히암과 34 마아가 사람의 손자 아하스배의 아들 엘리벨렛과 길로 사람 아히도벨의 아들 엘리암과 35 갈멜 사람 헤스래와 아랍 사람 바아래와 36 소바 사람 나단의 아들 이갈과 갓 사람 바니와 37 암몬 사람 셀렉과 스루야의 아들 요압의 무기를 잡은 자 브에롯 사람 나하래와 38 이델 사람 이라와 이델 사람 가렙과 39 헷 사람 우리아라 이상 총수가 삼십칠 명이었더라

비록 "세 용사"에는 들지 못했지만, 다윗의 최고 군사에 속한 37명(39절)이 소개되고 있다. 실제 숫자는 37명인데 "삼십 용사" 리스트라고 불리는 이유는 아마도 원래 30명에 속했던 사람 중 일부가 죽고 그 자리를 대신한 새 인물들이 포함되었기 때문일 것이다(cf. McCarter). 이 용사들의 출신지를 살펴보면 상당수가 유다 지파 사람들이다(Bergen). 이는 다윗이 유다 사람이라는 점을 감안할 때 충분히 이해가 되는 부분이

다. 이 이름 중 다섯 명의 이름이 눈에 띈다. "삼십 용사"의 우두머리는 요압의 동생 아비새로 표기되어 있다(18절). 그리고 그는 이 용사 중 가장 뛰어난 용사였으며 300명을 죽이는 업적을 남겼다.

브나야(20-23절)는 매우 힘이 세고 담력 있는 사람이었다. 사자를 때려 죽였고, 사자 같은 모압 장수 아리엘의 아들 둘을 죽였고, 풍채가 좋은 이집트 사람, 그것도 창을 가진 자를 막대기로 때려 죽였다. 그는 다윗의 호위병으로, 궁 안에서 있었던 모든 일을 상세하게 안 사람이다. 훗날 그는 아도니야와 솔로몬의 왕권 쟁탈전에서 솔로몬 편을 든다(왕상 1:7-8).

아사헬(24절)은 요압과 아비새의 형제다. 그는 이미 오래전에 죽었음에도 불구하고(삼하 3:22-23) 여기에 이름이 수록되어 있다. 우리아(39절)는 다윗에 의해 살해당한 밧세바의 남편이었다. 우리아가 이 목록의 마지막 이름으로 기재됨으로써 다윗 정권의 어두운 면을 극대화시킨다(Birch). 이 시점에서 저자는 우리아에 관해 많은 것을 기록할 수 있었을 것이다. 그러나 그는 어떤 이유에서인지 자제하고 있다. 아마도 우리아라는 이름 자체가 더 이상 설명을 필요로 하지 않는다는 의미가 내포되어 있을 것이다(Brueggemann). 우리아는 사무엘이 왕을 요구하던 장로들에게 왕권에 대해 표현한 모든 우려를 가장 현실적으로 설명해 주는 안타까운 예가 되었다(Birch).

우리의 관심을 끄는 마지막 이름은 이 목록에 등장하지 않는 사람의 이름이다. 바로 요압이다. 그동안 요압은 다윗의 오른팔로서 결코 그와 뗄 수 없는 관계를 유지해 왔다. 그런데 왜 그의 이름이 빠져 있는가? 이는 아마도 요압이 이들과 비교할 수 없는 특별한 위치에 있음을 시사하는 듯하다. 특히 37절에서 요압의 무기를 들고 다니는 브에롯 사람 나하래를 언급하는 것을 보면 알 수 있다. 요압의 비서관이 이 목록에 수록될 정도라면 요압은 홀로 다른 부류에 속해야 한다는 것이 저자의 주장인 듯하다.

6. 3일 동안의 재앙과 죽음(24:1-25)

이 섹션(7장)의 서론에서 언급한 것처럼 사무엘하 21-24장의 구조에서
여기에 언급된 사건은 21:1-14에 기록된 이야기(사울의 자손 일곱을 처형한
사건)와 짝을 이루는 사건이다. 또한 이 두 이야기는 숫자적으로도 평
행을 이루고 있다. 21:1-14 이야기는 이스라엘 땅에 흉년이 3년 동안 지
속되었을 때 사울의 자손들이 처형당했던 일에 관한 것이다. 이 이야기
는 다윗의 죄로 인해 3일 동안 온 이스라엘에 전염병이 퍼졌던 일에 관
한 것이다.

그동안 사무엘서는 다윗을 집중적으로 조명해 왔다. 그를 중심으로
여기까지 이야기가 진행되어 왔으며, 저자는 그를 전반적으로 훌륭한
왕이자 신앙인으로 묘사했다. 이러한 정황에서 저자가 왕이 죄를 범한
이야기로 다윗의 이야기를 마무리한다는 점이 다소 의아하다(Arnold).
더 긍정적인 이야기를 기대했기 때문이다. 특별히 22-23장에 기록된 다
윗의 찬양이 그를 훌륭한 신앙인이자 메시아의 모형으로 묘사했기 때
문에 더 그렇다.

비록 이 이야기에서 다윗의 교만과 죄를 회고하고 있지만, 다윗에
대한 저자의 평가가 나쁘다는 생각은 들지 않는다. 다윗은 아직도 하
나님을 두려워하고 자신을 주님의 권위에 복종시키는 사람이며, 자신
의 욕망보다는 백성의 필요를 먼저 생각하는 왕이라는 것이 이 이야기
의 핵심이기 때문이다. 하나님이 다윗과 그의 후손들을 영원히 이스라
엘을 다스릴 자로 세우셨지만, 그들은 이스라엘의 참 왕이신 하나님의
권위에 복종해야 한다. 이런 차원에서 이 이야기는 메시아가 오실 때까
지 이스라엘을 지배할 왕들이 여호와 하나님과 어떤 관계를 유지해야
하는지 보여 준다. 그러므로 이 이야기는 다윗의 삶과 이야기에 대한
결론으로 적합하다(cf. Birch). 사무엘서의 마지막 이야기는 다음과 같이

362

세 부분으로 구분될 수 있다.

    A. 다윗이 인구조사를 강행함(24:1-9)
    B. 다윗의 자책과 하나님의 심판(24:10-17)
    C. 아라우나의 타작 마당에 쌓은 제단(24:18-25)

> V. 다윗의 쇠퇴(9:1-24:25)
>   7장. 다윗의 마지막 행보(21:1-24:25)
>   6. 3일 동안의 재앙과 죽음(24:1-25)

(1) 다윗이 인구조사를 강행함(24:1-9)

¹ 여호와께서 다시 이스라엘을 향하여 진노하사 그들을 치시려고 다윗을 격동시키사 가서 이스라엘과 유다의 인구를 조사하라 하신지라 ² 이에 왕이 그 곁에 있는 군사령관 요압에게 이르되 너는 이스라엘 모든 지파 가운데로 다니며 이제 단에서부터 브엘세바까지 인구를 조사하여 백성의 수를 내게 보고하라 하니 ³ 요압이 왕께 아뢰되 이 백성이 얼마든지 왕의 하나님 여호와께서 백 배나 더하게 하사 내 주 왕의 눈으로 보게 하시기를 원하나이다 그런데 내 주 왕은 어찌하여 이런 일을 기뻐하시나이까 하되 ⁴ 왕의 명령이 요압과 군대 사령관들을 재촉한지라 요압과 사령관들이 이스라엘 인구를 조사하려고 왕 앞에서 물러나 ⁵ 요단을 건너 갓 골짜기 가운데 성읍 아로엘 오른쪽 곧 야셀 맞은쪽에 이르러 장막을 치고 ⁶ 길르앗에 이르고 닷딤홋시 땅에 이르고 또 다냐안에 이르러서는 시돈으로 돌아 ⁷ 두로 견고한 성에 이르고 히위 사람과 가나안 사람의 모든 성읍에 이르고 유다 남쪽으로 나와 브엘세바에 이르니라 ⁸ 그들 무리가 국내를 두루 돌아 아홉 달 스무 날 만에 예루살렘에 이르러 ⁹ 요압이 백성의 수를 왕께 보고하니 곧 이스라엘에서 칼을 빼는 담대한 자가 팔십만 명이요 유다 사람이 오십만 명이었더라

다윗이 인구조사를 강행한 것이 화근이 되었다. 그런데 본문에 의하면, 주께서 이스라엘을 치시려고 다윗에게 인구조사를 하도록 부추기셨다. 아마도 이 시대 사람들이 범죄하여 하나님을 자극한 것으로 생각된다.

363

그래서 하나님이 이들을 벌하시고자 다윗을 자극해 인구조사를 하도록 하셨던 것이다. 다윗이 인구조사를 하는 것은 성경에 기록된 매우 심각한 죄 중 하나로 우리에게 전해져 내려왔다. 그런데 왜 인구조사를 하는 것이 문제가 되는가? 모세는 아무런 문제 없이 인구조사를 두 차례나 하지 않았던가?(cf. 민 1:26)

두 가지가 문제가 되는 듯하다. 첫째, 모세는 하나님의 지시에 따라 인구조사를 시행했다. 반면에 다윗은 자신의 위상과 업적을 과시하기 위해 주변의 반대에도 불구하고 인구조사를 강행했다(Keil & Delitzsch). 둘째, 설령 다윗이 무모하게 인구조사를 강행했더라도, 그가 이스라엘의 모든 인구에 대해 속전(贖錢)을 성소에 들여놓았으면 별문제가 없었을 수도 있다. 율법은 이스라엘이 인구조사를 할 때마다 사람의 수대로 속전을 들여놓으라고 한다. "네가 이스라엘 자손의 수효를 조사할 때에 조사 받은 각 사람은 그들을 계수할 때에 자기의 생명의 속전을 여호와께 드릴지니 이는 그것을 계수할 때에 그들 중에 질병이 없게 하려 함이라"(출 30:12). 다윗이 인구조사를 한 후에 인구 수에 따라 적절한 속전을 하나님께 드렸다면 상황은 크게 달라졌을 수도 있다(Hertzberg; McCarter).

다윗은 요압 장군을 불러 단(이스라엘 영토의 북쪽 끝)에서 브엘세바(남쪽 영토의 남쪽 끝)에 이르기까지 두루 다니며 이스라엘과 유다의 인구를 조사하도록 했다. 그러나 요압은 다윗의 이런 제안에 문제를 제기하며 이 일을 하지 않도록 그를 설득하려 했다. 요압은 왜 반대했을까? 본문은 그 이유를 밝히지 않는다. 다만 요압은 이 일이 매우 위험한 일이라는 것을 알았다.

출애굽기 30:11-16에 따르면, 인구조사가 이루어질 때마다 20세 이상 된 사람들은 모두 한 사람 당 은 2분의 1세겔을 속전으로 성전에 들여놓아야 한다. 요압이 이 조항에 대한 부담을 느낀 것일까? 일단 인구조사를 하게 되면 백성들에게 세금 징수의 큰 부담이 생긴다는 것이다.

만약 인구조사 자체보다 인구조사를 하는 동기가 문제가 되었다면, 본문에서 언급하지는 않지만, 요압은 다윗이 인구조사를 하려는 목적을 간파하고 이를 반대한 것이다.

솔로몬은 많은 관원을 두어 각 지역의 인구를 철저하게 파악했다(왕상 4:7-19). 그리고 이 자료를 기초로 해서 각 관원은 솔로몬이 필요로 한 모든 것을 충당했다(왕상 4:27-28). 즉, 인구조사는 왕권을 강화하고, 관료적으로 변화시키고, 세금을 징수함으로써 백성들을 압제하는 데 사용되는 주요 도구다. 그렇다면 다윗은 사무엘이 왕을 세워 달라고 요구하는 이스라엘 백성들에게 경고했던 내용을 그대로 실천하는 것이다(Birch; cf. 삼상 8:11-19). 요압은 다윗이 인구조사를 하는 것은 그의 변질된 '정치철학'을 반영하는 것이므로 여호와를 거스리는 행동이라고 주장하는 것 같다.

요압과 주변 사람들의 강한 반대는 무시되고 다윗의 뜻에 따라 인구조사는 진행되었다. 이 사업은 10개월이 걸렸으며(8절), 이스라엘에 80만, 유다에 50만의 장정들이 있는 것으로 밝혀졌다. 총 130만 명, 그렇다면 이때 이스라엘의 총 인구는 대략 500만 명으로 추산할 수 있다. 소수의 학자는 이 숫자를 그대로 받아들이지만(Kirkpatrick), 대부분의 학자는 이 시대의 인구로는 너무 많다고 생각한다(Youngblood; Gordon; McCarter).

> V. 다윗의 쇠퇴(9:1-24:25)
>   7장. 다윗의 마지막 행보(21:1-24:25)
>   6. 3일 동안의 재앙과 죽음(24:1-25)

(2) 다윗의 자책과 하나님의 심판(24:10-17)

10 다윗이 백성을 조사한 후에 그의 마음에 자책하고 다윗이 여호와께 아뢰되 내가 이 일을 행함으로 큰 죄를 범하였나이다 여호와여 이제 간구하옵나니 종의 죄를 사하여 주옵소서 내가 심히 미련하게 행하였나이다 하니라 11 다윗이 아침에 일어날 때

365

에 여호와의 말씀이 다윗의 선견자 된 선지자 갓에게 임하여 이르시되 12 가서 다윗에게 말하기를 여호와께서 이와 같이 말씀하시기를 내가 네게 세 가지를 보이노니 너를 위하여 너는 그 중에서 하나를 택하라 내가 그것을 네게 행하리라 하셨다 하라 하시니 13 갓이 다윗에게 이르러 아뢰어 이르되 왕의 땅에 칠 년 기근이 있을 것이니이까 혹은 왕이 왕의 원수에게 쫓겨 석 달 동안 그들 앞에서 도망하실 것이니이까 혹은 왕의 땅에 사흘 동안 전염병이 있을 것이니이까 왕은 생각하여 보고 나를 보내신 이에게 무엇을 대답하게 하소서 하는지라 14 다윗이 갓에게 이르되 내가 고통 중에 있도다 청하건대 여호와께서는 긍휼이 크시니 우리가 여호와의 손에 빠지고 내가 사람의 손에 빠지지 아니하기를 원하노라 하는지라 15 이에 여호와께서 그 아침부터 정하신 때까지 전염병을 이스라엘에게 내리시니 단에서부터 브엘세바까지 백성의 죽은 자가 칠만 명이라 16 천사가 예루살렘을 향하여 그의 손을 들어 멸하려 하더니 여호와께서 이 재앙 내리심을 뉘우치사 백성을 멸하는 천사에게 이르시되 족하다 이제는 네 손을 거두라 하시니 여호와의 사자가 여부스 사람 아라우나의 타작 마당 곁에 있는지라 17 다윗이 백성을 치는 천사를 보고 곧 여호와께 아뢰어 이르되 나는 범죄하였고 악을 행하였거니와 이 양 무리는 무엇을 행하였나이까 청하건대 주의 손으로 나와 내 아버지의 집을 치소서 하니라

무엇이 계기가 되었는지는 알 수 없지만, 다윗은 자신의 교만과 비뚤어진 가치관을 깨달았다(10절). 이스라엘의 왕이 하나님과 백성들 사이에서 어떤 위치에 있어야 한다는 것(cf. 삼상 12장)을 잠시 망각한 다윗은 제정신을 차리고 자신을 하나님과 동등하게 여기는 착각에 빠졌던 것을 회개한다. 다윗이 과거에 밧세바 사건 때에 고백했던 말과 거의 동일하게 "내가 큰 죄를 지었습니다"라고 고백하며 용서를 구했지만, 하나님은 선지자를 통해 세 가지 징벌 중 하나를 택하라고 하셨다. 다윗 스스로 세 가지 독(poison) 중 하나를 택하게 하신 것이다(Brueggemann).

죄는 지었지만 뒤늦게나마 깨닫고 회개하는 다윗의 모습이 매우 아름답다. 다윗은 여러 가지로 문제가 많은 사람이었다. 하지만 하나님이

그를 끝까지 품으시고 사랑해 주신 데는 이 사건에서 다시 한 번 드러난 다윗의 겸손함과 항상 새로운 깨달음과 가르침을 수용할 수 있는 마음 자세가 큰 영향을 미쳤을 것이다. 현대 교회의 문제는 상당수의 목회자가 신학교를 떠나는 순간 배우는 것을 멈추는 데 있다. 우리는 죽는 순간까지 배워야 한다.

하나님의 말씀이 선지자 갓에게 전해졌다. 다윗이 사울에게 쫓겨 다니던 시절에 한때 아둘람 광야에 거한 적이 있다. 그때 그곳을 떠나 유다 광야로 돌아가라는 하나님의 명령을 전해 준 사람이 바로 갓 선지자였다(삼하 22:1-5). 다윗과 오래전부터 알았던 옛 친구가 찾아온 것이다. 그동안 다윗의 주변을 맴돌았던 선지자는 나단이었다. 그런데 그가 아니라 갓이 온 것은 뭔가 상징적인 의미가 숨어 있지 않을까? 아마도 이 사건에서 문제가 되고 있는 다윗의 마음 자세를 교정하기 위함인 것 같다.

다윗은 오랜 통치를 통해 사울에게 쫓기던 무명 시절에 지녔던 마음의 순수성을 잃어가고 있었다. 이 사건도 다윗이 통치자로서 자신의 위상을 높이기 위해 시작되었다. 그러므로 하나님이 다윗이 가장 비참한 생활을 할 때 그를 찾아가 그분의 뜻을 전했던 선지자 갓을 보내셔서 "옛날, 네가 여호와만을 왕으로, 주권자로 의지하며 살아가던 시대의 마음을 되찾아라"라는 권면을 하시는 것 같다. 즉, '첫사랑을 회복하라'라는 상징적인 의미가 담겨 있는 듯하다.

갓은 세 가지 재앙을 다윗에게 전하며 한 가지를 택하라고 했다. 첫째, 7년 동안 흉년이 이스라엘을 강타하는 것. 둘째, 석 달 동안 다윗이 원수들에게 쫓기는 것. 셋째, 3일 동안 전염병이 온 땅에 퍼지는 것. 첫 번째와 세 번째는 온 이스라엘에 영향을 미치는 것이며, 두 번째 재앙은 다윗이 혼자 당하는 것이다. 우리에게는 다윗이 두 번째를 선택하기를 바라는 마음이 있다. 자신이 범한 죄니 혼자 그 대가를 치르는 것은 당연한 것이 아닌가? 그러나 압살롬에게 당했던 두려움이 그를 엄습했는지, 그는 전염병이 자신이 통치하는 이스라엘을 3일 동안 강타하는 것을 택한다.

물론 다윗은 "인간의 손이 아니라 주님의 손에 벌을 받고 싶어서" 전염병을 택했다고 고백한다. 자신이 세 번째 재앙을 택한다는 명확한 대답도 주지 않았다. 그의 대답은 첫 번째와 세 번째에 적용될 수 있다. 그러나 사건의 전개를 살펴보면 세 번째 재앙을 택한 것이 확실하다. 이 순간은 그가 진실했으리라고 확신한다. 그러나 자신의 죄 때문에 7만 명이나 죽게 하는(15절) 그의 태도를 곱게 보는 학자는 별로 많지 않다.

하나님의 천사가 다윗이 요압에게 인구조사를 명령할 때 자신의 영토의 한계를 표현하며 사용했던 "단에서부터 브엘세바에 이르기까지" 전 지역을 전염병으로 쳤다. 이 천사는 출애굽기 12:23과 열왕기하 19:35에 언급된 죽음의 사신이었으며, 그의 사역은 이스라엘 사람 7만 명을 죽이는 것이었다. 이 죽음의 천사가 드디어 예루살렘을 치려는 순간 하나님이 천사를 거두셨다. 그 천사가 아라우나의 타작 마당에서 멈추어 섰다(16절). 아라우나는 헷 족속 혹은 후리 족속의 이름이다(ABD). 이름이 아니라 지위의 명칭이었을 수도 있다(Arnold). 그는 예루살렘에 살던 이방인이었다.

다윗은 그제야 이스라엘의 목자다운 고백을 한다. "바로 내가 죄를 지은 사람입니다. 바로 내가 이런 악을 저지른 사람입니다. 백성은 양 떼일 뿐입니다. 그들에게는 아무런 잘못이 없습니다. 나와 내 아버지의 집안을 쳐 주십시오"(17절, 새번역). 버스가 지나간 다음에 손을 흔드는 그가 얄밉지 않은가? 오늘날 같으면 아마 그는 재앙으로 죽어간 7만 명의 유가족들에 의해 법원에 고소당했을 것이다.

(3) 아라우나의 타작 마당에 쌓은 제단(24:18-25)

¹⁸ 이 날에 갓이 다윗에게 이르러 그에게 아뢰되 올라가서 여부스 사람 아라우나의 타작 마당에서 여호와를 위하여 제단을 쌓으소서 하매 ¹⁹ 다윗이 여호와께서 명령하신 바 갓의 말대로 올라가니라 ²⁰ 아라우나가 바라보다가 왕과 그의 부하들이 자기를 향하여 건너옴을 보고 나가서 왕 앞에서 얼굴을 땅에 대고 절하며 ²¹ 이르되 어찌하여 내 주 왕께서 종에게 임하시나이까 하니 다윗이 이르되 네게서 타작 마당을 사서 여호와께 제단을 쌓아 백성에게 내리는 재앙을 그치게 하려 함이라 하는지라 ²² 아라우나가 다윗에게 아뢰되 원하건대 내 주 왕은 좋게 여기시는 대로 취하여 드리소서 번제에 대하여는 소가 있고 땔 나무에 대하여는 마당질 하는 도구와 소의 멍에가 있나이다 ²³ 왕이여 아라우나가 이것을 다 왕께 드리나이다 하고 또 왕께 아뢰되 왕의 하나님 여호와께서 왕을 기쁘게 받으시기를 원하나이다 ²⁴ 왕이 아라우나에게 이르되 그렇지 아니하다 내가 값을 주고 네게서 사리라 값 없이는 내 하나님 여호와께 번제를 드리지 아니하리라 하고 다윗이 은 오십 세겔로 타작 마당과 소를 사고 ²⁵ 그 곳에서 여호와를 위하여 제단을 쌓고 번제와 화목제를 드렸더니 이에 여호와께서 그 땅을 위한 기도를 들으시매 이스라엘에게 내리는 재앙이 그쳤더라

하나님의 천사가 이스라엘을 치는 것을 멈추자, 선지자 갓은 다윗을 찾아와 급히 아라우나의 타작마당으로 가서 그곳에 여호와를 위해 제단을 쌓으라고 권고했다. 타작마당은 곡식과 검불을 나누는 일이 중요하기 때문에 평지보다 상대적으로 바람이 더 많은 높은 언덕에 있었고 (Bergen), 아라우나의 타작마당은 다윗이 거하던 다윗 성에서 북쪽에 있던 것으로 생각된다(Baldwin). 다윗은 급히 그곳으로 가서 그의 땅을 매입해 하나님께 제단을 쌓기를 원했다. 아라우나가 다윗에게 자신의 땅과 소들을 마음대로 사용하라고 했지만, 다윗은 결코 그럴 수 없다며 모든 것을 샀다. 그는 소와 땅값으로 은 50세겔을 아라우나에게 주었

다. 백성들에게 취하는 것을 쉽게 생각했던 다윗이 이 사건을 통해 백성들의 권리도 인정하게 된다. 아라우나와 같은 이방인의 소유권도 인정한 것이다.

또한 그는 자기 것은 아끼고 남의 것으로 예배를 드리는 것은 결코 옳지 않다는 사실을 알고 있었다(cf. 24절). 그가 밧세바와 간음하고 우리아를 죽였을 때 나단이 와서 전해 준 비유가 바로 이 점을 강조했고, 그는 그런 사람은 꼭 죽어야 한다고 선언했었다. 그리고 이 사건의 원인이 자기 자신이라는 부담감도 크게 작용했을 것이다.

다윗은 제단을 쌓고 그 위에 화목제를 드렸다. 사무엘서가 다윗이 성전을 지은 것이 아니라 제단을 쌓았다는 말로 끝나는 것이 인상적이다(Arnold). 다윗은 하나님이 기름 부어 세우신 이상적인 왕이다. 그가 많은 업적을 남겨서가 아니다. 그가 이스라엘의 이상적인 왕으로 기념되는 것은, 그는 회개할 줄 알았고 하나님이 그를 용서하셨기 때문이다. 하나님은 다윗이 건축할 수 있는 거대하고 화려한 성전보다도 그가 상한 심령으로 쌓은 제단을 더 선호하셨던 것이다.

여호와께서 다윗의 기도를 들으셨으므로, 이스라엘에 내리던 재앙이 그쳤다. 다윗은 이곳을 훗날 솔로몬이 여호와를 위해 세울 성전의 터전으로 지정했다(대하 22:1). 이는 아마도 그가 이곳에서 기도했을 때 하나님이 들어주신 데 대한 감사에서 비롯되었을 것이다.

사무엘하 24장에 기록된 사건은 다윗뿐만 아니라 그의 후손들에게도 강한 경고를 준다. 자신들의 진정한 위치를 망각하지 말라는 것이다. 권력이란 사람을 부패시키는 힘이 있다. 다윗과 같이 신실한 사람도 잠깐 한눈을 팔다가 밧세바와 간음죄를 저질렀고, 여호와를 의지했다가 순간적으로 타락해 마치 자신이 하나님인양 교만에 빠졌다. 따라서 본문은 항상 근신하고 겸손한 마음 자세로 이스라엘의 왕이신 여호와를 바라볼 수 있도록 모두 자신을 지키라고 경고한다. 여호와와 마음이 합한 자 다윗이 이러한 죄를 범할 수 있다면, 신앙적으로 그의 그림자에도 미치지 못하는 다른 사람들은 오죽하겠냐는 것이다.

이렇게 해서 사무엘서가 끝났다. 그러나 다윗의 이야기는 앞으로 두 장 더 진행된다. 사무엘서는 한나의 간곡한 기도와 하나님의 자비로운 응답으로 시작해서(cf. 삼상 1장) 다윗의 간곡한 기도와 하나님의 은혜로운 응답으로 끝을 맺는다. 책의 시작과 끝에 기록된 이야기들은 하나님의 자비로우심을 기대하라고 권면한다(Birch). 또한 사무엘서 앞부분은 이스라엘의 옛 체제가(엘리의 아들들) 부패해서 왕정 제도가 새로운 체제로 도입되었다고 했다. 이 새로운 체제의 상징인 다윗도 부패했다. 제도는 결코 이스라엘이 당면한 문제의 해결책이 될 수 없는 것이다. 다행히 하나님의 자비와 은혜가 책의 마지막 부분을 장식하고 있다. 이스라엘이 미래를 소망할 수 있는 것은 다윗 같은 훌륭한 왕이 있었기 때문이 아니라 하나님이 그들과 함께하셨기 때문이다.

원래 히브리어 성경에서는 사무엘서와 열왕기가 한 권으로 묶였었는데 네 권으로 나뉘었다는 것, 특히 사무엘서가 좀 더 진행되지 않고 바로 여기서 끝난다는 것은 어떤 의미를 지니는가? 맨 처음 이 책들을 나눈 사람은 어떤 생각으로 여기서 사무엘서를 끝냈을까? 단순히 책의 두루마리가 여기까지만 수록하게 해서였을까, 아니면 다른 이유가 있었을까? 이 질문들에 관한 답은 이 책들을 분리한 사람을 천국에서 만날 때까지 미스터리로 남을 수밖에 없다.

371